科学家的养成

——中国近代科学家与科学家群体

张 剑 著

上海科学技术出版社

图书在版编目（CIP）数据

科学家的养成：中国近代科学家与科学家群体 / 张剑著. -- 上海：上海科学技术出版社，2022.9
　ISBN 978-7-5478-5673-4

Ⅰ. ①科… Ⅱ. ①张… Ⅲ. ①科学家－生平事迹－中国－近代 Ⅳ. ①K826.1

中国版本图书馆CIP数据核字(2022)第040162号

科学家的养成——中国近代科学家与科学家群体
张　剑　著

上海世纪出版(集团)有限公司
上海科学技术出版社　出版、发行
(上海市闵行区号景路159弄A座9F-10F)
邮政编码 201101　　www.sstp.cn
上海光扬印务有限公司印刷
开本 787×1092　1/16　印张 22.75
字数 360千字
2022年9月第1版　2022年9月第1次印刷
ISBN 978-7-5478-5673-4/N·237
定价：148.00元

本书如有缺页、错装或坏损等严重质量问题，请向印刷厂联系调换

前 言

科学家"是研究自然的人,他不研究上帝和人。他使用的智力工具是数学、测量和实验,而不依靠权威的解释和思辨与灵感。他认为当时的科学状况在将来会被不断改进,而不认为科学知识会止于过去黄金时代的标准之下。……在尊严方面他享有传统的哲学家、神学家和文学家的同等地位,在实用性方面他比这些传统角色优越"。约瑟夫·本-戴维(Joseph Ben-David,1920—1986)在《科学家在社会中的角色》中如是说。科学家职业角色的形成,是西方近代科学发展几个世纪的结果,经历了文艺复兴时期大学教师与工艺实验家、英国民间业余科学家(以皇家学会会员为代表)、法国科学院专门科学家到真正意义上的近代科学家这样一个发展历程。

作为职业的科学家角色与医生、律师这样的职业角色不同,它强调知识的扩展,他们并不直接服务于顾客,经济收入也不直接来源于顾客。这一职业角色,至少涵括了以下含义:科学家群体即科学共同体的形成、科学家社会角色的自我意识的形成、具有区别于其他角色的社会地位及职业特色、须向科学共同体提交获取科学共同体认同的科研成果。对科学家来说,科学共同体、职业特征与社会地位是外在的社会环境因素,科研成果是其角色标志,但最为本质和最为重要的应是角色意识,即科学家是以追求和发现"科学真理"为本质目标的人,应具有"理性"和"怀疑一切"的精神特质和思维内涵。

科学家社会角色的出现与形成同步于科学体制化过程,既是科学体制化的结果,又是科学体制化的重要标志。只有在科学教育体系、科研机构、科学社团与科学交流体系等方面有了较为充分发展的基础上,科学家社会角色才会形成。传统中国社会没有近代意义上科学家这一社会角色,中国近代科学家角色不是由传统中国知识分子演化而来,不是中国社会历史自我内在衍生的,而是随着西方近代科学在中国的生根发芽、本土化这一过程而逐渐形成的。

中国近代科学家角色的形成,大致经历了翻译西方科技书籍的传统科学家群体—以匠为特色的洋务运动时期工程技术专家—以宣传与教育为主、科研为辅的清末民初科学工作者—以科研为特色的科学家角色四个阶段。到20世纪30年代,科学家角色已经形成,中国科学体制化基本完成,为中国科学技术的发展开辟了一条前进的大道。科学家们除本职工作外,对国家建设也不断从"科学家"这一角色献计献策,诸如抗战期间的专家入主政府担当救国重任,大后方的科学家为抗战做贡献;战后的"民主"追求与稳定的科研环境吁求等,都充分体现了作为科学家的社会角色的"本分"。

自1993年师从先师复旦大学沈渭滨先生以来,希望通过抓住特殊人物的个性与特征触摸时代的脉搏,理解人物的成长与历史的脉络;以特殊的人物群体来观察历史,通过他们的共性与不同来考察历史的变迁与复杂性。不期然间也积累下不少的篇什,以专题形式结集出版也是对自己以往研究的一个总结。全书大致以人物个体与群体分为两辑,并附录数篇读书笔记,每部分以时间为序。每篇文章后注明文章刊载刊物与时间,以见证自己研究的兴趣转移与论题范围。除改正一些明显的错漏与硬伤,修订注释并予以补充说明(以"编注"注明)外,文章基本保持原初发表状态,《学术独立之梦——战后饶毓泰致函胡适欲在北大筹建学术中心研究》恢复发表时因文章实在太长被删去的第一节"饶毓泰与胡适早期交往";《传统与现代之间——中国科学社理事会群体研究》一文恢复"附录";《纵横四海,心系中华——吴大猷的传奇人生》因发表在通俗性刊物上,为与全书体例统一进行了学术性处理,因此有相当程度的改动。因多种因素,一些自认为有代表性的文章未能选入,一些地方的表述也有改动,这是需要说明并请读者见谅的,引用者可参阅原初发表文章。为全书统一,在格式上也有所修订。

感谢上海社会科学院"中国现代史"创新型学科团队的支持。

目 录

第 一 辑

"科学救国"之梦
——任鸿隽推展科学事业的一生 3

丁文江与中国科学社 26

另一种抗战
——抗战期间以秉志为核心的中国科学社同仁在上海 39

学术独立之梦
——战后饶毓泰致函胡适欲在北大筹建学术中心研究 63

纵横四海,心系中华
——吴大猷的传奇人生 97

社会网络与学术成长
——复旦大学高分子科学家于同隐个案分析 110

第 二 辑

从翻译到教育宣传
——晚清上海科学工作者社会角色演化 129

清末民初学子"弃理从文"分析 150

传统与现代之间
　　——中国科学社理事会群体研究 …………………………… 167
从中央研究院评议员到院士
　　——中国学术评议空间的开创 …………………………… 192
近代中国农学的发展
　　——科学家集体传记角度的分析 ………………………… 224
学术与工商的聚合和疏离
　　——中国数学会在上海 …………………………………… 249
"乙酉学社丛书"的翻译与出版
　　——兼论科学知识人在战时上海的困窘与出路 ………… 286

附　　录

"政治科学家"李书华 ……………………………………………… 315
从万巴德到李宗恩
　　——跨文化视野下的热带医学 …………………………… 324
派系之争下民国科学界一隅
　　——读《李先闻自述》 …………………………………… 334
置身事内如何置身事外
　　——读吴大猷《早期中国物理发展之回忆》 …………… 341
居里实验室的中国博士 …………………………………………… 350

第一辑

"科学救国"之梦

——任鸿隽推展科学事业的一生

甲午一战,老大之中华帝国为"蕞尔小岛"日本打败,朝野震惊,中华民族的救国之道又开新路。戊戌维新、清末新政,次第上演,同时革命暗潮涌动,并渐变为主潮。1886年出生于"穷乡僻壤"四川垫江县的任鸿隽①,与许许多多的热血青年一样,也投身这一狂涛巨澜,成为推翻帝制的一员。与大多数革命者不一样,袁世凯当政以后,他既不躺在革命的功劳簿上,与袁政府同流合污;也没有继续革命,与袁政府进行不共戴天斗争;而是选择了建设国家的道路,留学美国,"为将来国家储才备用"。

年轻时的任鸿隽

樊洪业先生等所编任鸿隽两部文集《科学救国之梦——任鸿隽文存》和《中国近代思想家文库·任鸿隽卷》

---

① 目前关于任鸿隽的研究还很不系统,相关成果主要有樊洪业《任鸿隽:中国现代科学事业的拓荒者》(《自然辩证法通讯》1993年第3期);赵慧芝《任鸿隽年谱》(《中国科技史料》1988年第2、4期,1989年第1、3期);杨翠华《任鸿隽与中国近代科学思想与事业》(《"中央研究院"近代史研究所集刊》第24期上册)。另外任鸿隽女公子任以都口述《任以都先生访问记录》(张朋园等访问,台北"中央研究院"近代史研究所,1993年)也有一些材料。2002年8月,上海科技教育出版社隆重推出樊洪业先生等编《科学救国之梦——任鸿隽文存》,洋洋洒洒80余万字,全面搜集整理了任鸿隽相关科学的著述和任鸿隽《五十自述》《前尘琐记——叔永廿五岁以前的生活史片段》两份回忆录,为了解任鸿隽在中国近代科学发展史上的地位和中国近代科学的发展历程,理解中国近代化的艰难曲折提供了极为详细的材料。随后出现了一批相关研究,如李醒民先生《论任鸿隽的科学文化观》(《厦门大学学报·哲学社会科学版》2003年第3期)、《任鸿隽关于学界和学术研究的论述》(《科学》2004年第1期)等。下引文献出自《科学救国之梦——任鸿隽文存》者仅注明页码。

从"革命救国"到"科学救国"

与当时绝大多数读书人一样,任鸿隽6岁进学,读朱熹集注的四书,第一部是《论语》,"这一部四书,加上朱子集注,足足有十几本,叠起来差不多有一尺高,这可把六岁的小孩子骇倒了"。(第694页)也学作八股文,以参加科考。1904年,18岁的任鸿隽冒籍巴县参加考试,在一万多名童生中名列第三,成为最后一代秀才。

但时世毕竟不是采菊东篱、从容论道的时代,甲午战败、割地赔款的消息也传到了垫江,任鸿隽开始阅读《盛世危言》《时事新编》一类著作,得知国家之多灾多难。同时,新的气息也在垫江弥漫,算学成为1898年开办的书院课程,所谓"中西兼备,新旧两全"。中秀才那年任鸿隽考入的重庆府中学堂,汇聚了留日学生、新学堂毕业生,更有革命党人,不仅传授新知识,有算学、物理、化学、英文等课程,而且教员学生一律短装,上体操课,进行军事训练。在这里,任鸿隽从革命党人杨庶堪①游,读梁启超《新民丛报》、孙中山演说小册子,"渐不以校课为满足,而时时作改革运动",(第678页)革命的种子悄然植下。

1905年,任鸿隽以短期师范班毕业,次年到重庆开智小学和私立重庆中学教学一年,1907年到上海入中国公学。中国公学是"革命党的大本营",虽程度仅中等,但"乐其与己见相合,故即居之"。任鸿隽入学后第一件事是剪辫易服,"虽由此冒革命党之嫌疑,不顾也"。(第678页)在这里,任鸿隽结交了大批朋友,如胡适、杨铨、但懋辛、张奚若、朱经农等。中国公学虽然满足了任鸿隽革命的欲求,但毕竟是个中等程度的学校,而且他继续呆在上海的经费也没有了,于是在朋友的帮助下,翌年东渡日本。②

1909年,任鸿隽考入东京高等工业学校,中学阶段告一段落,成为晚清政府的"官费

---

① 杨庶堪(1881—1942),名先达,字品璋,后改沧白,四川巴县人。1905年入同盟会,担任重庆支部领导人。其后,以教员、学校监督身份为掩护,进行反清革命活动。辛亥革命后,曾任四川省省长、广东省省长、北京政府司法总长等职务。后隐居上海,抗战期间为避汪伪政权强行拉拢,抱病经香港回重庆,1942年8月病逝。为纪念他,重庆府中学堂旧址改建为"杨沧白先生纪念堂",炮台街改名为"沧白路"。杨庶堪也是一位才华横溢的诗人,"开国有诗人,沧白杨夫子。秀句兼丰功,辉映同盟史"是他一生真实的写照。有《沧白诗抄》《杨庶堪诗文集》《沧白先生论诗绝句百首笺》等行世。

② 胡适作《中国公学校史》说:"有时候,忽然班上少了一两个同学,后来才知道是干革命或暗杀去了。如任鸿隽忽然往日本学工业化学去了,后来才知道他学制造炸弹去了;但懋辛也忽然不见了,后来才知道他同汪精卫、黄复生到北京谋刺摄政王去了。"胡颂平编著,《胡适之先生年谱长编初稿》第1册,(台北)联经出版事业公司,1984年,第66页。

生"。享受国家"俸禄"的同时,加入同盟会,进入反清排满的"革命共同体"。与革命党川人喻培伦、黄复生等交,亲见他们制造炸药受伤,乃选习化学以明了炸药制造的原理,为革命效绵薄之力。"吾此时之思想行事,一切以革命二字所支配,其入校而有所学习,不能谓其于学术者所企图,即谓其意在兴工业,图近利,仍无当也"。(第679页)担任同盟会四川分会书记、会长等职,积极从事革命活动。"吾是时所最感快乐者,即平时好友不知其同属革命党人,偶于秘密会中遇之,于狂喜之余,交情亦愈浓厚;最痛苦者,广州之役,亲送许多至友前往参加,一旦败耗传来,真如天崩地裂,万念皆尽"。(第680页)也以文字宣传革命,发表《川人告哀文》《为铁道国有告国人书》等,慷慨激昂,极尽渲染之能事。此外,从章太炎习国学,"在学问方面,自己认为值得的,恐怕是从章太炎先生读了几年国学"。(第707页)同学有钱玄同、朱希祖、马裕藻、马叔平、沈尹默、沈兼士等,后来都成了著名的语言文字学或历史学的专家。

武昌首义后,任鸿隽弃学回国,参加革命。南京临时政府成立,担任临时大总统秘书,秘书长为胡汉民,与吴玉章、萧友梅、张季鸾、杨铨、谭熙鸿、冯自由、李书城等共事。在秘书处承担起草文告等工作,孙中山《告前方将士文》《咨参议院文》《祭明孝陵文》等都是他的手笔。南北议和,临时政府解散,曾在政府任职的若北上做官自然有其位置,当时也确实在某些部门增加了一些职位,以备到北京做官。但任鸿隽和几个在秘书处的同事,决定再到国外继续求学,"为将来国家储才备用",议请政府资送留学,不想却引发了民初"稽勋局大派东西洋留学生"。① 由任鸿隽拟具呈文向孙中山申请,不意名列首位的他却未获批准。胡汉民说希望他不要出洋,留下继续工作,而且说是蔡元培的意思。与蔡元培商量,蔡说民国初建,希望他多贡献力量,不必急于求学。参议院方面也要他担任秘书长的职务,这可是个地位极尊的职务,友朋们劝他留下来担此重任,"这已是金邦平的地位(金邦平在前清时是留学生考试取中的洋状元,后做资政院秘书长),你何必再去留学呢?"

---

① "稽勋"是对参加辛亥革命者的一种奖励,对象主要有革命殉难者、功勋卓著的革命参与者和革命资助者等,最初没有资助革命者留学的动议,专门成立了稽勋局办理此事。任鸿隽等人的申请,得孙中山支持,后来袁世凯、黎元洪也援引成例派出大批人物。袁世凯政府专门责成教育部和稽勋局办理此事,据不完全查证,共派出三批稽勋留学生,第一批25人,第二批53人,第三批66人,名单中包括蒋介石、汪精卫、朱家骅、戴传贤、李四光、王世杰等人。当然有些人没有成行或者成行后没有真正向学,而走上了继续革命的道路,自然也有人努力求学后来成为学术界领军人物。参阅《政府公报》1912年5月22日,7月27日,1913年7月2日,7月18日。对于"革命功勋"这块大蛋糕,一些非革命人物也是可以"近水楼台先得月"的。当时像宋子文、冯自由的弟弟和胡汉民的两个妹妹,根本未在政府任过事,对革命毫无贡献,有的还是学堂学生,也名列"稽勋"留学名单,因此,任鸿隽说"此次各以私人的关系,得到出洋留学的机会,不知何以对其他学生"。

(第712页)但他留学志愿已决,只得感谢各位厚爱。

民国建立特别是袁世凯当政以后,有一触目惊心的社会现象,即许多人热衷宦海浮沉,醉心利禄仕途。梁启超为文《作官与谋生》说:

> 居京师稍久,试以冷眼观察社会情状,则有一事最足令人瞿然惊者,曰:求官之人之多是也。以余所闻,居城厢内外旅馆者恒十余万,其什之八九,皆为求官来也。……大抵以全国计之,其现在日费精神以谋得官者,恐不下数百万人。……盖学而优则仕之思想,千年来深入人心,凡学者皆以求仕也。……迨民国成立,仅仅二三年间,一面缘客观的时势之逼迫诱引,一面缘主观的心理之畔援歆羨,几于趋全国稍稍读书识字略有艺能之辈,而悉集于作官之一途。①

黄炎培发表《教育前途危险之现象》,说:

> 光复以来,教育事业,凡百废弛,而独有一日千里,足令人瞿然惊者,厥惟法政专门教育。……戚邻友朋,驰书为子弟觅学校,觅何校?则法政学校也。旧尝授业之生徒,求为介绍入学校,入何校?则法政学校也。报章募集生徒之广告,则十七八法政学校也。行政机关呈请立案之公文,则十七八法政学校也。②

与时人奔走于官场、亟亟于利禄不同,与大多数革命者在新秩序中以胜利者自居不一样,任鸿隽毅然抛弃通过流血革命得到的高位,选择了继续求学的道路,这在"官本位"的中国,是何等的魄力与勇气?!每个人的一生都面临许许多多的选择,任鸿隽弃官从学是他人生轨迹的重大转折,从此,他从一个"暴力革命"的青年行动者转变为"科学建国"的践行者,"国家建设"成为他终生不渝的志业,之后的无数次选择都以此为基准点。在世人共趋政治与革命之时代,像任鸿隽这样以国家建设为矢的的选择,为中国历史别辟一片新天地。

与张元济等辈戊戌维新以后被迫脱离官场,走上"为祖国谋文化上之建设"道路不一样,③任鸿隽自愿脱离宦海;与另一些革命党人在袁世凯暴露面目后继续进行暴力革命不

---

① 丁守和主编,《辛亥革命时期期刊介绍》第4集,人民出版社,1986年,第114页。
② 丁守和主编,《辛亥革命时期期刊介绍》第4集,人民出版社,1986年,第113页。
③ 关于张元济戊戌维新后的道路选择,周武在《张元济:书卷人生》(上海教育出版社,1999年)中有极其精当的分析。

一样,任鸿隽没有重操"旧业";与杨铨等弃官从学,后来再次"抛弃苟全乱世之教读生涯,恢复十年前之国民革命生活"不一样,任鸿隽从此心无旁骛,走上了专心一致的国家建设道路,以科学为平生志事,不再顾盼官场。"为官作宰"是中国社会最为重要的资源,任鸿隽疏离官场,在相当意义上也就放弃了对许多"资源"的处置与分配权,这对他未来推展科学事业的进行必将产生相当重要的影响。① 当然,从官场这样的中心退居边缘,正如周武分析张元济脱离官场选择建设道路时所说,也在一定意义上"远离了无谓的彷徨、幻灭和大起大落,……意味着另一种选择变得现实了"。②

任鸿隽《五十自述》首页

---

① 有人评说朱家骅初入官场时,曾想"在政治上登高一呼,天下响应,或许兴办学术,成事较易。因此他后来每任一职,必在职权内或利用形势,设法做点学术工作,在学术界做点成绩,以为天下先"。他在学术界所做工作所具有的历史价值,"远高于他在官场中政坛上所贡献的价值"。[杨仲揆《中国现代化先驱——朱家骅传》,(台北)近代中国出版社,1984年,第99-101页]可见,朱家骅能在学术上留下众多的印记主要与他从政有关,若没有"官"这一资源,其学术贡献如何是难以逆料的。同样,如果任鸿隽选择了以"官"推展中国科学事业,其结果如何也不得而知。这确实是一个悖论,进入官场,大量的精力与体力浪费,但没有"官"的支持,许多学术事业又无法展开。

② 周武《张元济:书卷人生》,上海教育出版社,1999年,第53页。

出国前,任鸿隽在唐绍仪内阁做秘书,看到开会时肩负国家重任的"衮衮诸公,除了闲谈一阵无关重要的话外,竟难得看见有关国计民生的议案"。感慨言之:"这样的国务员,即送与我,我也不做了。"①厌弃做官之念愈益坚决。唐内阁垮台后,到天津北方革命党人机关报《民意报》做编辑,同事有何鲁、杨铨等。他们办报自然与袁大总统过不去,袁乃通过法租界把报纸给查封了,曾请孙中山与袁疏通复刊,未获成功。不久,放洋时间已到,报馆生涯暂告结束。

留美前,任鸿隽在其革命生涯中,已结交了各式各样的人物,如政界大老胡汉民、汪精卫、熊希龄,教育界名流章太炎、蔡元培,同辈学人杨铨、何鲁、胡适,还有谭熙鸿、吴玉章等,编织起较为广泛的社会网络,成为他后来创建并维持发展中国科学社、推展科学事业的重要社会资源。

1912年冬,任鸿隽与杨铨等以稽勋名义留美入康奈尔大学,从此,在他个人的生命中,"开始了一个新的阶段",从"暴力革命"的青年转变为"科学救国"的留美学生。任鸿隽回忆他选择康奈尔大学的缘由说:

> 吾等何以独赴康校?以同行诸人志习政治经济及社会科学者为多,独吾与杨君志在科学,康校在美国,固以擅长科学著称,且是时胡君适之已在此校,时时以康校风景之美以相劝诱,吾等遂决计就之。……盖吾人出外游学,于所学功课外,尤应注意两事:一为彼邦之风俗人情,一为朋友之声应气求。是二者皆于每人之学成致用有绝大关系,康校于此二者皆曾与我以难得机会。(第682页)

他选择康奈尔大学,一是该校以科学闻名,二是这里有他的朋友们,可以切磋技艺,互相促进。正是在这里,他与杨铨等创立了中国科学社,开始了宣扬科学的征程。

论者说任鸿隽等人此时选择留学是"南京临时政府的解散,造成任氏对革命之幻灭,也促成了对科学的结缘"。② 其实,任鸿隽等人此时选择留学有更为复杂的原因。一方面,孙中山辞职后以实业救国相号召,任鸿隽、杨铨、李四光等革命青年远涉重洋学习科学,与

---

① 他还举了一个例子,当时第一等外交人才陆徵祥从驻俄公使任上回国,在第一次国务会议上,不是谈论国际外交情势,而是大谈外国女人的长裙是如何优美,上海外国女人所穿衣服是爬山服。当然,茶余饭后谈谈这些也未免不可,若在正式会议上作如是状,确实该"打屁股"。
② 杨翠华《任鸿隽与中国近代科学思想与事业》,《"中央研究院"近代史研究所集刊》,第24期上册(1995),第299页。

"实业救国"同一"理路";另一方面,袁世凯政府此时还没有完全暴露其"反革命"的一面,"对革命幻灭"似乎无从说起。① 革命既然已经成功,紧跟着应该建国。因此,辛亥革命后,"建设"取代"革命"成为潮流,革命派、立宪派与工商界莫不怀抱"破坏告成,建设伊始"的抱负,致力于实业建设。② 建国需要知识特别是科学知识,从"实业救国"到"科学救国"也是情理中事。邹鲁也回忆说:

> 我乃将青年同志,除已学成及原系留日读书有官费者外,一律请总理由稽勋局派赴日本留学。……新中国最急需的是建设,而我尤注意造就这方面的人才,因此这批留日生,大都学理工科。③

此时的留美学界,也认为对国人的启蒙任务留日学生已经完成,他们处于祖国的建设时代,对他们而言,应该贡献建设时代所需之建设知识:

> 中国似醒未醒初醒之时,人之从新从旧未定,有日本留学生之书报,有日本留学生之詈骂,有日本留学生之电争,而通国之人大醒。……今日中国已醒矣,已从新矣。铁路当实行建筑,矿务当实行开办,财政当实行整理,至机器化学造船等事皆非言论所能之事,非学浅者所能举办,又非无实习者所能大成。事为建设之事,时为建设之时,欲于此时而欲有影响于国事者,非有建设之学、建设之能及建设之精神不可。④

发达科学是救国、建国、富国、强国的根本方略,发展科学不是单独的个体所能完成的,汲取先进国家经验,组织学会,集合专门人才切磋技艺,科学始能发达:"美国之专门

---

① 张奚若后来回忆说他革命之后选择留学是失望于革命之结果:"在上海住了半年多,曾到南京去看过临时政府的情形,也感觉很失望。在陕西觉得是一些无知的人代替了另一些无知的人,由武昌到上海,沿路所见,也很难令人满意。当时我颇感觉革命党人固然是富于热情、勇气和牺牲精神,但革命成功后对于治理国家、建设国家,在计划及实行方面,就一筹莫展。因此除了赶走满人,把君主政体换成所谓共和政体之外,革命是徒有其表的。皇帝换了总统,巡抚改称都督,而中国并没有更现代化一点。……在这种失望情形下,我便决定到外国去读书。预备些实在的学问,回来帮助建设革命后的新国家。"革命朋友们反对他将革命事业让给进步党和北洋军阀不管这种"不负责任"的态度,他则认为没有现代知识和技术,建设国家将成为空谈,因此他还是置朋友们之反对于不顾,决心留美。因曾在孙中山主持的铁道协会活动,故预备学习土木工程,但因对数学兴趣不够,未入学就改变了计划。可见,张奚若选择留学虽然是失望于革命之结果,但并不是因为南京临时政府之解散与袁世凯篡权,而是因革命党人建国、治国上之"一筹莫展"。因此,他出国留学最初也是选择学习工程技术这种建国知识。参阅张奚若《辛亥革命回忆录》,原载于上海《文汇报》1947年4月16日—5月5日,当年11月生活书店出版单行本。全文收入《张奚若文集》(清华大学出版社,1989年),引文见第463-464页。
② 陈旭麓《近代中国社会的新陈代谢》,《陈旭麓文集》第1卷,华东师范大学出版社,1996年,第494-500页。
③ 邹鲁《回顾录》,岳麓书社,2000年,第39页。
④ 朱庭祺《美国留学界》,《庚戌年留美学生年报》"美国留学界情形"栏,第36-37页。

家,皆有学会,……故虽散处于数千里之外,呼应极灵,研究之事,以互相鼓励而愈进,学问之事以互相讨论而愈明。"中国由于无此种学会的指导,"如在汪洋之中,不知舟之所向,已回国之留学生……无学会为之联络,故四散而势散,事多而学荒"。即使在美的留学生由于没有学会作为枢纽,"输进学识之事不能举办,专门相同之人不易相知"。① 可见,任鸿隽等人赴美留学之时,正是科学救国思潮涌动之时,也是留美学界积极组织学会之际。

创建中国科学社宣扬科学

任鸿隽在康奈尔大学继续学习化学工程,还是在日本所学专业。但已不是为了制造革命的"炸弹",而是寻求富国的"知识":"此时思用化学以兴工业,不为制造炸弹之用矣。"为了进一步深造,康奈尔大学毕业后,又到哈佛大学、麻省理工学院和哥伦比亚大学学习,"盖以此数校之化学工程课程皆较康校为优耳"。(第683页)

学习之余,任鸿隽发挥他在留学生中年岁较长、经验丰富的优长,广泛参与留学生界的活动,担任学生会职务,发表言论,倡议中国建立"学界"。任鸿隽认为"学界"的有无与一国之强弱有极大关系:"吾人试一盱衡当世,其能杰然特出,雄飞大地之上者,必其学术修明之国也。其荼阛不振,气息奄奄,展转于他人刀砧之上者,必其学术荒芜之国也。"(第3页)国家安定、国人诚心向学是建立学界的基本前提,组织学会是根本。他批评民国以来,国人虽知建设重要,但共趋政治一途,"于学界前途,未尝措意""侈言建设而忘学界,是犹却行而求前也"。(第9页)

由此出发,他聚集同道于1914年6月在康奈尔大学创建了中国科学社。创建之初的中国科学社主要以科学宣传为救国工具,创刊《科学》,将他们在美国朝夕相习的先进科学知识传输给国内的"父老昆季",内容以"阐发科学精义及其效用为主",包括科学精神、科学方法等理论知识和科学发明、科学应用等实用知识。

此时的中国科学社以股份公司形式将《科学》杂志作为一种生意去做,这自然是"实业救国"思潮影响的结果,他们也要融入"实业救国"大潮,"鼓吹实业"。但这样的形式与手段自然不能达到真正振兴中国科学的目的。1915年10月25日,进行改组,成为一个纯学

---

① 朱庭祺《美国留学界》,《庚戌年留美学生年报》"美国留学界情形"栏,第34-35页。

1914年8月成立的科学社董事会成员（摄于1915年春）
左起前排赵元任、周仁，后排秉志、任鸿隽、胡明复。

术社团,设立期刊编辑部编辑《科学》、书籍译著部编译图书、图书部筹设图书馆、分股委员会管理分股事宜与年会学术交流等。

关于组织科学社团对传播、发展科学的重要性,任鸿隽在中国科学社第一次年会讲演中有较为形象的论说：

> 譬如外国有好花,为吾国所未有。吾人欲享用此花,断非一枝一叶搬运回国所能为力,必得其花之种子及其种植之法后乃可。今留学生所学,彼此不同,如不组织团体,互相印证,则与一枝一叶运回国中无异。如此则科学精神科学方法均无移植之望,而吾人所希望之知识界革命必成虚愿,此科学之所以有社也。(第88页)

也就是说,组织中国科学社是为了将西方近代科学有系统地移植到中国。美国经历铸成任鸿隽的科学观念,认为科学并不是数学、物理、化学等具体的学科门类,而是"西方近三百年来归纳方法研究天然与人为现象所得结果之总和"。在他看来,只要是运用科学方法进行的研究,无论是相关自然界还是人类都是科学。"故所谓科学者,决不能视为奇巧淫技或艺成而下之事,而与吾东方人之用考据方法研究经史无殊,特其取材不同,鹄的各异,故其结果遂为南北寒燠之互异耳"。他认为中国的考据具备科学的方法与精神,只是因为取材和所期望的目标不同,得到的结果自然大相径庭。因此,对西方科学的介绍应取整体主义的态度:"盖科学既为西方文化之泉源,提纲挈领,舍此莫由。绍介科学不从整个根本入手,譬如路见奇花,撷其枝叶而遗其根株,欲求此花之发荣滋长,继续不已,不可得也。"(第683页)在这种思想关照下,他与同道们开始在中国绍介、传播、普及西方科学知识,呐喊进行科学研究,将科学真正移植到中国,使中国科学走上独立自主的发展道路。由此形成了当时与白话文运动旗鼓相当的革新运动——科学救国运动。(陈衡哲语,第746-747页)

与时人"科学救国"理念主要停留于"技术救国"层面不一样,任鸿隽将追求科学真理、进行纯学术研究看作科学家的本质特征。早在1914年发表的《建立学界论》《建立学界再论》中,他就鲜明地指出,中国科学要发展,国人必须诚心向学:"是故建立学界之元素,在少数为学而学,乐以终身之哲人,而不在多数为利而学,以学为市之华士。"(第6-7页)他批评当时留学生留学只为求出身,得学位,"故方其学也,不必有登峰造极之思,唯能及格得文凭斯已耳。及其归也,挟术问世,不必适如所学,唯视得钱多者斯就之已耳。故有学文科而办铁路,亦有学机械而官教育者"。(第8页)

在1916年发表的《科学精神论》中,指出科学并非当时朝野上下所认知的"奇制、实业",而是"非物质的,非功利的",对科学"当于理性上学术上求";科学"以自然现象为研究之材料,以增进智识为指归""故其学为理性所要求,而为向学者所当有事,初非豫知其应用之宏与收效之巨而后为之也"。(第69页)之所以这样,是因为有科学精神存在,所谓科学精神,"求真理是已":

> 真理之为物,无不在也。科学家之所知者,以事实为基,以试验为稽,以推用为表,以证念为决,而无所容心于已成之教,前人之言。又不特无容心已也,苟已成之教,前人之言,有与吾所见之真理相背者,则虽艰难其身,赴汤蹈火以与之战,至死而不悔,若是者吾谓之科学精神。(第70页)

一个人要具备科学精神,必须具备"崇实""贵确"两个基本要素。当时国人不仅缺乏科学精神,"神州学风,与科学精神若两极之背驰而不相容者",一为"好虚诞而忽近理",一为"重文章而轻实学",一为"笃旧说而贱特思"。此数者不去,"日日言科学,譬欲煮沙而为饭耳"。(第73页)后来,他对科学精神进行了新的阐述,除"崇实""贵确"而外,"察微""慎断""存疑"也是科学精神的基本特征。这五种科学精神,虽不是科学家所独有,但缺少这五种精神,绝不能成为科学家。"我们要说的完备一点,还可以把不为难阻,不为利诱等等美德,也加入科学精神的条目里去"。(第359页)

在1919年发表的《何为科学家》中,任鸿隽对科学与科学家的求真本质进行更为充分的阐述,成为近代中国科学家角色定位的经典文献。这篇文章是他回国时在上海寰球中国学生会的演讲稿经整理而成的。他开篇就承认,"这'科学家'三个字,若是认真说起来,我是不敢当的";若是"照旁的意思讲起来,我是不愿意承受的"。所谓旁的意思,主要是指当时对科学的三种看法,第一种看法认为"科学这东西是一种玩把戏,变戏法,无中可以生有,不可能的变为可能,讲起来是五花八门,但是于我们生活上面却没有什么关系";第二种看法认为"科学这个东西是一个文章上的特别题目,没有什么实际作用";第三种看法认为科学仅仅是物质主义的,仅仅在讲究实业的人可以讲求,而其他人似乎不必费心,等等。(第179-183页)这三种认识都没有将科学作为一门学问看待,基本上将科学等同于技术,这是承续洋务运动视科学为技术的结果:"吾国学界之轻视天然科学久矣,意谓各国之强,强于器械工艺尔。吾苟能学其器械工艺者,则富强可立至。"[1]

为了让听众明白科学家的本质含义,他首先阐述了科学的内涵。第一,"科学是学问,不是一种艺术"。所谓学术,正如古人所说"不学无术",学是根本,术是学的应用。[2] 中国人一直自豪虽然我们的"形而下"艺术不能与西方媲美,"这形而上的学问是我们都有的,未尝不可抗衡西方",其实"我们所谓形而下的艺术,都是科学的应用,并非科学的本体;科学的本体,还是和那形而上的学同出一源的"。科学是"形而上"的学问,任鸿隽为科学在传统学问中找到了可以栖息之所。第二,科学的本质是"事实不是文字"。在任鸿隽看来,中国文化不及西方文化之所在,就是"因为一个在文字上做工夫,一个在事实上做工夫的原故"。而科学所研究的是自然界的现象,科学家们所注重的是"未发明的事实",这样科

---

[1] 钱崇澍《评博物学杂志》,《科学》第1卷第5期(1915),第605页。
[2] 其实早在1911年,梁启超就对"学与术"的关系做过类似的解说:"学也者,观察事物而发明其真理者;术也者,取所发明之真理而致诸用者也。"(丁守和主编,《辛亥革命时期期刊介绍》第3集,人民出版社,1983年,第627页)

学家不仅要像中国人一样读古人书,了解前人的研究,更重要的是研究事实,在实验室和大自然进行成年累月的观察和实验。(第183-185页)

在此基础上,他对科学家社会角色进行了定义,"科学家是个讲事实学问以发明未知之理为目的的人",一个科学家不是大学毕业或者博士毕业就能养成,得了博士学位后,"如其人立意做一个学者,他大约仍旧在大学里做一个助教,一面仍然研究他的学问。等他随后的结果果然是发前人所未发,于世界人类的智识上有了的确的贡献,我们方可把这科学家的徽号奉送与他"。在任鸿隽看来,作为一个真正的科学家,他必须对人类的知识做出独特的贡献,因此他与他同船回国的同学根本不能被称为"科学家",最多只能称为"科学家"预备人员而已。(第185-186页)

科学家"是研究自然的人,……他使用的智力工具是数学、测量和实验,而不依靠权威的解释和思辨与灵感。他认为当时的科学状况在将来会被不断改进,而不认为科学知识会止于过去黄金时代的标准之下。……在尊严方面他享有传统的哲学家、神学家和文学家的同等地位,在实用性方面他比这些传统角色优越"。[1] 任鸿隽的演讲充分体现了科学工作者对其自身社会角色的自觉,他们已经认识到并不是所有在大学获得科学学位者就可以成为科学家,必须还要在科学的园地继续耕耘,直到获得对人类知识有贡献的成果后,科学共同体才会将科学家这一职业角色赠与给他。科学家是"求真知"的人,对真理的追求超过其他一切价值,这也是他们角色意识的标志之一。

任鸿隽关于科学家社会角色的这一定义,与今天科学社会学家的定义极为相近。科学工作者以报告、论文或其他文字或图表形式向科学共同体提供其研究成果,科学共同体接收到后如果接受,就将科学家这一职业角色授予科研成果提供者。[2] 非常可惜的是,任鸿隽关于科学的求真属性、科学家求真存疑本质的真知灼见并未引起人们的广泛重视,时至今日,许多科学工作者不仅没有求真的基本素质,反而弄虚作假;社会上还把仅仅受过科学教育的人、大学教授或者学者看作科学家,于是乎"科学家"队伍急剧膨胀,各种各样的非科学现象层出不穷。

任鸿隽也积极参加当时各种相关科学的论争,为科学辩护。自梁启超《欧游心影录》

---

[1] 约瑟夫·本-戴维著,赵佳苓译,《科学家在社会中的角色》,四川人民出版社,1988年,第331页。
[2] 李克特著,顾昕译,《科学是一种文化过程》,三联书店(北京),1989年,第152-153页。

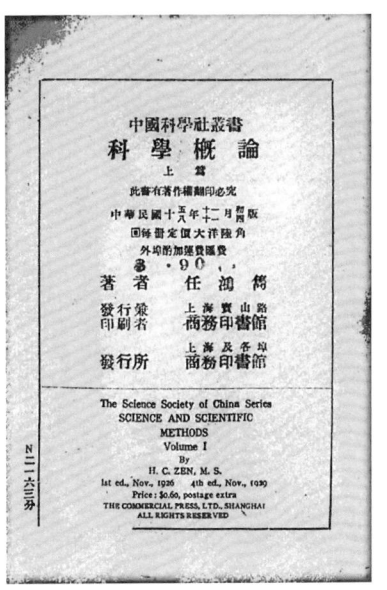

任鸿隽在中国科学社首次年会演讲《外国科学社及本社之历史》(刊载《科学》第3卷第1期)首页和商务印书馆1929年四版任鸿隽所著《科学概论》(上篇)版权页

出版以来,"科学破产论"开始在中国社会蔓延流行。1920年8月在南京召开的中国科学社第5次年会上,就有社友指出:"前数年社会趋向,注重科学,鄙弃文学,今则颇移其重视科学者,重视哲学";而且"新旧派学者之各据一方,前者专凭经验,而不问学问之有无,后者又尚空谈,不求实际,皆无科学精神"。① 1921年9月在北京召开的中国科学社第6次年会上,社员们对梁启超"科学万能破产"进行了讨论,鲁迅先生在给周作人的信中对这一讨论予以讥诮。② 1923年终于爆发以"科学与人生观"为题的大论争。任鸿隽自然站在以丁文江为代表的科学一派,被郭颖颐作为经验论唯科学主义论者出现在被广泛征引的著作《中国现代思想中的唯科学主义》中。③ 任鸿隽发表文章指出"科学破产论"之荒谬,说鼓吹"科学破产论"者不过是"一二神经过敏之人"。第一次世界大战后国际科学发展的趋势

---

① 《宁垣中国科学社开会纪》,《申报》1920年8月17日,第7版。
② 鲁迅先生1921年9月4日致信周作人说:"此间科学会开会,南京代表云,'不宜说科学万能!'此语甚奇。不知科学本非万能乎? 抑万能与否未定乎? 抑确系万能而不宜说乎? 这是中国科学家。"(《鲁迅全集》第11卷,人民文学出版社,1991年第5次印刷,第397-398页)有关这段话的注释称本次年会为"1921年8月20—31日在北京清华园举行的全国科学大会"。需要指出的是,该注释有两个不妥之处:一是开会时间不对;第二,该会并不是全国科学大会,仅是中国科学社这个综合社团的一次年会而已。
③ 自从郭书为江苏人民出版社以"海外中国研究丛书"之一种出版以来,引发了中国学界有关中国唯科学主义之研究潮流。值得注意的是,撇开观点不说,是书有关任鸿隽的述说有不少史实错误,诸如任鸿隽是数学家等。

表明,在充分享受科学益处的西方,"科学在性质上、组织上,皆有扩充之势,无萎缩之兆;有调和之机,无冲突之患"。那些因第一次世界大战而问罪科学并预言科学将衰落者,既不了解科学自身,也不了解世界科学发展大势。因此,对1923年前后的中国科学发展充满忧患意识:"以地大物博之我国,科学既鲜有发明,科学团体之组织复不见进步,……不知将以科学破产之言自欺欺人以自耶?抑将自绝于人文之域,不为当世智识界之增进尽一份人类应具之责任也?"①

作为中国科学社的灵魂,任鸿隽在《科学》上发表了大量文章,这些文章可以分为五大类。第一,科学通论,如《说中国无科学之原因》《科学家人数与一国文化之关系》《科学与工业》《科学与教育》《科学精神论》《科学与近世文明》《科学方法讲义》《科学基本概念之应用》等;第二,相关专门科学,他所习专业是化学,集中在新化学元素的介绍与化学名词的审定等方面,如《化学元素命名说》《1917年万国通行原子量委员会报告及原子量表》《无机化学命名商榷》等;第三,科学的应用,如《化学于工业上之价值》等;第四,科学史,如《外国科学社及本社之历史》、"近世化学家列传"专栏如拉瓦锡、道尔顿等人传记;第五,呐喊鼓吹科学研究,如《何为科学家》《科学与发明》《发明与研究》《发展科学之又一法》等。②

第一类文字对中国人正确理解科学有大贡献,在相当程度上扭转了当时国人对科学的妖魔化理解。第四类能激发中国人学习科学的兴趣,正如周光召先生所说,科学史能帮助公众理解科学,"通过科学史,非专业人员可以对科学理论及其演变过程有一个大概的了解,……从而体会到探索自然奥秘的幸福和艰辛"。③ 第二、三类也有其相应的历史作用与地位。相形之下,提倡科学研究的第五类文字是当时科学宣传与呐喊中最为特出的声音,对中国近代科学影响最为巨大,却是今日论者甚少注意的环节。过去,研究者们大多从思想史的角度研究五四时期的科学,没有从中国近代科学技术的具体发展切入,这一"理路"自然很难厘清五四时期科学宣传者在近代中国科学发展史上的重要地位。思想只有在它生根发芽后才具有真正的作用,科学思想也只有在科学有了相当发展的基础后,才能产生真正的社会影响;只有进行实实在在的科学研究,中国科学才能生根发芽,才不会

---

① 任鸿隽《科学研究之国际趋势》,《申报》1923年"国庆纪念增刊"甲组第2张第7版。
② 杨翠华先生将任鸿隽这些文章分为三类,分别为"通论""专门"和"应用",见《任鸿隽与中国近代科学思想与事业》第301-302页。笔者的分类受其启发,谨以致谢。
③ 转引自席宗泽《中国科学技术史学会20年》,《中国科技史料》2000年第4期,第295页。

停留于"空谈"与"玄谈"。

宣扬科学研究与推展科学之志业

任鸿隽一再指出科学的发展需要科学家们进行艰苦的科学研究,勉励国人进行独立的科学研究。早在中国科学社1916年在美国举行的第一次年会上,任鸿隽就满怀忧患地指出中国科学社存在的缺陷:"但有一件,为他国科学社所最注重,进而言之,为他国科学社精神所在,而我们中国科学社所尚未议及的,就是自己设立实验室以研究未经开辟的高深学问。"中国科学社成立时,科学已进入大学,大学成为科学发展的推进器;同时,无论是政府还是工矿企业设立的专门科研机构也已大大发展,那些过去对科学发展贡献很大的科学学会如英国皇家学会已仅专注于学术评议与奖励,不再进行科学研究了。在此背景下,中国科学社还需成立专门机构进行研究,以推进科学发展吗?完全需要。任鸿隽解释说:

> 目下的中国,也与十六世纪的欧洲差不多。对于近世的新哲学,尚在莫名其妙的境界。高等以上的学校,可算名副其实的,真有几个?若专靠这几个不中不对的学校,不从他方面开一个直捷有力的门径,想要科学发达,恐怕是俟何【河】①之清了。诸君或者又说,学会组织有两种。一种是专为自己研究学问的,一种是专为开通民智的。我们的学会,若是专为开通民智起见,这自己研究学问的事,可以不必问及。这也不然。大凡一个组织,必须有体有用,然后其组织不是无根的木、无源的水,可以继续发达。外国的学社,但有以谋科学的进步为宗旨的(如英国科学促进会、美国科学促进会皆是),却没有但以开通民智为宗旨的。因为能谋科学的进步,这开通民智的结果,是自然而然的了。(第104-105页)

虽然中国科学社成立之初以开通民智为矢的,但国情与早期西方科学团体成立时的情形相差无几,因此中国科学社必须担当开通民智与科学研究的双重任务。任鸿隽还指出科学研究的成果是进行科学宣传的基础,没有这个"源",科学普及就成为"无源之水""无本之木",开通民智云云只能成为"镜中花""水中月"。

---

① 【 】中字为更正原文错别字,下不注明。

以后,任鸿隽在《科学》上连续发表《发明与研究》《发明与研究(二)》《发展科学之又一法》等文章,鼓吹科学研究。指出科学发明并非偶然得来,而须经"孜孜兀兀好学不倦"的科学家呕心沥血的研究,所以"发明有待于研究,而研究又有待于历久之积力"。他介绍国外的研究机构有大学及专门学校之研究科、政府建立之局所、私家建设之研究所、制造家之试验场四类,它们各有优点和缺点,他心仪的是法国巴斯德研究院和镭学研究所:

> 学校内之研究,既以教科之故而不免分歧,政府之局所亦以意主实施而未能深造,其他私立之研究所与制造家之试验场,又以组织或原动力之不同,而各有相当之限制。求其与研究科学最为相宜,而有相互感应,相引弥长之效者,则莫如以科学上之大发明为中心,为研究特别问题而设之研究所。(第269页)

通过对巴斯德研究院和镭学研究所的分析,他得出结论说:"科学之发展与继续,必以研究所为之枢纽,无研究所则科学之研究盖不可能。反之,欲图科学之发达者,当以设立研究所为第一义。"1920年,在中国科学社第5次年会上,任鸿隽进一步指出,科学研究及其科研组织的完备,表征着一个国家的进步:

> 现在观一国文明程度的高低,不是拿广土众民、坚甲利兵作标准,而是用人民知识的高明,社会组织的完备和一般生活的进化来做衡量标准的。现代科学的发达与应用,已经将人类的生活、思想、行为、愿望,开了一个新局面。一国之内,若无科学研究,可算是知识不完全;若无科学的组织,可算是社会组织不完全。(第727页)

当时中国,"震惊于他人学问文物之盛,欲急起而直追久矣。顾于研究之事业,与研究之组织,乃未尝少少加意。兴学已历十年,而国中无一名实相副之大学。政变多于蜩螗,而国家无纳民轨物之远献。学子昧昧于目前,而未尝有振起新学之决心。商家断断于近利,而未尝有创制改作之远志。茫茫禹甸,唯是平芜榛莽,以供楛窳民族之偷生苟息而已,所谓文明之花者,究何由以产出乎?"任鸿隽为文大肆宣扬科学研究,就是为了纠偏时风,"欲为羡鱼者授之以网,过屠门者进之以肉""陈规具在,其则不远,藉攻玉于他山,成美裘于众腋,作者之幸,当无过于此者矣"。(第153页)

行动远胜于空谈,任鸿隽与同道们立即着手科研机构的创建。1922年8月18日,中国科学社生物研究所正式宣告成立。同时,中国科学社进行第二次改组,将社务重心转向科学研究,宗旨为"联络同志,研究学术,共图中国科学之发达",明确提出"研究学术"的科学研究口号。从此,中国科学社从一个纯粹的宣传科学的学术团体转变为一个以科学研究、学术交流以发展中国科学为主要目的的学术组织。

除领导中国科学社发展中国科学事业外,任鸿隽还就任过其他一些推动中国科学发展的职位。1920年秋应蔡元培聘任北京大学化学系教授,不久受教育总长范源濂之请,兼任教育部专门司司长,由于一贯主张一人一时只任一事,乃辞去北京大学教职,专任司长。① 在教育部任职期间据说对教会学校多有"不恭",致使后来不能进入此类学校做事。② 次年因范总长去职,他也一同进退。1923年冬任东南大学副校长,1925年初辞职。当年夏天,范源濂就任中华教育文化基金董事会(下简称"中基会")干事长,邀请他担任专门秘书,从此介入中基会工作。1935年出任四川大学校长,1938年继庄长恭为中央研究院化学研究所所长,不久兼任中央研究院总干事。他在四川大学的作为虽校史给予很高的评价,但亦有待于进一步研究;③而在中央研究院的工作几乎没有得到应有的估量。下面仅看看他在中基会是如何推进中国科学发展的。

当范源濂邀请他时,他考虑到自1918年回国后,"以发展科学之重要强聒于国人之前,顾响应者寡,苦无力以行其志。今得此有力机关,年斥百余万金钱,以谋科学事业之发展,是真吾所寤寐以求,且以为责无旁贷者也"。(第686-687页)自回国以后,任鸿隽一直致力于中国科学的发展,可七八年间,成效甚微,即使有相当基础的中国科学社事业进展也不顺利。1918年搬迁回国就开展的5万元基金募集,到1922年仅募到1万余元。因此,当有机会支配大额款项发展科学事业,其心中的愉悦自然是难以述说的,乃欣然应召。1925—1935年,他由专任秘书而执行秘书、副干事长,再干事长兼董事,同时担任科学

---

① 任鸿隽说:"余生平作事有一信条,即一时只任一事,必不脚踏两只船以自便而误事。盖吾见当时事业之败坏,由于一人之包揽而不负责者占其大半。"(第686页)
② 1925年"东南大学易长"风潮时,任鸿隽是副校长,夹在两派中间,左右为难,于是他的朋友们都劝他辞职。朱经农想介绍他到沪江大学任国文部主任或化学教授,结果因为"教会学堂因为叔永作专门司长的时候,对他们太严厉,疑他反对教会学校,所以进行竟不顺利"。参见中国社会科学院近代史研究所中华民国史组编《胡适来往书信选》(上),中华书局,1979年,第319页"朱经农致胡适"函。
③ 《四川大学史稿》(四川大学出版社,1985年)称任鸿隽掌校时期为"学校的革新与发展",从人才聘请和教学改革等方面对其在四川大学的工作做了极为详尽的梳理,并对他离开四川大学的前因后果进行了一定的剖析。据说他在四川大学的所作所为并不为蒋介石赏识,而且中央也有人因他不愿担任四川省教育厅厅长而不满意。因此以后竺可桢曾多次推荐他接任浙江大学校长,都为蒋介石所拒绝(《竺可桢日记》第一册,人民出版社,1984年,第92、95、502页等)。(**编注**)近几年来,王东杰对任鸿隽在四川大学的作为有比较精当的研究,出版有专著《国家与学术的地方互动:四川大学国立化进程(1925—1939)》(三联书店,2005年),《建立学界　陶铸国民:四川大学校长任鸿隽》(山东教育出版社,2012年)。

中基会第 9 次年会合影(1933 年 7 月 14 日摄于上海)
前排左起刘师舜(外交部代表)、贝克、周诒春、蔡元培、沈鹏飞(教育部代表)、
卓思麟(驻华美国公使代表),后排左起徐新六、金绍基、司徒雷登、顾临、任鸿隽。

研究补助金及奖励金审查委员会、国立北平图书馆委员会委员、静生生物调查所委员会委员长等,成为中基会的重要领导人和实际负责人。将中基会之事业,"由纯粹保管款项机关进而为推进科学文化之有力组织"。1935 年以后他继续担任中基会董事、静生生物调查所委员长等。1942 年 1 月中基会成立非常时期委员会,被举为干事长,再次实际负责中基会工作。不久辞中央研究院化学所所长和总干事,专意中基会。①

在中基会的二十多年间,他努力实现发展科学的理想,陈衡哲也认为其夫君留美回国的事业中,"尤以中基会为最能使他发展其对于科学的抱负与贡献。……他曾利用中基会的经济辅助,尽量的在全国各大学去奖励科学的研究与工作;又遣送有科学天才的青年,到欧美去留学。对于国内的科学研究事业,……他也尽力的给予经济及道义上的支持。"(第 747 页)中基会在科学教育方面,以培养中学师资为重点,在大学设置若干"科学教席";在科学研究方面,在人才设备已有基础的科研机关设置"研究教授",延请名家进行

---

① 参阅赵慧芝《任鸿隽年谱》,《中国科技史料》第 9 卷第 2、4 期(1988),第 10 卷第 1、3 期(1989)。

科学研究,翁文灏、李济、秉志、胡先骕等分别作为地质调查所、中央研究院、中国科学社生物研究所、静生生物调查所专家担任过此职;另外还设置"研究奖学金及助学金",以培养鼓励人才,华罗庚等大批青年才俊借此施展才华;在科学应用方面,对农、工、医等方面以集中原则予以补助。中基会对中国科学事业最大的推动应该是与尚志学会合作成立静生生物调查所、派遣大量留学生出国学习和资助大量的科学研究课题。①

正如任鸿隽自己所说,他以过渡时代的人物,"初时沉没于科举学校之潮流,继乃辗转于普通中学之限制,迄至生年二十有九,始正式在外国大学毕业。是时已人事复杂,聪明消磨,学业之终无所成"。(第688页)终其一生,他并没有像他一直宣扬的那样,在实验室进行科学研究,而是致力于科学与科学事业的宣传与推展,以救国建国。这一理念影响到他在1949年这个大转折点的选择。

1947年元旦,任鸿隽(左)与他的三个子女以安、以都、以书合影于美国麻省剑桥寓所

长女任以都,长期任教美国宾夕法尼亚州立大学,独立创设东亚系,从事中国近代社会经济史研究,与丈夫匹兹堡大学采矿系主任孙守全合作将《天工开物》译为英文,书名《宋应星著〈天工开物〉——17世纪的中国技术》,被称为《天工开物》"任本",也曾参与《剑桥中国史》的撰写;次女任以书毕业于美国瓦萨大学,回国照顾父母,……20世纪80年代再度赴美;小儿任以安,哈佛大学物理学博士,曾任美国地质学会会长。

任鸿隽在极力维持中国科学社事业和中基会事业的艰难困苦中迎来了1949年。在这一历史发展的关节点,当时一大批有选择权的知识分子面临抉择,②是留居大陆接受中

---

① 关于中基会对中国科学发展的影响,参阅杨翠华《中基会对科学的赞助》,"中央研究院"近代史研究所专刊,1991年。
② 在这一时刻,有两类知识分子是不需要选择的,一是与中国共产党关系密切的左派,如曾昭抡等人;一是与国民党走得很近的人,如胡适、傅斯年等人;面临选择的是一些所谓的"中间分子",任鸿隽显然属于需要选择的一类。这里所谓的"有选择权"是指他们具有选择能力,当然大多数人没有选择能力,他们只能被历史的潮流裹挟而已。

国共产党的领导,还是跟随国民党到台湾,还是去国流落海外。据竺可桢说,他1949年5月1日会晤任鸿隽夫妇,知他们正设法乘轮船转港去美国,因其子女三人都在那里。① 说明任鸿隽最初还是选择了去国这一道路,但他夫妇终未离开大陆。

据任以都先生推测(后来也得到了她母亲同意),像任鸿隽夫妇这样有机会"出去"的人选择留在大陆,主要是与他们一生的信条有关,他们要为国家做点事:

> 在他们心目中里,中国指的就是那块土地,和那块土地上生活的人民。他们一辈子立志为国家做点事,当然舍不得撇开这块土地与人民,一走了之。家父虽然有机会到美国去,但是,他在美国能干什么呢?当时很多人避难美国,也只能做做寓公、虚度岁月。家父似乎认为国家正处于危急关头,每个国民都应该牺牲奉献,贡献一己所能;况且他也不愿放弃推展科学教育的半生专业,留在大陆,才能继续做点这方面的努力。对他而言,不论去美国或是到台湾,显然都没有机会施展他的抱负。②

如果说任鸿隽去美国或台湾就不能"推展科学"似乎有些不合情理,难道说台湾不需要科学吗?胡适去美国后不照样回转台湾"推进科学"了?也就是说,任鸿隽夫妇选择留在大陆,并不是因为海外没有他施展才华的空间。正如陈衡哲对任以都所说:"我们那一代人出去留学,都有一个理想,就是学成归国,要为国家、人民尽点心力、做点事。你们这一代却根本对公众的事,没有理想,只愿念个学位,找份好差事,这算什么?"任鸿隽夫妇这样一代留美知识分子,他们平生志业是为国家和人民做点事。在他们看来,个人只是达到这一终极目的最为重要的工具而已,个人的一些损失或不便,与建设国家这个大目标相比都是可以不予计较的,个人的自由与行为从属于"为国家做点事"这个大目标。虽然他们曾经留美,受过系统的西方教育,但传统士大夫的家国情怀,关怀天下生民、关注公共利益,不计较个人得失这些特征还是在他们身上有很好的体现。因此,他们也许可以被看作传统中国士大夫的最后代表,西方文化中"人的觉醒"虽在美国受教育时曾经"沐浴"过,但终未成为他们人生的"航标灯"。

---

① 樊洪业主编,《竺可桢全集》第11卷,上海科技教育出版社,2006年,第431页。
② 张朋园等访问,《任以都先生访问记录》,台北"中央研究院"近代史研究所,1993年,第113-114页。

自1912年任鸿隽弃参议院秘书长职位不就以来,一直以推展科学、发展科学为己任,虽然南京国民政府一再邀请他出任诸如厅长、部长等高位,但他不为所动,专心致志于科学推展事业。这既是他当初弃官从学,选择以科学救国道路的逻辑发展,也是他认定的建设国家、富强国家,为国家和人民贡献力量的正途。要为国家和人民做贡献,除了留在这块土地上还有什么选择呢?无论是什么政权,国家建设总是必须的、总是要进行的,北京政府时期不是可以推展科学吗?南京国民政府时期也可以推展科学,那么在共产党领导下自然也是可以贡献力量的,特别是在科学宣传与推展事业上。① 1949年后,任鸿隽相继翻译出版《最近百年化学的进展》《爱因斯坦与相对论》等著作,写文章评论李约瑟《中国的科学与文明》第一、二卷,海森堡《物理学与哲学——现代科学的革命》,发表《谈科学翻译问题——从严译〈天演论〉说起》讨论科学翻译,批评当时喧嚣一时的科学阶级论,"科学知识——用科学方法而获得的真实知识,是有普遍性和一致性的,不因社会制度不同而有差别"。(第634页)

任鸿隽、陈衡哲夫妇1948年摄于上海中山公园

1949年5月,中国科学社等4团体联合发起"科代会",任鸿隽名列发起人之一。6月5日,中国科学社等26个团体发起组织"上海科学技术团体联合会",任鸿隽也是发起人之一。9月,从香港到北平,出席全国政协会议,10月1日参加开国大典。1950年8月,出席在清华大学召开的"科代会",当选全国科联25位常委之一。11月,担任中国人民抗美援

---

① 冯友兰的弟弟清华大学地质学教授冯景兰在去留问题上问计于他时,他说:"何必走呢?共产党当了权,也是要建设中国的,知识分子还是有用的,你是搞自然科学的,那就更没有问题了。"因为他的态度是"无论什么党派当权,只要它能把中国治理好,我都拥护"。参阅冯友兰《三松堂自序》,人民出版社,1998年,第120页。关于冯友兰1949年去留问题,台湾学者翟志成有长文专题研究,参见氏著《冯友兰的抉择及其转变》,《中国文哲研究集刊》第20期(2002)。

朝委员会上海分会常务委员、科技界分会主任。12月,被推选为政务院文化教育委员会委员和华东文化教育委员会委员。1951年,当选上海市科联主任委员。

最初几年,任鸿隽在担任各种"委员"与出席各种会议中度过。世事难以逆料,他的科学推展事业进行得并不顺利,耗费心血最多的中国科学社旗帜《科学》1951年出版一增刊后被迫停刊,中国科学社也面临最严重的危机。1953年中国科学社明复图书馆与中国化学工业会图书馆合并。1954年主持在上海召开中国科学社40周年纪念会,举办"中国科学史料展览",并主持将中国科学社生物研究所标本、仪器及工作人员移交中国科学院。1956年将明复图书馆移交上海市文化局,改组为上海科学技术图书馆,担任馆长;并以中国科学图书仪器公司董事长身份将公司印刷厂合并到中国科学院所属科学出版社,人员和机器搬迁北京。1957年将中国科学图书仪器公司编辑部合并给上海科学技术出版社,仪器合并给上海量具工具厂。

当任鸿隽主持将这些事业移交完毕时,却迎来了1957年"百家争鸣,百花齐放",于是又不甘寂寞,复刊《科学》(季刊)为第33卷,发刊至1960年4月第36卷第2期,移交给上海市科协而停刊。1958年春天,上海科学技术图书馆并入上海图书馆,任鸿隽被任命为上海图书馆馆长。冬天,当选上海市科学技术协会副主席。1960年5月5日,中国科学社与上海科协办妥一切交接事宜后,发布《告社友公鉴》,正式宣告退出历史舞台。9月,任鸿隽应政协文史资料委员会之请撰写中国科学社社史。年底以年老体弱辞去上海图书馆馆长职务。1961年5月,《中国科学社社史简述》在《文史资料选辑》第15辑发表。10月9日心脏病发作,送华东医院急救。11月9日,与世长辞。①

任鸿隽1949年后的主要工作,是一步一步将他一手创建并克服千辛万苦发展起来的中国科学社,分批拆散移交给政府的相关部门。当他完成"撤毁"工作之后,就是为它唱"挽歌"——撰写社史,对中国科学社可谓"鞠躬尽瘁,死而后已"。一切收拾停当,环顾四周,突然发现"四壁空空",再没有值得留恋的一丝一毫,一生的志业结束了,生命的支撑没有了,油灯已燃尽。可他留下了生命的另一半——妻子陈衡哲,让她一个人独挡"文革"的

---

① 1949年以后任鸿隽的活动参阅赵慧芝《任鸿隽年谱》。

风风雨雨。1976年1月7日,近代中国第一位女教授、新文化运动中知名女作家和史学家陈衡哲走完了她的一生,在上海长眠,留下了极有影响的《西洋史》和大量"女权主义"的文章。①

(《近代中国》第17辑,上海社会科学院出版社,2007年,第245-270页)

---

① 她的《西洋史》被收入"新世纪万有文库",1998年由辽宁教育出版社重版;《衡哲散文集》作为"中国现代小品经典",1994年由河北教育出版社重版;小说集《小雨点》作为"中国现代文学史参考资料",1985年由上海书店影印出版。

丁文江与中国科学社

中国近代地质学奠基人之一、在当时学术界与社会影响力都甚为巨大的留欧学生丁文江,1923年当选留美学生创建的中国科学社社长,是中国科学社搬迁回国后,寻求社会支持、走出困境、扩展社务与扩大社会影响力,并进而融入国内学术界与社会的重要举措之一,极大地促进了中国科学社的发展。丁文江后来亦曾有不利于中国科学社发展的举措,并引起了双方的摩擦与矛盾。

科学社归国,寻求生存之道

1923年10月18日,中国近代心理学奠基人之一、中国科学社早期领导人之一、时任商务印书馆编译所哲学教育部主任的唐钺,致函中国科学社核心领导人之一、长期主持《科学》编辑部工作的杨铨说:

> 顷闻丁君在君欲辞科学社社长之职,吾个人意见以为本社须极力挽留,不能听其辞却。本社成立许久,活动者不过限于极少数人,不特内部难望发展,即外人亦怀猜疑,及今添换新人实为必要,望足下及其他理事极力劝丁君就职,社员亦必表同情也。
>
> 吾发表此意纯为大局计,对于各个人绝无轩轾之见,想足下定不误会。①

唐钺认为中国科学社虽然成立时间不短,但热心社务者仅仅限于极少数人,不仅内部无法得到发展,也引起外人"猜疑",有陷入"小圈子"的危险。这自然与中国科学社"联络同志,共图中国科学之发达"的宗旨相背离。因此,他呼吁"添换新人",希望杨铨与其他理事力促丁文江就任社长。

中国科学社虽是一个综合性学术社团,1918年搬迁回国时也有社员400人左右,但毕竟是一个由留美学生发起成立的民间组织,成员大多是血气方刚的年轻人,入社时多为留美学生。年轻人有年轻人的优势,有闯劲也有干劲,但也有劣势,事业大多无成,回国后首

---

① 中华人民共和国名誉主席宋庆龄陵园管理处编,《啼痕:杨杏佛遗迹录》(下简称《啼痕》),2008年,第242页。

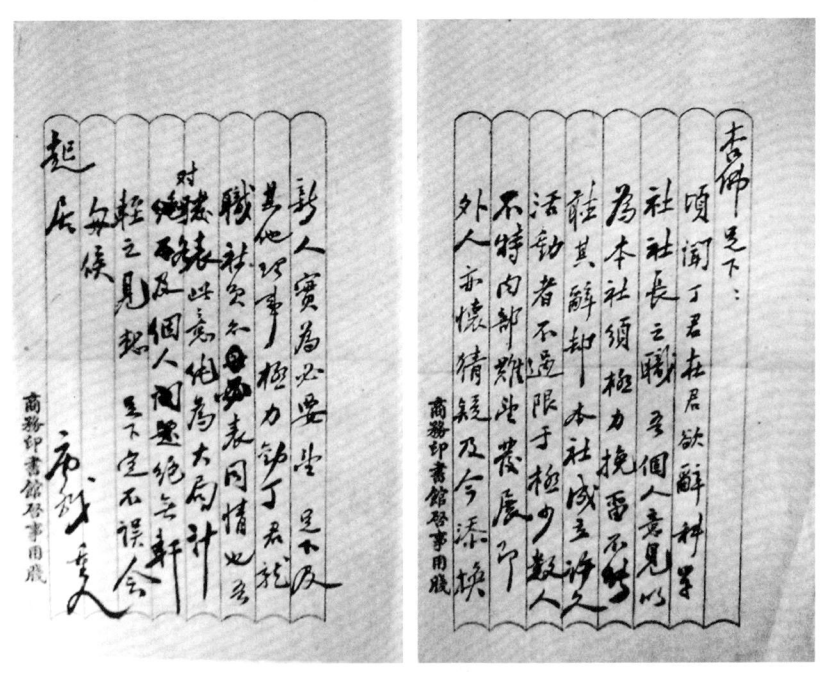

唐钺致杨铨函书影
唐钺曾连续当选中国科学社第一、二届司选委员,1918年当选
理事,后以不能按照章程行使民主选举的权力,退出领导层。

先要找工作,结婚生子,不免受到家庭与社会的羁绊。刚搬迁回国时,中国科学社面临新入社社员急剧下降、经费奇缺、旗帜《科学》稿源缺乏以致无米下炊、没有固定的社所等现实困难。更为重要的是,当时国内政局不宁,社会不稳,留学归国者显身手的舞台极其狭窄,真正能开展科学研究的机会更是少之又少。这样,社内社友对社务缺乏热情、社务发展缺乏经费,社外环境又是如此窘迫,中国科学社回国之初可谓处于生死存亡的境地。非常幸运的是,中国科学社有一个强有力的领导群体,他们通过各种途径和方法,逐步解决了生存的困难。①

无论是留欧学生、留美学生还是留日学生,留学期间都曾创有不少学术团体,但归国后大都不仅未能得以发展,反而慢慢归于沉寂,最终消亡,其中最重要的原因是自我封闭,不能自行调适以适应与留学地域完全不同的国内环境。在积极寻求生存的同时,中国科学社领导人也不断调适,寻找发展途径。首先,修改社章,并在1922年7月南通召开的

---

① **(编注)**中国科学社搬迁回国之初面临的各种困难及其逐步解决的具体情况,参阅拙著《赛先生在中国——中国科学社研究》第五章,上海科学技术出版社,2018年。

第7次年会通过。新社章将原来执掌社务的董事会改名为理事会;设立全新的由社会名流组成的名誉性董事会,专门进行基金捐款与管理,并选举张謇、马相伯、蔡元培、汪精卫、熊希龄、梁启超、严修、范源濂、胡敦复9人为第一届董事。新董事会既有实力派人物如张謇,也有政坛文化"双栖明星"梁启超、熊希龄;既有亦政亦教的严修、范源濂、蔡元培,也有专办教育的马相伯、胡敦复,更有未来政权领袖汪精卫。可以说,董事会汇聚了各派力量可以为社务发展提供帮助。

新董事会的成立是中国科学社适应中国社会的一次尝试,在经费募集与筹集上给社务极大的提升与影响。但董事会仅仅是名誉性组织,其成员并非学术中人,真正能影响中国科学社发展方向与道路的,是由学人组成的理事会。中国科学社成立后,不期然间成为一个以留美学生为活动核心的社团组织。因此,打破壁垒,突破留学藩篱,开放与分享权力,团结国内学术领军人物,将他们选举进入领导层,将中国科学社办理成真正的、综合性的具有全国影响力的学术社团,也成为中国科学社的重要举措之一。

1919年8月在杭州举行的国内第一次年会上,选举留学德国柏林工业大学、中国水利事业创始人之一、时任河海工程专门学校教授的李协为董事,开启了中国科学社吸引国内学术界领军人物的大幕,其后张准、王伯秋、丁文江、秦汾、翁文灏等一批或早先留美归国已在国内取得相当成就、或留学欧洲的国内学界领军人物相继当选董事或理事,进入中国科学社领导层,丁文江更在1923年当选中国科学社成立以来的第二位社长。

丁文江被推举为社长

丁文江(1887—1936),江苏泰兴人,早年留学日本,后转赴英求学于格拉斯哥大学,习动物学和地质学。回国后致力于开创中国地质学事业,创建近代中国最著名、影响最为巨大的科研机构——地质调查所,不仅取得了举世闻名的科研成就,更培养了大批人才。他被誉为"有办事才的科学家""新时代最善良最有用的中国之代表""抹杀主观,为学术为社会为国家服务者,为公众之进步及幸福而服务者"。面临北京政府时期军阀混战的局面,提倡"少数人的责任",鼓吹好人政府,并挑起影响深远的"科学与人生观"论争,是当时中国最有影响力的科学知识分子。

丁文江什么时候加入中国科学社,哪两个人介绍他入社现还不清楚,只知他入社号为619。他与中国科学社领导层任鸿隽等人的交往,胡适大概是中间人。1920年3月,胡适日记中已有与丁文江交往的文字记载。此后,丁文江就积极参与中国科学社的活动。1920年8月在南京社所召开第5次年会,筹备委员会曾预告年会论文征集情况,宣称当年"成绩尤极有希望",已征集论文8篇,第一篇即为丁文江《中国之矿业》,分为"中国矿产之储量""中国矿业之统计""近三年之进步""将来之希望"四个部分。① 但最终丁文江未能与会,其论文也没有得到宣读。

1920年10月3日,中国科学社北京社友会开会,丁文江与会。与金邦正等5人当选筹款委员;与任鸿隽等4人当选人才调查委员。11月14日,社友会再次开会,丁文江演讲《云南人种之研究》。1921年9月1—3日,中国科学社第6次年会在清华学校举行,丁文江第一次参加年会。曾主持科学教育讨论会,发表演讲,指出中国科学教育存在的问题,提出一些建设性的建议,并提议由年会函请教育当局公布高等教育情形。也代因病不能赴会的翁文灏宣读论文《甘肃地震考》,并幻灯影片讲演《云南人种之研究》,"学理经验,皆极丰富",闻者"皆叹为闻所未闻"。还在社务会上当选筹备募集基金委员。年会后,被推举为《科学》编辑部编辑。②

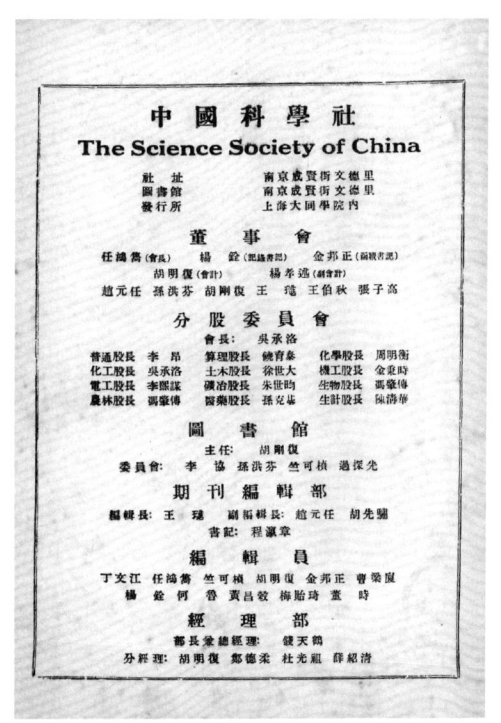

1921年10月出版的《科学》第6卷第11期"封二"公布中国科学社的组织系统
丁文江与任鸿隽、竺可桢、胡明复等为《科学》编辑员。

可见,丁文江已经成为中国科学社非常活跃的社友,担任筹款委员、主持讨论会、宣读论文、进行学术演讲,并成为《科学》编辑,其在社内担当的角色已经比一些并不热心社务的董事会董事还重要,也具备了当选董事的条件。1922年4月,丁文江途经南京。中国科

---

① 《年会筹备消息》,《科学》第5卷第6期(1920),第648-649页。
② 《科学》第5卷第11期(1920),第1178-1179、1181页;第6卷第9期(1921),第967-968页;第6卷第11期(1921),第1177页。

学社南京社友会以丁文江"对于吾国地质学贡献甚多,对于社务又异常热心赞助",于8日在文德里社所开欢迎会。丁文江演讲,声称空言无益,鼓励社友们从事研究:"说者谓在中国研究科学綦难,不知科学材料,出门便是。学者如能研究,则不但于本国有益,且于世界亦有贡献。"当年7月丁文江参加南通第7次年会,当选董事,正式成为中国科学社领导层一员。并代表中国科学社答谢当晚张謇兄弟父子的宴会,说张謇与中国科学社社友都是书呆子,但这些书呆子能为人所不为、能言人所不言,只要社会给予机会,"社员必皆能抱奋斗之决心",决不"负此机会"。宣读论文《云南之东部地质结构》,指出云南与贵州交界处富藏铜矿,"本其所亲历情形而撰成论文,故愈觉真切有味"。演讲名作《历史人物与地理之关系》,指出北宋以前北方人才较多,南宋以后南方人才较多;影响因素大致有"建都地点之吸收""避乱士民之迁移""水利通畅、农业振兴、社会之经济发展""气候变迁"等。①

  进入中国科学社领导层后,丁文江似乎对社务并没有产生格外的兴趣,没有参加在南京社所召开的多次董事会例会。当时他正与胡适、任鸿隽等发起成立"努力会",发刊《努力周报》,提出"好人政府"的政治主张,更是掀起"科学与人生观"大论战。他没有出席1923年8月在杭州举行的第8次年会,而正是在这次年会上,任鸿隽、胡明复和杨铨有感于"科学社的精神日渐退化",理事会的职员选举,年年几乎固定他们三人,于是商量同时坚决表示以后不再担任理事会职员。因此,当年年会后,新组成的理事会职员选举,社长一职丁文江自然是众望所归,书记由竺可桢代替杨铨,会计由秦汾代替胡明复,但丁文江和秦汾似乎都不情愿,因此就有了唐钺致函杨铨一事。秦汾也曾致函杨铨,提出"会计一职万难遥领,为社务计,是以另请他人为宜"。②

  1923年10月21日,中国科学社召开理事会第一次大会,出席会议有理事任鸿隽、丁文江、秦汾(由杨铨代)、胡明复、竺可桢、秉志、孙洪芬、王琎、胡刚复、杨铨和驻宁会计兼社所管理委员过探先。因新旧职员互相推让,丁文江提议"重行投票,此次举定不得再有推让"。结果丁文江七票当选社长、竺可桢八票当选书记、胡明复五票当选会计、王琎三票当选副会计。丁文江再次被举为社长,他自己有言在先,自然也就不好再次推辞,只得担当起社长的责任来。

---

① 《科学》第7卷第4期(1922),第405—406页;第7卷第9期(1922),第974—1008页。
② 杨铨《我所认识的胡明复》,《科学》第13卷第6期(1928),第837—838页;《啼痕》,第244页。

社长任上的丁文江

被举为社长后,丁文江就在当次理事大会上提出了不少建议与意见。主张中国科学社以科学研究为重点,其他事业为辅,"研究则以择他机关所未作而易见功效者着手,如生物研究之类",得到与会者的赞成。动议组建南京社所建屋委员会,增设资助李济从事古生物与人类学研究临时费600元,推定翁文灏、王琎、秦汾、秉志、胡刚复、饶毓泰、张准组成科学教育委员会,孙洪芬、竺可桢、过探先组成学术委员会。胡明复曾致函杨铨说此次理事大会"结果甚佳":"惟在君之政策微嫌大意,且不图进取。弟意与兄大略相同,第一须求独立,第二须不可失发展之机会,故募款扩张仍宜积极进行。"另外,理事大会上可能提出过除名不缴费社员的动议,因此胡明复还说:"关于社员除名问题,自不便一概以付款为标准。弟意暂取折中办法,其于社事久不热心者不妨去之,其余暂留,若遇事严格人数骤减,反以示弱又寒社员之心也。……新官上任有一二事迎合社员心理,于社员之精神大有关系。"这是长期浸润于社务的胡明复对新任领导人的看法,说明丁文江在社长任上的"初次表演"获得了承认。会后丁文江也致函胡适说:"我在南京住了三天,把'科学社'的事弄明白了。社长虽然仍套在我头上,叔永将来要做董事会的书记,仍然可以分去一部分责任。会计仍旧是明复。大约于进行可以没有甚么妨碍了。"①

丁文江社长任内,中国科学社社务中心在南京,这里不仅有成贤街文德里社所、生物研究所和图书馆,理事会大多数成员都在这里工作。这一时期丁文江担任天津北票煤矿总经理,主要活动在天津和北京一线。因此,作为社长,他大致处于"遥领"状态。任内中国科学社共召开了49次理事会,他与会次数寥寥无几。第一次理事大会后,直到1924年7月1—5日在南京召开第9次年会暨中国科学社成立十周年纪念会,他才到南京,出席了7月3日和7月6日的第25次和第26次理事会。

在7月1日下午五点的年会开幕式上,丁文江提请理事会书记竺可桢为主席主持会议。2日上午在金陵女子大学中央礼堂举行的十周年庆典上,当各位应邀嘉宾范源濂、齐燮元、韩国均、马君武等演讲后,丁文江作为社长答谢,"大致谓本社成立,蒙督军省长赞助

---

① 《科学》第8卷第9期(1923),第986页;《啼痕》,第244页;耿云志主编,《胡适遗稿及秘藏书信》第23册,黄山书社,1994年,第22页。

为多,我们是沿门托钵和尚,亦是刻苦修行的和尚。人须受科学教育,做人方有条理。现在研究学问之人,每因经费困难,多不免悲观。其实不怕无公道,只怕不努力。"下午丁文江主持社务会,并以社长身份做社务总报告。3日下午理事会,丁文江主持会议,讨论明年年会开会地点、推定下年度查账员、下届司选委员等。另外,丁文江还提议秦汾担任调查江苏省科学教育及测量经纬度执行委员,提议推举杨铨起草中国科学社对美国第二次退还庚款使用宣言书。7月6日的理事会上,议决加推叶企孙、赵承嘏、任鸿隽三人为科学教育委员会委员;设立征求委员会,物色新社员入社;生物研究所购买装订书籍杂志机器。司选委员报告理事选举结果,丁文江以第二高票再次当选理事。①

丁文江以社长身份出席的中国科学社第9次年会暨成立十周年纪念会留影

1925年3月26日,丁文江出席在社所召开的第39次理事会,决议当年年会地点为北京,时间为8月下旬,生物研究所著作向中基会请款出版等事项。丁文江出席了当年8月

---

① 《科学》第10卷第1期(1925),第144页;上海市档案馆藏档案,Q546-1-63。

在北京举行的第 10 次年会。24 日在欧美同学会举行的开幕式上,丁文江作为社长讲话,报告中国科学社成立略史及成绩。下午主持召开第一次社务会。第二天中午北京大学宴请,校长蒋梦麟致辞后,丁文江致答谢词。下午五点半在中央公园开第 49 次理事会,这也是丁文江作为社长参加的最后一次理事会。会上丁文江提议将《科学》编辑部移往北京,推任鸿隽为编辑部长,秉志、王琎、赵元任、竺可桢、翁文灏、叶企孙、叶元龙、鲍国宝 8 人为编辑。与会理事以"向例"编辑部编辑由社务会推举、部长由编辑选举予以反对,他只得提议 27 日社务会讨论。27 日上午论文宣读会上,丁文江宣读《前清人物与地理关系》。下午主持社务会,讨论社章修订等议案,并推举了《科学》编辑 24 人,远远超过丁文江提议的 8 人,编辑部自然也不能移往北京,完全推翻了丁文江的议案。①

当然,作为社长虽然不能常常参加理事会,但理事会每有重大决议都会向他报告,理事会决议中,也有不少与他相关。1923 年 12 月 15 日第 6 次理事会,任鸿隽提议请地质调查所赠送古生物、矿物岩石标本全份作为中国科学社博物馆陈列用,全体通过。20 日,书记竺可桢专门致函丁文江请求鼎力促成。因江苏省政府削减中国科学社津贴,12 月 28 日理事会议决一方面由杨铨赴上海请其岳父赵凤昌与史量才接洽,一方面请丁文江与黄炎培接洽,因史、黄两人参与主持江苏省财政核减事宜。1924 年 4 月 13 日第 18 次理事会,因日本庚款问题,决议在北京的丁文江、秦汾两位理事代表中国科学社出席在北京召开的团体会议,讨论日本庚款用途。会后,竺可桢致函丁文江说:"本社业与各团体组织一会,定名为'中国对日退款文化事业协会',现在京师召集会议。兹经同人等公推先生出席。"1925 年 4 月 24 日第 41 次理事会,推举丁文江与翁文灏、饶毓泰等 5 人为年会委员。5 月 20 日第 44 次理事会推定翁文灏、丁文江、任鸿隽等 7 人为年会会程委员。7 月 18 日第 48 次理事会上,讨论了丁文江从天津来函称尚志学社津贴生物研究所费用 2 000 元,议决交会计胡明复。②

与社内其他领导人关注科学研究之外,也大力宣传中国科学社以扩大影响不同,丁文江一再强调中国科学社专注科学研究的重要性。1924 年 5 月 24 日,丁文江致函

---

① 上海市档案馆藏档案,Q546-1-227、Q546-1-63。
② 上海市档案馆藏档案,Q546-1-63;樊洪业主编,《竺可桢全集》第 22 卷,上海科技教育出版社,2012 年,第 54、56、98 页等。

胡适,谈到中国科学社欲向美庚款请款时说:"我个人对于筹款的事,当然不能反对,然而我总觉得社中的同人,注意于宣传的多,尽力于研究的少,似乎是根本错误。十篇英文的'成绩说明书',不如一篇真正的成绩。① 现在社中经费不可说完全没有,而社友能从事研究的人,实在太少。将来进行,似应从这种方面着手,才有希望。你有信去的时候,请你把这种意见鼓吹鼓吹! 我已经说得叫他们讨厌了。"②他还曾以社长名义致函财政总长,请求将南京成贤街社所无偿拨付给中国科学社:

> 窃敝社于民国八年冬间因创办科学图书馆亟需社所,于是年十二月呈准大部借用江宁县城内文德里官房不收租金。嗣因借用期限无定,复呈准大部定为借用六年。敝社自民国九年三月迁入新屋后即开办科学图书馆,十一年复就社所南屋设立生物研究所。五年以来,因有永久社所,社务日益发达,社员由四百余人增至六百余人,图书馆藏书由一千余册增至万五千余册,生物研究所成立虽仅两年,采集动植物标本已历五省,研究报告付印者已达十二种,自制标本陈列者动植物各达数千种。虽年来大局不靖,百业废弛,同人努力科学之志未敢稍懈。近因图书馆书籍增多,旧屋不敷应用,研究所标本陈列室亦重柜叠架,更无隙地可容。欲将现有房屋加以添改,又虑与借用公产章程抵触,且原定借用期限转瞬将终,尤不能无事业中断之惧。因念科学研究本百年树人之业,世界文化之基,大部既准予借用公产,提倡奖掖于前,必不忍加以限制,使之中道停顿,前功尽弃。拟恳将现在借用之江宁县城内文德里官房准予改为敝社永久管业,以便扩充而利研究。③

呈文虽词意恳切,理由充分,但财政部却以"核与定案仍难变通,应准租用期满续租四年,仍免租金"。直到四年之后,竺可桢社长任内,才最终解决这一问题。

与科学社的摩擦

1925 年 8 月北京年会后,中国科学社理事会换届选举,理事会选举翁文灏为社长,丁文江卸任。此后,丁文江还曾以理事身份出席过一次理事会,即 1926 年 6 月 4 日在上海

---

① 着重号为丁文江所加。
② 耿云志主编,《胡适遗稿及秘藏书信》第 23 册,黄山书社,1994 年,第 34-35 页。
③ 上海市档案馆藏档案,Q546-1-193。

召开的第53次理事会,被推举为中国科学社考察江苏中学、师范科学教育现状与改良委员会地矿部委员。① 随后在广州举行的年会上第三次当选理事。随着北伐战争的胜利与南京国民政府的建立,曾任孙传芳治下淞沪督办公署总办的丁文江传闻被通缉,只得暂时避居大连。1928年年会上没有再次当选理事,也没有出席1929年北平第14次年会。

从领导层退出并不表明丁文江不关心中国科学社的发展。1929年5月21日丁文江曾致信胡适,就生物研究所向中基会申请资助出谋划策:

> 我另外有一件事托你。秉农山新从北平回去,甚是牢骚。南京科学社的生物研究所每年仅仅乎有文化基金会的一万五千元补助费,生活异常之苦。……秉把他收入的半数也贴在里边。往来北平、南京多坐二等车,有时坐三等。南京的同事大概不能如他这样刻苦,如没有他方补助,或是文化基金会的款不能增加,恐怕南京的机关不能维持,农山也必出于辞职的了。
>
> 他现在最希望本年文化基金会开会增加补助费。我告诉他叔永方面不成问题,但是必须向蔡先生方面疏通。第一,蔡先生要在南京办博物院的,要告诉他生物研究所是博物院的根本。第二,要说明研究所、博物院又是两件事,不能合并(这是农山的意思)。我给他出主意,亲到上海给蔡先生谈谈。他到时一定来找你,请你帮他说话,希望万万不要推辞。②

在丁文江、胡适和蔡元培等的帮助下,1929—1931年度,中基会不仅补助生物研究所经常费4万元,超过秉志期望的3万元,而且还直接拨助2万元的研究所建筑经费。

随着时间的推移,丁文江重新回归学界。1931年8月,中国科学社第16次年会在江苏省省会镇江举行,丁文江未能与会,但他与翁文灏、赵元任、胡适、任鸿隽自北平发电祝贺。1932年在西安举行的年会上,他高票当选理事。随着丁文江担任最大的国立科研机构中央研究院总干事后,他的一些举措对中国科学社生物研究所的发展产生了不利影响,自然影响到中国科学社对他的认知。

1934年6月,丁文江正式就任中央研究院总干事,先欲将中国科学社生物研究所并入

---

① 上海市档案馆藏档案,Q546-1-63。
② 耿云志主编,《胡适遗稿及秘藏书信》第23册,黄山书社,1994年,第115-119页。

中央博物院,"则地质、生物、人类、考古等均可供给材料,以社会科学研究所、自然历史博物馆、考古组、生物研究所经费集中于馆",年经费18万元以上作为基本费用,开办费由英庚款拨充,若不足还可由中央研究院担负。① 这个计划因牵涉方面众多无法实现,但他以国家强力对民间学术机构进行整顿以发展中央研究院各研究所计划却在稳步进行。首先他以"避免重复、增进效益"为由,将中基会北平社会调查所合并到中央研究院社会科学研究所,虽演成不小的风波,但最终获得成功。然后他也想依样画葫,将中国科学社生物研究所合并到中央研究院自然博物馆,改组为动植物研究所,并早早宣布自然博物馆改组为动植物研究所后由秉志一手培养的王家楫担任所长。而且他以秉志不擅长行政为由,提出生物研究所所长也由王家楫担任。生物研究所同人与中国科学社同人自然洞烛其吞并生物研究所计划,此论一出激起强烈反抗。生物研究所同人钱崇澍、王家楫、裴鉴、王以康、张孟闻、郑万钧、周蔚成、方文培、倪达书等曾致函时任中国科学社总干事杨孝述斥责丁文江说:

> 丁在君先生以为农山先生不宜于行政而极赞成仲济,渠拟一办法云农山辞去所长以仲济继之,同时仲济兼任博物馆馆长之职。不解此间行政事宜在君先生以何资格可以作此提议?渠欲仲济任馆长尽可商量,何以必须涉及本所之事?此间事业可谓是农山先生一人手创,十余年来几经困苦,略有成就。吾侪断不能见利忘义谢创业者而他求。且一所卅余人合心一德,坚奋向学,试问国内更有其他机关如此间之谐和无间者乎?则如何谓农山先生不宜于行政耶?籍曰不宜于行政,亦无与丁文江之事。在君先生今日欲并吞此间,视科学社若无人,遂敢倡两处一长之说,以合作之名图吞并之实。此间同人既已洞烛其谋,又爱护本社之惟一研究机关,有玉碎之决心,无瓦全之委随。②

丁文江的合并计划最终未能实现,其间来来往往的争斗与斗争自然很精彩,但因资料原因具体细节目前还不清楚。丁文江这一举动无疑留下了不小的后遗症。1935年2月,生物研究所申请中基会资助,丁文江是中基会非常有力人物,秉志致函其学生、时任《科

---

① 蔡元培研究会编,《蔡元培全集》第16卷,浙江教育出版社,1998年,第323页。
② 上海市档案馆藏档案,Q546-1-199。

学》主编的刘咸说:

> 兹有欲与弟言者,即去岁丁在君欲吞并吾所未得成功,今年恐又卷土重来。彼以科学社社员未便公然为难,去岁文化基金开会,吾所请求补助,彼授意协和之顾临出面捣乱。顾临适因事回国,写一极有力之信要求该会停止吾所之补助。幸顾临已不到会,各董事已晓其内情。该会原定予吾所三年补助,而丁出而反对,结果给予一年,俟明年再说。今年又须续请,其开会决定提前在四月间。顾临有于六月离华之说,而四月开会,彼必到场,倘彼二人合力捣乱,吾所今年必受其害。然丁系最势利之人,倘见有实力之人出而为所于事前仗义执言,彼之阴谋即刻云消雾散矣。①

为此,秉志与刘咸商量,请董事汪精卫、孙科等在事前发表谈话,甚至欲通过结交陈立夫、陈果夫兄弟这样强力人物言明捐款以对抗。胡先骕也曾指出丁文江就任中央研究院总干事后,"气焰极盛,而傅斯年为人尤不可耐,赵元任、李济之亦然"。②

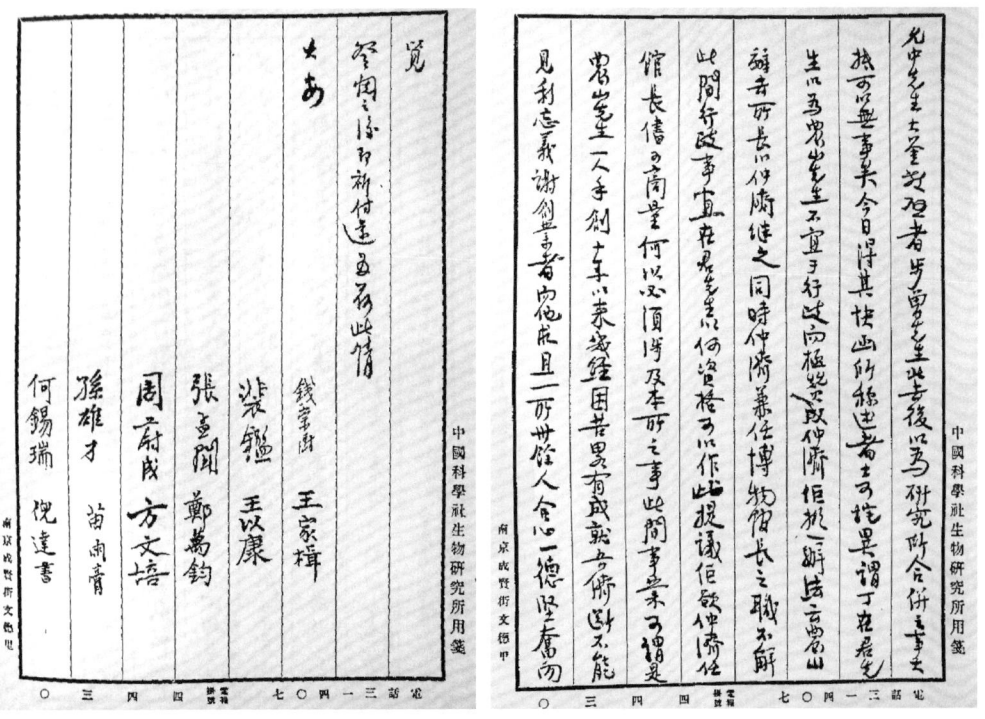

生物研究所同人致杨孝述函首页与末页

---

① 复旦大学档案馆藏秉志致刘咸书信。
② 复旦大学档案馆藏胡先骕致刘咸书信。

1934年丁文江中国科学社理事任期届满，8月在庐山举行的中国科学社、中国动物学会、中国植物学会、中国地理学会联合年会上，没有如其他理事一样继续当选，而且连候选人都不是。1935年8月在广西举行的六学术团体联合年会(另有中国工程学会、中国化学会加入)，丁文江也未能当选理事。这样，作为当时中国最为重要的国立学术机构中央研究院的实际主持人(院长蔡元培以无为而治著称)的丁文江，却远离当时中国最为重要的学术团体年会，即与当时中国学术界最为重要的活动相疏离，这对当时中国学术发展来说，不能不说是遗憾。①

丁文江遗像

丁文江属于中国近代学术发展史上的"大哥"式人物，被称为"丁大哥"。胡适撰有《丁文江的传记》，后人编有《丁文江文集》七卷(欧阳哲生主编，湖南教育出版社，2008年)、《丁文江年谱》(宋广波编著，黑龙江教育出版社，2009年)等。

1936年1月，丁文江因煤气中毒而不治身亡，中国学术界失去了一位可以指导学术发展方向的真正领军人物。胡先骕致函刘咸说丁文江"固今日有为之人才，中道殂丧乃国家之损失"后，立马转折说他"在某方面亦为一种障碍"。尸骨未寒，一代植物学宗师胡先骕就说出这样出格的话，仿佛丁文江的去世无形中搬掉了阻碍中国科学社生物研究所等民间私立科研机构发展的一块巨石，这也从一个侧面展现了丁文江曾予这些私立科研机构的压力之大。

(《科学》2015年第3期，第8-12页)

---

① 另外，还值得注意的是，丁文江担任社长期间，地质学与生物学研究论文成为年会亮点，似乎表明生物学与地质学两大学术共同体已经联合而融合在一起了。但是，丁文江1925年不再担任社长后，地质学论文几乎从中国科学社年会消失。其间原因是否与丁文江相关，有待进一步查证。

另一种抗战

——抗战期间以秉志为核心的中国科学社同仁在上海

《四世同堂》中,钱先生对决心离开北平奔赴抗日战场的老三瑞全说:"咱们没法子把北平的一百万人都搬了走,总得有留下的。我们这走不开的老弱残兵也得有勇气,差不多和你们能走开的一样。你们是迎着炮弹往前走,我们是等着锁镣加到身上而不能失节。"①正如钱先生所言,只要不是甘心附敌事伪,沦陷区的人们也与内迁大后方的一样面临困境,等待镣铐加身。相对于大后方那些克服各种艰难困苦潜心向学的学人们来说,沦陷区的学人不仅要承受生活的困苦和敌伪的引诱,且随时有失去生命的危险,因而在生活生理压力外,他们更承受着莫大的心理压力。

对抗战期间学人及其群体的研究,以往主要集中在以西南联合大学(以下简称"西南联大")为代表的大后方;作为大后方的文化中心之一,四川宜宾李庄近年来也成为关注的热点。②对沦陷区学人的研究基本上还未展开,已有的则基本集中在沦陷区文学及与文学相关的人物上,特别是对周作人的争论可谓热闹。③而沦陷区一些保持民族气节、甘守困苦而且孜孜以求学问的学人特别是科学工作者群体,反而成为被研究者们遗忘的对象。这里搜罗资料,希望通过重建抗战期间以秉志为核心的中国科学社同仁在上海的活动,探

---

① 老舍《四世同堂》,人民文学出版社,2004 年,第 43-44 页。
② 关于西南联大的研究,成果可谓丰硕,西南联合大学北京校友会编《国立西南联合大学校史——一九三七至一九四六年的北大、清华、南开》(北京大学出版社,1996 年初版,2006 年增订新版)是中文著作中最有分量的作品;国立西南联合大学史料编委会编《国立西南联合大学史料》6 卷(云南教育出版社,1998 年)更是研究西南联大的基础史料。易社强(John Israel)所著英文专著《战争与革命中的西南联大》(*Lianda: A Chinese University in War and Revolution*, Stanford University Press, 1999;饶佳荣中译本,中州出版社,2012 年)被何炳棣誉为"迄今最佳联大校史"。对于李庄,先后出版有岱峻《发现李庄》(四川文艺出版社,2004 年)、岳南《李庄往事》(浙江人民出版社,2005 年)等,并有电视纪录片《中国李庄》等,惜乎基本上为纪实性文学作品。
③ 相关沦陷区文学研究成果不少,前些年翻译出版了美国学者耿德华《被冷落的缪斯——中国沦陷区文学史(1937—1945)》(张泉译,新星出版社,2006 年)。该书英文版出版的 1980 年,"沦陷区文学"可谓被"冷落",今天已今非昔比了,现已经作为中国现代文学史上重要分支得到了学者们的重视,著作和论文很多,兹不赘述。目前相关战时上海的研究,陈青生《抗战时期的上海文学》(上海人民出版社,1995 年)研究了战时上海文学的情况;傅葆石(Fu Poshek) *Passivity, Resistance, and Collaboration: Intellectual Choices in Occupied Shanghai (1937-1945)*(Stanford University press, 1993)虽题目为《战时上海知识分子的选择》,但主要是以王统照、李健吾和《古今》杂志同仁三类文学工作者在抗战期间与占领者的关系进行类别分析,也属于文学史领域。而 Frederic Wakeman, Jr. [*The Shanghai Badlands: Wartime Terrorism and Urban Crime (1937-1941)*, Cambridge University Press, 1996]和叶文心(Wen-hsin Yeh)(*Wartime Shanghai*, Routledge, 1998)师徒的著作对科学工作者都基本没有涉及。也许正是由于文学工作者以笔墨为生,为后世留下了大量的文字材料,使学者们对他们的研究有资料基础。而科学工作者们除了论文而外留给后人的文字材料极少,导致对他们研究的不易。

寻他们的心路历程,引起学界对沦陷区科学知识分子的兴趣,开启对沦陷区科学工作者研究的大幕,扩展抗战期间知识分子群体研究思路与视野。①

秉志女公子翟启慧院士与胡宗刚先生共同选编的三卷本《秉志文存》

2006 年由北京大学出版社出版,以纪念秉志诞辰 120 周年(胡宗刚先生编纂的《秉志先生年谱资料长编》也已杀青,正在出版中)。

秉志与战时上海中国科学社同仁

1937 年 11 月,地处南京的中国科学社生物研究所(以下简称"生物所")在研究所秘书兼植物部主任钱崇澍(1883—1965)的带领下,内迁四川重庆北碚。研究所灵魂、所长秉志(1886—1965)因夫人生病留守,没有汇入这场保存中华民族发展火种、人类历史上罕见的千里搬逃洪流中。生物所内迁时,限于人力物力,只将小部分书籍标本迁出。日军占领南京后,首先派军队强占生物所,并肆意破坏所内设施。1938 年 1 月 12 日,驻防日军竟然放火将生物所烧毁,价值连城的标本、仪器、书籍荡然无存。生物所被毁后,秉志不得不只身来沪,与留守上海的中国科学社社员一起,投入维持中国科学社的事业中。

秉志,字农山,河南开封人,满族,中国近代生物学第一位宗师,对中国近代生物学乃至中国近代科学发展的影响无论怎样高估都不为过。少习举业,曾中举人。1904 年,入京

---

① 笔者将进一步扩展研究范围与对象,撰成《科学无国界,科学家有祖国——沦陷区科学工作者群体研究》,分析沦陷区科学工作者在人生关节点上的不同选择及其选择原因,并对战后这些科学工作者的遭遇进行剖析,探讨作为人类共享的、没有国界的科学与有国界的科学家个人面临民族主义时的矛盾与困境及其对中国科学发展的影响。

师大学堂,1909年毕业。考取首届庚款留美生,进康奈尔大学师从昆虫学家尼达姆(J. D. Needham),1913年获学士学位,1918年获博士学位。毕业后继续在韦斯特解剖学与生物学研究所师从神经学家唐纳森(H. H. Donaldson)研究神经细胞生长。1920年回国,创办中国第一个生物系(南京高师生物系)与第一个生物研究机构(生物所)。①

秉志常对学生说:

> 一个学生在美国那种环境下取得研究成果是可以预期的,但更可贵的是在国外受了训练之后,回到中国来,在我们这种比较困难的环境下做出成绩来,使中国的科学向前推进一步。②

他说到做到,一生撰写论文60余篇、专著两部、通俗著作多部,在形态学、生理学、昆虫学、古生物学等领域成就卓著。作为导师,他桃李满天下,1948年首届中央研究院6名动物学科院士,除他自己而外,王家楫、伍献文两人是他手把手教出来的,后来中国科学院学部委员乃至院士更有许多人是他的弟子或再传弟子。作为一位以生物学研究与生物学教育为职业的科学家,抗战以前,与一些人"学而优则仕"不同,他坚守自己的生物学领域,基本上以纯粹的科学家角色安身立命。因此,1933年翁文灏发表文章,把他誉为中国科学界的楷模,"足以引起社会的景仰与效法":

> 秉志先生不但是生物学著作等身,而且二十年来忠于所业,从未外骛。学校散了,没有薪水,他一样的努力工作。经费多了,待遇高了,他也是这样的努力工作。标本有所得,他便尽力研究。研究有所获,他便从速发表。他的工作只求一点一滴的进益,并不追求铺张扬厉的虚声。这都是真正科学家的态度。他对于后起的学者不但尽心指导,而且尽力的拿好的材料给他做,甚至分自己的薪水帮助他。因为有他这样的人格,所以养成中国许多动物学家,莫不仰为宗匠。③

秉志不仅与同仁创建了生物所,而且还创建了中华教育文化基金董事会北平静生生物调查所。由于南京、北平南北跑,精力大为分散,乃推荐时任生物所植物部主任胡先骕

---

① 秉志传记资料参阅伍献文《秉志教授传略》(《中国科技史料》1986年第1期,第16—18页),王家楫、张孟闻、郑集等《回忆业师秉志》(《中国科技史料》1986年第1期,第18—24页),翟启慧《秉志》(《中国现代科学家传记》第一集,科学出版社,1994年,第458—468页)。
② 伍献文《秉志教授传略》,《中国科技史料》1986年第1期,第16页。
③ 翁文灏《中国的科学工作》,《独立评论》第34号(1933年1月8日),第7—8页。

接任静生生物调查所所长,自己遥领静生生物调查所动物部主任。他把生物所办成了一个学术氛围极好的科研机构,不仅取得了巨大的科研成果,而且培养了大批人才,成为中国近代科研机构典范。①

生物所被毁后,秉志离开了学生环绕的科研环境,到沦陷区处于"孤岛"的上海。此时上海的中国科学社因地处法租界,《科学》杂志和《科学画报》编辑部、明复图书馆等事业都没有内迁,有大批社员留了下来。1939年上海社友有136人之多,当年8月26日举行的抗战以来第一次交谊会,由孙洪芬、胡敦复、秉志、王琎、曹惠群、杨孝述、刘咸招待,到会除昆明社友饶毓泰、姜立夫外,有上海社友查谦、朱公瑾、范会国、杨肇燫、裘维裕、潘承诰、蔡宾牟、周榕仙、陈德贞、周铭、唐寿源、张定钊、荣达坊、张忠辅、潘德孚、顾翼东、关实之、王志稼、金叔初、吴云瑞、陈雨苍、叶善定、赵药农、尤怀皋、邱培涵、顾世楫、汪胡桢、方子卫、李熙谋、薛绍清、竹垚生、刘树梅、潘序伦、蔡德粹、徐荫祺等70余人。② 翌年9月,中国科学社在昆明举行第22次年会,上海社友因交通不便不能与会,在上海举行年会,"藉示呼应",到会社友有范会国、葛绥成、荣达坊、周榕仙、汪胡桢、周西屏、徐名模、陈世璋、唐凌阁、纪育沣、陈忠杰、雷垣、钱洪翔、马骏、吴雨霖、钟兆琳、周铭、顾鼎梅、顾世楫、吴树阁、沈良骅、赵志道、黄素封、寿彬、曹惠群、杨孝述、查谦、陈调甫、方子卫、项隆周、潘德孚、唐家珍、张儳无、刘咸、关实之、程瀛章、陈延庆、沈璿、裘作霖、吴云瑞、蔡宾牟、宋大仁、胡君美、秦锡元、袁丕烈、关富权、顾翼东、倪钟骍、叶俊、方培寿、秉志、柴春霖、裘维裕等。③ 这些人主要以当时还在租界办学的交通大学、大同大学和由苏州迁沪的东吴大学教授为主体,除秉志、胡敦复、刘咸、孙洪芬、杨孝述等中国科学社核心成员外,许多人也都在中国近代科学发展史上声名卓著,如查谦、朱公瑾、范会国、杨肇燫、裘维裕、蔡宾牟、周铭、顾翼东、王志稼、赵承嘏、顾世楫、汪胡桢、陈世璋、方子卫、李熙谋、徐荫祺、纪育沣、钟兆琳、程瀛章、沈璿等。与秉志一起维持中国科学社社务的主要有中国科学社常务理事、总干事、《科学画报》总编辑杨孝述④,中国

---

① (编注)参阅拙著《赛先生在中国——中国科学社研究》第十一章,上海科学技术出版社,2018年。
② 《上海社友交谊会》,《社友》第64期(1939年10月15日)。
③ 《上海社友会年会纪略》,《社友》第69期(1940年11月15日)。
④ 杨孝述(1890—1974),字允中,江苏松江人。第三届庚款留美生,康奈尔大学机械学院电工系毕业。1915年回国,历任南京河海工程专门学校教授、教务长、校长,交通大学电机系教授。1929年起专任中国科学社总干事。上任后大力发展社务,筹建明复图书馆,创办中国科学图书仪器公司,并创刊《科学画报》等。参见"上海通"中"杨浦区志·人物"(http://www.shtong.gov.cn/)。

科学社理事、《科学》主编兼明复图书馆馆长刘咸①,中国科学社理事、中基会董事与秘书孙洪芬②,中国科学社董事胡敦复③,中国科学社上海社友会会长曹惠群④等。

秉志是中国科学社9位创始人之一,长期担任理事、生物所所长,是中国科学社最为重要的领导人之一。抗战期间,中国科学社先后社长翁文灏、任鸿隽在大后方,杨孝述1929年才进入领导层,刘咸是秉志的学生,孙洪芬以中基会为工作单位,胡敦复倾力于他创立的大同大学。因此,无论就个人资历、在学界的地位还是在中国科学社内部,秉志都是此时中国科学社在上海的灵魂与精神领袖。

维持中国科学社事业、救助学人

秉志等维持的中国科学社相关事业,主要有中国科学社旗帜《科学》、通俗科普杂志《科学画报》的继续发刊,明复图书馆的继续开放等。1935年改版后的《科学》杂志宗旨为"刊布国人之科学研究论著,介绍世界科学思潮,记载吾国科学进步,及传播科学新闻"⑤。抗战爆发后,学术机关迁徙不定,学术研究自难进行,编辑部与作者失去联系,"稿荒"与经费困难接踵而至,自1937年第21卷第9、10期开始两期合刊。1938年底,刘咸发表《一年挣扎》,对祖国前途充满信心,"本年虽为最可惨痛之一年,同时亦为最可宝贵,最可欣慰之一年",但谈及科学期刊的状况,不免悲愤:"科学刊物,则大都因人力财力支绌,被迫停刊,以致莘莘学子,平日所恃为知识食粮者,一旦中断,其为打击,与所受影响,更非物质损失,所可比拟,殊堪浩叹!"《科学》杂志,"在极端困难情形下,仍力图挣扎,藉谋继续,一年以

---

① 刘咸(1901—1987),字重熙,江西都昌人。1925年东南大学生物系毕业,留校任助教。1927年,任清华学校生物系助教。次年入牛津大学攻读人类学,先后获得人类学和民族学硕士,当选英国皇家学会会员。1932年回国,任山东大学生物系教授兼主任。1934年经秉志介绍专任《科学》主编。参见《复旦大学志》(复旦大学出版社,1995年)第2卷第757页。

② 孙洪芬(1889—1953),安徽黟县人。1915年留美,获宾夕法尼亚大学化学硕士,曾任该校有机化学助教、加士制漆公司化学技师。1919年回国,历任东南大学预科主任、理科主任兼化学教授,中央大学理学院院长,华中大学校董,中基会董事兼秘书等。长期担任中国科学社理事。参见《孙洪芬先生事略》(胡健国主编,《国史馆》现藏民国人物传记史料汇编》第二十八辑,"国史馆"印行,2003年)第222-225页。

③ 胡敦复(1886—1978),江苏无锡人,"胡氏三杰"中的大哥。民国教育界"大佬",曾任清华学校首任教务长,创办私立大同大学,并长期担任校长。东南大学风潮与北京女师大风潮中的"浪尖"人物,南京国民政府成立后曾遭通缉。后任交通大学数学系教授、中国数学会首任会长。长期担任中国科学社董事会董事。参见张友余《胡敦复》(《中国现代科学家传记》第六集,科学出版社,1994年)第11-22页。

④ 曹惠群(1886—1957),字梁厦,江苏宜兴人。英国伯明翰大学理学士。1928年任私立大同大学第二任校长,直到太平洋战争爆发后辞职。长期担任中国科学社上海社友会会长。参见王仁中等编,《爱国办学的范例:立达学社与大同大学、大同附中——院史料实录》(上海古籍出版社,2002年)第53-54页。

⑤ 《编辑部报告》(1937年7月至1940年6月),《社友》第68期(1940年9月15日)。

来,虽稿件缺乏,纸墨腾贵,交通阻滞,销路欠畅,经勉力支持,得不中断,继续为科学界服务",分量虽有减少,"内容仍旧一贯",与那些受战事影响而不得不停刊的学术刊物相比,则"又不幸中之大幸""此则本社所引以为自慰,兼以告慰于国人者也"。①

天下之事,否极泰来,不远而复。到1939年,因内迁各机构逐渐安定,科研工作日渐步入正轨,《科学》稿件大为充裕,自当年起恢复月刊,"足征我国科学界同仁之努力""以此例彼,颇足反映吾国前途之光明"。② 1940年发刊完抗战期间第4卷后,刘咸总结本卷所刊论文与记载各栏,认为"颇足反映吾国在此抗建大时期中一年来之科学进步""纯理科学不断进步""友邦人士,引为惊叹";应用科学"尤有长足进步,差足应抗战之需求"。所收稿件较上年增加70%,但因物价腾贵,不得不缩编篇幅,由100页缩减至80页,再减至64页,"藉省纸墨印费,以维久远",但"科学文字最重时间性,发表稽迟,良非所宜,因将各栏文字一律改用新五号字排印,缩小图表……以补篇幅之不足。然究因篇幅减少,来稿拥挤,以致许多鸿文宏著,未能早日刊布"。并发愿"社中经费无论如何困难,气压无论如何窒闷,本志生命务必维持,不致中断,俾在此大时期中,国人需要科学食粮孔亟之秋,得稍尽绵薄,服务社会"。③

科学发展日新月异,为保证科学研究的时效性,尽快将科学家的研究成果公诸于世,《科学》杂志可谓苦心孤诣。但无论秉志与刘咸等如何顽强坚持,厄运终至。太平洋战争爆发后,上海"孤岛"不存,早被列入"黑名单"的中国科学社自然不能幸免,《科学》完成第25卷后被迫宣告停刊,这是自1915年创刊以来第一次明确宣布停刊,主办人内心之痛楚自然可以想象。卷末"完成感言"曰:

> 民国肇造,复兴科学,惩前毖后,基本是图,首重研究,次讲应用,循序渐进,急起直追,本志创刊,适当斯时,鼓吹提倡,不遗余力,用能广开风气,为天下先。……宣为学人所爱护,齐之于英之《自然》、美之《科学》之林,实至名归,非偶然也。……兹以环境愈趋困难,物资愈感匮乏,致令本刊不得不暂时停止在沪发行,永久事业,一旦停顿,殊堪浩叹,然实逼处此,谓之何哉!惟天道好还,不远而复,精神不死,恢复有期,

---

① 刘咸《一年挣扎》,《科学》第22卷第11、12期合刊(1938),第491页。
② 编者《一年回顾》,《科学》第23卷第12期(1939),第807页。
③ 编者《卷末赘言》,《科学》第24卷第12期(1940),第915-916页。

希望不久将来,本志仍可以崭新姿态与读者相见。……吾辈生当今日,……固将沉毅用壮,见大丈夫之锋颖,疆立不反,可争可取而不可降。①

《科学》虽然被迫暂时停刊,但它存续期间不仅翔实地记载了中国科学的发展,也为一代科学人才的成长提供了平台。统计1939—1941年发刊的第23—25卷,共刊登"专著"129篇,作者由几代科学家组成,一是当时已经成为专家学者的蔡翘、汤佩松、许植方、俞启葆、魏寿昆、焦启源、戴安邦、郑集、杨钟健、陈世骧、丁绪贤、经利彬、汤胜汉、李寅恭、曾昭抡、李晓舫、高尚荫、张春霖等,一是刚刚留学归来正在学术界大展宏图的王普、陆学善、殷宏章、张孟闻等,还有在校大学生或刚刚大学毕业后来在科学事业上取得重大成绩的葛庭燧、钱人元、闵嗣鹤、王宪钟、严敦杰、靳自重、庄巧生、郑作新等。专家们通过《科学》将其成果在学术界交流,留学归国者和大学生们通过《科学》进入了学术共同体,逐渐成长起来。

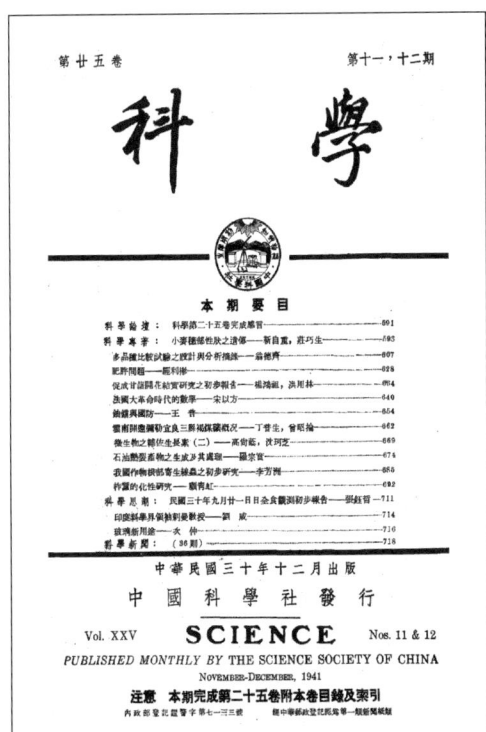 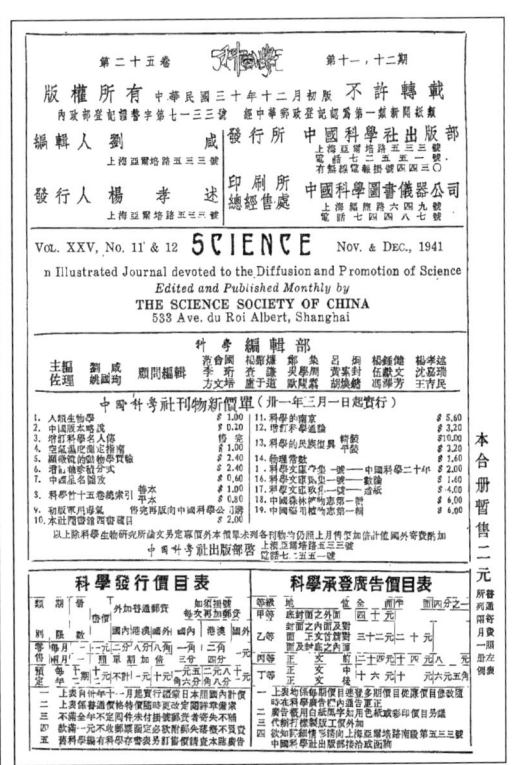

《科学》第25卷第11、12期封面与版权页

---

① 编者《〈科学〉第二十五卷完成感言》,《科学》第25卷第11、12期合刊(1941),第591-592页。

《科学》虽无奈停刊,但主持人对未来希望犹存。1943年3月,《科学》第26卷在大后方重庆出版,宣告了它的重生。

1933年创刊的《科学画报》,曾创下年发行量超过20万份的记录,为中国科学社盈利不少。抗战爆发后,与《科学》一样,稿源成为问题,原来由知名科学家提供的稿件急剧减少,加之取材的外国期刊多不能输入上海,于是决议从1939年8月第6卷起由半月刊暂改为月刊,每期60页,从第8卷起由12开本60页改成18开本的80页,篇幅又被削减。

与《科学》太平洋战争爆发后被迫停刊不一样,《科学画报》继续维持,但因与内地联系完全中断,国外期刊亦较难输入,"科学新闻"只得中断,其他栏目也大为缩减。从1942年开始篇幅由80页减为68页,再减为52页,到胜利前夕仅有36页。销路也萎缩,印数急剧下降,最困难时期仅有几千份。①

内容方面,首先取消了"读者信箱",因为回答读者关于科学上的问题,不仅十分繁杂,而且不是少数几个科学家就能解决的,"故信箱一栏亦不得不暂告停顿。惟年来读者仍多函询,每有不克奉答者,希谅之为幸"。第二,减少科学新闻。第三,减少插图,主要原因是制版费用大增。发行方面,自上海与内地各省邮运不通之后,就以每月纸型由香港运往桂林出版。太平洋战争一起,纸型也不能运了,就在桂林另组编辑部,特出桂林版。但因桂林的印刷所太忙,每期要延迟二三个月,一年只出得四五期,而且无法制铜锌版,结果成了没有图画的《科学画报》。②

明复图书馆作为当时中国唯一向公众开放的专业科技图书馆,战前已声誉渐起。抗战爆发后,交通大学、大同大学借馆上课,上海附近大中小学校多迁沪开学,学生日众,而图书馆奇缺,明复图书馆阅览人数骤然上升,常常人满为患。据1940年中国科学社第22次年会报告称,③"本馆本为高深研究参考图书馆性质,为免拥挤计,阅读者概限大学高年级生之作毕业论文者";1937年冬改换新阅览证,到1940年6月,发出428张,以大同大学、交通大学学生最多,沪江大学、东吴大学次之,"此外各工厂药厂之技术人员来馆请证者颇不乏人"。抗战三年以来阅览者每天25人,周六周日达四五十人,使仅有40个座位

---

① 《科学画报》编辑部《〈科学画报〉五十年》,《中国科技史料》1983年第4期,第24-25页。
② 杨孝述《十年回忆》,《科学画报》第10卷第1期(1943),第22页。
③ 明复图书馆抗战期间情况除注明外,资料源于此次年会《明复图书馆报告》,《社友》第68期(1940年8月15日)。

1943年8月1日出版的《科学画报》第10卷第1期封面与目录
此时杂志仅有52页。

的阅览室"坐无隙地";为方便读者,例假外不放寒暑假。"以前本馆读者本甚寥寥,战事期内转形热闹,故借书还书,备极忙碌"。另外,中英庚款补助人员李立柔、关富权、汪胡桢、王宗淦、周西屏、沈廷玉在馆从事科学研究,"本馆为服务科学界起见,特别予以便利";与雷士德医学研究所、北平研究院药学研究所、上海医学院等开展馆际互借。

抗战以来,图书馆经费短缺,不能向国外订购新期刊,"但馆务又不能任令停顿",于是以图书馆名义向欧美各国各学术团体及出版机构发出信函数百封,"请求免费赠阅向所订购之杂志,以免中断,一俟将来战事停止,本馆经济恢复常态,当继续订阅"。第一年有64%答应捐赠,有许多出版机构允低折扣订购,"凡所复信,对于吾国之英勇抗战,表示同情与钦敬"。第二年下降至33%,第三年下降至25%,"虽统计数目下降,然不能谓系各国之同情心降低,实乃因再三请求,各学会成本攸关,决难作无止境之赠送,此吾人于感谢之余,所应谅解者也"。另外,相关机构中基会、天津北疆博物馆等与广大社友任鸿隽、孙洪芬等也捐赠图书期刊不少。邮票大王周达在原捐赠美权算学图书室基础上,有感于"泰西象数专籍,日异月新,若不随时扩增,难收温故知新之效",而中国科学社经费有限,对西方数学书籍与期刊的订购并无良好计划,因此在六十寿辰再次捐赠美权算学图书室基

1931 年元旦开幕的明复图书馆
1956 年捐献给政府，改组为上海科学技术图书馆，1958 年春并入上海图书馆。后改名卢湾图书馆，今为黄浦区明复图书馆。

金 6 000 元，另拨 1 000 元命其公子周炜良①选购欧美最新算学名著一并捐赠。②

明复图书馆亦成为孤岛时期科学家之家。当时滞留上海的中国数学会会长胡敦复，董事周达，常务理事朱公瑾、范会国等，将投敌的董事兼《数学杂志》总编辑顾澄③开除，联络可以联络的领导成员，以胡敦复、周达、何鲁、朱公瑾、王仁辅、魏嗣銮、郑之蕃、姜立夫、范会国重组《数学杂志》编委会，编辑出版《数学杂志》第 2 卷。④

太平洋战争爆发不几天，日本宪兵开车进入明复图书馆搜查，"见有'主义'字样书报，一律抽走，前后几次，拿去几千本书刊"，并且命令图书馆关门。⑤ 1942 年 3 月，中国科学社总部内迁，上海社所由照料委员会照料，留职工 3 人看守。9 月，上海社友会协同照料委

---

① 周炜良(1911—1995)一生也颇具传奇色彩。他在德国师从瓦尔登(van der Waerden)攻读博士学位时，与陈省身成为好友。抗战期间滞留上海，弃学经商，抚养他的德国妻子、两个孩子与流亡上海的岳父。战后听从陈省身的劝告重入离开十余年的学界，长期执教于美国约翰·霍普金斯大学，成为 20 世纪代数几何领域少数代表人物之一，有周炜良坐标、周炜良环、周炜良定理等成果传世，荣膺台湾"中央研究院"院士。
② 《周美权先生捐助图书基金》，《社友》第 63 期(1939 年 6 月 15 日)。
③ 顾澄(1882—约 1947)，字养吾，江苏无锡人，格致书院毕业，自学成才，曾任京师译学馆教员、京兆烟酒事务局局长、北平女子大学数学系主任、交通大学教授等。为创建中国数学会出力甚多，担任首届董事，主编《数学杂志》，著译有《四元原理》《定列式》等书。抗战期间曾任维新政府教育部次长、部长，汪伪教育部次长等。
④ 任南衡、张友余编，《中国数学会史料》，江苏教育出版社，1995 年，第 58 页。
⑤ 《如何能容忍重新武装日本？——中国科学社的控诉》，《科学画报》第 17 卷第 2 期(1951)，第 38 - 39 页。

员会将明复图书馆重新开放,由曹惠群等主持。1943年冬,图书馆钢筋混凝土屋顶开裂,中国科学社筹募资金大修。得实业家严裕棠、严庆祥父子慷慨解囊,得以修缮,中国科学社将三楼正厅命名"裕棠厅",以示感谢和纪念。①

秉志与他的同仁们,除维持中国科学社社务外,还为解决沦陷区学人生计千方百计扩展社务。鉴于当时避难上海学人颇多,1938年6月29日,中国科学社理事会决议利用学人们的空余时间,编译土木工程丛书,"以为战后复兴之一种准备",以各项奖金利息余款拨付稿费或预支版税。② 首先编译美国技术学会(American Technical Society)1938年出版的实用土木工程7巨册,由汪胡桢、顾世楫主编。编译本以"中国科学社工程丛书"为名,由中国科学图书仪器公司出版,120余万字,附图1 600余幅,分为《静力学及水力学》《材料力学》《平面测量学》《道路学》《铁路工程学》《土工学》《给水工程学》《沟渠工程学》《混凝土工程学》《钢建筑学》《房屋及桥梁工程学》《工程契约及规范》12册。该书是美国函授学校教材结晶,"最适用为中国高级职业学校土木工程教科,及工程界服务人员之自修及参考书,若大学土木工科学生用作课外读物,亦大有裨益"。③ 后又组织编译世界名著捷克人屈克立区(A. Schoklitsch)所著两巨册的《水利工程学》,中译本分成5册,计1 118页,插图与照片2 057幅,"关于水利工程之各方面均有精详之叙述",④为水利工程方面必备参考书,战后由中国科学图书仪器公司出版。太平洋战争爆发后,更集资设立电工丛书、

《科学》登载的"实用土木工程学"广告,详细介绍丛书

---

① 上海市档案馆藏中国科学社档案,Q546-1-191。
② 《理事会记录》,《社友》第62期(1939年1月15日)。
③ 《实用土木工程学出版》,《社友》第65、66期(1940年3月15日)。
④ 《理事会议记录》,《社友》第65、66期(1940年3月15日)。

化工丛书两个出版社,"以备战后文化建设之助"。①

秉志与刘咸、杨孝述等克服各种困难维持中国科学社社务,继续发刊《科学》,记载了中国科学进步的历程,为广大科学工作者提供了科学交流的平台,促进了中国科学的发展;维持《科学画报》的发刊,继续将科学的种子撒播,以提升中华民族的科学素质;坚持明复图书馆的开放,为广大学人提供了学习与研究的平台;而扩展社务以经济救助沦陷区学人,不仅体现了作为科学家之家的民间社团的责任,更为沦陷区学人的坚贞提供了一定的经济基础。秉志等中国科学社社员群体的活动与行动保存了中国科学发展的火种,实实在在促进了中国科学的发展与传播,是中华民族抗日战场不可分割的一部分。

从事学术研究、关怀后辈学人

秉志只身来沪后,"席不暇暖",就在明复图书馆展开工作,二楼设生物实验室,三楼设标本室,屋顶设动物养殖场,自己则在叔初贝壳图书室办公。日寇虽然摧毁了他呕心沥血的研究机关生物所,但不能摧毁他继续科学研究的信心与雄心,更不能磨灭他作为科学家角色向自然奥秘进取、为科学而科学的精神与意志,他向世人和后人展示了不屈不挠的人格魅力。

首先,他将历年因印刷厂积压的生物所论文整理出版,寄往国外交换,继续在国际学术界展示中国人的科研成就,使国际学术界知道处于艰难困苦中的中国人并没有完全被日本帝国主义的淫威所吓倒。由于他的努力,明复图书馆在抗战最困难之际仍然能得到国际学术界的关怀,许多机构捐赠书刊,使其不断有新出书刊陈列阅览,为中国学术界提供了国际学术界的前沿信息。仅1940年生物学论文与国外交换或赠阅,动物组达572处,植物组达485处。②

秉志在沪还进一步拓展生物所研究领域。生物所成立后设动物部和植物部,以分类学、形态学为研究重点,极大地影响了中国生物学的总体发展,曾受到心理学教授汪敬熙的批评,在《独立评论》上挑起生物学的"调查"与"实验"之争。③ 随中国生物学的发展及研

---

① 《本社消息》,《科学》第28卷第2期(1946),第128页。
② 《明复图书馆报告》,《社友》第68期(1940年8月15日)。
③ (编注)具体参阅拙著《赛先生在中国——中国科学社研究》第十一章,上海科学技术出版社,2018年。

究的深入,生物所后来也设立了生理学和生物化学两个研究室,开展实验生物学研究。生物物理研究,虽"久有此意",因设备经费高昂,未能开展。不想在"孤岛"的上海,因缘际会,得以实现。交通大学物理实验室借用中国科学社房屋上课,移用物理设备方便,交大物理系主任裘维裕及周铭也欣然同意,秉志决定开展生物物理研究,专辟一实验室,与周铭合作,首先开展"高频率电流对于神经之影响"①,以杨孝述女公子、交大物理系研究生杨妲彩为助理。

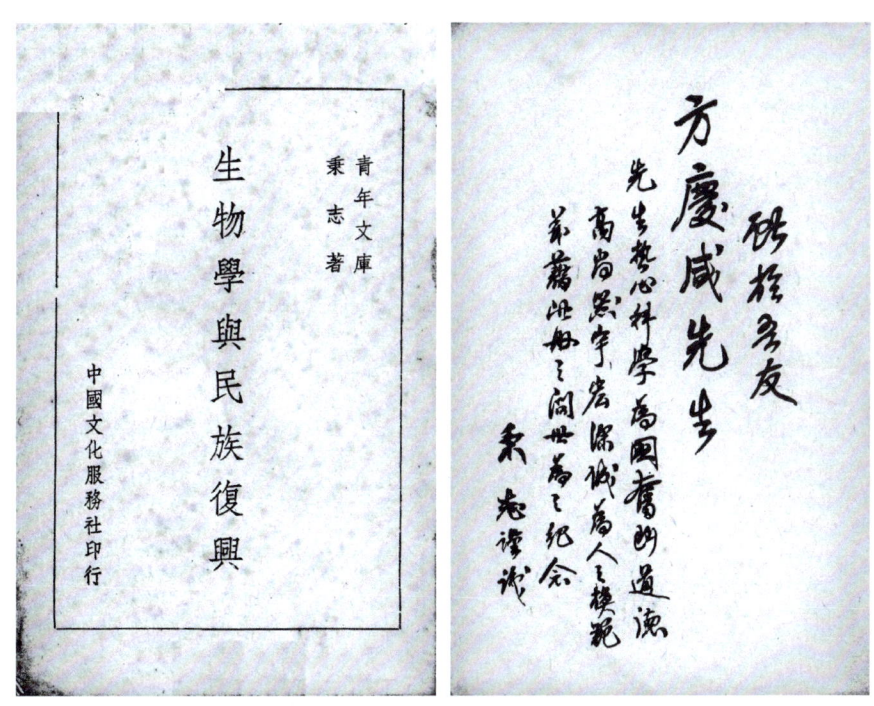

中国文化服务社出版的《生物学与民族复兴》书影及秉志"题识"
为感谢方庆咸在困苦中对他及科学事业的赞助,秉志特题识纪念。

秉志因声名在外,日本《支那文化动态》对他调查很详细,敌伪千方百计要拉拢他。太平洋战争爆发后,为避敌伪的耳目,他从明复图书馆躲到震旦大学,最后躲到友人方庆咸经营的中药厂里,仍孜孜不倦地坚持科学研究,完成论著多种。② 从他致时任中基会主要领导人、中国科学社社长任鸿隽信函中可以看出他从事科研的情况。1942 年 9 月 27 日函

---

① 《本社试办生物物理学研究》,《社友》第 64 期(1939 年 10 月 15 日)。
② 秉志自己说:"我闭户隐居,唯恐敌伪相胁,友人方庆咸经营国药,约我研究国产药材,我藏身于方君的厂中,藉研究药材蛀虫,以图度过一时。"《自传》,翟启慧、胡宗刚编,《秉志文存》第 3 卷,北京大学出版社,2006 年,第 304 页。

中说：

> 弟之工作费因为白鼠、豚鼠等物，购置食疗及所用药品等，皆以物价飞涨，极感不敷。弟已时为此负债，望总公司对此亦惠赐援助，此工作可照旧进行，弟一息尚存，不愿其稍有阻碍。……弟闭户用功，乐以忘忧，不知老之将至。实验与著述相辅而行，已成日常生活，舍此即觉不适；顽躯亦甚健，他日还乡可与兄畅叙一切。①

秉志隐居后，并非无所事事，仍然以乐观的精神与意志从事他喜爱的科学研究。他因卓越的科学成就长期担任中基会讲座教授，当时年薪16 800元外有科研经费5 000元。因物价飞涨，他希望科研经费能随涨，并一再述说科研经费之窘迫。10月17日函中说：

> 此间一切如故，允中、洪芬、仲熙诸人皆安善，弟每日照常工作，务使在此风雨如晦之时有所得，预备将来之肆力也。弟之工资若能如洪芬函所言者办理，可使弟免去生活上之困难。年来因物价猛涨，工作费太感不敷，弟昨购KOH一磅，费去五百元现币，其他所用之物可想而知。凡可省，省之而已，非万不得已不购也。关于此事亦烦兄代为设法，俾工作得减少困难。弟于工资及此款之事，向不计较，今竟喋喋屡向左右言之，殊觉赧颜，不得已之处，尚祈原宥是幸。②

秉志向来对生活安之若素，当年往来北平、南京间多坐二等车甚至三等车，而以微薄的薪水资助所中年轻人，信中如此"斤斤计较"，实在出于无奈，是为了科研工作的开展。翌年1月24日，函中谈经费而外，并表明心迹：

> 弟等现乘此际，将根基充实，以为来日之助；且目下各有所纂述，异日后可以贡献于世。……再者弟之研究，在振淡（震旦）进行，彼处朋友甚愿帮忙，水电煤气，甚至一部分之药品皆任弟使用，而不取分文。唯饲养白鼠廿余头，家兔七八头，弟不得不担任其费；此外尚有其他费用，至必要之药品，该处未备者，弟须自购。前半年，弟已借垫二千余元，以后六个月尚需二千元之谱。幸洪芬相助，为筹此款，渠必已函至尊处，弟可安心从事店务矣。昔人谓："求名不来，学问在我。"弟则谓：因家虽未，学问在我。

---

① 翟启慧、胡宗刚编，《秉志文存》第3卷，北京大学出版社，2006年，第406—407页。
② 翟启慧、胡宗刚编，《秉志文存》第3卷，北京大学出版社，2006年，第408页。

可以不改其乐也。①

在风雨如晦之时,坚持科学研究,趁机坚实根基,增强研究能力,以为将来科学发展贡献力量。克服一切可以克服的困难,排除一切外界的干扰,不求名利,平心静气地从事科学研究。3月25日函中,谈及他的研究与写作计划,更是"发愤忘食,乐天知命,不知老之将至":

> 弟现忙于店务,朝夕无暇,论文二篇,现在修理。所著《无脊椎动物之天演》一书,进行甚迟,颇觉费力;同时为允中草《献曝琐言》一小册,不过五万字左右,大约再阅五周,可以缴卷。振淡老店之朋友甚佳,弟之研究借助之处甚多。弟在该店作客已五年,所用器具、药品有由弟担负者,遇不可得时,适该店凤备,亦可用之。其经理、伙计等均格外客气,殊可感也。弟之生意有需生物化学处者,亦由该店所雇人员处领教。弟利用此机会尽量吸收,觉甚多时间用之于此亦甚值得。……弟久处贫约,以极度经济之法挨过一时,目下有尊处惠助,可以敷衍。发愤忘食,乐天知命,不知老之将至。现趁此机会,增殖研究能力,以便日后肆力。②

4月29日函中,更谈及他精力充沛、意气风发:

> 弟一面继续研究,一面整装,光阴毫未虚耗,读书之乐趣极浓,忘却一切烦忧。医家谓弟血脉柔和,与三十岁之人无异,作长久之攻读毫无问题,不觉为之兴奋也。

在如此困苦的条件下,秉志坚持科学研究,主要集中在脊椎动物的神经学上,先后与吴云瑞、裘作霖等合作以英文发表《白鼠大脑皮层损伤后呼吸及其相关现象所受影响》《部分大脑皮层损伤后对气体代谢的影响》《正常与大脑皮层部分损伤后气体代谢比较研究》《白鼠大脑皮层人为损伤后对基本代谢的影响》等。正如他自己所说,这些增强了他自己的研究能力,为以后研究工作的展开奠定了基础。更为重要的是,这些研究成果为未来中国科学的发展开创了条件。

与此同时,秉志的学生刘咸也没有放弃他人类学研究的本行。1940年5月16日,

---

① 翟启慧、胡宗刚编,《秉志文存》第3卷,北京大学出版社,2006年,第410页。
② 翟启慧、胡宗刚编,《秉志文存》第3卷,北京大学出版社,2006年,第411页。

吕思勉致函刘咸称:

> 日前蒙赐大著,搜采既博,论断复精,拜读之余,曷胜佩仰!顾君颉刚来书,拟将《海南黎人》一稿恳公校定。弟知公事冗,未敢率尔,适会黄君素封来沪,敬请代陈,竟蒙慨允,欣幸何如!删订须征元【原】作者同意,弟意本亦如是,前覆顾君函中业已提及,顷又嘱钱君宾四再行申明,并嘱转告元【原】作者更有材料悉数寄来矣。先生为人类学山斗,得蒙删订,作者必所深幸,先征同意,不过办事手续而已。俟得蜀中来函,弟当再行拜谒也。再者大著中"伏波分兵入海州"一语,似有微误。①

此外,刘咸还与震旦大学博物馆馆长法国人郑璧尔(Octave Piel, 1876—1945)往还通信,就刊物交换等问题进行商讨。②

秉志作为学界前辈,在后辈学人的培养上有其独到之处,即使在他生活陷入极端艰苦时代,他仍时时关怀后辈学人的情况。1938 年 7 月 14 日,他致函中基会孙洪芬,为郑万钧、吴功贤两人留学筹措经费:

> 前日谈及吴功贤之事,蒙兄允为设法,嘉惠后学,曷胜钦佩。请兄早日办理此事,即照目前所言者为渠一臂之助,倘功贤获得惠赐,能继续在英研求一年,所造当有可观,将来归国履行宿约,一遵贵会之命,贵会既成就一青年专家,而于所指定之学校亦有相当之帮助,诚一举两得者矣。

> 又郑万钧君来函,谓所得补助只有千五百元,恐赴法留学太不敷用,拟向贵会请求加款,恳弟向兄一言,是否可以体谅渠之困难,为之破格相助,使得与他赴法者享同等之待遇。万钧数年以来,工作成绩极优,发表研究成果不下廿余种,国外专家多赞赏之,而其为成渝路调查枕木,使国家省去二百万余元;又为实业部调查造纸木材,不为无功于国家。审查者不纯,有意裁抑,殊失贵会提倡学术、奖掖人才之本旨矣。吾兄乐育为怀,培植后学不遗余力,而于此有成绩、有功劳之青年科学家,当不忍坐视其挫折颠顿,而不忍一援手也。

---

① 《复旦大学档案馆藏名人手札选》,复旦大学出版社,1997 年,第 39 - 41 页。
② 《震旦大学博物院关于郑璧尔、B. Beeguart 与中央农事实验所、中国科学社生物研究所、浙江昆虫局、北平研究院、中国科学社明复图书馆、清华大学、南开大学等来往信件有关交换标本、刊物、介绍参观及其他》,上海市档案馆藏档案,Q244 - 1 - 508。

> 此二人之事,思之再三,殊不欲向左右屡次烦渎,然念及青年有志之士,受人事打击折磨,如鲠在喉,不能自已,谨特为之呼吁,尚望恕其冒昧是幸。①

吴功贤以东南大学助教身份长期在生物所从事神经生理学研究,后获中基会资助留学英国。函中秉志请孙洪芬设法继续资助吴功贤在英研求一年,进一步提升科研能力,以造就科学专家。毕业于江苏省第一农校的郑万钧,也长期在生物所工作,正如秉志函中所言,十余年间取得了极为卓越的成就。后获中基会资助留学深造,但因审查者"有意裁抑",仅得1 500元资助,不敷留学之费。秉志请孙洪芬帮忙使郑万钧获得与其他赴法留学者同等待遇。1939年4月,郑万钧赴法,入图卢兹大学森林研究所进修。7月10日,秉志又致函孙洪芬为郑万钧困难说项:

> 郑君万钧以抵法较迟,今年未能申请补助,致发生许多困难。……伏念贵会向以培植专门科学之青年为宗旨,遇有可造之才国家社会之需者,必竭力为之辅助,故望兄有以成全之,感激不独万钧也。②

因资料原因,秉志为吴功贤、郑万钧请求款项资助的结果不得而知。郑万钧因其在国内的学术积累和充分准备,当年11月即获得博士学位,旋即回国,贡献其学识于祖国,1955年当选中国科学院学部委员,成为一代林业宗师;吴功贤也成为著名的神经生理学家。

科学研究是科学工作者的本职工作,无论何时何地何种环境,坚持学术研究是一个学人的角色需求。抗战伊始,翁文灏就要求地质调查所同仁,在战争中亦不废研究:

> 科学人士当以研究为生命。兵戈之中,不废弦诵,昔贤成规,可为先导。即在欧洲大战时期,外国学者亦多在困苦艰辛之环境中,自出钱,自出力,以继续其工作。凡此奋斗不倦之精神,即是民族自存之德性。我所同人,爱国心长,在此期中,正应夙夜黾勉,自为督责,更复互相督责以无负于国家。③

正是在秉志、翁文灏等一辈著名学人的身体力行和精神感召下,沦陷区学人(上海的

---

① 翟启慧、胡宗刚编,《秉志文存》第3卷,北京大学出版社,2006年,第426-427页。
② 翟启慧、胡宗刚编,《秉志文存》第3卷,北京大学出版社,2006年,第427页。
③ 翁文灏《告地质调查所同人书》,《地质论评》第2卷第6期(1937),第590页。

秉志、庄长恭、朱洗等,北平的生物化学家吴宪、地质学家裴文中、化学家萨本铁等,广州的植物学家陈焕镛等)和大后方广大学者一道奋力向前,使中国科学在抗战最为艰苦的年代,仍然弦歌不断,某些学科还得到了长足的发展,为战后中国科学的发展奠定了基础。

同仇敌忾、宣扬抗战

作为一个中国人,秉志具有崇高的民族气节。1936年北平召开中国科学社、中国数学会、中国物理学会、中国化学会、中国动物学会、中国植物学会和中国地理学会七团体联合年会,有人说赶快趁此机会到北平旅游一番,否则被日本占领后需要办理签证才能去。秉志听到后,严厉斥责:"我们应该看中华寸土是神圣不可侵犯的,失去一寸土地,应该痛心疾首,何况北平是最近三朝都城所在,不应轻率作笑话。"①《科学》停刊后,有汉奸对刘咸说:"科学无国界,编辑为大众服务,现在物价飞涨,你们失业,如何是好,有人愿意支援《科学》恢复出版,你们都可加薪,不必自苦。"为刘咸严词拒绝。刘咸此一举动,深得秉志赞许。②

环境日益凶险,特别是太平洋战争爆发后,秉志名声在外,生存危机更形严重。因此,他与刘咸等人一直寻求机会到内地,不想终不能成行。对于内地朋友责备他贪图上海安逸不愿去后方,秉志只得说:"内地朋友不谅解,也无可奈何,但求无愧我心。"②秉志等人对战胜日本帝国主义从未丧失过信心。1940年3月,他与胡先骕、陈焕镛等人转道香港飞赴重庆参加中央研究院会议,"谈北京、上海情形。步曾(胡先骕)、农山(秉志)均极乐观,……东京抢米十七次,冬天日本全国缺煤"。③

大敌当前,秉志等中国科学社同仁不能直接冲锋陷阵,以身抵敌,"书生报国,笔扫千军",用手中的笔,撰写文章,高扬抗战救国的大旗。他们作为科学工作者,所言自然离不开科学。秉志深知科学在提升民族素质、国家建设中的重要作用,更理解科学普及与宣传的重要性。因此,抗战前他就一再宣扬科学救国,指出"吾国人民急需科学以起死回生之计,吾人能发展科学,人民之知识、技能、生活、体格、思想、道德,均将之而日有起色,由衰

---

① 伍献文《秉志教授传略》,《中国科技史料》1986年第1期,第17页。
② 刘咸《回忆业师秉志》,《中国科技史料》1986年第1期,第22页。
③ 樊洪业主编,《竺可桢全集》第7卷,上海科技教育出版社,2005年,第321页。

老之民族,变为鼎盛之民族"①。要求科学同仁从事科学普及,将科学知识灌输给民众,"不可高自位置,置人民之教育于不顾"②。

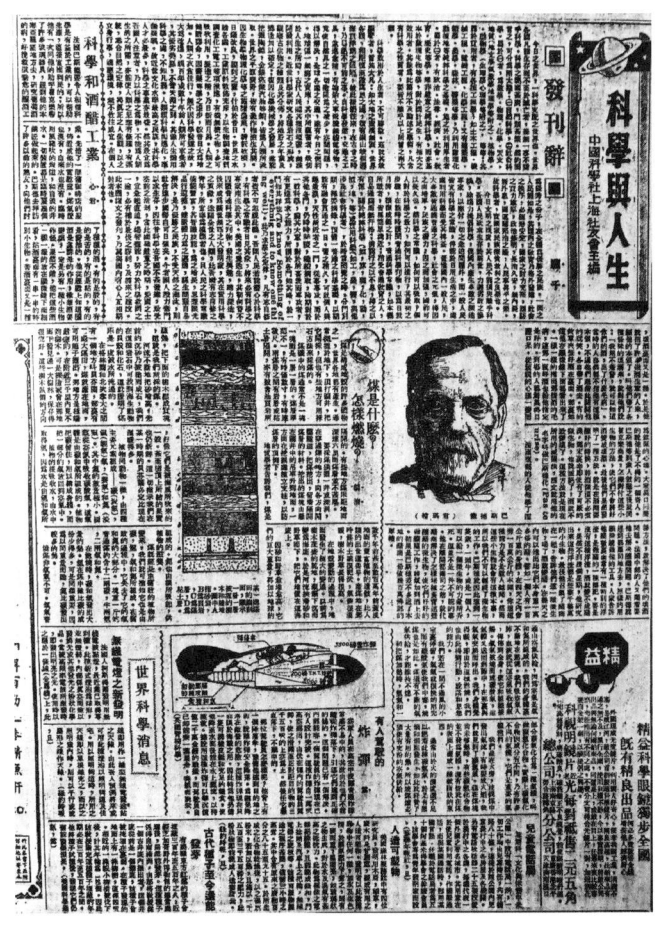

以中国科学社上海社友会名义主编的《申报·科学与人生》专栏第一期,由秉志(化名骥千)撰写发刊辞

1939年2月1日,秉志、刘咸、杨孝述等主编周刊《申报·科学与人生》发刊,这是《申报》创办60多年历史上,第一次以"科学"为名的专刊。周刊宗旨为使普通民众具备基本科学常识,煅就优秀民众个体,以提升中华民族素质,争取抗战的最后胜利。他们化名"骥千""禾山""刘汉士"等,发表文章谈论纯粹科学的重要性,探寻阻碍中国科学发展的原因,宣扬为科学而科学、为学问而学问的求知求真态度,在抗战建国的大势下,似乎有些"不合

---

① 翟启慧、胡宗刚编,《秉志文存》第3卷,北京大学出版社,2006年,第137页。
② 翟启慧、胡宗刚编,《秉志文存》第3卷,北京大学出版社,2006年,第140页。

时宜"、迂腐而不济实用。但鲜明地提出科学是抗战报国、抗战救国、抗战建国的不二法门,委实值得深思:

> 凡一民族欲久存于世,发荣滋长,不为他族所征服者,必恃其国民努力于科学。吾国今日当此危急存亡之秋,欲抵抗强敌,保存国土主权,为永久独立之民族,端赖有志爱国之士,各竭心力,从事于科学之发展。①

正是他们这种鲜明的抗战姿态,使该周刊仅发行24期,为时仅半年就被迫停刊。②

秉志以他对生物学的深厚认知,从自然界的生存竞争出发,疾言民族强弱、生存之理,宣扬科学救国、科学强国、科学建国之道。著名历史学家杨宽回忆说,他与黄素封曾向吕思勉、秉志约稿,为江苏游击区的文化社撰写两本通俗读物——《三国史话》(吕思勉)、《竞存略论》(秉志),"目的是替这个游击区所办的文化社造声势":

> 秉志先生用笔名伏枥发表,取义于"老骥伏枥,志在千里",意思是说,年纪虽老,仍然有爱国抗日的雄心壮志。所以写《竞存略论》,因为他把抗日战争看作中华民族生存的关键。当时秉志和另一个生物学家刘咸每天仍在亚尔培路中国科学社的图书馆中整天从事科学研究的工作,我们是常去拜访和谈论战争形势的。吕思勉和秉志本来忙于写专著,不写通俗读物的,听到我们说是游击区的文化社邀请他们,都慨然应允,很快写成。为了加快出版,立即请上海开明书店付印,标明是文化社丛书之一,就在一九四零年出版。③

1940年5月,秉志在《竞存略论·叙言》中阐述了撰写此书的用意,以"国家至上""民族至上"的意愿,用自然界的生存竞争来激励国人奋起直追,以保全国家与民族:

> 此编之作,为国人警告也。吾国今日所罹之大难,为历史以来所未有;然推原其故,皆夙昔涣散因循之所致。凡立国于大地之上,其人民必精诚团结,日夜淬砺,方不为人所夷灭。自然界之有竞争,无时或息。动物不胜竞争之烈而绝种,与夫互助奋斗而蕃衍者,亦在在可以察见。人类乃动物之一,其国族之盛衰兴亡,夫岂能有例

---

① 禾山(秉志)《科学与民族解放》,《申报》1939年7月26日。
② (编注)关于《申报·科学与人生》周刊的具体分析参阅拙文《传播科学、提升民族素质以抗战救国——中国科学社主编〈申报〉"科学与人生"周刊分析》,《科学技术哲学研究》2013年第1期。
③ 杨宽《历史激流中的动荡和曲折:杨宽自传》,时报文化出版企业有限公司,1993年,第131-132页。

外。……弱族之奋励,足以转为优胜:既能解除一切生存上之威胁,复可促进全人类之幸福,文化悠久之民族,所宜急起直追者也。夫民族之能生存,必须有独立、有自由,而此二者全恃国家之保障。国家一旦为强敌所凌藉,覆亡之祸,逼近眉睫,其民族之生命,又焉能保也。然则被侵掠者,若不甘于奴虏灭亡,其亦时时以国家为前提,致身竭力,谋所以捍卫之乎?此编所譬喻引申者,皆系"国家至上""民族至上"之意,愿读者勿视为迂远泛滥之谈,怵于生存之不易,知所借鉴,努力奋勉,冲破今日之难关,是作者所馨香祷祝者矣。①

没有国家,自无民族之独立与自由。弱小民族,只要"精诚团结,日夜淬砺",就可以转为优胜,获得独立与自由,还可促进全人类之幸福。秉志自己也说,抗战期间,他著书"鼓励人民在危难中,应个个奋斗",除《竞存略论》外,还著有《生物学与民族复兴》《师鉴》《原生动物之天演》《人类一斑》②和《科学献曝》(后从陈叔通建议改名为《科学呼声》)等。1941年12月下旬,他在《生物学与民族复兴·叙言》中说:

生物学为研究生命之科学,与人生之关系至为显著,而其在吾国也,向为人所忽视,普通社会以知识水准之过低,其生活之不能冀科学化固无足怪,而知识阶级号称士大夫者,亦多缺乏正确之人生观,岂非此学之常识未能普及社会之故乎。兹欲矫正此弊,故著此编,有以唤醒国人,以后对于此学不可轻视蔑弃,宜培养兴趣,博求生物界之知识,以为修身、饬行、处世服务之南针,于国家民族之前途不无小补也。③

生物科学不仅仅是有关生命之科学,它对于修身、饬行以及服务社会也有极大的关系,于国家民族的前途也关系匪浅。因此,他批评科学界罪人,指出他们是那些"因循怠惰、庸碌误人之教授""居奇自私、深闭固据之专家""制造派系、党同伐异之鄙夫""器小易盈、鼓簧惑众之浅人""勾结强援、私图统制之政客""欲速见小,逐末忘本之商人"④。像他辈之科学家,"专力于此学,既无奔走仕途求富贵利达之野心,又无投身实业谋生财致富之

---

① 翟启慧、胡宗刚编,《秉志文存》第2卷,北京大学出版社,2006年,第1页。
② 翟启慧、胡宗刚编,《秉志文存》第3卷,北京大学出版社,2006年,第304页。
③ 翟启慧、胡宗刚编,《秉志文存》第2卷,北京大学出版社,2006年,第135页。
④ 翟启慧、胡宗刚编,《秉志文存》第2卷,北京大学出版社,2006年,第76-79页。

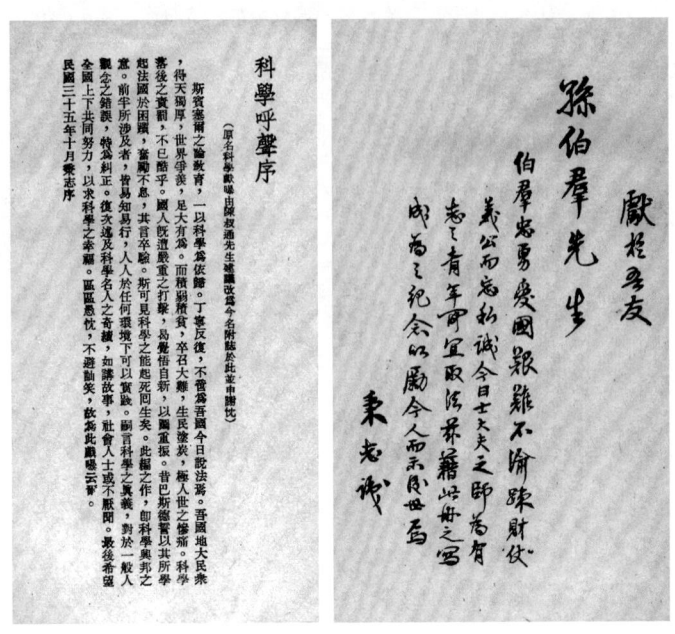

秉志 1946 年 11 月初版、翌年 2 月再版的《科学呼声》
"序"（左）及他将此书献给孙伯群的"题识"（右）

希望,名利之心理已屏除净尽,所孳孳敏求者,一供其兴趣之驱使而已。……其在各大学任课,施其所长,培植后学,皆朝朝夕夕,有终身以之之势"①。

直到 1947 年正月,他为"付梓有期"的《人类一斑》撰写序言,述说这本书写作背景,念念不忘生物进化原则与民族奋斗之关系:

> 国难方殷,敌伪肆虐,沪上人士明大义、重操守者,日处寇仇威胁之下,生计断绝,身命岌岌。此时不佞自拼一死,以谢国人而已。而章君荣初……对于守节之科学家,愿尽力相助,俾继续其著述。故在最黑暗时期,得有此作。其内容不外勉劝国人,循天演进化之原则,为民族奋斗而已。②

而刘咸面临战争中科学被侮辱与被损害的现实,发表文章予以抨击,并对未来充满信心:

> 当此独权政治盛行之今日,群魔起舞,科学被误解,被误用,科学家被冤屈,乃属

---

① 翟启慧、胡宗刚编,《秉志文存》第 2 卷,北京大学出版社,2006 年,第 187 页。
② 翟启慧、胡宗刚编,《秉志文存》第 2 卷,北京大学出版社,2006 年,第 265 页。惜乎《人类一斑》当时并未正式出版。

最不幸之遭遇。然邪不胜正,虚伪不敌真理,天道好还,不远而复,在不久将来,全世界整个科学体系,必可随政治势力之变迁而复旧观,不致久被独权者所劫持,一本为人类谋福利之高尚目的迈进,终将造成有秩序、有规律之和平世界。①

作为国际科学与社会关系委员会中国分会通讯员,刘咸积极参与其活动,深入探讨科学与社会的互动关系。②

杨孝述也在《科学画报》发表多篇文章讨论科学的合理利用、科学与战争的关系,并宣扬科学救国、科学建国。他在《在民族抗战中的科学工作》中指出,科学是建设的工具、国防的利器,抗战时期,"敌人所能摧毁我的,只限于物质,绝不能动摇我全国已经统一的坚强意志,故在此抗战期间,科学教育尤为重要""必须以最小限度的经费和最经济的时间,养成大队的科学军"。全民族的抗战,"实予科学家以莫大的研究机会""我国科学人全体动员,从长期抗战中努力奋斗,以获取科学上新的收获"。③

"寇氛满眼凭凌甚,敌忾同心胜气多。堪笑侏儒扛九鼎,其如决胜断肠何。"④这是1945年秉志应友人宴饮,赋诗"藉祝抗战胜利"的七言律诗中的后四句,展现了秉志与他的中国科学社同仁,抗战期间在上海的坚持与不屈的斗争。"书生报国,笔扫千军",与人文学者或文学家们下笔千言、文动天下的宣传鼓动不同,以秉志为核心的中国科学社社员群体相信"科学救国",潜心科学研究而外,发挥自身的专业优势,在媒介发声宣扬科学抗战救国、抗战建国。他们在沦陷区上海的活动,不仅表征了一代学人不畏强敌的崇高情怀与情操,更为中国科学的发展提供了继续前行的舞台,也为未来的发展积蓄了力量。他们的对敌斗争,与真枪实弹的正面战场、敌后游击战、沦陷区的情报战与暗杀战一起,构成了中华民族反抗外敌入侵的壮丽画卷,保存了中华民族继续前行的火种,奠定了战后继续发展的基础,是名副其实的另一种抗战。

抗战期间,因各种各样的原因,有大批科学工作者滞留沦陷区,主要集中在北平、上海、南京、广州等城市。他们或高举抗日大旗,借助媒介与课堂宣扬科学救国;或不堪窒

---

① 刘咸《科学论坛:科学之厄运》,《科学》第22卷第7、8期合刊(1938),第271页。
② 刘咸《科学与社会之关系:介绍国际科学与社会关系委员会之组织及其使命》,《科学》第22卷第11、12期合刊(1938),第534-545页。
③ 杨孝述《在民族抗战中的科学工作》,《科学画报》第5卷第2期(1937),第43页。
④ 翟启慧、胡宗刚编,《秉志文存》第3卷,北京大学出版社,2006年,第376页。

息,想方设法,历尽千辛万苦到达大后方;或隐姓埋名,默默从事科学研究以为中国科学的发展保存火种、奠定基础;或因生活重压所迫在伪机构任职,以不合作的姿态默默抵抗;当然也有甘心事伪、为虎作伥者;绘出了一幕幕惊心动魄、可歌可泣的壮丽画卷,也演出了令民族蒙羞的不齿丑剧,更留下了值得后人不断思考的问题。他们在人生的关节点上做出了不同的选择,都自有其自身的考量。以秉志为核心的中国科学社同仁选择了与敌对抗、对抗不成就隐姓埋名,但决不合作的道路。他们做出了这种选择,就需要面对这种选择所带来的困境,好在他们度过了这一困境,迎来了民族解放。如何同情地理解其他人的不同选择,可能是后来的研究者在面对学术与政治、普世的科学与有国界的国家时不得不面对的矛盾与困境。

(《中国科技史杂志》2012年第2期,第127-142页)

学术独立之梦

——战后饶毓泰致函胡适欲在北大筹建学术中心研究

1947年9月,作为北京大学校长的胡适发表《争取学术独立的十年计划》,提出了当时中国走向"学术独立"的发展规划,掀起轩然大波。胡适这一"计划"的思想渊源除与他自身长期对中国学术发展的思考、战后世界学术发展趋势与中国学术发展态势等因素有关外,更与中国近代第一代物理学家、曾长期担任北大理学院院长、首届中央研究院院士饶毓泰分不开。已有的胡适研究中基本不提及饶毓泰对他的影响,饶毓泰的相关简单传记中对此问题亦语焉不详。① 这里欲通过释读1945年9月至1946年5月9个月时间内饶毓泰致胡适函件(可惜胡适回函无从查找),梳理饶毓泰建议胡适将北京大学建设成为学术中心特别是原子能研究中心的经过,并分析这些建议对胡适"争取学术独立十年计划"的影响,展示一代学人在争取中国学术独立道路上的艰辛与苦涩。

饶毓泰与胡适早期交往

1891年12月生于江西临川的饶毓泰,1908年就读于上海新成立的新中国公学,与同年同月出生于上海的安徽绩溪人胡适为同学。他们平生有了第一次交集,但因胡适又兼任学校英文教员,于是同学关系又成了师生关系。这种师生关系,正如胡适所说:"论学问,我那时怎配教英文? ……我教的两班后来居然出了几个有名的人物:毓泰(树人)、

---

① 相对于胡适研究著述的满坑满谷,老景孤苦被迫害致死的饶毓泰可谓身后凄清,不仅著述未能结集出版,也不见专门的传记面世,诞辰、逝世纪念会更无召开,自然也无纪念文集,至今似乎也只有《光谱学与光谱分析》杂志1991年发一"纪念饶毓泰教授诞辰百周年"增刊,刊载他徒子徒孙们所撰专业论文。这与他对中国物理学发展的贡献特别是对北大物理系发展的深远影响是极不相称的。他与叶企孙、李书华等可称中国近代物理学的第一代,却与叶企孙、李书华等回国后主要从事物理学教育与推展物理事业、基本不从事物理学研究不一样,饶毓泰教书育人推展中国物理学事业外,还致力于物理学研究,取得了相当的成就,1948年以"光谱、电离作用、电子等研究,主持北京大学理学院及物理系"高票当选中央研究院首届院士。目前能称得上相关他的传记一是宋增福为《中国现代科学家传》(第2集,科学出版社,1991年)、《中国科学技术专家传略·理学编·物理卷1》(河北教育出版社,1996年)所写条目,二是曾任北京大学副校长的沈克琦所撰《北大物理学学科的重要奠基人——饶毓泰》[载萧超然主编,《巍巍上庠 百年星辰——名人与北大》(北京大学出版社,1998年)],他们文中都曾提及饶毓泰战后对北大物理系发展的规划,惜仅寥寥数语,未发之覆甚多。

杨铨(杏佛)、严庄(敬斋),都做过我的英文学生。"①

1910 年,胡适考取第二届庚款去美国留学。饶毓泰从南洋公学毕业后,回家乡担任中学教师,不久考取江西省官费,1913 年 2 月也到美国留学。初入加州大学,后转学芝加哥大学,1917 年冬获芝加哥大学物理学学士学位。次年,入哈佛大学研究院,后转学耶鲁大学和普林斯顿大学。1922 年 6 月,获得普林斯顿大学哲学博士学位。博士论文研究低压电弧的电子发射速率,导师为后任麻省理工校长的 K. T. 康普顿,诺贝尔物理学奖获得者 A. 康普顿之兄。

青年时期的饶毓泰(左)与胡适(右)

留美期间,中国公学时期结下的友谊成为同学纽带。胡适因宣扬文学改良爆得大名,其著述自然得到同学的关注。饶毓泰在一封信中谈及在《留美学生年报》中读到胡适的作品,另一封信中也说:"适之足下,手书备悉,弟与足下虽未□②□通书,顾足下之著述则当于年报中稍窥其略。"③可见他们之间书信往还当不少。非常可惜,现在我们仅能看到

---

① 胡适《四十自述》,载欧阳哲生编,《胡适文集》第 1 册,北京大学出版社,1998 年,第 93 页。对于这种师生关系,胡适似乎很看重,1962 年 2 月 14 日,就在他去世那天的台北"中央研究院"院士选举会议后的酒会上,他还以讲故事的说法提及这种关系:"我常向人说,我是一个对物理学一窍不通的人,但我却有两个学生是物理学家:一个是北京大学物理系主任饶毓泰,一个是曾与李政道、杨振宁合作验证'对等律之不可靠性'的吴健雄女士。而吴大猷却是饶毓泰的学生,杨振宁、李政道又是吴大猷的学生。排起行来,饶毓泰、吴健雄是第二代,吴大猷是第三代,杨振宁、李政道是第四代了。中午聚餐时,吴健雄还对吴大猷说:'我高一辈,你该叫我师叔呢!'这一件事,我认为平生最得意,也是最值得自豪的。"见胡颂平《胡适之先生晚年谈话录》,中国友谊出版社,1993 年,第 297 页。
② □表示难以辨识与缺漏字,下不注明。
③ 耿云志主编,《胡适遗稿及秘藏书信》第 42 册,黄山书社,1994 年,第 498 - 501 页。

饶毓泰致胡适函,不得见胡适致饶毓泰信。胡适、饶毓泰都是当日留美学生组织的学术团体中国科学社的初始会员,饶毓泰还曾担任首任分股委员会委员长兼物理算学股股长,自然是中国科学社1916年首届年会的主干成员,但因病不能赴会。8月1日,社长任鸿隽致函胡适说:

> 闻将不赴学生会,甚失望,"科学"之文艺会方望足下去读一篇大文也。迩闻饶树人病瘵,已弃学养摄,科学会自不能到。赵元任亦割腹治所谓 appendicitis(阑尾炎)。去此二人,科学年会岌岌可危。足下若又不往,愈减色矣。望勉为一行,或于最后二、三日内一往亦可。①

因赵元任、饶毓泰这两位核心成员不能与会,任鸿隽希望胡适克服困难成行。胡适日记中也记载有相关饶毓泰的信息。1917年,胡适毕业归国前夕,6月16日到达饶毓泰就读的芝加哥大学:"本欲一访饶树人(毓泰),以电话向大学询问其住址,乃不可得,怅然而止。树人来此数年,以肺病辍学甚久。其人少年好学,志大而体力沮之,亦可念也。"②

胡适归国后,同是中国公学同学、饶毓泰未来妻子朱毅农的哥哥朱经农也不时将饶毓泰的消息传送给胡适:"饶树人已毕业于芝加高大学,日前已启程赴康桥,赴哈佛大学,后意尚欲留此数年。弟与谈数夜,思想亦新奇,将来之大科学家也。"③对于此次与朱经农相聚之乐,饶毓泰也致函胡适告之,并说他留美五年不得与胡适一见,"实为大憾"。④ 胡适《中国哲学史大纲》出版后,饶毓泰很是推崇,致函胡适说:"时人著书多无精密之思,即稍能用思,又无胆量说出来,其能用思而兼有胆量者,尚有足下。"并指出中国无科学的原因,"在于狭义的功用主义深入于中国人脑髓,绝无一种'为学而治学'之精神,舍身求真之人几乎无有。视西方往哲之鞠躬尽瘁,以求伸其所自信者,吾国人当愧死矣"。预告他1921年可以毕业回国,将执教南开大学物理系,"京津非远,泰与足下相会日正长也"。⑤ 1919年圣诞节,朱经农致函胡适,对饶毓泰还是称誉有加:"饶树人读书猛进,必成数理专家。"⑥朱经农似乎对饶毓泰在物理学上的作为有很高的期许,"大科学家""数理专家"的预

---

① 中国社会科学院近代史研究所中华民国史组《胡适来往书信选》(上),中华书局,1979年,第3页。
② 曹伯言整理,《胡适日记全编》第2册,安徽教育出版社,2001年,第599页。
③ 耿云志主编,《胡适遗稿及秘藏书信》第25册,黄山书社,1994年,第533页。
④ 耿云志主编,《胡适遗稿及秘藏书信》第42册,黄山书社,1994年,第502页。
⑤ 耿云志主编,《胡适遗稿及秘藏书信》第42册,黄山书社,1994年,第503页。
⑥ 耿云志主编,《胡适遗稿及秘藏书信》第25册,黄山书社,1994年,第549页。

言一再出现。

饶毓泰比预期晚一年毕业回国。1922年9月15日,胡适在北京请他吃饭:"饶树人自美国回来,我邀他和任光到长美轩吃饭。树人为中国新公学学生,我曾教他英文。他近来学物理,成绩极好。我的学生得博士学位的,他是第一人了。"① 饶毓泰回国后创建南开大学物理系,培养了吴大猷、吴大任、江泽涵、申又振、陈省身、郑华炽等一批数理才俊。② 在此期间,因为未婚妻朱毅农的问题,饶毓泰曾与胡适书信往还,③得胡适帮助终成眷属。但终因朱毅农似乎爱上了胡适而神经出现问题,1929年饶毓泰赴德国访学后离异。④ 饶毓泰德国归来短期在北平研究院任职后,1933年到北大物理系任教授兼主任(1936年起任理学院院长),先后聘请了周同庆、张宗燧、朱物华、吴大猷、郑华炽等教授,使北大物理系教学与科研水平陡升,可与清华大学物理系相媲美。⑤

可能是因为朱毅农的关系(也不尽然),距离的缩短似乎并没有拉近胡适与饶毓泰关系。他们虽同为北大教授,一个是文学院院长、一个是理学院院长,但两人关系远不如以前密切。胡适日记中相关饶毓泰的信息也就很是稀少,提及时再也没有以前那种兴奋的心情。1934年9月8日,胡适出席北大物理系教授周同庆新婚宴会,遇饶毓泰夫妇,其日记记载说:"他们是前天结婚的,饶树人十年前与朱毅农结婚,是冬秀与我在婚书上签名盖章的。对此新婚,颇多感慨。"⑥ 看来,老朋友与老学生的新婚,胡适也没有机会出席,他如何感慨饶毓泰的新婚,也不得而知。1935年5月4日,胡适曾受蒋梦麟之命与饶毓泰、曾昭抡商谈北大设立研究所事,并发电与蒋梦麟称北大研究院"事属内部学术设施,教部不宜过于干涉"。⑦

全面抗战爆发后,胡适出任驻美大使,为抗战建国尽心尽力。饶毓泰似乎命途多舛,

---

① 曹伯言整理,《胡适日记全编》第3册,安徽教育出版社,2001年,第795页。
② 陈省身说他随饶毓泰学物理,"饶先生学贯中西,但是物理学牵涉太多,我读不好",只要与数学有关就没困难,"因此对于物理的基本概念,虽然没有读懂,及格是没有问题的"(陈省身《学算四十年》,张奠宙、王善平编《陈省身文集》,华东师范大学出版社,2002年,第19页)。江泽涵在南开大学求学时最初也随饶毓泰读物理,后因对数学的兴趣等转随姜立夫读数学,成为中国拓扑学奠基人之一[参阅徐义保《中国现代数学史的重要史料:江泽涵至胡适的信函》,《数学传播》第23卷第3期(1999)]。
③ 耿云志主编,《胡适遗稿及秘藏书信》第42册,黄山书社,1994年,第504-509页。
④ 杨士朋《朱毅农、饶毓泰与胡适的三角关系》,《传记文学》(台北)第80卷第1期,第46-60页。
⑤ 吴大猷述,黄伟彦、叶铭汉、戴念祖整理,《早期中国物理发展之回忆》,上海科学技术出版社,2006年,第62-64页。饶毓泰对北京大学物理系的贡献,参阅拙文《饶毓泰与北京大学物理系》(《科学文化评论》2015年第6期)。
⑥ 曹伯言整理,《胡适日记全编》第6册,安徽教育出版社,2001年,第409页。
⑦ 曹伯言整理,《胡适日记全编》第6册,安徽教育出版社,2001年,第463页。

结婚不几年的妻子在上海病故。家痛国恨交加,其心情可以想见,得意门生吴大猷放弃四川大学中英庚款讲座教授席位赴昆明与他会合,陪他度过孤苦岁月。① 他担任西南联大物理系主任,讲授三年级光学和研究生光的电磁理论等课程,继续培育"桃李"。1944年,应邀赴美,先后在麻省理工学院、普林斯顿大学和俄亥俄大学从事分子红外光谱实验研究。他乡遇故知,胡适(1942年9月卸任驻美大使后滞美未归)、饶毓泰在美国又有了交集。据金岳霖说,1944年他与赵元任夫妇、饶毓泰在胡适纽约家中相聚。②

随着原子弹的爆炸与抗战的胜利,中国命运面临新的抉择,中国科学的发展也迎来了新的契机,饶毓泰建议即将出任北大校长的胡适将北大建设成为学术中心的蓝图也就应运而生。

饶毓泰致函胡适商讨发展北大理学与工学

1945年9月6日,卸任驻美大使后长期滞留美国的胡适正式被国民政府任命为国立北京大学校长。消息传开,饶毓泰很是感奋。9月19日,写一长函给胡适,除将胡适出任北大校长与艾略特长哈佛大学相提并论,称为中国大学"新纪元"外,还以哈佛大学校长科南特、麻省理工校长康普顿、加州理工校长密立根出任行政职务并不妨碍学术研究,劝导胡适勇敢承担起领导北大向前的责任,并认为大学校长不仅仅是个行政职位,更应该作为学术研究的表率,领导学术的进步。信的主体内容是向胡适提出发展北大理科和工科的系统建议。由于该信的重要性,全文照录如下:

> 我曾外出游览两周,前晚才回。昨日到实验室得兄十二日手书,为之狂喜。兄长北大,实吾国大学教育一新纪元,不仅同人私幸已,望兄积极负起责任领导我们,为昔日 C. Elliot[查尔斯·艾略特]③之长哈佛也。
>
> 孟麟先生维持北大之苦心伟绩将永在人间,但是孟麟老了,强以之当复兴北大改造之大任,似非爱人以德之意。
>
> 若说做大学行政的事有碍兄之著述大业,弟意以为过论。假令经费有着,院系得

---

① 吴大猷《回忆》,中国友谊出版公司,1984年,第26页。
② 刘培育主编,《金岳霖的回忆与回忆金岳霖》,四川教育出版社,1995年,第30页。
③ [ ]中字为笔者注释,下不注明。

人,有若机器调整,一按电钮而全体奏效,琐琐费时之事将无由而生。平心而论,大学校长不当仅负行政之责任,亦当负领导学术研究之责任,如 Harvard[哈佛]的 Conant[科南特]先生,如 M.I.T.[麻省理工]之 Compton[康普顿]先生,C.I.T.[加州理工]之 Millikan[密立根]先生都未因其长大学行政而遗弃其学术事业也。

往偿【尝】与兄谈过北大事,第一是延揽人才,此是难事,得才而能使之继续滋长则更难。就理学说,各系都要充实,受经费与人才限制,物理系一向政策是先□在分光学方面做到独立研究地步。今自原子炸弹成功,原子核物理之研究有不容一日缓者,张文裕先生在此方面有独立研究经验,成绩甚佳,拟请其加入北大。彭桓武①君曾从 Max Born[马克斯·玻恩]问学,现在 Institute for Advanced Study Dublin [都柏林高等研究院]任理论物理副教授,与马仕俊②、张宗燧③三人为吾国研究原子核理论之最有希望者,仕俊将来 Princeton[普林斯顿]继续研究,宗燧(中大)曾与我有了解,倘桓武亦肯来北大,则实验与理论方面都顾到矣。

算学系旧同事在[江]泽涵领导下都蒸蒸向上,至为可喜。樊㵑④将自法来 Princeton,将嘱他早日回国。我在此曾与一维也纳青年算学家 Dr. Henry B. Man[亨利·B·马恩博士]相过从,他日如有需要亦可罗致。

化学系事我不拟多说,倘能加聘马祖圣⑤与李作浩⑥两君则幸甚。

地质系务须请仲揆[李四光]兄回来,请克强兄([杨]钟健)加入。

---

① 彭桓武清华大学毕业后考取中英庚款,1938 年到爱丁堡大学师从玻恩,1940 年获得博士学位。1944 年 7 月 15 日,玻恩给爱因斯坦的信中说:"我和我的中国学生彭(一个杰出的人)一道试图改进量子场论,我认为我们的路是正确的。"10 月 10 日,玻恩向爱因斯坦报告他与彭桓武量子场论的工作已"相当大地改进了它,而且我们也相当肯定,我们能够摆脱一切令人不满意的东西。我相信它至少会像任何可尊敬的经典理论一样漂亮"。玻恩、爱因斯坦著,范岱年译,《玻恩—爱因斯坦书信集:动荡时代的友谊、政治和物理学》,上海科技教育出版社,2010 年,第 170、182 页。
② 马仕俊 1935 年北大物理系毕业后随吴大猷读研究生,后留英在剑桥大学获得博士学位,1940 年回国任教西南联大时"已小有名气"。他对介子场理论和量子电动力学多有贡献,杨振宁就是跟他学场论的。战后到普林斯顿访学。
③ 张宗燧 1934 年清华大学物理系毕业后随吴有训读研究生,放弃美庚款天文学名额,考取英庚款数学专业留英,在剑桥大学从事理论物理研究,1938 年获得博士学位。曾在哥本哈根、瑞士高工与玻尔、狄拉克、泡利等大师交游。1939 年回国任教于中央大学。战后再赴剑桥大学与狄拉克一道工作,后随狄拉克到普林斯顿高等研究院。张宗燧被誉为天才,一直在理论物理学前沿奋战。
④ 樊㵑北大数学系毕业,1938 年考取庚款留法,获法国国家博士学位后留法从事科研,战后到普林斯顿。
⑤ 马祖圣清华大学化学系毕业,留美获得芝加哥大学博士学位。编纂有《历年出国/回国科技人员总览(1840—1949)》(社会科学文献出版社,2007 年)。
⑥ 即李卓皓,金陵大学生物系毕业,留美获得加州大学伯克利分校博士学位。

生物学不容易找到有希望的人才,且历年来学生太少,发展尚须时日。但是缉斋[汪敬熙]兄若肯回来,则于生理学方面似可致力。

工学院势必要办,但最难办得好。拟请暂成立应用力学系与电学工程系,在C.I.T.有钱学森先生曾从Von Karman[冯·卡门]游,现在该校任流体力学副教授。有郭永怀君(北大物理系毕业)亦从Von Karman治流体力学。拟请钱先生为应用力学系主任,请郭永怀回北大。电学工程方面的人甚多,但是最有成绩的才三四人,若能请到朱兰诚[成](M.I.T)、C.C.Wang □□(Westinghouse[西屋公司],我不知道他的中国名姓[即下文提到的王兆振]),又由清华调回马大猷,则电学方面有主要人物矣。

天文学系亦须成立,但今日在国内无人可当此任,似须等待黄昆①(吴大猷学生,北大理学院研究生第一人毕业者)由英国回来才有办法。

关于设备方面,将来暂且不说,为维持现在工作效率计,请兄先筹两万美金存在美国,为北大迁回北平后诸同人得就已有设备加以补充,俾不致荒废时间。

有不有方法请美国图书机关捐助补充自1937年以来之杂志?

以上是我一时想到者。

至于我自己计划如何,实告兄,多年来我的精神早已销止,存者只躯壳耳。年来在此虽完成一两□实验(一篇已在印刷中),但多迁就他人已有的设备作消磨岁月事耳,非我心中所愿作也。绩业负于当年,崦嵫促其短景,足知我之心境矣。

我大约于一个月内往东方,或在Cambridge[剑桥镇],或在Princeton,尚未完全决定,回国迟早听任校方。兄自英归后我将来纽约与兄面谈一切。此问起居。②

---

① 黄昆西南联大硕士毕业后,考取中英庚款留英,1945年赴布里斯托尔大学师从莫特(N. F. Mott,1977年获诺贝尔奖),1948年获得博士学位。1947年访问爱丁堡大学期间,玻恩提出合作撰写《晶格动力学理论》一书。玻恩在二战爆发前已经开始写作这本以量子力学为基础的晶格理论著作,但精力与时间使他暂时放弃了这一计划。黄昆来访期间,他把已写手稿交给黄昆。黄昆改变了玻恩全书的结构,增了几章比较易于理解的基本引论,再逐步引申到普遍理论,并重写了玻恩原先的内容,使之更普遍化。因此玻恩说,"本书之最终形式和撰写应基本上归功于黄昆博士"[玻恩《〈晶格动力学理论〉序》(中译文),《黄昆文集》,北京大学出版社,2004年,第640页]。玻恩曾致函爱因斯坦称黄昆"是一个热情的共产主义者,当接到毛泽东战胜蒋介石的消息时,他要参加中国发生的任何事情,所以他和他的(英国)妻子回中国去了",于是该书最后阶段的许多工作"又再次落在我的身上""我不得不整理大量手稿,核对全部计算,阅读校样等等,全部由我自己做,这对年已七旬的我来说确非易事"(《玻恩—爱因斯坦书信集》,第216页)。

② 耿云志主编,《胡适遗稿及秘藏书信》第42册,黄山书社,1994年,第511-514页。

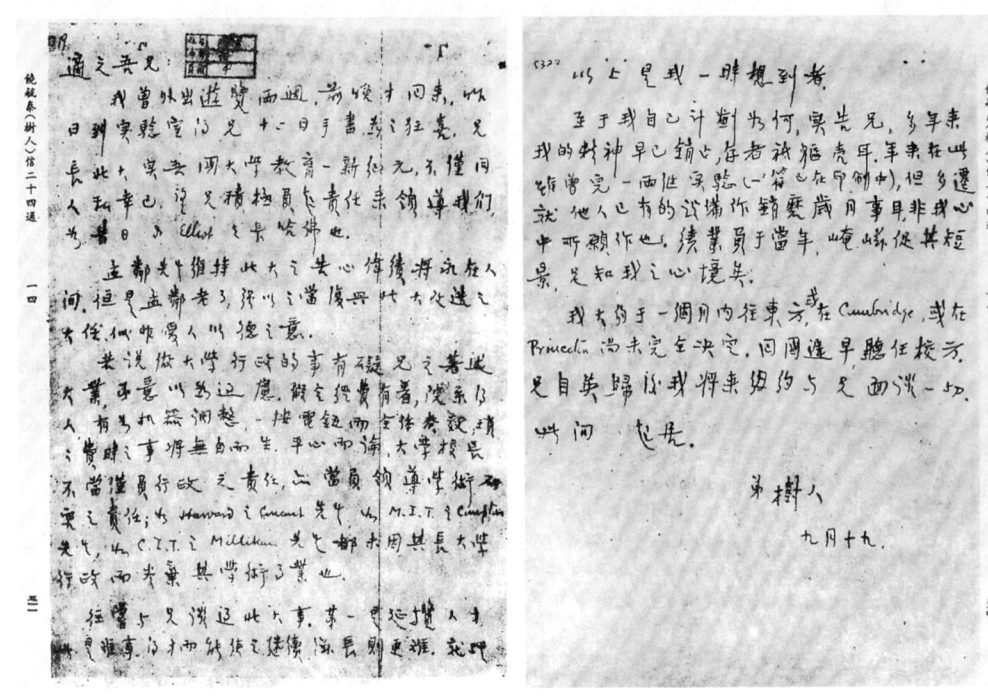

1945年9月19日饶毓泰致胡适长函首末页

胡适9月12日致函饶毓泰,可能告之他将出任北大校长的消息,具体谈了些什么,无从知晓。但得知胡适出长北大后,"精神早已销止"、仅存"躯壳""消磨岁月"的饶毓泰,心里所起波澜与发展中国学术的雄心跃然纸上。看来,对于战后复兴北大计划,饶毓泰与胡适曾有不少的讨论,"往尝与兄谈过北大事",因此饶毓泰信中的建议也非一时兴起,而是长期思考的结果。作为北大理学院院长,饶毓泰对理学院下属物理、数学、化学、地质、生物各系的发展做了事无巨细的分析与建议,提出成立工学院、天文学系的计划。这封信中特别值得注意的有两点:

一是面临原子弹爆炸后世界原子科学的发展态势,指出北大物理系不能再停留于由他开创、吴大猷等接续的光谱学等方面的研究,"原子核物理之研究有不容一日缓者",建议北大聘请张文裕、彭桓武、马仕俊与张宗燧等加盟,专门从事原子物理研究。张文裕抗战爆发前入剑桥大学卡文迪什实验室,师从卢瑟福研究原子核,1938年获博士学位,回国任西南联大教授,1943年赴美在普林斯顿大学访问研究,已有"独立研究经验,成绩甚佳";而师从马克斯·玻恩的彭桓武与马仕俊、张宗燧三人更是"吾国研究原子核理论之最有希望者"。如果北大能聘请到这些才俊,原子物理理论与实验人才兼备,自然就能成为中国原子物理研究中心,有了这些紧跟世界物理学发展前沿的青年人才,中国在世界原子物理研究上占有一席之地也"指日可待"。

第二,他强烈建议创设工学院,先设立应用力学系和电学工程系。聘请加州理工学院师从冯·卡门的钱学森任应用力学系主任,北大毕业同样师从冯·卡门的郭永怀回系任教。电学工程系聘请麻省理工的朱兰成、王兆振,从清华调回马大猷,也就"兵强马壮"了。作为理学院院长和物理系主任,饶毓泰视野并不仅仅局限于理学院各学科,而是从科学发展的全局和协调发展的角度出发,力主北大创设工学院。

此后饶毓泰与胡适书信往还仍主要集中在上述两点上。9月29日,饶毓泰致函胡适,提出理学院拟新聘的教授如果胡适同意,可否由他"先行分别接洽?"另外,他接到北大数学系主任江泽涵及他的学生吴大猷等人信函,对胡适出任北大校长,都异常兴奋,希望他担负起领导中国学术发展的重任,对北大的发展要有长远规划。因此,他再次向胡适提出向美国图书机关申请捐助自1937年以来各种科学杂志、筹措美金两万元为同人自昆明返北平后从事研究的临时费,这两件"都足以鼓励同人精神",希望胡适立马进行。①

10月8日,饶毓泰连续致胡适两函,一函指出工学院电学工程系创设势在必行,马大猷为主任,王兆振、袁家骝拟聘为教授。"原子核物理研究北大势必开办,且须另筹巨款。惟现在即须进行接洽人选,清华、中大、浙大、厦大等近都在向各方面觅人,倘我们错过机会,后将更感困难。"②另一函提出聘请钱学森为工学院院长,而不是先前的应用力学系主任,钱已草拟了工程科学系"组织大纲":

> 钱学森先生寄来所拟"工程科学系之目的及组织大纲"草案,此文是他应我之请而作的,我觉得他的意见有许多是和我的相契合的,但和一般工程学者之传统目的与组织是大不相同,值得我们深切的注意,兹附呈,阅后请掷还。
>
> 我未曾和钱先生直接通信,我是请郭永怀转达北大拟请他出来组织应用算学系

---

① 耿云志主编,《胡适遗稿及秘藏书信》第42册,黄山书社,1994年,第515-516页。胡适出任北大校长,确实对当日知识界产生了极大的影响。此时正在美国访学的数学家许宝騄致函胡适说:"早在报上看见您继任北大校长的消息,我想不但同事同学,全国青年都极度兴奋无疑。希望您把谦逊未遑的意思打消掉,梦麟先生无论多理想,有了中委的头衔,就不免是自由之累了。……过去五六年太黑了,一把好人厕身其中,连轮廓都看不见,一个光亮的人物,怎会不让大家引领而望呢?"[中国社会科学院近代史研究所中华民国史组《胡适来往书信选》(下),中华书局,1979年,第44页]。

② 耿云志主编,《胡适遗稿及秘藏书信》第42册,黄山书社,1994年,第517页。

或应用力学系之意思,所研究与教学范围则和钱先生的工程系的内容差不多完全相同。如果北大工程学系能这样办,理学院与工学院分界就不致太严了。这对于工程教育上是个革新运动。可否由北大聘钱学森先生为工学院院长?他现在是 C.I.T. 流体力学教授。①

钱学森所拟"工程科学系之目的及组织大纲"草案内容到底怎样,不得而知。但可以从钱学森当时在工程力学上的成就及其对工程科学的看法探知一二。钱学森留学师从工程力学大师冯·卡门,1939 年获得航空与数学博士,并在高亚声速、超声速空气动力学及喷气推进领域进行研究和探索,领会到科学与技术结合的真谛。战后,随美国空军科学咨询团赴欧考察战时航空、导弹等技术,日渐形成了他的工程科学思想。② 他认为工程科学的本质就是"将基础科学中的真理转化为人类福利的实际方法的技能"。工程科学家是为了满足"纯科学家与从事实用工作的工程师间密切合作的需要",他们形成"纯科学与工程之间的桥梁",将"基础科学知识应用于工程问题"。③ 在这种观念指导下,他的"草案"自然关注科学与技术的结合,办理工学院也必注重理学院的发展。因此,饶毓泰认为他与钱学森的想法大体契合,他从当时世界科学发展态势及钱学森在工程力学上的卓越贡献出发,对邀请钱学森回国在北大创设工学院一事之热切可想而知。按照钱学森的纲要草案,北大理学院与工学院学科可相互交叉,这也是科学发展日渐交叉与交融的趋势,工学院的创办也可直接促进北大理学院的发展。9 月 19 日至 10 月 8 日,饶毓泰为北大的发展致胡适四函,胡适却没有回音。10 月 13 日,饶毓泰再次致函胡适,说因所商量的问题关系"北大前途甚大",请胡适回函"指示以便分别进行"。并指出"原子核物理的研究势不容缓,惟现在国人治此有成绩者本来无多,中大正在多方延揽,倘此时不图,后来更无机会"。④ 次日,胡适复饶毓泰长信,具体内容不得而知,仅知决聘钱学森为工学院院长,也请饶毓泰约定物理系及工学院人才。⑤

---

① 耿云志主编,《胡适遗稿及秘藏书信》第 42 册,黄山书社,1994 年,第 518 页。
② 姜玉平《钱学森与工程科学思想在中国的早期传播》,《光明日报》2011 年 12 月 5 日。
③ 钱学森《工程与工程科学》,《力学进展》2009 年第 6 期,第 1—7 页。原为钱学森 1947 年夏天在国立浙江大学、交通大学和国立清华大学为工科学生所做的讲演,发表于 Journal of the Chinese Institution of Engineers, 1948, 6: 1–14。
④ 耿云志主编,《胡适遗稿及秘藏书信》第 42 册,黄山书社,1994 年,第 519 页。
⑤ 耿云志主编,《胡适遗稿及秘藏书信》第 42 册,黄山书社,1994 年,第 524 页。

钱学森(前排左一)等与冯·卡门(站立者左四)1940年前后的合影

战后随着原子科学的发展,中央研究院、清华大学、中央大学、浙江大学等机构和高校也都着力寻觅人才发展原子科学,因此彼此之间人才的竞争可谓激烈。10月23日,饶毓泰致函胡适谈及彭桓武来电,说清华大学、中央大学都有电请他,他尚未决定。饶毓泰说:"彭君成绩极好,治学问态度亦好,我极盼望他能来北大与马仕俊合作。若兄得与他面谈,并告诉他张文裕正在慎重考虑加入北大,我想我们很有希望请到他。"钱学森没有消息,"大概他在慎重考虑中"。① 两个月之后的12月31日饶毓泰致函胡适,谈及碰到冯·卡门:

> 曾和他叙说北大开办工学院之目的与计划,他极感兴趣,并允向钱学森先生详谈(钱为Von Karman的学生),请他开始规划,虽则一年内不能回国。Von Karman为当代工程科学一大师,我很愉快得和他会面并得领教。他说遇有机会要来看兄,我曾把兄的地址抄给他。

---

① 耿云志主编,《胡适遗稿及秘藏书信》第42册,黄山书社,1994年,第521页。

鉴于钱学森没有回音,饶毓泰欲通过钱的老师冯·卡门做工作。另外,还谈及促使北大毕业生赵广增回北大一事,赵在密歇根大学得博士学位,归国后任教中央大学,"近见他在《美国物理学报》所发表的论文颇有价值"。①

饶毓泰、胡适自9月开始商谈聘请人才建设北大,到年底似乎毫无成效。期间除信函外,他们似乎还曾有过面谈。饶毓泰收到10月14日胡适复函后,15日致函胡适称:"若能购到车票,我明日晚车来纽约看你。在纽约若不易找到房间,我即往 Princeton 去住一宿。"②他是否成行不得而知,胡适日记中也无相关记载。同年12月11日,饶毓泰函胡适称他"定于本星期六日下午来纽约留一宿,当晚或星期日当来兄处商谈校事并其他有关问题"。③ 这次商谈校事的面谈是否有,也不得而知。无论如何,饶毓泰、胡适往还商谈虽频繁,但人才的聘请似乎并不顺利,发展北大学术的蓝图似乎也就仅仅停留于他们之间的往还商讨中。

1946年1月14日,饶毓泰致函胡适说:

> 转来钱学森先生的信早收到,后又接郭永怀兄来函说钱先生一二年内不能归国,故此时不肯立即负起责任来。弟对于此事虽甚失望,然以郭永怀、林家翘诸君都望钱先生出来领导,钱如不加入北大,他们也就不肯加入,故仍望钱肯答应负责,即使他自己一时不能归国。弟曾有函报告与 Von Karman 先生接谈经过,Von Karman 先生现尚未返 Pasadena[帕萨迪纳],待他返后或有更具体的结果。同时弟函郭永怀嘱他转达向钱先生说:自适之先生长北大命令发表后,士气为之一振,今方作深远之计划。我愿凡关心中国大学教育前途者多来帮助适之先生。中国工程教育向未上轨道,北大开办工科无传统的负累,有布新的勇气,凡关心中国工程科学前途者不应该错过这个机会,适之先生与北大同人对钱先生具有无穷希望,亦欲藉此使钱先生和他同志与国内无数向上的青年有更深造之机会。为表示万分诚意,北大开办工学院可迟至1947年秋,以待钱先生之归,但钱先生此时应立即答应负责规划,郭永怀、林家翘两君如能于今秋归国则更善。

---

① 耿云志主编,《胡适遗稿及秘藏书信》第42册,黄山书社,1994年,第523页。
② 耿云志主编,《胡适遗稿及秘藏书信》第42册,黄山书社,1994年,第520页。
③ 耿云志主编,《胡适遗稿及秘藏书信》第42册,黄山书社,1994年,第522页。

因钱学森一两年内不归国,北大工学院的创设成了问题,因为郭永怀、林家翘唯钱学森马首是瞻。因此饶毓泰除冯·卡门这一条线外,还让北大毕业生郭永怀转告钱学森,胡适长北大后北大学术发展面临的大好形势,而且北大开办工学院,"无传统的负累,有布新的勇气,凡关心中国工程科学前途者不应该错过这个机会",还是希望钱学森到北大,即使推迟到1947年秋也虚位以待,但需要他"立即答应负责规划"。可见,饶毓泰、胡适代表的北大对聘请交大毕业的钱学森可谓"意诚",但钱最终未选择北大,自然也就影响到在力学上造诣很深的郭永怀、林家翘的选择。① 另外,信中还谈及1945年诺贝尔物理学奖获得者泡利(W. Pauli)对马仕俊的赞赏,"马仕俊兄已到 Princeton,Pauli 先生对他的工作大加赞赏",并言及美国物理学会在哥伦比亚大学开年会时他会与张文裕、马仕俊见面,将一同拜访胡适。②

对于战后北大的复员与发展,1945年10月17日,代理北大校长的傅斯年曾致函胡适谈及他的规划。理学院各系,数学系"充实,可惜多在国外";物理系很好,"也可添人";化学系曾昭抡极热心,"目下人太少";地质系"空空如也",但可请北大毕业生回来;生物系"甚好"。对于新设农学院、医学院、工学院,以农第一、医第二、工第三,"以好办否为标准"。添聘人才两个标准:科学需要;特殊人才不以需要为限,"尽量网罗"。理科人才请胡适与饶毓泰商量加聘。③ 可见,傅斯年与饶毓泰在北大理学院的认知上"英雄所见略同",在人才聘请上也有共识,特殊人才尽量搜罗。饶毓泰在美国与胡适商量为北大聘请人才也为国内同仁所认同,而且还引起了国内北大同仁的共鸣。1945年11月5日,饶毓泰学生、北大数学系主任江泽涵致函胡适,谈及北大数学系人才的聘请:

> 我已写信给树人师,提议聘请 Witold Hurewicz[维托尔德·胡列维茨],在般雪而尼亚(Pennsylvania)的黄用谡先生。最好是省身能来北大。另有信询宝騄、毓淮二兄意见……省身与黄用谡两位,已请树人师与你商量进行。统计系需请宝騄兄主持,便中请劝他与毓淮兄明年回国。④

---

① 1946年8月,钱学森离开加州理工学院,应聘到麻省理工学院任教。次年7月回国,欲就任国立交通大学校长不成,再度返美。参阅〔美〕张纯如《蚕丝——钱学森传》,鲁伊译,中信出版社,2011年,第136-158页。
② 耿云志主编,《胡适遗稿及秘藏书信》第42册,黄山书社,1994年,第525-526页;中国社会科学院近代史研究所中华民国史组《胡适来往书信选》(下),中华书局,1979年,第77-78页。
③ 中国社会科学院近代史研究所中华民国史组《胡适来往书信选》(下),中华书局,1979年,第47-55页。
④ 中国社会科学院近代史研究所中华民国史组《胡适来往书信选》(下),中华书局,1979年,第60页。

不仅让胡适督促北大数学系在美访学的许宝騄、程毓淮等回北大,而且还想他们聘请陈省身、黄用诹及拓扑学大师胡列维茨到北大。北大对聘请胡列维茨非常热情,因为他在数学上的工作,教授中申又枨、程毓淮、樊畿和江泽涵都很感兴趣,讲师助教中王湘浩、孙树本、廖山涛、冷生明都可以跟随他从事研究。江泽涵想将北大数学系办理成数学中心的雄心壮志也显而易见。1946年1月14日,江泽涵致函胡适说北大复员,文、理、法三院教授"缺少,还待努力";增设工学院,"树人师来信说过,正和你商谈院长人选。院长似宜速定,然后才来得及物色教授,否则新增的学院无从着手";算学系希望赴美访学的许宝騄、程毓淮等人归国,更希望饶毓泰能早点回国,聘任的教授也早日到校。①

江泽涵(右)与时任北大名誉教授樊畿(1989年6月3日摄)

对于有人主张北大物理系专做分光学研究,新兴的原子核物理与雷达科学由其他学校负责,饶毓泰很不以为然。1946年3月3日,他致函胡适说:

> 弟意科学研究本无固定题目,更不能由他人指定。北大对于分光学方面虽曾作些研究,然并不以此自限。弟年来所接洽的人与现有同人今后所取之途径上多趋向于原子核物理方面。工院将来计划亦拟于Radar[雷达]方面有所致力,得其人,附以工作之环境与设备,任何题目都可研究,不限于分光学,更不限于原子能,特注重点有

---

① 中国社会科学院近代史研究所中华民国史组《胡适来往书信选》(下),中华书局,1979年,第79-80页。

轻重耳。

信中对国内局势发展似乎也很不安,"国内整个局势至是,吾人计划不知能否实现到何种程度"。并督促胡适接洽朱兰成,函张文裕"重申北大对于原子能方面之研究愿尽其最大之努力"。①

到5月,饶毓泰已经准备启程回国了,他还致函胡适提醒聘任人才。14日函中说,新聘陈新民、汪德熙两人为工学院冶金学副教授和化工副教授,新聘教员回国旅费也要胡适另想他法,不能坐待教育部的经费,"恐不知要待到几时"。②两日后再函胡适说,据吴健雄告哥伦比亚大学物理教授法维尔(H. W. Farwell)退休后愿以毕生所藏物理杂志捐赠中国某一大学,因托吴介绍北大。法维尔答应,杂志交由吴健雄照料。饶毓泰要胡适致函法维尔表示感谢,并对物理系聘请人才有所交代:"胡宁有电来接受北大聘,其余接洽的十日内可得切实答复。张文裕近又动摇,我们最困难的关头是在今年。我是预备凡请不到人来授的物理课程,我都来教。"③

此后,饶毓泰、胡适相继归国。9月,胡适正式就任北大校长,饶毓泰继续担任理学院院长。在美期间他们往还商讨北大延聘的人才,饶毓泰推荐的除外国人外,计有理学院数学樊㰀,物理张文裕、彭桓武、马仕俊、张宗燧、赵广增、胡宁,化学马祖圣、李卓皓,生物汪敬熙,地质李四光、杨钟健,天文学黄昆,工学院钱学森、郭永怀、林家翘、朱兰成、马大猷、王兆振、袁家骝、陈新民、汪德熙。除地质学李四光、杨钟健,生物学汪敬熙三人与他基本上同辈,已在各自的学科上做出了突出贡献外④,其他人也都是一时翘楚,是当日中国在各自相关领域内最拔尖的人物。他聘请人才的唯一标准是学术,见到"好苗子"就动心,而且往往以北大母校情感相号召,如任教中央大学的北大学生赵广增。这说明饶毓泰作为老一辈物理学家,不仅敏锐地认知到当时世界学术发展的趋势,而且对他的学生辈所学与才华也"了若指掌"。但因各种各样的原因,除张宗燧、胡宁、马祖圣、黄昆等少数几个人最后

---

① 耿云志主编,《胡适遗稿及秘藏书信》第42册,黄山书社,1994年,第527页。
② 耿云志主编,《胡适遗稿及秘藏书信》第42册,黄山书社,1994年,第528页;中国社会科学院近代史研究所中华民国史组《胡适来往书信选》(下),中华书局,1979年,第110-111页。
③ 耿云志主编,《胡适遗稿及秘藏书信》第42册,黄山书社,1994年,第529页;中国社会科学院近代史研究所中华民国史组《胡适来往书信选》(下),中华书局,1979年,第111-112页。
④ 他们三人都当选1948年首届中央研究院院士。

应聘到北大外,其他人不是回国后到了其他地方,就是流落海外。① 试想,如果这些人都按照饶毓泰的预想任教北大,北大成为世界学术中心自不是问题。当然,虽然钱学森没有应聘到北大,北大工学院还是于1946年创设,由饶毓泰推荐的马大猷担任首任院长。这可能是饶毓泰与胡适商谈"校事"差强人意的结果之一。江泽涵想聘请的数学人才,仅有从北大出去的许宝騄回任,程毓淮流落美国;清华毕业的陈省身1946年4月回国代其师姜立夫主持中央研究院数学所,后赴美;黄用谡1947年回母校中山大学,后到香港;胡列维

---

① （编注）除大名鼎鼎的钱学森外,其他人在科学技术事业上也做出了卓越贡献。
樊𰀓(1914—2010):专长非线性泛函分析等,先到普林斯顿高等研究院工作,后到大学任教,1964年当选台北"中央研究院"院士,曾任"中央研究院"数学所所长。
张文裕(1910—1992):中国宇宙线研究和高能实验物理开创人之一,1956年回国,翌年当选中科院学部委员,长期任职中科院。
彭桓武(1915—2007):"两弹一星"元勋,1947年回国,任教云南大学,后主要在中科院任职,1955年当选中科院学部委员。
马仕俊(1913—1962):被饶毓泰、吴大猷和诺贝尔奖获得者泡利看好,在介子理论和量子电动力学方面贡献甚大,未能回归故里,先后在美国、爱尔兰、加拿大、澳大利亚等国从事教研。
张宗燧(1915—1969):在统计物理、量子力学、量子电动力学和量子场论等领域卓有贡献,1948年回国应聘为北大物理系教授,1957年当选中科院学部委员,在"文革"中被迫害致死。
赵广增(1902—1987):中国最早开展晶体激光光谱研究者之一,北京大学物理系毕业,1946年应聘到北大物理系。
胡宁(1916—1997):西南联大物理系毕业,1943年获加州理工学院博士学位,先后在普林斯顿高等研究院、都柏林高等研究院、哥本哈根大学理论物理研究所、康奈尔大学原子核研究所等机构从事研究。1950年回国,任北大物理系教授,1955年当选中科院学部委员,在广义相对论、量子场论和基本粒子理论等领域多有贡献,吴大猷称他关于广义相对论的辐射阻尼研究是"很创新的东西","他可以说是一个真正在相对论的研究上做了些工作的人"(吴大猷述,黄伟彦、叶铭汉、戴念祖整理,《早期中国物理发展之回忆》,第80页)。
马祖圣(1911—2007):1946年带着大量仪器设备回国应聘北大任教授。1949年离开大陆,先后在新西兰、美国任教。
李卓皓(1913—1987):长期任教加州大学,具国际影响的华人生物学家,两次候选诺贝尔生理学或医学奖,当选美国科学院院士、台北"中央研究院"院士(1958年第二届)。
黄昆(1919—2005):中国固体物理与半导体奠基人之一,1951年回国,任教北大,1955年当选中科院学部委员,2001年获得首届国家最高科学技术奖。
郭永怀(1909—1968):1956年回国,从事"两弹一星"工作,翌年当选中科院学部委员。1968年飞机失事牺牲,用身体与警卫员一起保护了刚刚获取的氢弹实验数据。
林家翘(1916—2013):长期执教麻省理工学院,先后当选台北"中央研究院"院士(1958年第二届)、美国科学院院士、中科院外籍院士,2002年定居北京。
朱兰成(1913—1973):国立交通大学毕业,留美获麻省理工学院博士学位,国际闻名的电磁波专家,曾当选美国科学院院士、台北"中央研究院"院士(1958年第二届)。
马大猷(1915—2012):中国声学奠基人之一,北京大学物理系毕业,1940年获哈佛大学博士学位,回国任教于西南联大、北大,后长期任职中科院,1955年当选中科院学部委员。
王兆振(1914—2012):微波电子专家,国立交通大学毕业,1940年获哈佛大学博士学位,曾任职西屋电气等机构,后担任康奈尔大学讲座教授,台湾工业研究院首任院长,1968年当选台北"中央研究院"院士。
袁家骝(1912—2003):高能物理学家,燕京大学物理系硕士,加州理工学院博士,先后在加州理工学院、普林斯顿大学、布鲁克海芬国家实验室等地从事研究,1959年当选台北"中央研究院"院士。
陈新民(1912—1992):清华大学化学系毕业,1945年获麻省理工学院博士学位,1946年冬回国,任教北洋大学,后创办中南矿冶学院,1980年当选中科院学部委员。
汪德熙(1912—2006):清华大学化学系毕业,1946年获麻省理工学院博士学位,1947年回国任教南开大学,后长期任职中科院,1980年当选中科院学部委员。

茨赴华也未能成行。

饶毓泰、胡适在美期间的商谈虽没有什么结果,但执掌北大学术发展大权的胡适并没有忘记饶毓泰在北大建立原子物理研究中心的建议、构想与雄心。

从临时性欲求到制度化《十年计划》

胡适正式就任北大校长之时,内战烽烟已起,经多年艰苦抗战后的中华大地再次陷入兵燹之灾。战争形势下,经费难以为继成为办理大学者所面临的共同困难。1947年7—8月间,胡适致函国民政府高官白崇禧、陈诚,要求他们从国防经费中拨出专门款项资助北大建立原子核研究中心:

> 我今天要向你们两位谈一件关系国家大计的事,还要请你们两位把这个意思转给主席,请他考虑这件事。
>
> 简单说来,我要提议在北京大学集中全国研究原子能的第一流物理学者,专心研究最新的物理学理论与实验,并训练青年学者,以为国家将来国防工业之用。
>
> 现在中国专治这种最新学问的人才,尚多在国外,其总数不过七八人,切不可使其分散各地,必须集中研究,始可收最大的成效。此七八人之名如下:
>
> 钱三强　现在法国居利实验室,已接受北大聘约。
>
> 何泽慧女士(钱三强夫人,其成绩与其夫相埒)　现在法国居利实验室,已接受北大聘约。
>
> 胡宁　前在美国,现在爱尔兰国立研究院,已允来北大。
>
> 吴健雄女士　现在哥伦比亚大学(曾在美国战时原子能研究所曼赫丹设计工作),已允来北大。
>
> 张文裕　现在美国普林斯敦大学,已允来北大。
>
> 张宗燧　现在英国剑桥大学,愿来北大。
>
> 吴大猷　北大教授,现在美国密昔根大学。
>
> 马仕俊　北大教授,现在美国普林斯敦研究院。
>
> 袁家骝(吴健雄之夫)　现在美国普林斯敦大学,已允来北大。

以上九人,可谓极全国之选,皆已允来北大。他们所以愿来北大之主要原因有三:一是他们都不愿分散各地;二是因为北大物理学系已有点基础;三是因为他们颇喜欢北大的学术空气。

我们仔细考虑,决定把北大献给国家,作原子物理的研究中心。人才罗致,由北大负全责。但此项研究与实验,须有充分最新式设备,不能不请国家特别补助,使我们可以给这些第一流专家建造起一个适宜的工作场所。

我们想请两位先生于国防科学研究经费项下指拨美金五十万元,分两年支付,作为北大物理研究所之设备费。第一年之二十五万元美金,由北大指定吴大猷、吴健雄在美国负责购备,并指定钱三强、何泽慧在欧洲与英国负责购备。其第二年之二十五万元,则于明年度另指定专人负责购备。其购置细账,均由北大负全责随时详报告国防部审核。

我知道此数目甚巨,责任甚大,故甚盼两先生于便中报告主席,请其指示裁夺。

我写此信,绝对不为一个学校设想,只因这些国外已有成绩、又负盛名的学者都表示愿来北大作集中研究,故为国家科学前途计,不敢不负起责任来,担负这个责任。科学研究的第一条件是工作人才。第二条件才是设备。现在人才已可集中,故敢请国家给他们增强设备。此意倘能得两位先生的赞助,我可以断言,我们在四、五年内一定可以有满意的成绩出来。[①]

胡适明确提出集中研究原子物理的中国专家于北大,把北大物理系建设成为中国原子能研究中心。他以将北大献给国家的姿态允诺担负原子能研究的重任,人才聘请与聚集由北大负责,政府需要为科学研究所需仪器设备提供所需巨额资金。这样,人才与设备齐全,科学研究可以顺利进行。所聘人才除钱三强夫妇、吴健雄以外,都是饶毓泰与胡适在美商讨过的,其中吴健雄与胡适、饶毓泰的关系密切,允诺回北大帮助老师不言而喻。留法的钱三强夫妇1946年底关于铀四分裂的发现曾轰动世界,自然为国内所瞩目。他们两人回国之前并没有接受北大的邀请,钱三强回母校清华大学、何泽慧去与法国关

---

① 中国社会科学院近代史研究所中华民国史组《胡适来往书信选》(下),中华书局,1979年,第295-297页。此函收入《胡适来往书信选》时未注明月份,而且是稿本,根据所附录吴大猷信函,可见该函正式稿曾寄达白崇禧、陈诚,时间大致在7—8月之间。

系紧密的北平研究院。回国后,钱三强任职清华大学,并负责组建北平研究院原子能研究所,何泽慧任该所研究员。胡适这里将钱、何夫妇列为前排并宣称他们已经接受北大的聘任,可能是认为他们的发现能引起白崇禧、陈诚的重视。因此,我们可以看到在 1947 年 11 月的北大物理系教授名单中有如下人物:饶毓泰、郑华炽、赵广增、马大猷、吴大猷(未到)、马仕俊(未到)、胡宁(未到)、张宗燧(未到)、钱三强(未到)、何泽慧(未到)、张文裕(未到)、吴健雄(未到)。胡适在信中提及的各位原子科学研究专家们都处于"未到"状态,而先前被饶毓泰一再称颂有加的彭桓武因已回国任职于云南大学而未名列其间。①

原子弹爆炸以后,国民政府也曾积极寻求机会开展原子能研究,军政部派出华罗庚、吴大猷、曾昭抡三人各带两名学生赴美学习研制原子弹知识,华罗庚带孙本旺(余一人经费在美时给已留美的徐贤修),吴大猷带李政道、朱光亚,曾昭抡带唐敖庆、王瑞駪。结果赴美后美国人并不对中国人开放原子弹的相关研究,于是送各个学生入学校进修,各位老师也成了访问研究者。同时,国民政府还想通过接收日本创办的上海自然科学研究所所谓的原子弹研究专家从事原子弹研究,也未能"遂愿"。② 因此,胡适此时提出将北大物理系建设成为原子能研究中心,可能切合了国民政府对原子弹研制的欲求。北大物理系在原子能研究方面也具有不可多得的优势,一是已有研究基础;二是北大有自由研究的学术空气;三是此前饶毓泰、胡适在美期间与这些中国原子能研究才俊们都有接触与联系。更为重要的是,这些原子物理研究专家都不想分散各地,都希望集中在一起成就事业,也只有在一起借助政府力量购置所需仪器才能做出成绩。与政府想掌握原子弹的秘密,直接从事原子弹研制不一样,以饶毓泰、胡适为代表的学术界想从事原子能的基础研究,一个是现实的直接应用考虑,一个是从学科建设的基础研究入手,虽可谓"风马牛不相及",但

---

① 王学珍、郭建荣主编,《北京大学史料》第 4 卷,北京大学出版社,2000 年,第 893 页。其实,早在 1945 年 10 月,胡适赴伦敦出席联合国教科文组织会议期间,就曾与赵元任一起邀请钱三强到北大任教。翌年秋天,钱三强也收到了胡适签署的北大物理系教授聘函及钱三强、何泽慧回国路费。但清华大学以母校的情感邀请钱三强夫妇回校任教,校长梅贻琦,理学院院长叶企孙也极力促成其事,而且允诺以 5 万美元作为购置原子能研究设备。同时,中央研究院也函请他出任研究员,并给出了 520 元的月薪。面临多方邀请,钱三强未回国之前就曾致函梅贻琦,建议清华大学联合北平研究院、北京大学、中央研究院、中央大学建立原子能研究中心。回国后,钱三强也曾拜访梅贻琦、胡适、李书华等"大佬",促成清华、北大与北平研究院在原子能研究上的合作,但正如胡适对他所说:"门户之见,根深蒂固。北平有几摊,南京还有一摊,几个方面的人拢在一起,目前的情势下不易办得到。"参见葛能全编,《钱三强年谱长编》,科学出版社,2013 年,第 69、74、77 - 79、97 - 98、118 页。
② 王士平、李艳平、戴念祖《20 世纪 40 年代蒋介石和国民政府的原子弹之梦》,《中国科技史杂志》2006 年第 3 期,第 197 - 211 页。

共同的话题也会引起共鸣。

面对战争正酣的局面,胡适这时提出这样的建议与欲求自然是"火中取栗",极其不合时宜。于是我们看到吴大猷当年8月19日致北大物理系主事者饶毓泰、郑华炽的信,其中如是说:

> 关于胡先生函白、陈二公请在北平成立研究中心事,日前曾接国防部钱昌祚函,谓此事未见交下办理,想二公除忙于军事外,对北平地点问题有疑虑也。如能直向蒋主席建议,得其同意,自大佳事。总之,望师等随时随刻留心,寻觅机会,为学校筹些经费,为研究工作之用。

胡适向白崇禧、陈诚要求在国防经费下拨出原子能研究经费,确属"虎口拔牙",而且设立在"偏处一方"的北平而不是首都南京,自然不见"交下办理"。吴大猷还是太"书生气",这样严重的军政局面下,还要胡适、饶毓泰等直接向蒋介石建议,并"随时随刻留心"筹备经费,"为研究工作之用",实在是"不识时务"。当然,他信中下面一段倒是说出了一些实情:

> 目前许多人在外,不愿返国,理由不外数端:(一)在外多能觅得位置,与昔日生在美时正值depression[萧条],处处无钱情形大不同。(二)在外工作自远较在国内为便。(三)国内不仅生活艰苦,即一般政治……等情形,太令人失望。吾侪只有努力,尽可能在学校里造成可工作研究之环境,一面自己工作,一面教导优秀学生,冀其成才。欲造成此环境,必须有"人"及"设备"。欲招致"人",必须使其知我们之理想,及将来设备发展之可能性。欲有"设备",则钱之外,尚须有人策划。去年在英与张宗燧谈数次,使其决来北大。目前与张文裕夫妇谈,二人一时无返国意,但如返国,则来北大,大约无问题也。筹经费事,望师等随时与胡先生商量为盼。……只要国内平靖,邀外人来华讲学,不难办到。①

面对国内"令人失望"的大环境,吴大猷希望与饶毓泰等一起在北大校园内塑造研究氛围这样的小环境,并说只要国内政局稳定,不仅中国的"人才"们愿意回国到北大,一些

---

① 中国社会科学院近代史研究所中华民国史组《胡适来往书信选》(下),中华书局,1979年,第297-298页。

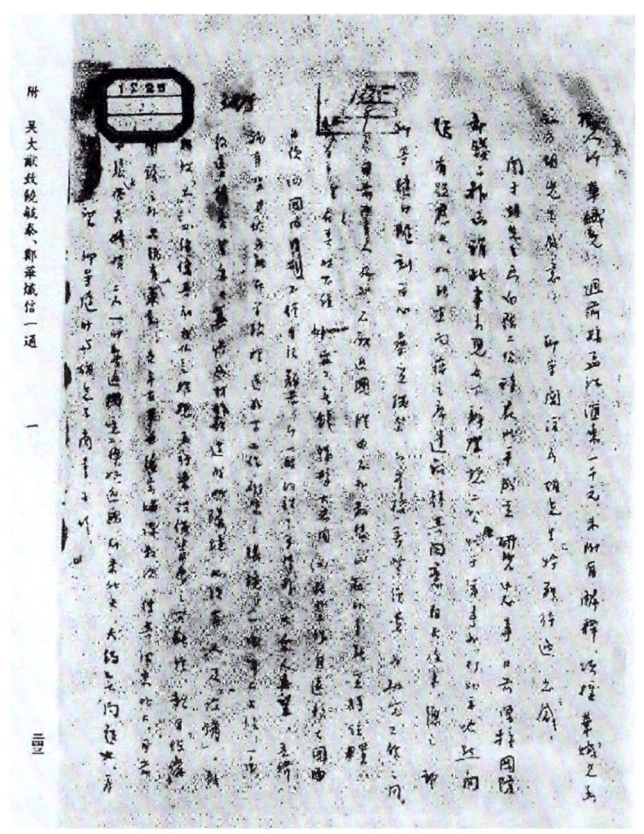

吴大猷致饶毓泰、郑华炽信函首页

外国大佬也可请到北平,正如抗战前狄拉克、维纳、冯·卡门、玻尔等大师纷纷前往北平讲学一样。但是,国内政治局面却不理想,依靠政府中某些高官的"发善心"来发展学术可能是"缘木求鱼",不仅靠不住,而且也不能建立制度化的长期机制。面对这样的形势,胡适要为中国学术的发展奠定根基,他"明知山有虎,偏向虎山行",单独向政府大佬寻求临时性的学术发展要求不能得到满足,开始寻求制度化的保证,实现学术独立之梦,以维持学术发展的延续。

胡适回国后以他的人望在政学两界自由出入。1946年10月20日,出席中央研究院评议会,第一次提出政府若能给予十年安定的环境,"并作财力人力之补助",中央研究院也可像芝加哥大学、普林斯顿高等研究院和加州理工学院一样成为世界著名学术机构。①三天之后,他答《申报》记者问更清楚地阐述了他的看法:"政府若能给予十年安定,学术必

---

① 曹伯言、季维龙编著,《胡适年谱》,安徽教育出版社,1986年,第639页。

可大有进展,大学教育情形亦属如此。"①1947年,他婉拒蒋介石国府委员之邀,以为在野对政府有更大的帮助。8月26日,到南京出席中央研究院院士选举筹备会,正式向蒋介石提出发展教育的十年计划。② 尔后在上海、北平先后向记者发表讲话,说明他在南京向蒋介石提出的十年教育独立计划。9月18日,撰成《争取学术独立的十年计划》,28日在《中央日报》发表,指出实现中国学术独立之路:

> 我很深切地感觉中国的高等教育,应该有一个自觉的十年计划,其目的是要在十年之中建立起中国学术独立的基础。
>
> 我说的"学术独立",当然不是一班守旧的人们心里想的"国汉自有学术,何必远法欧美"。我决不想中国今后的学术可以脱离现代世界的学术而自己寻出一条孤立的途径,我也决不主张十年之后就可以没有留学外国的中国学者了。
>
> 我所谓"学术独立"必须具有四个条件:(一)世界现代学术的基本训练,中国自己应该有大学可以充分担负,不必向国外去寻求。(二)受了基本训练的人才,在国内应该有设备够用与师资良好的地方,可以继续作专门的科学研究。(三)本国需要解决的科学问题、工业问题、医药与公共卫生问题、国防工业问题等等,在国内应该有适宜的专门人才与研究机构可以帮助社会国家寻求解决。(四)对于现代世界的学术,本国的学人与研究机关应该和世界各国的学人与研究机关分工合作,共同担负人类学术进展的责任。③

很明显,胡适这里的学术独立,是要求中国学术能独立于世界学术之林,能独立从事学术研究,独立解决中国社会的工农业和国防问题,更重要的是,要为人类学术的发展做出中国人自身的独特贡献,"共同担负人类学术进展的责任"。对于如何做到"学术独立",他也有他自己的近期规划,就是十年内分两步走,"集中国家的最大力量,培植五个到十个成绩最好的大学,使他们尽力发展他们的研究工作,使他们成为第一流的学术中心,使他们成为国家学术独立的根据地"。要实现这个近期规划,最重要的自然是经费独立与保

---

① 曹伯言、季维龙编著,《胡适年谱》,安徽教育出版社,1986年,第640页。
② 曹伯言、季维龙编著,《胡适年谱》,安徽教育出版社,1986年,第663页。
③ 胡适《争取学术独立的十年计划》,载欧阳哲生编,《胡适文集》第11册,北京大学出版社,1998年,第805-808页。

证,按照宪法规定:"教育文化科学之经费,在中央不得少于其预算总额百分之十五,在省不得少于其预算总额百分之二十五,在市县不得少于其预算总额百分之三十五。"

……限于时局之困,"学术独立于世界"自然无从谈起,胡适要求在宪法体制下建立起学术独立发展的机制。

无论如何,胡适基于宪法行政的考虑,对他的计划充满信心,他深信:"国家的大力来造成五个十个第一流大学,一定可以在短期间内做到学术独立的地位。我深信,只有这样集中人才,集中设备——只有这一个方法可以使我们这个国家走上学术独立的路。"胡适这里集中经费、集中人才、集中仪器的理念与此前致白崇禧、陈诚函中说法如出一辙,自然也与在美时期饶毓泰给他信函中的建议有密切关系。

非常可惜,虽然胡适集中人才、集中经费的论调一出,激起强烈社会反响,在教育学术界引起轩然大波①,但此时的国民政府并没有予以理会,甚至一点涟漪也没有。可见,无论是胡适还是因胡适言论而卷入论争中的各位学界中人,他们一厢情愿的言说与欲求,在制度化的政治壁垒面前是多么的无力与无用。无论是向政府高官寻求帮助,还是在政府制度化层面建设努力,似乎都没有什么效果,都不能达到其学术独立之理想,无奈之余的胡适开始将目光转向社会,从中基会的款项中找门路,以实现他在北大建设原子能研究中心的计划。1948年中基会捐25万美元作为几所大学的"复兴"费,因为胡适的影响与北大的地位,北大分得其中大部十万美元。胡适决议这十万美元集中投给物理系,并委托吴大猷在美国主持筹划延聘物理学人才和购买图书仪器。对于中基会的十万美元,当年2月13日,胡适曾致函中基会干事长任鸿隽说:

> 中基会至今尚未正式通告北大,故物理系的饶树人来问我,那十万元有无问题。我对他说,当然没有问题。故今天写信问你,此事曾经财务委员会讨论过否。我曾想过此事,北大内部同人对此专给物理系,毫无抗议,恐他校未必能如此简单。若有此类困难,似以先从北大做起,使他校可以用北大的先例。②

对于北大将中基会十万美元的巨款专用于物理一系,与当初饶毓泰、胡适往还商讨

---

① 胡适计划一出,立马激起强烈反响,陈序经首先反对,李书田、邹鲁等跟进,翁文灏、李石曾、胡先骕、程孝刚、顾毓琇等加入论战。关于胡适《争取学术独立的十年计划》所激起的反响可做专题研究,这里恕不展开。
② 季羡林主编,《胡适全集》第25卷,安徽教育出版社,2003年,第321页。

集中力量原则相一致,也与他上书白崇禧、陈诚意旨,"争取学术独立的十年计划"中的观念相统一。在集中力量建设原子能学术中心这一点上,胡适还想以北大作为表率,以解决其他学校在经费使用上可能出现的纷争。后来,饶毓泰也致函任鸿隽,请求看在老朋友的面上,尽快早日拨付款项:

> 我敢以个人私谊向老兄请求将基金会借给北大的款早日在美拨下,俾同人"信中明指在美的吴大猷与马仕俊"可早日订购设备。我们的做法是将这笔款购置几种基本设备,做几个有重要意义的题目,绝不妄费一文。①

1948年7月1日,中基会与北大终于就这十万美元的经费使用达成协议,胡适、任鸿隽分别代表北大、中基会签订了合约,规定这笔款项北大仅能用于向国外购置理科图书仪器,不得用作建筑、薪津及其他任何行政费用,甚至不能用于仪器图书的运输、保险等。② 在物价飞涨、生活朝不保夕的情势下,这样严格的合约规定,真正体现了以胡适、饶毓泰为代表的北大和以任鸿隽等为代表的中基会在发展中国学术上的良苦用心。可惜,计划还未来得及实施,政权转换迫在眉睫。1948年12月15日,胡适乘坐国民政府抢运北平学人专机离开了他生命中最为重要的北大。翌年1月20日,胡适以减轻北大负担、保全中基会基金的目的,将十万美元借款全数归还中基会:

> 此事最使我伤心,也定使大猷兄伤心,也定使树人兄等伤心。但如此做法实出于不得已,同时既可以减轻北大的负担,也可以保全中基会的基金,不使受损失。中基会对北大的友谊与热诚依然存在,将来北大恢复可以工作的环境时,我深信中基会一定可以将此款照原约借与北大。想大猷定能信赖谅解。……我在南方已一个多月了,从来没有尝过这样精神苦闷的日子!③

在他生命最为黯淡与精神最为苦闷的日子,胡适以"合约"精神将十万美元的巨款如数还给中基会。虽然信中说这样做使他与长期沉浸其间的饶毓泰、吴大猷师徒伤心,但对胡适而言,做出这样的决定时,其进退维谷乃至四顾茫然的心情可想而知。胡适预想

---

① 《饶毓泰致任鸿隽函》(1948年3月19日),南京第二历史档案馆藏档案,484-1054。转引自杨翠华《中基会对科学的赞助》,台北"中央研究院"近代史研究所,1991年,第146页。
② 《国立北京大学与(北平)中央银行分行立透支合约,中华教育文化基金董事会为签借款契约致北京大学公函、借款契约及其草稿》,北京大学档案馆藏档案,BD19481435。
③ 季羡林主编,《胡适全集》第25卷,安徽教育出版社,2003年,第405页。

胡适一家子在北平：胡适、江冬秀、胡祖望、胡思杜
胡适离开北平时，次子胡思杜未同行。

中的北大恢复工作环境未能实现，中基会自然也未能再将此款按约借与北大。这样，以饶毓泰开启、胡适具体操办的将北大建设成为原子能研究中心的梦想终归破灭。对于此事，1962年2月5日农历新年，因马仕俊的突然自杀，胡适的日记中有长长一段的哀悼：

> 写信给吴大猷，剪报上的马仕俊死耗给他看。我在信里提到一九四八年中基会捐二十五万美元为几个大学的"复兴"经费：北京大学十万，中大、武大、浙大，各五万。北大决定不分散此款，把十万元全给物理系为建立"现代物理学"之用。当时饶树人主持北大物理系，请吴大猷在美国主持筹划延聘物理学人才，集中北大，建立一个现代物理的中心。吴健雄、张文裕、胡宁、马仕俊都在我们这个计划之中。他们在大猷的领导下，有全权支配这十万美元的使用。
>
> 不幸这个好梦丝毫没有实现，我就离开北大了。一九四九年二月，我打电报问吴大猷此款已花去多少，买了多少东西。回电说，因为计划很周到，十万元尚未动用。我就把这十万元完全还给中基会了。……
>
> 我在信上说到这件事，说：可惜国家白白浪费了十三四个年头！①

---

① 曹伯言整理，《胡适日记全编》第8册，安徽教育出版社，2001年，第815页。

正如余英时所说,在北大建立原子能研究中心一事,胡适"至老不忘,可见是他在北大校长任内精心筹划的一件头等大事"。①

自 1945 年 9 月饶毓泰向胡适提出将北大建设成为原子能研究中心以来,这一学术发展规划经历了饶毓泰、胡适之间商讨—胡适向白崇禧、陈诚的单独欲求—公开提出"争取学术独立的十年计划"—从中基会借款十万美元自行发展四个前后又相互交错的阶段,最后终未能实现。……

"学术独立"的梦想

所谓"学术独立",正如陈旭麓先生在讨论胡适"争取学术独立的十年计划"时所说,是与西方发达国家比较之后,"别人有更好的学术文化出现在我们眼前,而为我们所远不及,由不及而有争取独立的思想"。② 作为后发展国家,追求学术独立于世界学术之林,建立起自己独立的学术发展轨道,自行从事独立的学术研究,在解决实践活动中出现的各种各样实际问题的同时,为人类知识视野的扩展做出贡献,而不是跟随在别人后面亦步亦趋,一直是近代以来代代中国人的梦想。早在 1877 年 1 月,李鸿章、沈葆桢等在奏请派遣船政学生出洋留学时就说:

> 窃谓西洋制造之精,实源本于测算、格致之学,奇才迭出,月异日新……中国仿照皆其初时旧式,良由师资不广,见闻不多,官厂艺徒虽已放手自制,只能循规蹈矩,不能继长增高。即使访询新式,孜孜效法,数年而后,西人别出新奇,中国又成故步,所谓随人作计,终后人也。③

虽然李鸿章等关注的是"师夷之长技",而非"科学",但他们已深刻地认知到只有派遣留学生全面掌握西方科学技术知识,中国所师之"长技"才不至于"随人作计"落到"终后人"的下场,已经有寻求中国科学独立的思想萌芽。可惜,在漫长的晚清革新历程中这仅仅是"灵光一现"。直到 20 世纪初期,随着西潮大涌,国人"尊西人若帝天,视西籍如神圣",醉心于欧风美雨、鄙薄传统学术文化,一批知识分子从维护中国学术传统立场出发,

---

① 余英时《重访胡适历程》,广西师范大学出版社,2004 年,第 85 - 86 页。
② 陈旭麓《论学术独立》,《陈旭麓文集》第 4 卷,华东师范大学出版社,1997 年,第 400 - 409 页。
③ 朱有瓛《中国近代学制史料》第一辑上册,华东师范大学出版社,1983 年,第 400 页。

提出与西学进行"学战"以达到学术独立。① 关注重心是中国传统学问在与近代西学的竞争中如何保持，而不是中国在近代学术体系中获得独立的地位。直到1910年，一群留学美国的中国学子筹划创立中国学会留美支会时，才第一次正式提出中国学术独立的欲求：

> 学会者，诚中国不可缺乏之社会也，既以增进学问为其唯一之主义，又因讲求学问完满学问家之快乐涵养，学问家之道德，其为益于中国也大矣。……学会既以全力注重于学问，凡属于学会者又为非常之学问家，则他日中国如有倍根[培根]、如有奈顿[牛顿]……如有梭格拉底[苏格拉底]，亦谁得而知之耶！新中国既建设矣，新学问又昌明矣，若莘莘学子自五大洲负笈来吾土肄业于吾大小学堂，亦谁得而知之耶！②

创设学术性社团组织不仅能增进学问、砥砺道德，造就中国之培根、牛顿、苏格拉底，还能使中国学术发达，成为世界学术中心，使五大洲学子像他们负笈美国一样来我神州求学"取经"。这可以说是中国人最早正式发出的学术独立呼声，也是此后以任鸿隽、赵元任、胡明复、杨铨、秉志、周仁等为代表的、以民间学术社团引领中国学术独立的肇始。③

1914年，留学美国的胡适在《留美学生季报》上发表《非留学篇》，指出"留学为国家之大耻"，留学的目标是"使后来学子可不必留学，而可收留学之效""留学当以不留学为目的"。第一次发出他关于学术独立的声音。十年之后，未有留学经历但长期从事教育研究的舒新城发表《留学生问题》，说派遣留学生的目的"在于提高学术以谋教育独立"④。并在1927年由中华书局出版的《近代中国留学史》中明确提出"留学均当以研究学术以改进本国文化为目的"：

> 因为一国教育之实施本是国家底责任，托人代为一部分国民施教育，在理既不可

---

① 周武《论"学战"思潮》，《社会科学》1988年第12期，第49—53页；李来容《欧化至本土化：清末民国时期学术独立观念的萌发与深化》，《学术研究》2011年第11期，第120—127页。
② 胡彬夏《中国学会留美支会之缘起》，《庚戌年留美学生年报·美国留学界情形》，第52页。
③ （编注）关于任鸿隽等在美创设中国科学社如何引导中国科学走向独立，可参阅拙著《赛先生在中国——中国科学社研究》。
④ 怡怡（舒新城笔名）《留学生问题》，《中华教育界》1924年第10期，第5页。

通,而从数十年经验看来,其结果亦太不如人意。处学术贫乏的中国,当然不能再恢复闭关时代之政策,完全停送留学生。不过,派遣留学生的政策,要以研究学术以改进本国文化为唯一的目的。①

无论是留美学子创立学术社团的呼求,还是胡适、舒新城对留学目标的宣扬,他们学术独立的对象都在国外。1928年,罗家伦出任改制后的国立清华大学首任校长。9月,他在就职演说中提出了学术独立的宣言,表明国人对学术独立的追求已经从留学海外转向国内教育界:

> 国民革命的目的是要为中国在国际间求独立自由平等。要国家在国际间有独立自由平等的地位,必须中国的学术在国际间也有独立自由平等的地位。把美国庚款兴办的清华学校正式改为国立清华大学,正有这个深意。我今天在就职宣誓的誓词中,特别提出学术独立四个字,也正是认清这个深意。②

学术独立于世界是国家独立于世界的基础,罗家伦将争取中国学术在国际间的独立自由平等地位的作用与意义做了提升。以庚款兴办的清华改制有学术独立的深意,清华大学也就有了争取中国学术独立的重任。1931年,陈寅恪在清华大学成立二十周年纪念刊发表文章,再次强调了中国大学之职责"在求本国学术之独立"。③ 随着中国近代学术的发展,学术独立意识已经成为学术界共同的信念与追求。

在学人不断呼吁中国学术独立于世界的同时,一批从事科学研究与组织科学研究者苦心孤诣,身体力行,逐渐建立起中国近代学术的各个门类,以真正达到学术独立的目标。1929年,清华大学理学院成立,叶企孙出任第一任院长。11月22日,他在清华校刊上发表《中国科学界之过去、现在及将来》,说"纯粹科学和应用科学须两者并重",并指出"没有自然科学的民族,决不能在现代文明中立住!"④他与后来继他担任理学院院长的吴有训都认为,清华设置理学院的目的为"求国家学术独立":"理学院之目的,除造就科学

---

① 舒新城《近代中国留学史》,中华书局,1929年再版,第271页。
② 罗家伦《学术独立与新清华》,载杨东平主编,《大学精神》,辽海出版社,2000年,第344页。
③ 陈寅恪《吾国学术之现状及清华之职责》,《金明馆丛稿二编》,三联书店,2001年,第361页。
④ 叶铭汉、戴念祖、李艳平编,《叶企孙文存》,首都师范大学出版社,2013年,第199页。

致用人才外,尚欲谋树立一研究科学之中心,以求国家学术之独立。"① 按照吴有训的理解,"所谓学术独立,简言之,可说是对于某一学科,不但能造就一般需要的专门学生,且能对该科领域之一部或数部,成就有意义的研究,结果为国际同行所公认,那么该一学科,可以称为独立。所以有意义的研究工作,是决定一个学科是否独立的关键。"② 与多年后胡适在《争取学术独立的十年计划》中的认知一样,在叶企孙与吴有训看来,中国学术的真正独立,不是停留于口头纸上的空言,而是做出真正的、举世公认的科研成就,在扩展人类知识视野上做出自己的贡献,发出中国人的声音。

抗战前,中国学术独立的步伐稳步向前,如物理学研究者的论文大都在国外著名杂志上发表,在 X 射线、原子核物理、无线电及电路、流体力学及统计力学、光谱学、水晶体振动、地磁、声学、放射线等方面都做出了相当的成绩。诺贝尔物理学奖获得者狄拉克、玻尔与控制论奠基人维纳、空气动力学奠基人冯·卡门等也先后访华。玻尔来华期间,吴大猷等还曾就最新研究成果向玻尔讨教,玻尔对在中国看见这样前沿的研究成果"显然有些意外",在讲演中专门提及。③ 学术研究的进步,致使大学教师的聘定也发生了转变:"以前国内大学的教师,资格很随便,只要是留学生,似乎什么都可以教;结果当然不免有缺点。现在大学聘请教师,不但要问所学的专门学科,且须顾及已发表的研究工作及其价值。此种转变,不是偶然的结果,必须国内有了独立的工作,留学生的地位才自然的被重新估定。一个学科在国内独立的程度愈高,在国外专攻该科者所受的估定也自然的是愈加严厉。"④

日本帝国主义的侵略虽然打断了这种学术独立的快速发展步伐,但中国对学术独立于世界的追求并未停止。1943 年 7 月,中国科学社等六学术团体在重庆北碚召开联合年会,蒋介石书面致辞也要求学者们致力于纯粹科学的研究,逐渐消除对科技先进国家的"依赖性",建立"本国独立之学术",使中国能立于"现代国家之林":

---

① 吴有训《清华理学院概况》,郭奕玲、沈慧君编,《吴有训的科学贡献:吴有训科学论著、讲演、文稿、谈话集》,鹭江出版社,1997 年,第 143 页。
② 吴有训《学术独立工作与留学考试》,郭奕玲、沈慧君编,《吴有训的科学贡献:吴有训科学论著、讲演、文稿、谈话集》,鹭江出版社,1997 年,第 146 页。
③ 吴大猷《抗战前我国物理学情形——一张历史性的照片》,载金吾伦编,《吴大猷文录》,浙江文艺出版社,1999 年,第 50-52 页。
④ 吴有训《学术独立工作与留学考试》,郭奕玲、沈慧君编,《吴有训的科学贡献:吴有训科学论著、讲演、文稿、谈话集》,鹭江出版社,1997 年,第 146 页。

1932年朗之万访华,与北平学界合影
前排左一吴有训、左三朗之万、左四梅贻琦、左五叶企孙、左六严济慈。

纯理科学一物之微、一理之奥,往往为整个科学体系中必不可缺之因素,但其效能则未必为常人目光所能察及,非如工程、农业、医药诸科学处处示人以显著之功用也。抗战以来,吾学术界与一般社会对于应用科学各部门,皆尝应事实之切需而为积极之提倡。盖以当前战时之需要,应用科学人才之供给自较急于纯理科学之人才。然我中国欲自致于现代国家之林,则纯理科学之研究决不可置为缓图,而须急起直追以赴之者也。中正恒言"无科学即无国防"。又常昭示国人谓理论科学倘无深厚之基础,则应用科学即不能有确实之进步。吾人更须体会国父所谓"欲使中国进于世界上一等地位,还须迎头赶上欧美之科学"。盖包括纯理科学与应用科学而言,诚以应用科学必须以纯理科学为基本,必有大群人士共同精研于纯理科学,而有不断之发明,则我国科学方有深厚之基础。逐渐去除其倚赖性,而建树本国独立之学术。①

抗战胜利后,中国国际地位大大提升,大批教授与青年才俊也通过各种各样的机会到

---

① 《六学术团体联合年会 蒋委员长颁发训词》,《中央日报》1943年7月19日;高素兰编辑,《蒋中正"总统"档案:事略稿本》第54卷,2011年,(台北)"国史馆",第117-120页。

世界各学术中心或访问研究或留学深造,一些学科的一些研究成就已为世界所称道,如数学方面陈省身、华罗庚、许宝騄等"都被外国的数学大师约去共行研究""将来对于我国的数学,乃至于对于全体科学,有极好的影响是不用说的"。① 可以说,战后在中国实现真正的学术独立的大好局面特别是人才培养与聚集上再次显现。严济慈在面临战后科学发展的困苦中也曾不无得意地说:

> 近年来,大家在想中国学术独立的问题。单从人才方面说,我想中国已足够独立的。有很多做过十年以上工作的人,有很多做过二十年以上工作的人,在任何学科,在每一学科的任何部分,中国都已经有了可以独立的人才。打开北平研究院抗战前的职员录来看,在今日几乎个个都成为了不得的人才,其他大学和机关,更不必说了。②

因此,饶毓泰与胡适书信往还商讨在北大建立学术研究中心,胡适提出学术独立的计划,可以说充分体现了他们对中国学术发展态势的准确认知与把握。无独有偶,当时正在英国布里斯托尔大学师从未来的诺贝尔物理学奖获得者莫特的黄昆,1947 年 4 月 1 日,致函因不善于物理实验而产生幻灭感的杨振宁说:

> 我每看见 Mott 一个人所有的 influence[影响],就有感想。真是所谓"万人敌"的人,他由早到晚没有一刻不是充分利用。作自己研究,帮助许多人作研究,organize[组织]各种不同和 Lab[实验室]内 Lab 外的专门讨论,参加国家各种 technical committee[技术委员会],款待各种各式工业 inspection[检验]以捐钱;处理系内各事,还时时出国去演讲……也就是像他这样的少数几个人就支住了整个英国的科学研究。假如你对科学研究本身还有 faith[信仰]的话。能比 build up[建立]一个中国物理研究中心再富于 adventure[冒险]和 excitement[激情]的还有甚么呢!?我相信你一定多少存有这样的雄图,那么甚么事又该能使你 disillusion[幻灭]呢?我觉得只要人能把雄心放在超出自己以外的 abstraction[抽象概念]上,人格的力量立刻就增加,

---

① 任鸿隽《五十年来的科学》,樊洪业等编,《科学救国之梦——任鸿隽文存》,上海科技教育出版社,2002 年,第 587 页。
② 严济慈《科学工作者的愤慨》,原载北平,《世界日报》1948 年 9 月 9 日,转载《民主与科学》2015 年第 6 期,第 65—66 页。

没有 disillusion 只有 fresh challenge[崭新的挑战]。把 interest[兴趣]重心一旦倾于个人身上,几乎早晚会觉得这目的太 trivial[渺小],一切的 effort[努力]都太不值得。……Consistently[坚持地]的发展这想法,比方说,successfully[成功地]组织一个真正独立的物理中心在你的重要性应该比得一个 Nobel Prize[诺贝尔奖]还高。同时在这步骤中,devotion to the cause[对事业的挚爱]的心也一定要驾于 achieve[成就]自己地位之上。因为你说到 disillusion,所以我说我对你的看法和希望不 justify[辩护]它。想你一定和我会同意吧!①

深受导师莫特影响的黄昆,要做中国学术界的"万人敌",也有理想在中国建立一个物理学的研究中心。他认为这才是富于激情与冒险的事业,才是对中国乃至人类知识视野的扩展产生影响的事业,其重要性远远高于个人获得诺贝尔奖。因此,他建议杨振宁,……投入"建立一个中国物理研究中心"的洪业中。在这样的"宏伟事业"指引下,人格力量自然增加,个人的遭际相比就太微小了,"幻灭"也就无从谈起。黄昆之所以有这样的理想与抱负自然不是一时热血的凭空想象,以他在国内燕京大学、西南联大接受的训练,在英国受莫特的培训及其将与马克斯·玻恩的合作研究,他对世界学术发展前沿与中国学术现状有深切的了解与理解(他自认为他在英国最兴盛的理论物理基地也是优秀青年之一)。他与他的老师吴大猷、吴大猷的老师饶毓泰一样,认识到战后中国有创建世界学术中心的机会与机遇,因此他邀请他的同学与朋友杨振宁一起投身于这个宏大的事业中。……

相映成趣的是,1945 年 9 月,冯友兰有鉴于中国已成为世界五大强国之一,强调必须利用这个机会充实自己,使我们成为真正的强国。要达到这个目的,最根本的事情是"必需做到在世界各国中,知识上底独立,学术上的自主"。因此,他向出席教育部全国教育善后复员会议的衮衮诸公建言"替国家定下知识学术独立的百年计划",就是要集中力量将已有根底和成绩的几所大学办成真正的学术中心即"大大学",使它们"能够包罗万象,负其时代使命"。对于这些学术中心,政府要尽量予以财政支持,社会不能对它们有急功近利的要求,更重要的是"国家社会要持不干涉的态度":

---

① 《黄昆 1947 年 4 月 1 日给杨振宁的信》,《物理》2009 年第 8 期,第 577 - 580 页。

1992年6月1日,北京大学举办周培源九十寿辰时,西南联大三剑客合影
左起黄昆、张守廉、杨振宁。

学问越进步,分工越细密。对于每一门学问,只有研究那一门底专家有发言权。大大学之内,每一部分的专家,怎样进行他们的研究,他们不必使别人了解,也没有法子使别人了解。在他们的同行当中,谁的成绩好,谁的成绩坏,也只有他们自己可以批评。所以国家社会,要与他们研究自由,并且要与他们以选择人才的自由。每一个大大学都应该是一个所谓"自行继续"底团体。这就是说一个大大学的内部底新陈代谢都应该由他自己处理。由他自己淘汰他的旧分子,由他自己吸收他的新分子,外边底人,不能干涉。若要干涉,那就是所谓"教玉人雕琢玉"了。①

冯友兰先于其师和"死对头"胡适提出集中力量建设几所已有基础的"大大学"的呼吁与欲求,可以与胡适遥相呼应,也表明胡适的"十年学术独立计划"有相当的社会基础,"所道不孤"。

无论是几代中国人学术独立追求的历史与孜孜以求,还是战后国际形势、中国学术发展的良好态势与人才聚集情况,饶毓泰、胡适等人此时从学者个人角度出发提出的学术发展规划,不仅是他们作为学人的自觉,更是中国学术发展到一定阶段的逻辑性产物。不仅

---

① 冯友兰《大学与学术独立》,《三松堂全集》第5卷,河南人民出版社,2000年,第456-459页。

反映了饶毓泰、胡适等对世界学术发展的态势有清醒的认知,也表明了他们对中国学术发展与人才聚集有清晰的了解。他们的学术发展规划是学人自感学术发展的需要,自主地进行学术发展的规划,是学术自身发展的逻辑需求,充分体现了学术发展的内在规律。他们学术规划的实现需要社会环境的配合,非常可惜的是,胡适、饶毓泰等人相关中国学术独立的规划都未能实现。……

饶毓泰、胡适提出的学术规划成为不能实现的学术梦想,充分体现了学术发展的内部需求与外在社会环境的矛盾与冲突。揆诸人类学术发展史,像这样社会环境不能适应,甚至阻碍学术内部发展规律的事例并不少见,如何解决这种矛盾与冲突,也就成为学人、学术管理者甚至政府科学政策制定者不断寻求的目标。……

(《中国科技史杂志》2014年第4期,第388-410页)

纵横四海,心系中华

——吴大猷的传奇人生

杨振宁、李政道这两位华人诺贝尔奖的开启者,后来虽有隔阂,但他们在一个人面前仍"相逢一笑",并争取获得他的理解、谅解甚至支持,这个人就是他们的老师吴大猷。1957年,他们获得诺贝尔物理学奖时,不约而同向吴大猷发去感谢信。10月31日,杨振宁接到获奖电话,当即致函吴大猷说:

> 值此十分兴奋,也是该深深自我反省的时候,我要向您表示由衷的谢意,为了您在1942年曾引导我进入对称原理与群论这个领域,我以后工作的大部分,包括关于宇称的工作,都直接或间接于15年前的那个春天,从您那里学到的概念有关。这是多年来我一直想要告诉您的情意,今天或许是最好的时刻。①

同日,李政道也致函吴大猷说:

> 接讯后的感觉很多,而亦分歧,一方面当然觉得这是一种光荣;可是一方面深深感觉自己之学识有限,希望对将来能继续努力。现在的成就,大部分由于在昆明时您的教导,而假使在46年没有能来美的机会,那更根本不可能会有这几年的工作,此点我深深感觉,特此致意。②

时光回溯到1948年,吴大猷以"光谱及天文物理等研究"荣膺中央研究院首届院士,

1997年5月,杨振宁、李政道与吴大猷在一起
在共同的师尊面前,两人"相逢一笑"。

---

① 杨振宁《典范永存——忆吴大猷师》,载丘宏义《中国物理学之父——吴大猷》,新疆人民出版社,2004年,第7-8页。
② 柳怀祖编,《李政道文录》,浙江文艺出版社,1995年,第219页。

年仅 41 岁,是 81 位院士群体中少数几个年轻人之一①,也是物理学科最年轻的当选者,但已是新一代学术英才马仕俊、郭永怀、马大猷、黄昆、杨振宁、黄授书、张守廉、李政道等人的业师。他因国民政府原子弹研究计划去国赴美,并流落异国他乡,却在到台湾后,力阻蒋介石的原子弹研制。

一、中国自己培养的物理学本科毕业生

吴大猷,广东高要人,1907 年 9 月 29 日生于番禺。祖父吴桂丹(1855—1902),光绪十五年进士,翰林院散馆授编修。父亲吴国基(1879—1911),光绪二十七年举人,曾出使菲律宾。可谓书香门第、官宦世家。不意朝廷覆灭前夕,家遭不幸,父亲病故,赖世代书香传统与母亲贤惠,在伯父的资助下继续接受教育。

吴大猷自幼喜刻图章、绘山水画,自己买《六书通》,长辈送《芥子园画谱》,放学后常常流连于广州大街上的图章店。② 据说,他幼年即对长辈绘画的过程而不仅仅是绘画作品感兴趣,传记作者因此认为这与"科学家最大的乐趣就是研究的过程"相类似,说明吴大猷具有科学研究的天赋。③

1921 年,吴大猷随伯父吴远基(1876—1956)去天津,入南开中学,"这是决定我一生前途的第一个机遇"。④ 以培养精英为目标的南开中学为吴大猷打开了学习近代科学的大门,英文原版教科书,英语、数学、物理、化学而外,还有第二外语德文(因当时德国是世界科学中心,最重要的科学成果都以德文发表)。在南开中学,吴大猷扎牢英文、数学根基,更重要的收获是"不知不觉地对学问产生了兴趣"。⑤

1925 年夏,吴大猷跳级考入南开大学矿科。之所以选择这一实用科学,按他自己后来的说法,一是容易找工作,一是"天资有限",比较"适宜于应用学科的学习"。⑥ 其实,"谋事容易"应是真正的理由。自立以侍养慈母的念头可能一直在他年轻生命中滋长并挥之不

---

① 首届中研院院士中年龄最小的是出生于 1911 年的陈省身,接下来是 1910 年的华罗庚与许宝騄,1908 年的殷宏章,1907 年的吴大猷与冯德培。
② 吴大猷《回忆》,中国友谊出版公司,1984 年,第 3 页。
③ 丘宏义《中国物理学之父——吴大猷》,新疆人民出版社,2004 年,第 25 页。
④ 吴大猷《吴大猷八十二自订年表》,载吴大猷《在台工作回忆》,(台北)远流出版事业股份有限公司,1989 年,第 210 页。
⑤ 吴大猷《回忆》,中国友谊出版公司,1984 年,第 7 页。
⑥ 吴大猷《回忆》,中国友谊出版公司,1984 年,第 8 页。

去,正如他接受访谈时说,"我的家境并不好,我从小由母亲抚养长大,觉得对家庭有责任"。当然也不能说"天资有限"是自谦,因为他访谈时曾说当时他觉得自己长于分析而短于创造,习工程"成就会比纯粹科学为佳"。① 不意矿科才读一年,捐助者因经营失败不再资助,被迫停办。私立大学这样的不幸,对吴大猷个人和中国物理学的发展来说,却是"祸兮福之所伏"。否则,中国近代史上可能多一个能挣钱、事业也可能很成功的矿业工程师,却少了一个物理学的大师。当然,对急于寻求自立的吴大猷来说,实在是一个不小的打击。

矿科停办,吴大猷面临选择。权衡再三,决定留在南开转入物理系。20世纪20年代的中国物理学,正处于本土化的萌芽期,一批留学国外的物理学博士颜任光、胡刚复、饶毓泰、李书华、叶企孙等先后回国,在北京大学、东南大学、南开大学、清华大学或担任物理系主任或创建物理系,培养了吴有训、严济慈、赵忠尧等本科毕业生外,也开始克服各种困难添置物理仪器,倡导并创造条件进行物理学研究。南开大学物理系由饶毓泰创建,但因人才缺乏,基本上属于一人系,只得身体力行教授各种课程。江西临川(今属抚州市)人饶毓泰,1913年留美,先后求学芝加哥大学、哈佛大学、耶鲁大学和普林斯顿大学,1922年以低压电弧的电子发射速率实验研究获得博士学位,导师为康普顿(K. T. Compton)。

在物理系,吴大猷遇到了他人生第一位伯乐。他随饶毓泰读大学物理、电磁学、近代物理、高等力学、光学、气体运动论、高等电磁学等课程,"近代物理"一课使他"开了物理的窍和兴趣,渐为饶师毓泰注意";并从数学系姜立夫、钱宝琮学数学,姜让他读一本德文微分几何的著作并作报告,该书与广义相对论"极有关"。更重要的是,他从二年级开始自学,广泛涉猎,并将一本通俗英文小册子《原子》译为中文,德文、英文对照阅读索末菲(A. Sommerfeld, 1868—1951)名著《原子结构及其光谱线》,从德文英译普朗克(M. Planck, 1858—1947)《热辐射》,与同学组织研讨会,"分别研读,轮流报告"。②

可以说,在南开大学,吴大猷接触到了物理学的前沿,特别是德国物理学家开创的量子力学、原子物理及相对论,为他未来的科学生涯奠定了坚实的知识基础;也在自学中培养了独立学习甚至科研的才能,接受了成为学者的基本训练,并具备了科学工作者的基本

---

① 吴大猷《我的科学历程》,载金吾伦编,《吴大猷文录》,浙江文艺出版社,1999年,第8、10页。
② 吴大猷《吴大猷八十二自订年表》,载吴大猷《在台工作回忆》,(台北)远流出版事业股份有限公司,1989年,第211页。

能力。四年大学生涯,使吴大猷"不仅真的明白了求知的意义,也提高了求知的兴趣",并立下从事科学研究,"得列著作之林"的誓愿,对前途充满希冀:"那一段时间我从未经过真正的考验,不知自己知识和能力的限度,以为前途像地毯一样,一推就会自动展开。"①也正是在南开,吴大猷找到了同学之乐,数学系的陈省身比他低一级,但许多课诸如数学、德文都在一个班上,他们以德文"笨伯"一词的首音互称"董先生"。"彼此叫惯了",以致后来在美国,吴大猷去陈省身家,陈让他家小孩叫吴"董伯伯"。② 当然,寡母孤儿的生活压力也一直伴随他,二年级开始利用暑假在外代课,三年级担任助教,基本上可以自立。

1929 年,吴大猷大学毕业,为中国自行培养的第二代物理学本科毕业生。③

二、留美理论物理学博士

大学毕业后,因饶毓泰获得中华教育文化基金董事会(中基会)奖助金去德国访问研究,另一位物理老师也辞职他去,吴大猷得以留校任教,讲授近代物理、高等力学等课程。他借此系统学习古典力学、热力学、量子论等方面的著作,"虽然没有人可以请益,却发现了教人亦是自己进修的最有效方法",可谓教学相长,获益匪浅。①

1931 年春天,经饶毓泰与清华大学理学院院长叶企孙荐举,吴大猷获得中基会乙种研究奖助金,原计划去德国研究晶体物理,恐语言不便,改去美国,多所学校中选择了学费低廉的密歇根大学。没有前往世界科学中心德国而去了美国,吴大猷失去了在物理学最前沿翱翔、亲炙大师们的机会。但非常幸运的是,20 世纪 30 年代美国科学亦逐渐步入蓬勃发展阶段。原子和分子结构是当时物理学主流,密歇根大学物理系参与其间,是美国红外分子光谱和原子光谱的中心,理论和实验实力都很雄厚。系里每年暑期举行研讨会,曾先后邀请狄拉克(1933 年诺贝尔奖得主)、泡利(1945 年诺贝尔奖得主)、费米(1938 年诺贝尔奖得主)、海森堡(1932 年诺贝尔奖得主)、玻尔(1922 年诺贝尔奖得主)等 20 世纪超级物理学家来校讲学与授课。吴大猷选择密歇根,躬逢其盛,亲耳聆听大师们的言论,领略大

---

① 吴大猷《回忆》,中国友谊出版公司,1984 年,第 10 页。
② 吴大猷《回忆》,中国友谊出版公司,1984 年,第 30 页。
③ 1916 年,孙国封、丁绪宝等 5 位从北京大学物理系毕业,成为中国自行培养的第一代物理学本科生,距离吴大猷 1929 年毕业于南开大学,已过去了十多年,因此吴大猷可以作为中国自行培养的第二代物理学本科生代表。

师们的风采,"诚属非常幸运"。虽然玻尔的演讲"很深奥,加上讲室音响效果不好,时断时续,听得不到十分之一",但机会毕竟十分难得。①

更为幸运的是,在密歇根,吴大猷遇到了他人生中的第二位良师,即红外光谱分析的奠基人之一、物理系主任兰德尔(H. M. Randall, 1870—1969)。兰德尔简朴诚实,"沉默寡言",从不以主任自居,但对学科的发展有规划、有远见。1925 年,两位荷兰青年乌伦贝克(G. E. Uhlenbeck, 1900—1988)和古兹密特(S. A. Goudsmit, 1902—1978)提出电子自旋假说,文章一发表,不等博士毕业就被聘到密歇根大学。兰德尔作为实验物理学家,却鼓励系里年轻的理论物理学家们到欧洲访学,并为他们争取时间与经费,其为人处事深深地影响了吴大猷,也是他最为敬佩的人之一。

吴大猷先在兰德尔的实验室从事红外光谱研究,虽无多大成效,但对光谱仪进行了改进,提高了分光仪的辨别率。随索末菲的学生拉波特(O. Laporte, 1902—1971)读原子光谱,期末成绩单上有"一个优秀的年轻人"(an excellent young man)的批注,大大增强了他的信心,改变了他"长于分析短于创造"的自我认知,下定决心第二学期跟古兹密特习量子力学,并在他指导下做博士论文,"就这样决定了我学习理论物理的一生"。②

1922 年,玻尔根据他的原子结构理论预言了超铀元素的存在。吴大猷的博士论文以锕系元素光谱作为研究对象,对超铀元素进行研究。1933 年春,博士论文写就,并在美国《物理评论》上发表部分成果,预言了超铀元素的原子光谱,从而开启寻找超铀元素研究的大幕。1951 年,西博格(G. T. Seaborg, 1912—1999)因发现超铀元素获得诺贝尔化学奖。两人后来见面时,西博格将功劳归因于吴大猷论文。1933 年 6 月,吴大猷获得博士学位,再次得到中基会乙种研究奖助金,继续留校做博士后研究,从事天体物理方面日冕光谱的理论分析、氯化乙烯的同分异构体的红外光谱及分子对称研究等。

在密歇根大学,吴大猷接受了众多物理学大师的言传身教,并在理论物理上有创新研究成果,可以说已经行进在理论物理学的前沿。吴大猷是当时中国为数极少的理论物理学家,他后来总结中国物理学发展历程时,认为习实验物理学者多,从事理论物理学研究者少是一大缺陷。实验物理学需要基本的实验设备,中国不仅科学研究经费缺乏,设备难

---

① 吴大猷《回忆》,中国友谊出版公司,1984 年,第 12、16 页。
② 吴大猷《回忆》,中国友谊出版公司,1984 年,第 15 页。

兰德尔(左)及密歇根大学兰德尔物理实验室(右)

兰德尔对美国物理学发展影响甚大,他1928年开创的密歇根夏季研讨会,一直延续到1941年,被誉为当时美国理论物理学的"麦加",是美国"唯一一个可以让美国物理学家从该领域创始人那里了解新想法的暑期活动"。

以购置,更重要的是连年战争,缺乏稳定的科研环境,即使有些许设备也难以"物尽其用"。这样导致留学生在国外实验室很容易从事的研究,回国后大多数不能继续。①

留学期间,吴大猷也积极参与社会活动,曾担任学校90人左右的中国留学生会会长,与同学们建立起深厚的情感。1980年,当年同学、1933年密歇根大学数学系博士、上海师范大学数学系创建人周西屏(后以"周正"行世)应邀出席密歇根大学校庆,并定居美国,吴大猷还为他寻找大学教职。

1934年夏,吴大猷接受已离开南开大学、担任北京大学物理系主任的导师饶毓泰召唤,前往北京大学就任物理系教授。至此,结束了一心求学的学生生涯,也结束了他"一生中最充实甜美的一段生活"②,进入他生命的第二个阶段——教研生涯。

三、任教北大作育英才、研究不辍成就卓著

回国前,吴大猷又到哥伦比亚大学、哈佛大学、麻省理工学院、加州理工学院等校参观。回国途中,接到中央大学校长罗家伦的电聘,罗还派丁绪宝到上海迎接,无奈北京大

---

① 吴大猷述,黄伟彦、叶铭汉、戴念祖整理,《早期中国物理发展之回忆》,上海科学技术出版社,2006年,第73页。
② 吴大猷《八十述怀》,载金吾伦编,《吴大猷文录》,浙江文艺出版社,1999年,第32页。

学有约在先,只得婉言谢绝。由沪返乡,迎慈亲北上定居,"五岁丧父,今二十八岁,始克奉养母亲"①,其内心的愉悦可以想见。

此时的北京大学,经蒋梦麟的整顿与中基会的资助,早先仅有科学教育没有科学研究的境况大有改观,教学研究已步入正轨。物理系除主任饶毓泰外,有教授朱物华、周同庆、郑华炽、张宗燧等,助教有赵广增、沈寿春、江安才等,研究生有马仕俊、郭永怀,毕业生有马大猷、虞福春等。吴大猷先后讲授古典力学、量子力学、理论物理学等课程,"古典力学的内容是将昔日在南开讲授古典力学的笔记进行扩充和整理""量子力学讲义则是从头写起""这些从对了解知识的深度及广度上看,皆大有进步"。② 同人教读之余,积极从事研究,主要集中在原子、分子的结构及其光谱研究方面,到1937年共发表论文30余篇,其中吴大猷单独或与人合作20篇,可谓成就卓著。晚年回忆,他自谦这些论文,"其中有些琐细,有的质量也不太好",还是有些自豪,"但从数量上看,可以看出那时工作的气氛"。1937年玻尔到北京讲学时,吴大猷等还曾就最新研究成果向玻尔讨教,玻尔对在中国看见这样前沿的研究成果"显然有些意外",在讲演中专门提及。吴大猷在北京大学收获的第一爱徒是马仕俊,他1935年本科毕业后随吴大猷读研究生,后留英在剑桥大学获得博士学位,1940年回国任教西南联大时"已小有名气"。他对介子场理论和量子电动力学多有贡献,杨振宁就是跟随他学场论的。1949年后,马仕俊"流落"异邦,自感无法赶上物理学的迅猛发展,1962年在澳大利亚

1937年3月,吴大猷(右)与饶毓泰(左)、郑华炽(中)摄于北平

---

① 吴大猷《吴大猷八十二自订年表》,载吴大猷《在台工作回忆》,(台北)远流出版事业股份有限公司,1989年,第213页。
② 吴大猷《回忆》,中国友谊出版公司,1984年,第21页。

自杀,吴大猷闻讯后深为惋叹。

全面抗战前的北京大学好时光虽短,且"无日不在日本军力及政治压力下",但学术气氛高昂,中国物理学的本土化由此建立了基础。由吴大猷建议,北京大学、清华大学物理系与北平研究院物理研究所组成联合物理研讨会,每月轮流做东举行,开中国物理学研讨会先河。吴大猷以为他"自己的心身"是那几年在北平"那个地方长大的"。① 他一辈子虽在许多城市居住过,但真正喜欢的却是只教研三年的北平,当时的北平"是名副其实的一座文化城。论气派,其他地方尽管有很富裕之地,但完全不可和北平相比"。② 但日本帝国主义不容许学人们在北平致力于人类知识视野的扩展,刚刚萌芽的中国科学面临夭折的危险。

抗战军兴,吴大猷先到四川大学担任薪水丰厚的中英庚款讲座教授,旋弃职到昆明任教西南联大,陪伴孤苦的饶毓泰。③ 西南联大期间,生活艰苦,他自己曾从马上摔下成脑震荡,卧床四个星期之久。多病的夫人更是常常徘徊于鬼门关,吴大猷产生了巨大的精神压力。但他以坚强的意志支撑了下来,以"埋头写书"、专心工作作为"逃避",因为"一心工作"就忘记了身心的苦痛。因此有朋友称赞他是"标准丈夫"时,他说:"他们不知道我是一面在照料生病的妻子,一面却过着特别的'逃避'生活。"④

西南联大八年,吴大猷教过电磁学、近代物理、古典力学、量子力学。在古典力学和量子力学的课堂上,有杨振宁、黄昆、胡宁、黄授书、李荫远等优秀学生,"可以说是从不易得的群英大会⑤,遇见这样的"群英会"自然是教师最快乐的事,"教这样的一班人,是很不容易的事。除了我比他们多知先知一点外,他们的能力是比我高的"。⑥ 杨振宁阅读吴大猷给他的《现代物理评论》上一篇文献后,写成论文《以群论讨论多原分子之振动》作为其古典力学的课业作业,吴大猷保存了三十多年后,还给了杨振宁。

---

① 吴大猷述,黄伟彦、叶铭汉、戴念祖整理,《早期中国物理发展之回忆》,上海科学技术出版社,2006年,第74页。
② 吴大猷《八十述怀》,载金吾伦编,《吴大猷文录》,浙江文艺出版社,1999年,第32页。
③ 饶毓泰在长沙时鉴于空袭频繁,送夫人回上海岳家。不料夫人在上海得伤寒不治,且未能见上最后一面,因此"心情尤为沉痛"。作为最为亲密的弟子,吴大猷到昆明"稍减他的孤寂,聊慰他的心情"(见吴大猷《回忆》第26页)。
④ 吴大猷《回忆》,中国友谊出版公司,1984年,第43-44页。
⑤ 吴大猷《回忆》,中国友谊出版公司,1984年,第35页。
⑥ 吴大猷《抗战中的西南联合大学物理系》,载金吾伦编,《吴大猷文录》,浙江文艺出版社,1999年,第56页。

当然,在吴大猷长年的教研生涯中,以他慧眼识李政道最为人称道,被誉为"当代士林佳话"。按吴大猷自己的说法,1945年春天,一个胖胖的、不到20岁的孩子,拿着密歇根大学熟人的介绍信来找他,这孩子就是李政道。李政道在浙江大学读一年级后,因日军逼近投奔西南联大。适逢学年中间,按规定不经考试不能转学,吴大猷便与教二年级数学、物理的老师们商量,让李政道随班听讲,若及格,到暑假就转入二年级,"其实,这不过是我个人认为的一个合理的办法,而没有经过学校正式的承认和许可"。①

李政道应付课程绰绰有余,课后总是到吴大猷处请教,要做更多的习题,看更多的书,有时还为吴大猷捶背、做家务,无论多难的题目和书,他都能很快做完看完,又来要新的。吴大猷发现李政道思维敏捷的程度"大大异乎常人""当时,在西南联大的研究生及助教中,具有天赋、学习勤奋的没有像李政道的"。1946年,吴大猷有机会带学生去美国,他毫不犹豫选择了李政道,虽然他才读大学二年级。到美国后,吴大猷将李政道安排到芝加哥大学直接跟费米攻读博士学位,成为一个没有大学毕业文凭的博士。李政道、杨振宁成名后,人们都说是吴大猷"精心培植"的结果。但吴大猷并不这样看,"我们不过适逢相会,只是在彼时彼地恰巧遇上而已",只要是钻石,"不管你把它们放在哪里,它们还是钻石"。②这自然是他的自谦之词,钻石不被发现终是钻石,但人才不被发现就会"被埋没",也就失去了其"钻石"价值。

西南联大期间,因物理实验难以展开,吴大猷的研究多集中于理论思考,研究分散零星,分布在分子振动与转动之交互作用、大气物理过程、电子激起分子振动等七个方面。为北京大学四十周年校庆而作的《多原子分子的结构及振动光谱》一书出版后激起强烈反响,先后获得中央研究院丁文江奖金、教育部学术著作奖一等奖,成为该领域最权威的著作。该书在国外也有极大影响,曾被多个出版社反复翻印,不少人因阅读该书受益与吴大猷建立了密切关系。1974年的一次国际学术会议上,曾任国际科学联合会会长、国际纯粹与应用化学联合会会长、牛津大学教授汤普森爵士(Sir H. W. Thompson)还对吴大猷说,他还在用吴大猷的书,"你开了路,我们后面便容易了"。③ 抗战期间是吴大猷生命力最强

---

① 吴大猷《回忆》,中国友谊出版公司,1984年,第39页。
② 吴大猷《回忆》,中国友谊出版公司,1984年,第41-42页。
③ 吴大猷《回忆》,中国友谊出版公司,1984年,第45页。

盛阶段,也是研究成果勃发阶段,但这段人生中最宝贵的光阴却在战火中度过。非常幸运的是,他遇上了那批卓越的学生,这对他可能是非常大的心灵安慰。

四、去国与到台湾

原子弹爆炸后,南京国民政府也想在这方面有所作为。1945年秋,军政部部长陈诚、次长俞大维约谈吴大猷与华罗庚,要他们在国防科学上贡献意见。吴大猷提出创立研究机构,立即选派数学、物理、化学等学科优秀青年出国研习。提议获准,由华罗庚、吴大猷、曾昭抡各自挑选两人(数学孙本旺、徐贤修,物理李政道、朱光亚,化学王瑞駪、唐敖庆)带领出国进修相关知识。不想刚抵美国,因各种意料不到的原因,计划中辍,只得安排各学生入学,教授们也分赴各校教研。吴大猷先任母校密歇根大学讲座教授,讲授"分子结构",与乌伦贝克合作研究核子散射。后到哥伦比亚大学从事核子物理研究,讲授"原子物理"课程。因吴健雄同在哥伦比亚大学,洋人往往混淆两人,闹出不少笑话,诸如吴健雄给吴大猷的信全部回到吴健雄的信箱等。

吴大猷这次离国本以两三年为期,期满回国向军政部复命,不意很快政权转换,从此滞留海外。1949年就任加拿大国家研究院理论物理组主任,"初以为观望些时候即行回国,不意这一去,竟长达十四年之久,度过我学术生命中的大半年华"。在这里,他利用充裕的博士后基金广揽世界理论物理学人才,邀请包括中国青年物理学家胡宁、马仕俊在内的大批青年才俊前来研究,更邀请狄拉克、查德威克、莫特、汤川秀树等数十位大师莅临讲演,激发了青年物理学家的创造性,极大地提升了加拿大国家研究院的学术地位与声望,他也于1957年当选加拿大皇家学会院士。还与日本物理学家大村充合作,于1962年出版专著《散射的量子理论》,并将它题献给饶毓泰与兰德尔。1957年,周培源到加拿大出席禁止核武器的首届帕格沃什会议,专程赴渥太华拜访吴大猷。翌年,周培源再次出席会议,预先电邀在芝加哥大学任教的陈省身到渥太华。旧友久别相聚异国他乡,其间的慨叹、欣慰与欢欣,自然非我辈所能想象,三人"畅谈了三天三晚,每晚谈到次日二三点钟"。① 另外,1958—1959年间,吴大猷曾到普林斯顿高等研究院从事研究七八个月,1960—1961年到瑞士洛桑大学讲学半年。

---

① 周培源《回忆·序一》,中国友谊出版公司,1984年,第5页。

1963年，吴大猷离开加拿大，任教美国纽约布鲁克林理工学院。1965年，到纽约州立大学布法罗分校主持物理和天文系，直到1978年退休。13年间，凭借他在国际学术界的声望，招揽人才，使该系教师阵容和科学水平大为改观。在这里，他与李荣章合作发表文章，对相对论中的"时钟佯谬"问题做出了重要推进，认为一只被加速的时钟相对于惯性系中的时钟会"丢失时间"。继续他在加拿大进行的相关不可逆过程的时间方向性研究，把跃迁概率的概念同不可逆过程联系起来，严密表述和深入理解不可逆过程的时间方向性。

吴大猷在加拿大、美国主持学术机构，往来欧美讲学期间，也深切地关注着祖国故土。1960—1963年间，他曾用小邮包多次分批给孤苦的饶毓泰寄送奶粉、糖果等，"但又不敢多寄，生怕给他惹上麻烦"。[①] 1956年，应胡适之邀，吴大猷首次赴台任中基会讲座教授，介绍杨振宁、李政道、吴健雄的重大发现"宇称不守恒"。翌年出席"中研院"会议，向当局建议制定学术发展长期规划。后在胡适推动下，成立了"国科会"，具体制定科学发展规划，极大地影响了台湾科学的发展。1967年，应蒋介石之邀，回台湾主持科学发展规划，担任科学指导委员会（"科导会"）主任，由此步入他人生的第三个阶段——"直接为社会工作"，每年冬夏假期在台四五个月。[②] 在此期间，他以原子弹目标只针对大陆，"同胞相残"，劝阻蒋介石发展核武器计划，支持原子能和平利用，建议设立原子能委员会管理核能研究，以免军方擅权用于军事发展。因此与蒋经国产生矛盾，并被人骂为"汉奸"，"科导会"主任一职成为闲职。1978年，吴大猷从纽约州立大学退休后虽全职回台，但基本上被闲置。

1983年，"中研院"第五任院长钱思亮突然去世，吴大猷以其声望与人望，接近全票当选院长第一候选人，虽蒋经国有意直接控制科技政策，但他深知学术界公义不可轻侮，只得任命吴大猷为院长。吴大猷以大学能够做或已经做得很好的研究领域"中研院"决不另起炉灶，基础科学、应用科学和人文科学三者并重为办院宗旨，积极寻求学术研究领域的扩展与研究水准的提升，在研究人员的薪水、员工住宿、制度建设等方面也尽心尽力，极大地提升了"中研院"的学术水准与学术地位。他主张科学研究与政治分开，努力推进两岸关系的发展，并于1992年夏天，在李政道的陪同下回到阔别半个世纪之久的大陆，出席国际学术会议之外，访亲问友。由此，他也免不了政治与学术的纠葛，其决策与举动不断受

---

① 吴大猷《回忆》，中国友谊出版公司，1984年，第62页。
② 吴大猷《八十述怀》，载金吾伦编，《吴大猷文录》，浙江文艺出版社，1999年，第30页。

到"立法委员"的质疑。1993年5月3日,86岁高龄的吴大猷从上午九时到晚上八时(中午休息两小时)在台湾地区立法机构预算审查会议上,连番受到民进党"立委"的冷嘲热讽甚至语言侮辱,被论者名为"吴大猷院长最长的一天"。① 1994年1月,吴大猷辞职。

吴大猷1989年4月在台湾地区立法机构接受质询,不耐烦时作怪脸

对于他回台工作,他爱人以为牺牲了研究,但他以为他在台湾的工作,"可以大言不惭地说对得起这一代和下一代的台湾学子",相比个人的研究而言,"有意义多了""虽在物理上落伍了,也不后悔"。②

卸职后,接受李政道建议,吴大猷于1997年开始每周分别在台湾大学和新竹清华大学演讲,讲述20世纪上半叶中国物理学的发展,并以演讲稿为基础,补充资料整理成书。演讲结束后,吴大猷计划到北京一个月,完成该书的修订以及录影带的剪辑。不想,天不遂人愿,计划还未实施,就一病不起。演讲稿最终在两岸科学家的共同努力下,以《早期中国物理发展之回忆》为书名出版,给中国近代物理学发展史留下宝贵的"真实面貌"和一位卓越物理学家对相关问题的真知灼见。

2000年3月4日,吴大猷在台北病逝,享年93岁。传记作者说他是"孔子式物理学家",从他培养了大批物理学人才、所著影响深远的七卷本《理论物理》教材来说,他完全配得上这个称号。但与孔子述而不作不同,吴大猷对中国物理学或对人类物理学的影响,主要通过他自己的科研成果来体现,因此,他不仅仅是个"孔子式物理学家"。吴大猷一生研究兴趣相当广泛,早期以原子物理、分子光谱奠定他在物理学界的地位,后转向核物理、等离子体物理、散射理论、统计物理、天文和大气物理,二战后物理学许多新的研究方向,都留下了他极为重要的痕迹。他自认他一生的研究,早期的训练影响很大,后来力求突破,

---

① 陈永发《追求卓越:"中央研究院"八十年》卷一《任重道远》,台北"中研院",2008年,第246-252页。
② 吴大猷《八十述怀》,载金吾伦编,《吴大猷文录》,浙江文艺出版社,1999年,第33页。

"虽发展出自己的兴趣,但是也较广泛与零星"。①

顶尖的科学家基本上都是哲学家,吴大猷也不例外。他先后发表《物理学中的守恒定律——宇称与时间反演》《现代物理学基础的物理本质和哲学本质》《物理学及其发展和哲学》《物理学的历史和哲学》等著述,对物理哲学进行了深邃的思考。他一生往来欧美、太平洋两岸,纵横四海,与国际学术界同仁们论道,将他对物理学的理解传输后辈,却心系中华,对两岸科学发展皆有贡献。……为继续发扬吴大猷推动科学教育及学术研究的精神,促进科学教育发展以及增进学术交流,杨振宁、李政道、李远哲、沈君山等发起成立"吴大猷学术基金会",举办吴大猷科学营、进行两年一届的吴大猷科学普及著作奖评选(海峡两岸共同参与)、设立吴大猷讲座及吴大猷访问学者等。

(《档案春秋》2016年第12期,第31-35页,发表时题名为《诲人以诚:物理学泰斗吴大猷》,现恢复原名,并有相当程度的改动与修订)

---

① 吴大猷《我的科学心路历程》,载金吾伦编,《吴大猷文录》,浙江文艺出版社,1999年,第23页。

社会网络与学术成长

——复旦大学高分子科学家于同隐个案分析

1917年9月,于同隐出生于江苏无锡县城大娄巷一个小康家庭。1934年考入浙江大学化学系,1938年在抗战离乱中毕业。先后在国民政府兵工署、资源委员会从事化学工程方面的实际工作。1943年回母校任教,1947年留美入密歇根大学,1951年获得博士学位。同年回国,任浙江大学教授。翌年院系调整到复旦大学,从事有机化学教学与研究,并组织编写《有机化学》《有机结构理论》等教材。1958年,根据国家发展高分子工业的需要,负责筹建高分子研究所(复旦大学与中国科学院联合筹办)和化学系高分子教研室,从此转向高分子科学教学与研究,先后出任高分子教研室主任、高分子研究所副所长、材料科学研究所所长、高分子科学研究所名誉所长等,奠立了复旦大学高分子科学在中国高分子科学发展史上的地位,成为我国高分子科学的奠基人之一和复旦大学高分子科学的开创者和奠基人。[①] 科学家成长的社会关系特别是家庭、师承关系与学术共同体网络的建构是科学社会学的重要研究内容,哈里特·朱克曼的研究是标志性成果[②]。这里试图以于同隐为个案,分析他从出生到后来的求学、工作经历所结成的各种社会关系及编织的多种网络,在其人生道路与学术成长过程中所起作用。

20世纪80年代的于同隐

一

于同隐出生时,其家乡无锡作为中国近代工业的发祥地之一,已经是当时中国重要的

---

① (编注)于同隐先生于2017年2月6日去世。
② 〔美〕哈里特·朱克曼著,周叶谦、冯世则译,《科学界的精英——美国的诺贝尔奖金获得者》,商务印书馆,1979年。

城市之一,工商业之繁盛,为江苏省各县之冠,"每逢茧麦两市,各地商贾,蚁集云屯,贸易之盛,仅次上海市"。① 以荣家、唐家、杨家、薛家为代表的民族工业蓬勃兴起,在全国建立起广泛的工商业网络,于同隐父亲于观海通过同乡介绍进入天津周学熙创办的华新纱厂担任会计主任,自然与这个网络和无锡发达的工业体系有关。

于观海虽然长年在外工作,但对于同隐的成长影响甚大。于家原本是无锡县东北塘镇严埭村一户农民,生于同治十一年(1872年)的于观海,排行老二,早年也曾应试科举,屡试不第,弃学经商。② 因接触维新思想,痛恨农村鄙陋落后的习俗,事业有所成后举家迁居无锡城内大娄巷,使于同隐从出生就能沐浴在无锡城厢的文教与工商氛围中。于观海在华新纱厂的收入不错,不仅能维持一个大家庭的日常生活,退休后还在离大娄巷不远的小娄巷买了三间平房,并在房子后面庭院里盖了三间两层的楼房。于观海对子女教育较为开明,让他们自由发展,凭自己能力尽可能接受教育。他主张"实业救国",给于同隐讲"实业救国"的道理,并举出天虚我生创制"无敌牌"牙粉击败日本货"金刚钻牌"、吴蕴初制造味精打败日本货"味之素"的事例勉励于同隐。③ 这对于同隐后来选择化学并以此为终身职业产生了极大的影响。

无锡自古文教兴盛,近代以来也是江南文教中心之一。于同隐出生时,不仅有完备的近代中小学教育体系,还有学前教育机构。于同隐被母亲抱着上"半年级",然后进入崇安寺小学读初等小学,并尽情地在崇安寺的商业街区游玩。初小毕业后,进入东林小学(时称无锡县立第二高等小学)读高小。1928年考入无锡县立初级中学,1931年毕业考入江苏省立无锡中学读高中。在这里,他有幸在名师张式之的引导下,对化学产生了浓厚的兴趣。④ 毕业于中央大学化学系的张式之(1904—1979),知识渊博,治学严谨,并著有多种著述,后曾任苏州中学校长、江苏师范学院化学系副主任等。他上课只带两支粉笔,边讲边写,整本教材,每堂教案,都了然于心,粉笔写完,教案教完,下课铃也响了,实在是引人入胜。于同隐对他钦服不已,更进一步加强了他学习化学的愿望。

---
① 殷惟龢编,《江苏六十一县志》,商务印书馆,1936年,第29页。
② 于同隐口述(2012年9月24日),存"老科学家学术成长资料采集工程"。
③ 《于同隐入党报告》,复旦大学档案馆藏。
④ 于同隐口述(2009年6月),陈雁主编,《师道:口述老师中的复旦名师文化》,复旦大学出版社,2012年,第2页。

于同隐就读的这些中学都是当时无锡的名校,不仅有高水平的教师,也有高水平的同学。1934年高中毕业的无锡籍同学包括无锡中学、私立锡中、竟志中学等成立了一个同学会"二三级友"①,其中就有后来在学术上与于同隐有长期交往的钱保功(1916—1992)。钱保功与于同隐同年考入无锡中学,先后求学交通大学和武汉大学化学系,留美获纽约布鲁克林理工学院硕士学位,曾任中国科学院武汉分院研究员、院长,1980年当选中国科学院学部委员。钱保功在同学中以性格直率见称,因此被同学批评为"太傲气横秋"。但也有人为他辩护说:"要在保功身上找傲气,简直是件难事;除了他的鼻子似乎太高了些,这或者就是他给人家一道傲气横秋的影像的唯一原因。……他的特点是想到就说,心直口快,胸中绝无城府。"在这个同学会组织中,于同隐的乐观精神感染了不少人,"小于的乐天精神真够佩服,没有一天他的纺绸长衫不湿了半身,可是没有一分钟会在他长发覆额的孩儿面上找不到笑容,吃吃的笑,这是他天真本色"。②"二三级友"同时考取浙江大学的还有过鑫先、严自强、金良方等。

1931年于同隐无锡中学初中毕业合影(前排右三为于同隐)

---

① 天适《从一年的苏中生活说到二三级友的成立》,载《二三级友》,第33-34页。
② 微流《随想随写》,载《二三级友》,第40-41页。

二

于同隐进入浙江大学时,作为国立大学无论是学校管理层校长、院长,还是系科领导都处于风雨飘摇中,学校的发展极不稳定,在当时国内大学中还处于二流水平,不能与清华大学、北京大学、中央大学相匹敌。作为浙江大学历史上首位科学家出生的校长郭任远(1898—1970)没有汲取在复旦大学失败的教训,引发了学生们"驱郭风潮"。身处其间的于同隐自然也参加了这个"运动",也深知在那个时代一校之长对学校发展的重要性。1936年4月,浙江大学迎来其"真命天子"竺可桢,学校也由此走上了快速发展的正道。与校长走马灯更换一样,于同隐就读的文理学院化学系虽然1929年就宣告成立,但无论是系主任还是授课老师都变动不居,因此其教学水平与学术水准可想而知。到1934年,短短几年间先后有张子高、程延庆、程瀛章、郦坤厚担任过系主任,直到留法博士周厚复出任系主任后,化学系可以说才真正有了一位安心其位的领导。

江苏江都人周厚复(1902—1970)曾先后就读厦门大学和东南大学化学系,1932年获得巴黎大学有机化学博士学位,并在德国柏林大学从事军用毒气研究。1933年到化学系讲授有机化学。离开浙江大学进入兵工署的军工专家郦坤厚后来回忆说:

> 浙大化学系虽然比较后进,但由于纪育沣先生做了几年的植物的研究,有机化学方面的设备较为完善。纪育沣先生随庄长恭先生进中央研究院化学研究所,载之[周厚复]先生就补了纪先生的遗缺,除了讲授两门课程外,还要指导四年级学生的毕业论文。在此以前七八年,我做学生的时候,毕业论文不过是某一项文献的阅读与评述,而二十年代国内较好的大学,都要求有一点研究实验的毕业论文,浙大化学系自亦不甘后人。其目的是为培养学生眼到(阅读能力)、心到(训练能力)、手到(实验技巧)和口到(发表论文,提出报告)的能力。①

正是在周厚复这样学术水准较高,又比较负责的系主任的领导下,浙江大学化学系水准有

---

① 郦坤厚《悼周厚复教授》,载中国人民政治协商会议浙江省委员会文史资料研究委员会编,《天涯赤子情——港台和海外学人忆浙大》(《浙江文史资料选辑》第34辑),1987年,第243-245页。

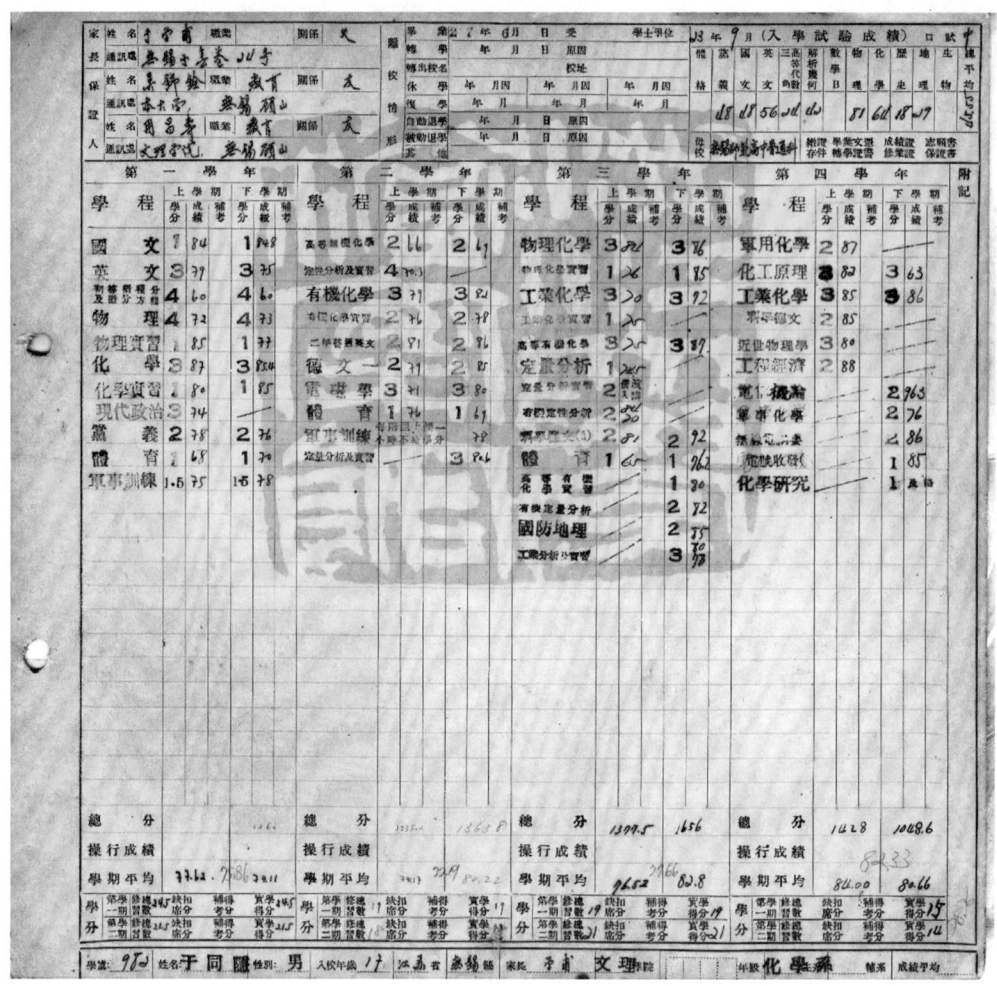

于同隐浙江大学成绩单

很大的提升。于同隐在校期间,成绩优秀,三年级总平分近 80 分,四年级总平分超过 82 分,深得周厚复的喜爱。

1938 年,于同隐以优异成绩从浙江大学毕业,周厚复与郦坤厚、兵工署材料试验处处长兼技正周志宏和兵工署署长俞大维都比较熟悉,于是推荐他到材料试验处任职。当年 8 月,于同隐到达位于重庆的兵工署材料试验处,开始作为一名技术人员为抗战建国贡献力量。在试验处,业务上影响于同隐最大的自然是直接领导周志宏。江苏丹徒人周志宏(1897—1991),北洋大学矿冶工程系毕业,留美先后获得卡内基理工学院硕士学位和哈佛大学博士学位。1929 年回国,入兵工署工作。他领导材料试验处从事相关国防材料的研制,有力地支援了抗战事业。于同隐主要从事煤焦、矿石及钢铁方面的分析,工作很认真,也很努力,进步很快,周志宏对他非常满意。①

在试验处真正对于同隐学术发展和人生道路产生影响的是浙江大学同学。同班同学李德埙毕业后与他一同到材料试验处工作,1939年《化学通讯》曾报道他们一道工作,从未分开,被引为"美谈"。② 李德埙"纯技术观点"深刻地影响了于同隐,使他不热心于政治,专意于技术进步。1940年,李德埙考取清华大学化学系研究生,③离开了重庆赴昆明。更为重要的是,无锡同乡、浙江大学化工系同级同学顾振军(1915—2001),刺激了于同隐向"出国的路上走"。顾振军中学与于同隐在同一个学校无锡县立初中与省立高中学习,只不过比于同隐早毕业一年。与于同隐同年考入浙江大学化工系,同年毕业,同年进入兵工署工作。1941年留美,入俄克拉何马大学,翌年获得硕士学位。再入麻省理工学院,1945年获得博士学位。④ 李德埙的升学再造、顾振军的留美,极大地刺激了于同隐,使他也产生进一步深造特别是留美的想法。李德埙的"纯技术观点"和顾振军的留美交相作用,使于同隐不再安心于材料试验处实际而又"平庸"的技术工作,有了"更上一层楼"的念头。同时,兵工署因俞大维的清廉,成为一个清水衙门,薪水低,吃的军粮里还有石子等;因是军工单位,所有人都被宣布为国民党党员,按月扣除党费,也是不小的损失。理想与现实的因素交织在一起,终于促使于同隐离开兵工署。

1941年6月,经同学姚元恺(1915—2008)介绍,于同隐到昆明国民政府资源委员会化工材料厂任职,从事化工制造与设计。无锡人姚元恺,与于同隐同年考入浙江大学化工系,同年毕业。曾任昆明炼铜厂、云南钢铁厂工务员、副工程师等职。⑤ 于同隐在化工材料厂从事化工制造与设计,收入、待遇都不错,也从助理工程师升格为副工程师,感觉比兵工署好多了。但他似乎已经厌倦了这种在工厂中抛洒青春的生活,希望改换另一种生活方式,实现他出国留美,汲取知识,扩展视野的理想。

---

① 周志宏证明材料,复旦大学档案馆藏。1949年后,周志宏曾任大同大学教授、上海交通大学教授,1955年当选中国科学院学部委员。在于同隐后来的生活占据一定的位置,因为他要证明同隐在兵工署工作的正当性与合理性。
② 《会员动态》,《化学通讯》1939年第2期,第11页。
③ 李德埙1938年毕业于浙江大学化学系,1940年与朱汝瑾(朱棣文姑姑)一同考取清华大学化学系研究生,1945年考取公费留美。曾参加留美中国科学工作者协会,1980—1981年任北美浙江大学校友会会长。
④ 顾振军1946年回国,历任浙江大学、大同大学、华东化工学院、上海交通大学教授,同在上海,与于同隐保持着非常紧密的联系。
⑤ 1945—1947年,姚元恺奉派去美国见习钢铁检验及炼钢技术等。回国后,历任资源委员会钢铁事业管理委员会及上海材料研究所工程师、冶金工业部钢铁研究院高级工程师、《光谱学与光谱分析》主编等。

三

1943年8月,于同隐离开资源委员会昆明化工材料厂,回到了位于贵州湄潭的母校,成为浙江大学一名年轻的教师。毕业整整五年之后,年满26岁,于同隐选择重新回到学术界,并以出国深造为目标,这可以说是他人生中最为重要的选择之一。对于这个选择,他后来说:

> 为了贯彻出国的愿望,同时痛恶这些机关中的生活,所以虽然那时学校的待遇低得多,仍旧决心回到学校,一方面自己觉得"清高",同时可以准备考公费。在回到学校的这两年中,埋头做实验和读书,总算为苦烦的心情找到了出路。①

于同隐义无反顾地选择回到学校,除可以达到留美目标之外,获得心理上的"清高"也是一个非常重要的原因。可见,在当时像他这样的一辈年轻人中,认为在工厂中"混"并不是一件高尚的事情。回到学术界,从事知识制造才是青年们的追求。他这次人生选择,中间介绍人是浙江大学理学院院长胡刚复。无锡堰桥镇人胡刚复(1892—1966),中国近代物理学奠基人之一,1918年获哈佛大学博士学位回国,任教南京高等师范学校,创立了中国最早的物理实验室。在哈佛与竺可桢同学,旨趣投合,感情甚笃。竺可桢就任浙江大学校长后,立马聘请他担任物理系教授兼理学院院长,成为竺可桢在学校最为倚重的人物。浙江大学西迁中,竺可桢被认为是"元帅",胡刚复是"总参谋长"。②

1943年的浙江大学,在竺可桢等人的苦心经营下,与于同隐读书时已不可同日而语,被到中国公干的英国生物化学家李约瑟誉为"东方的剑桥"。此时浙江大学化学系,可谓名师云集,有王葆仁(有机化学)、张其楷(有机化学)、吴征铠(物理化学)、刘云浦(物理化学)、王琎(分析化学)、王子晗(无机化学)等教授③。于同隐做系主任王葆仁助教,辅导高等有机实验、高等分析两门课程,帮助批改作业,指导学生做实验。1944年晋升讲师,开始为学生讲授有机化学、工业分析、普通有机等课程。湄潭山清水秀,美丽的湄江环绕整个

---

① 《于同隐入党报告》,复旦大学档案馆藏。于同隐后来在填写各种"表格"与"自述"中指称,他在资委会昆明化工材料厂也发现了与兵工署一样的腐败情形,因而对"抗战必胜""自力更生"产生了怀疑,可能不是当时的真实感受,而是事后的"叠加"。
② 喻朝碧等《永远的大学精神:浙大西迁办学纪实》,贵州人民出版社,2006年,第156页。
③ 杨士林口述访谈,资料保存在"老科学家学术成长资料采集工程"。

城区,有"江南小县城"的美誉。在抗战最为艰苦时期,湄潭不啻为世外桃源,是一个读书做学问的好地方。①

于同隐就读大学时并没有专业方向,在兵工署与资源委员会工作期间,主要从事一些相关无机分析、非铁金属分析等工作,也没有形成自己的研究领域与方向。这次回归浙江大学,他终于找到学术成长的领路人系主任王葆仁,跟随他从事有机化学研究,第一次在扩展人类知识视野的海洋中荡漾。江苏扬州人王葆仁(1907—1986),1927年毕业于中央大学化学系,留校任助教。1933年以第一名考取首届中英庚款,赴英国伦敦大学帝国学院深造,1935年获博士学位。同年秋,应慕尼黑高等工业大学诺贝尔奖获得者费歇尔(Hans Fischer,1881—1945)邀请,赴该校任客籍研究员。1936年9月回国,筹办同济大学理学院,并担任理学院院长兼化学系主任。② 1941年9月应浙江大学校长竺可桢之聘,来到浙江大学担任化学系主任,后又兼任教务长。王葆仁一直注重科研,浙江大学设备较好能进行科研,这是浙江大学吸引他的地方。

王葆仁讲课内容丰富新颖,每年都有新的充实,"深入浅出,循循善诱,既提出自己的见解,又启发学生独立思考,而要求又十分严格,深受学生欢迎"。③ 王葆仁更重视科研,对年轻人的学术成长非常关心。他常对助教们说,一个老师不能仅仅教学不做科研,"否则他接触不到科学的前沿,教学内容也得不到更新"。又说:"做科研的人也要讲课,讲课可与年轻人接触,年轻人思维活跃。"④在青年教师中,王葆仁最看重于同隐、杨士林和他从同济大学带来的高善娟三人。⑤ 在王葆仁的指导下,于同隐与高善娟合作完成了他学术生涯中第一个科研成

于同隐恩师王葆仁

---

① 杨士林口述访谈,资料保存在"老科学家学术成长资料采集工程"。
② 关于王葆仁的传记,除注明外,来源于王葆仁《我的业务自传》、王冶浩《王葆仁年表》,载《王葆仁先生百年诞辰纪念文集》,浙江大学出版社,2009年。
③ 杨士林《在遵义湄潭时的浙大化学系》,贵州省遵义地区地方志编纂委员会编《浙江大学在遵义》,浙江大学出版社,1990年,第174页。
④ 杨士林、陈义镛《王葆仁先生在浙大》,《王葆仁先生百年诞辰纪念文集》,浙江大学出版社,2009年,第47页。
⑤ 杨士林口述访谈,资料保存在"老科学家学术成长资料采集工程"。

果《对氨基苯磺酰胺衍生物——第Ⅰ部分：2-磺胺基-6-磺酸基-苯并噻唑及其衍生物》，显现了他在有机化学领域的研究天赋。这篇相关有机合成的研究，开启了于同隐在该领域的研究之门，此后无论是留美期间的博士论文，还是在复旦大学做有机化学教授、高分子化学学科领导人时，他都在这个领域留下了辛勤耕耘与跋涉的身影。

王葆仁不仅是开启于同隐有机合成研究大门的指导者，也是未来中国高分子科学最重要的领军者与奠基人，在于同隐漫长的学术生涯中有举足轻重的影响与作用。1951年8月，于同隐留美归来，时当王葆仁被调往中国科学院上海有机化学所任副所长，他推荐于同隐接任其浙江大学化学系有机化学等课程。可以说王葆仁是于同隐编织学术网络的第一个网线，也是他老师辈中对他影响最大的人。1952年，王葆仁转向高分子科学研究，成为中国高分子科学的领路人。翌年任高分子化合物委员会实际负责的副主任，并筹备后来成为例会的全国高分子学术会议。1956年十二年科技规划中，王葆仁负责制定"高分子与重有机合成"规划及高分子科学的学科规划。他还是中国化学会高分子专业委员会主任，创办了《高分子通讯》等刊物，积极参与国际学术交流，出版巨著《有机合成反应》等，1980年当选中国科学院学部委员。1958年，于同隐也由有机化学转向高分子教学与科研，师徒俩又走在一起，他们关系因教学与科研的共同转变又有共同的"语言"。复旦高分子科学系教授江明院士，1958年提前从复旦大学化学系毕业，跟随于同隐参与高分子学科的创建。于同隐"每每以敬仰的口吻"向江明谈起他在浙江大学的老师王葆仁的"人品与学术成就，说他是学化学的中国留英学生中获得博士学位第一人"。① 后来无论是在学术交流还是其他学术活动中，于同隐与王葆仁师生俩总是多有交集，共同致力于中国高分子科学的发展。

四

师生、同学与朋友，是构筑学术交流与交游网络的基础，浙江大学成为于同隐建立这个网络的关节点，这里不仅有他的老师王葆仁，更有从事高分子科学教学与研究的老朋友钱人元、冯新德、杨士林等。

---

① 江明《我的科研生涯第一奖——缅怀尊敬的前辈王葆仁先生》，《王葆仁先生百年诞辰纪念文集》，浙江大学出版社，2009年，第68页。

于同隐选择回归浙江大学,不仅找到了学术的领路人,确定了自己的学术研究方向,更重要的是,此时浙江大学日益提升的学术地位与良好的学术氛围吸引大批的年轻人,后来在中国高分子科学发展历程中的领军人物钱人元、杨士林、冯新德、徐僖等在此期间或任教或求学于此,彼此就有了交集。与于同隐同年同月生于江苏常熟的钱人元(1917—2003),1935 年考入浙江大学化学系,1939 年毕业后被物理系主任王淦昌聘为助教。1943 年赴美国留学,1948 年回国任厦门大学副教授,翌年回浙江大学任副教授。1951 年调任中国科学院物理化学所研究员,1953 年从事高分子物理研究,与王葆仁一道成为最早从事高分子研究的中国科学家。此后几十年,作为我国高分子物理化学及高分子物理学研究及教学的开创者,他在高聚物分子量、溶液性质、表征与剖析、加工-结构-性能关系等方面做出了重要贡献,1980 年当选中国科学院学部委员。① 正是因为于同隐与钱人元有同学、同事关系,复旦大学高分子科学与王葆仁、钱人元领导的中国科学院化学所有比较密切的关系。1958 年,钱人元在中国科学院化学所主办了三次"全国高聚物分子量测定学习班",于同隐派江明前往学习。1963 年,钱人元应邀在上海科学会堂举办高分子物理系统讲座,于同隐率复旦大学高分子教研室师生赴会,江明认为那是他"受到的最好的高分子启蒙教育"。当时,钱人元在《中国科学》《化学学报》等刊物上发表的论文,也是复旦大学高分子教研室师生阅读的重要资料,他出版的专著《高聚物的分子量测定》也是复旦师生的重要参考书。② 于同隐也派青年教师叶锦镛前往化学所进修。当然,于同隐在几十年的高分子科学教学与科研中,与钱人元建有深厚的友谊与密切的学术交往。

江苏吴县人杨士林(1919—2016),1937 年考入浙江大学化学系,与于同隐、钱人元先后同学。1941 年毕业留校任教,成为王葆仁得意门生。1943 年于同隐回浙江大学后,两人不仅是同事,而且同时是王葆仁最为看中的青年才俊。他们在工作、学习上多有交集,而且共住一间寺庙。③ 于同隐离校留美后,杨士林也于 1948 年赴丹麦哥本哈根多科性工业大学深造,1951 年与于同隐先后回国任教母校,再次成为同事。院系调整时,于同隐到

---

① 于燕生、白凤莲《钱人元》,载汪前进、黄艳红主编,《中国科学院人物传》第一卷,科学出版社,2010 年,第 430 - 431 页。
② 江明《我经历的高分子学科五十周年》,《科学》2009 年第 6 期。
③ 杨士林口述访谈(2014 年 1 月 18 日),资料保存在"老科学家学术成长资料采集工程"。

复旦,杨士林留守母校,先后担任化学系主任、科研处处长、教务长、副校长、校长等职,从事化学教学科研五十余年,在有机合成、阳离子聚合及配位聚合等方面造诣颇深,奠定了浙江大学高分子科学基础。2008年12月,91岁高龄的于同隐还专门赴浙江大学参加了"浙江大学高分子学科创建50周年暨杨士林教授九十华诞庆祝会"。①

20世纪80年代于同隐与王葆仁等中国高分子科学奠基人合影
二排左起杨士林、冯新德、钱人元、王葆仁、钱保功、于同隐。

与钱人元、杨士林浙江大学本科毕业不一样,冯新德为浙江大学硕士研究生毕业。江苏吴江人冯新德(1915—2005),1937年毕业于清华大学。辗转流徙中先后执教云南大学、中央工业专科学校等。1941年底到浙江大学化工系随李寿恒读研究生,后留校任教。于同隐回校与他成为同事,在此期间两人是否有所交往不得而知。1946年冯新德留美,1948年获诺脱丹大学(University of Notre Dame,又称"圣母大学")博士学位回国,任教清华大学。翌年开设高分子课程,为我国讲授高分子科学第一人。从此,他将生命全部奉献给我国高分子科学事业,从事高分子化学基础理论和功能高分子研究,1980年当选中国科学院

---

① 杨士林先生于2016年10月14日去世。

学部委员。于同隐领导复旦大学高分子科学既无科研基础也无教学经验,冯新德的教学成为他借重的资源,他派叶锦镛等学生到北京大学高分子教研组上课和做实验。后来在中日"自由基聚合"研讨会,冯新德与于同隐是中方的主要负责人,一起合作成功举办会议。

南京人徐僖(1921—2013),1940年考入浙江大学化工系,1944年毕业后师从侯毓汾攻读研究生。当年年底因日军进攻贵州,随侯毓汾到四川永川的唐山交通大学矿冶系任助教,战后任上海光华大学化学系讲师。1947年留美,翌年获里海大学硕士学位,1949年回国。先后任重庆大学化工系副教授,成都工学院、成都科技大学、四川大学教授,担任高分子材料工程国家重点实验室主任等,1991年当选中国科学院学部委员。于同隐后来招收的博士生李光宪、刘剑洪都是成都科技大学高分子材料硕士,与徐僖有比较密切的关系。

可以说,浙江大学为中国高分子科学培养了第一代科学家中的大部分人才,也因此为于同隐构建高分子学术网络共同体奠定了坚实的基础。①

五

除浙江大学这一层关系之外,于同隐与中国高分子科学共同体其他领军人物也有比较密切的关系。江苏无锡人钱宝钧(1907—2011)是中国化纤工业和纤维高分子科学的开拓者和奠基人之一,1929年毕业于金陵大学,留校任教。1935年英庚款留英,1937年获曼彻斯特理工学院硕士学位。1938年回国,历任成都金陵大学、铭贤农工专科学校化工系主任、教授,上海公益纺织研究所研究员。1951年参与筹建华东纺织工学院(中国纺织大学、东华大学),任副院长兼教务长、染化系主任、院长。对于这位前辈与乡贤,因同在上海,于同隐与他交往密切,相互作为研究生答辩委员、评阅人或主席。1987年,于同隐还曾受聘为中国纺织大学兼职教授。

生于上海的黄葆同(1921—2005)和浙江海盐人冯之榴(1921—)夫妇,也是于同隐学术共同体网络中重要的网线。黄葆同1944年毕业于中央大学化学系,1952年获美国纽约布鲁克林理工学院博士学位,曾任中国科学院长春应用化学研究所研究员、副所长,从事生漆结构和干燥机理、乙丙橡胶新催化/活化体系、聚烯烃为组分的多相聚合物等方面

---

① 在高分子学界,一般认为,中国高分子科学奠基人按照年龄排序为王葆仁、钱宝钧、钱保功、冯新德、于同隐、钱人元、何炳林、徐僖、黄葆同。

研究,1991年当选中国科学院学部委员。冯之榴 1944 年毕业于南通学院纺织工程系,1948 年获得美国罗威尔纺织学院硕士学位。1953 年与黄葆同结婚。回国后长期在中国科学院长春应用化学研究所工作,从事高分子物理方面的研究。夫妇俩与于同隐有比较密切的关系,晚年还有明信片往来。福建永定人林尚安(1924—2009),是复旦大学和中山大学在高分子科学方面合作的联络人,1946 年毕业于厦门大学化学系,1950 年岭南大学研究生毕业。长期在中山大学任教,曾任化学系主任、高分子所所长,对烯烃高效催化聚、共聚合与聚合理论及各种聚烯烃的合成等进行系统研究,1993 年当选中国科学院院士。于同隐与林尚安曾共同举办学术讨论会,晚年也有明信片往来。

作为中国高分子科学创始人之一,于同隐在中国高分子学界与前辈学人王葆仁、钱宝钧,同辈学人钱保功、钱人元、杨士林、冯新德、徐僖、黄葆同、林尚安等建立了良好的学术网络。与后辈学人卓仁禧、沈家骢、史观一、孙桐、王源身、吴美琰等也时常往来,沈家骢院士曾将于同隐培养后辈人才的风格总结为"于同隐模式"。

于同隐与妻子蔡淑莲回国前合影
在密歇根大学,于同隐结识了比他先到密歇根留学的蔡淑莲,两人于 1950 年喜结连理。

于同隐留学美国,求学密歇根大学时似乎并没有建立起一个留学生的化学学术圈层,但他参加留美中国科学工作者协会,在朱光亚领导下曾接任曹锡华担任密歇根支会负责人。这层关系为他解除了"文革"中的"美国特务"嫌疑,对他后来的学术发展自然有相当的作用。更为重要的是,他的留美经历为改革开放后他的对外学术交流活动奠定了基础,他也在国际高分子界建立起广泛的学术交流圈层。奥地利裔美籍高分子科学家奥托·沃格尔(Otto Vogl, 1927—2013),专长于醛聚合及大分子不对称(手性)、功能聚合物、大分子结构,曾任马萨诸塞大学聚合物科学与工程教授、纽约大学理工学院聚合物科学马克(H. F. Mark)讲席教授。1981年首次访问复旦大学,1997年再次访问复旦大学。1998年,与于同隐学生府寿宽合作在美国《高分子新闻》撰写文章向于同隐80岁寿辰致敬。① 纽约州立大学石溪分校杰出教授朱鹏年(Benjamin Chu),与于同隐也有学术合作。1981年于同隐"文革"后首次访美,就曾拜访他。次年,邀请他来复旦讲学,影响了一批复旦学生的学术成长。

1985年5月31日复旦大学第一批博士学位授予大会合影
于同隐(前排右一)及其培养的博士杨玉良(后排右三)和黄骏廉(后排左三);一排左四至七为林克、谢希德、苏步青、谷超豪。于同隐是全国第一批博士生导师,1981年开始招生。

于同隐建立的这种广泛的国际国内学术上交流与交游网络,不仅对他自己的学术成长产生了积极的影响,扩展了他在高分子科学界的影响,奠定了他的地位。而且他将他在复旦大学的同事与学生介绍给这个网络,使他们通过这个网络也逐渐成长起来,极大地影

---

① Otto Vogl et al. Personalities in Polymer Science. Honoring professor Yu Tongyin on his 80th birthday, *Polymer News*, 1998, 123(1): 11-12.

响了复旦大学高分子科学的发展。当然,这个学术交流与交游的网络,是整个中国高分子科学界甚至世界高分子科学界的一个部分,通过这个网络高分子科学界也获得了发展的信息与资源。20世纪八九十年代,复旦高分子学科百分之八十以上的教师,通过于同隐的国际关系,先后分赴国外著名高分子研究机构,在高分子合成、高分子物理、膜科学、磁共振和高分子结晶等方面进修和合作研究,回国后均成为科研和教学的骨干力量。①

当然,于同隐在复旦大学几十年的教学与科研过程中,与年轻的教师和学生也建立起广泛的交流网络,不仅促进了自己的学术发展,也极大地提升了这些后辈的学术水准,更成为中国高分子科学界的一笔财富。据不完全统计,自1956年与学生叶锦镛联合署名发表论文以来,与他联合署名发表论文的学生与老师有叶锦镛、江明、杨玉良、徐凌云、吴世晖、府寿宽等140余人。

于同隐人生道路与学术成长过程中,从家庭出生与社会关系这样的社会网络看,有两个重要的因素在其间扮演着极为重要的关系。一是家乡无锡。近代无锡相对发达的工商业与文教,不仅使于同隐从小基本衣食无忧,能够得到系统正规的新式教育,而且"无锡"这个符号在未来的学术成长道路上也非常重要。父亲的言传身教,高中老师张式之的兴趣培养,无锡同乡顾振军留美对他的刺激,姚元恺的工作介绍,从国营企业回归浙江大学无锡同乡胡刚复的中介,对他人生道路的选择无不是关键性的因素;另外,在高分子科学领域内无锡前辈钱宝钧、中学同学钱保功也有其作用。第二因素是浙江大学,恩师周厚复、王葆仁的教育与指导不必说,同辈学人钱人元、冯新德、徐僖、杨士林等都是他在高分子科学领域奋进的学术网络线,同学李德埙的"纯技术观点"也一再影响他的思想与选择。当然,这两个因素之外,他长期供职的复旦大学及复旦大学化学系与高分子科学系自然也是一个必须考虑的因子,但比较而言,在其学术成长道路上上述两个因素作用更大。

家庭出生、接受教育历程、学术师从关系、同学关系网络的结成等作为一个科学工作者学术成长道路上除政治、经济和其他社会大环境之外,是更具有个人性的社会因素,也更为直接地影响到科学工作者的成长。中国是一个人情社会,宏大的政治、经济和其他社

---

① 府寿宽、邵正中《于同隐》,白春礼主编,《20世纪中国知名科学家学术成就概览·化学卷》第4分册,科学出版社,2014年,第259页。

会大环境对个人成长的影响也往往会细化为个人社会关系而起作用。以个案研究为起点,探讨这些因素对中国近代科学家个人和群体的影响及其对中国近代科学发展的影响,是中国近代科学史特别是科学社会史研究的一个非常重要的方面,有待学界的进一步努力。

(《传统中国研究集刊》第12—13合辑,上海社会科学院出版社,2015年,第425-434页)

第二辑

从翻译到教育宣传

——晚清上海科学工作者①社会角色演化

上海开埠为西方近代科学技术在上海的传播与发展提供了契机,一批具有深厚传统科学功底的中国知识分子与西人合作,致力于西方科学技术的翻译与传播,拉开了上海乃至中国近代科学技术发展的大幕,搭建起科学工作者的学术交流与交游平台,吸引了一批知识分子来到上海,从事科学技术工作,使晚清上海科学技术的发展充满了活力,逐渐成为当时中国科学技术的中心。这里从晚清上海科学工作者的科学活动、社会交往与社会职业等角度,分析他们的社会角色与社会结构变化,并试图对变化原因予以探讨。

传统与近代之间:翻译西书的传统科学家群体

1843年12月23日,英国传教士麦都思在上海县城外租赁民房,设立墨海书馆,最初主要出版宗教书籍。1847年伟烈亚力到来后,与算学名家李善兰结交,墨海书馆遂逐渐成为1860年以前上海西学传播中心,也成为早期上海科学工作者(包括西人和中国人)的社会交往与学术交流平台。②

1852年6月,在传统数学研究上已经卓然成家的李善兰从浙江海宁来到上海。据傅兰雅追忆:

> 李君……幼有算学才能,于一千八百四十五年初印其新著算书;一日,到上海墨海书馆礼拜堂,将其书予麦(都思)先生展阅,问泰西有此学否?其时有住于墨海书馆之西士伟烈亚力见之甚悦,因请之译西国深奥算学并天文等书。又与艾约瑟译《重学》,与韦廉臣译《植物学》,以至格致等学无不通晓。又与伟烈亚力译《奈端数理》数

---

① "科学工作者"是20世纪40年代中后期开始流行的一个术语,1949年后更是成为从事相关科学事业者的通用语,并不是晚清词汇,也不能准确表征晚清这一群体的特色。本文用此术语,概指当时从事科学工作的人。"科学工作者"与"科学家"一词有本质区别,科学家指真正从事科学研究,对科学发展有贡献的人,中国这一社会角色到20世纪30年代才真正形成。

② 关于李善兰、徐寿、华蘅芳等人的西书翻译成就,相关传记资料与著作已有相当研究,这里就不一一赘述,参阅王渝生《李善兰》、曾敬民《徐寿》、王渝生《华蘅芳》,同载杜石然主编,《中国古代科学家传记》(下),科学出版社,1993年。

十页,后在翻译馆内与傅兰雅译成一卷。此书虽为西国甚深算学,而李君亦无不洞明,且甚心悦,又常称赞奈端之才。①

丁韪良说,李善兰听说上海来了外国人,便"前往寻求知识之光"。②"四海同心",西人对数学也许有独特见解。因此,在算学上有所造诣的李善兰从海宁来到上海,与西人接触,寻找学术知音,与他们进行学术交流。他在算学上的造诣,极为傅兰雅推崇:"想中国有李君之才者极稀,或有能略与颉颃者,必中西广行交涉后,则似李君者庶乎其有。"因此,正欲在中国学问上有所作为的伟烈亚力与李善兰"一见倾心",一拍即合。正如论者所说,"伟烈亚力与李善兰的结识成了中国数学史上的重要事件,因为他们的合作,西方数学第二次开始传入中国"。③

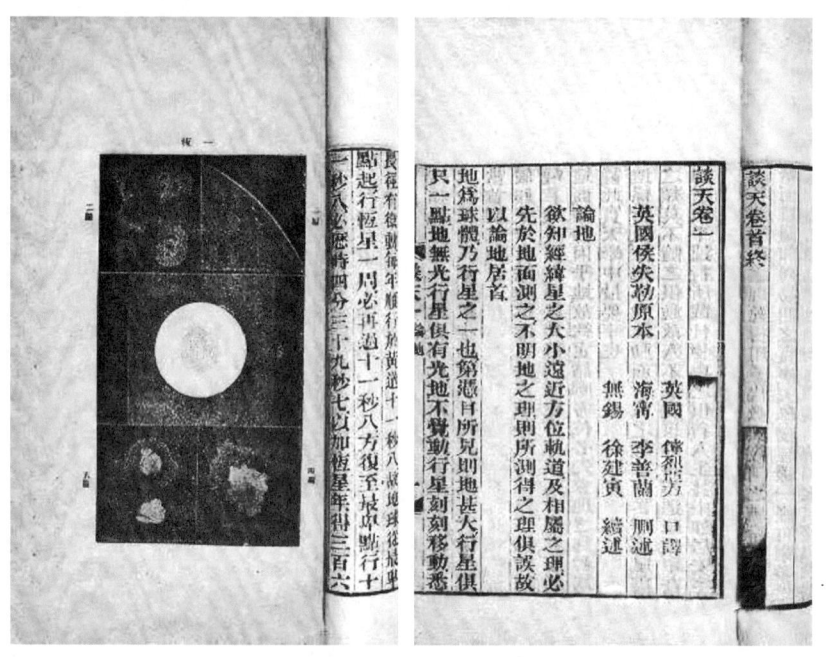

李善兰与伟烈亚力合译的《谈天》

李善兰进入墨海书馆,提升了该机构对中国学人的吸引力。正如洪万生所说:"由于博学多闻的伟烈亚力及精通天算的李善兰之声名远播,遂使墨海书馆不仅是宗教书籍的

---

① 傅兰雅《江南制造总局翻译西书事略》,载张静庐辑注,《中国近现代出版史料》(1),上海书店,2003年,第13-14页。《奈端数理》就是牛顿的《自然哲学的数学原理》,由于原著深奥,李善兰与伟烈亚力仅合作翻译了其中一部分,而且未能出版。相关情况参阅戴念祖《梁启超丢失〈奈端数理〉译稿》、韩琦《〈数理格致〉的发现》,同载《中国科技史料》1998年第2期。
② [美]丁韪良著,沈弘等译,《花甲忆记》,广西师范大学出版社,2004年,第250页。
③ 汪晓勤《中西科学交流的功臣——伟烈亚力》,科学出版社,2000年,第6-7页。

印刷所,而且也成为富有学术气氛之文人聚会地。"① 傅兰雅的记载说,徐寿、华蘅芳到墨海书馆拜访,看见合信于 1855 年出版的《博物新编》,"甚为欣羡,有惬襟怀"。② 华蘅芳回忆了他拜访李善兰的情景:

> 见其方与西士伟烈亚力对译《代数学》及《代微积拾级》,尚未告竣。秋纫谓余曰:此为算学中上乘工夫,此书一出,非特中法几可尽废,即西法之古者,亦无所用矣。③

傅兰雅称徐寿、徐建寅父子虽然"于制造与格致之学,可谓精明而无出其右者矣。然其心犹未足,以为见闻尚浅,故屡至上海搜求西国新理新法。时当李壬叔与伟烈亚力及韦廉臣在墨海书馆译《谈天》与《植物学》等书,故常与李君并各西士相谈。又遇艾约瑟、慕维廉、杨格非诸西士,亦略能增广新理于心"。④ 据王韬日记记载,1857 年农历四月,著名数学家徐有壬曾到上海,到墨海书馆参观,与西人相见,"皆以洋酒饼饵相饷,请予为介,得与纵谈。……与壬叔为算学交最密"。⑤ 1859 年 4 月 18 日,算学家吴嘉善也曾访问墨海书馆,"壬叔与之剧谈"。⑥ 1860 年徐寿、华蘅芳等人到上海后,与李善兰、王韬、吴嘉善等人同游共出,其间学术交流与切磋自当不少。郭嵩焘亦曾于 1856 年过访墨海书馆,求购伟烈亚力编写的《数学启蒙》,提及李善兰、王韬帮助翻译书籍:"麦君著书甚勤,其间相与校定者,一为海盐李壬叔,一为苏州王兰卿。李君淹博,习勾股之学,……"⑦

除前往墨海书馆拜访者外,在墨海书馆工作的中国学人也有不少,他们之间自然也有学术交流。馆内中国学人除李善兰、王韬外,还有管嗣复、张福僖等。管嗣复在太平军占领南京后逃出,于无锡与墨海书馆的艾约瑟相遇,"与之谈禅,极相契合,载之俱来,同合信君翻译医书。一载之间,著有《西医略论》《妇婴新说》二种"。⑧ 张福僖自幼喜好天文历算,1853 年经李善兰介绍入墨海书馆,参与合作翻译《光论》等天文、格致书籍。

---

① 洪万生《墨海书馆时期(1852—1860)的李善兰》,载《中国科技史论文集》编辑小组编,《中国科技史论文集》,(台北)联经出版公司,1995 年,第 223—236 页。
② 傅兰雅《江南制造总局翻译西书事略》,载张静庐辑注,《中国近现代出版史料》(1),上海书店,2003 年,第 10 页。
③ 华蘅芳《学算笔谈》,光绪二十三年味经刊书处刊本。
④ 傅兰雅《江南制造总局翻译西书事略》,载张静庐辑注,《中国近现代出版史料》(1),上海书店,2003 年,第 11 页。
⑤ 方行、汤志钧整理,《王韬日记》,中华书局,1987 年,第 77 页。
⑥ 方行、汤志钧整理,《王韬日记》,中华书局,1987 年,第 108 页。
⑦ 《郭嵩焘日记》第 1 卷,湖南人民出版社,1981 年,第 33 页。
⑧ 方行、汤志钧整理,《王韬日记》,中华书局,1987 年,第 6 页。

在墨海书馆这一学术交流与社会交往平台,活跃着上海开埠初期的第一批科学工作者。馆内的李善兰、管嗣复、张福僖与西人伟烈亚力、艾约瑟、合信、韦廉臣等人,他们的合作翻译开启了近代西方科学技术输入上海乃至全中国的大幕。馆外,一批慕名而来的包括徐寿、华蘅芳、徐有壬、吴嘉善等,他们拜访墨海书馆,结识中国学人与西人,共同探讨学问。李善兰在上海也不时外出与周边学者交往,如王韬日记1860年2月22日记载,他将到南汇县二团镇访问对历算有研究的学者顾金圃,顾氏欲师从李善兰习西算。

随着1858年合信因健康原因离开上海,1860年李善兰应江苏巡抚徐有壬之邀到苏州作幕府、伟烈亚力回英国休假,墨海书馆作为学者学术交流与社会交往平台的作用与意义逐渐消散,围绕墨海书馆的学术"共同体"无形中解散,其西学传播中心的地位也逐渐丧失。即使后来李善兰避乱上海,与吴嘉善等交游,但当初以墨海书馆为中心的学术交流圈子已经不复存在。

这一学术交游盛况的恢复要到江南制造局翻译馆成立以后。此时,李善兰已到京师同文馆就任算学总教习,开始他"和中西为一法"的数学教育生涯。这一阶段活跃在上海学术舞台上的学者以中国学人徐寿、华蘅芳、徐建寅和西人傅兰雅、林乐知等为主体。正是墨海书馆中西学人合作翻译西方科学技术书籍的前期实践,为后来徐寿等筹备设立江南制造局翻译馆翻译西书积累了经验;同时,徐寿、华蘅芳、徐建寅等人正是在墨海书馆的学术氛围与翻译出版的书籍的熏陶下走上了翻译西书的道路。

参与江南制造局翻译馆译书工作的中外人士,姓名可考的有59人,其中西人9人,中国学者50人。主要口译人员有西人傅兰雅、金楷理、林乐知和留学归国的中国人舒高第等。笔译中国学人前后变化很大,翻译馆创建时进馆的仅有徐寿、华蘅芳、徐建寅、王德均,第二年进馆的有贾步纬、李凤苞、赵元益、李岳蘅等,到1880年先后又有蔡锡龄、郑昌棪、丁树棠、江衡、瞿昂来、周郇、程培芳、朱恩锡、黄宗宪等,到1890年又先后有徐华封、钟天纬、汪振声、应祖锡等,此后还有王季烈、王季点等人。在翻译馆存在的45年(1868—1912)间,先后聚集的人才至少有三代。一是徐寿、华蘅芳、赵元益等具有传统科学技术功底的第一代,二是在洋务运动中接受西学教育后成长起来的一代,如徐建寅、李凤苞等,三是甲午之后新成长起来的一代,如王季烈等。

据傅兰雅称,江苏昆山人赵元益(1840—1902)"通晓中国方书,因欲探索西医与格致,即改故业而来译书,开馆后三年即进馆,至今所译成之医学格致等书不少"。① 赵元益是一位对中医有所造诣的人,为探索中西医学之异同来到了翻译馆,后曾任使馆医官,创立译书公会、医学善会等组织。虽然出生于鸦片战争爆发之年,但亦属于李善兰、徐寿、华蘅芳等人的一代。

上海开埠初期活跃的一代科学工作者除西人伟烈亚力、合信、艾约瑟、傅兰雅等人外,主要有兼具传统科学家和西学翻译家身份的李善兰、徐寿、华蘅芳、张福僖、管嗣复、赵元益等,他们是从传统向近代转型的一代科学工作者。他们面对先进的西方近代科学技术,可能有彷徨,也有怀疑,但一旦认识到传统科学技术相对西方近代科学技术的不足时,并不抱残守缺,乃至排拒,而是毅然否定自己,勇于进取,走向追求新知的道路。相对于当时那些仍然陶醉于天朝上国的士大夫而言,他们可谓先知先觉的一代。

这一代科学工作者具有独特的社会结构与社会身份。第一,与纯粹传统科学家有些人是朝廷命官,科学仅仅是业余爱好不一样,这些人绝大多数绝意仕途,醉心于其所喜好的科学。这在"官本位"的中国,需要绝大的勇气与魄力。自绝于"科场"这一光宗耀祖仕途的诱惑已经难能可贵,整天与洋鬼子厮混在一起更是"离经叛道"。他们献身于西方科学技术的翻译、传播及进行科学研究,这在当时可以说是"孤独的志业"。第二,这些人基本上来自江浙一带。明清以来,江浙地区一直是人文荟萃之地,这自然是他们具备传统科学技术知识的人文基础。东南沿海地区较早接触西方文化,也为他们从事西方科学技术知识的翻译提供了条件。更为重要的是,开埠后上海很快成为江南地区的文化中心,不仅是西学输入中国的中转站,更是许多江浙士人更寻他途、突破传统走向近代、实现理想之地。因此,也就有了第三个特征,他们赖以成名的地方与工作场所是上海及设立在上海的墨海书馆和江南制造局翻译馆。传教士在广州、宁波等地也从事过西书翻译工作,洋务派在北京、福州、南京等地也创办过翻译西书的机构,但这些地方没有产生出像李善兰、徐寿、华蘅芳这样的科学家及西学翻译家。

这一代科学工作者相较纯粹传统科学工作者而言,他们也有其自身特征。第一,他们知识视野扩展,在研究中也知道吸取西学知识,以西学补自身之不足。第二,从某种意义

---

① 傅兰雅《江南制造总局翻译西书事略》,载张静庐辑注,《中国近现代出版史料》(1),上海书店,2003年,第11页。

上说,在他们身上已经可以看出中国近代科学家角色的萌芽。与传统科学家不同,他们已经有了从事科学活动的职业,不再像前辈一样,或为官作宰,以科学为业余爱好;或书院教习,但擅长的科学门类不是教授的对象。李善兰在墨海书馆翻译西书,后以西学知识充曾国藩等人幕僚,晚年以其数学专业为职业充当同文馆算学教习,培养学生"先后约百余人。口讲指画,十余年如一日。诸生以学有成效,或官外省,或使重洋"。① 徐寿除从事翻译工作外,还主持格致书院,参与《格致汇编》编辑工作。华蘅芳晚年以数学作为谋生手段,从事教育事业,"孜孜不倦,因材施教,造就尤多,及门私淑弟子,今充当各省高等学堂教员者指不胜屈"。② 从以科学技术作为谋生手段这一点看,这一代科学工作者已经在相当意义上具备科学家职业这一角色的某些特征。因此,有论者认为晚清数学已经相当专业化了,数学工作者也已经相当职业化。③

但是,他们与传统科学家不仅有割不断的联系,而且与真正的近代科学家社会角色也有相当的差距。第一,即使接受了西学的熏陶,他们所进行的科学研究还不能算真正的近代科学研究,无论是研究的对象、研究方法,还是研究手段及其所取得的研究成就,还属于传统科学技术领域,他们自然也就不具备近代意义上的科学家角色意识。李善兰作为传统数学最后一位大师,在传统数学领域也取得了一些具有近代意义的成就,获得伟烈亚力等西人的激赏,但并不是真正近代意义上的数学研究成果,而且远远落后于西方。

第二,与纯粹传统科学家一样,他们虽有一定的小圈子进行学术交流,但并没有建立体制化的科学共同体的欲求与冲动。伟烈亚力就曾指出中国数学家们互相之间缺乏交流,重复研究很多,浪费不少生命与春秋;更为严重的是,中国数学家们根本不了解西方数学的新进展。因此,伟烈亚力希望中国数学家们若与"西方近邻进行更为密切的交往,对他们作更好的了解,则会产生许许多多互惠互利的结果"。④

第三,与真正的科学家社会职业角色相比,他们的地位还相当尴尬。不仅成员稀少,没有形成相当稳定的社会群体,没有专门的科学研究场所与交流平台,而且也没有独立的

---

① 王渝生《李善兰》,载杜石然主编,《中国古代科学家传记》(下),科学出版社,1993年,第1210-1225页。
② 中国史学会编,"中国近代史资料丛刊"《洋务运动》(八),上海人民出版社,1961年,第17-18页。
③ 洪万生《同文馆算学教习李善兰》,载杨翠华、黄一农主编,《近代中国科技史论集》,台北"中央研究院"近代史研究所、新竹清华大学历史研究所,1991年;田淼《清末数学教育对中国数学家的职业化影响》,《自然科学史研究》1998年第2期。
④ 汪晓勤《中西科学交流的功臣——伟烈亚力》,科学出版社,2000年,第27-28页。

身穿官服的傅兰雅与美国学者戴吉礼主编的《傅兰雅档案》

傅兰雅1861年来中国,江南制造局翻译馆灵魂,创办第一份真正的中文科技期刊《格致汇编》,创设格致书院,被誉为"传科技之火于华夏的普罗米修斯"。1896年,傅兰雅离开中国担任美国加州大学汉学教授。《傅兰雅档案》共三卷,包括加州大学伯克利分校档案馆所藏全部傅兰雅档案,是研究洋务运动时期的重要原始资料。

社会意识与社会地位。另外,他们交往的西人科学素养并不很高,这在相当程度上决定了他们接受与传播科学的效果。例如傅兰雅仅仅是一个师范毕业生,在与江南制造局翻译馆签订合同后,"临时抱佛脚",恶补科学:"我上午翻译煤矿开采的书,下午钻研化学,晚上还要学习声学。"[1]

此外,当时活跃在上海、具有传统科学功底的学者还有顾观光、张文虎、时曰醇、刘彝程等人。江苏金山人顾观光(1799—1862),精通天文历算,于"古今中外,中西诸算术,无所祖皆有所发明",伟烈亚力高度评价其数学成就,将他与项名达、徐有壬、戴煦、李善兰等相提并论。[2] 江苏南汇人张文虎(1808—1885),通经学,擅长历算,与李善兰、徐寿及西人艾约瑟、伟烈亚力等广泛交游。他比较中西算学的不同,认为中算解决具体问

---

[1] 这是1868年7月傅兰雅写给弟弟信中的话。转引自王扬宗《傅兰雅与近代中国科学的启蒙》,科学出版社,2000年,第31页。
[2] 陈建领《顾观光》,载沈渭滨主编,《近代中国科学家》,上海人民出版社,1988年。

题,西算从理论出发,解决抽象问题。① 江苏嘉定人时曰醇(1807—1880),晚年被聘为广方言馆教习,对百鸡问题有精深研究。江苏兴化人刘彝程1866年来沪,得识李善兰,深为李善兰看重。后傅兰雅与华蘅芳翻译《代数术》,无人"敢任校算者",刘彝程"一见了然,为之校算"。后还校算《微积溯源》《三角数理》等。1873年入广方言馆作算学教习,1876年兼任求志书院算学斋斋长,对晚清数学教育有大影响。② 这些人除刘彝程外,很少介入翻译工作,但他们对西方科学特别是算学持开放的胸襟,加以研习与发挥。

尴尬的一代:洋务运动中成长起来的科学工作者

洋务运动中成长起来的科学工作者主要包括洋务学堂培养的学生、派遣出洋的留欧船政学生与留美幼童、通过其他途径留学的一些科学人才,还有一些短期出洋考察与苦读西书而自学成才的人才。这些人在上海主要从事科学翻译、在洋务学堂担任教习、江南制造局等洋务企业担任技术人员、电报等新兴科技行业任职等。

与上一代具有传统科学技术功底不一样,这一代科学工作者,接受的主要是西学教育与训练,知识结构已发生很大变化;与上一代译书而外,亦主要从事科学教育与宣传,终身致力于科学事业不一样,这一代人职业变换相对频繁,社会角色不断转换。对于江南制造局翻译馆中国翻译人员的不断变换,傅兰雅很是无奈:

> 译书华士,屡有更换,……另有数君,译书之时暂久不定,或因嫌译书为终于一事者,或因升官而辞职者。但此常换人之事,自必有碍于译书。盖常有要书译至中途,而他人不便续译;或译成之原稿,则去者委人收存,至屡去屡委,则稿多散失。所有前译书而为官者,有驻德国星使李丹崖;并前为山东制造局总办,今为德国参赞徐仲虎;又前为天津机器局提调,今为格致书院教习华若汀;又天津行营制造局总办王筱云;又在伦敦供事者黄玉屏;另有严子猷等诸君,今俱当要职,亦前在馆译书者。③

1868—1880年仅仅十几年间,翻译馆就有如是之多的人才外出高就,且基本上从政为

---

① 近来出版相关张文虎资料有陈大康整理《张文虎日记》(上海书店出版社,2001年),魏得良校点《舒艺室随笔》(辽宁教育出版社,2003年)等。
② 李兆华主编,《中国数学史大系》第8卷,北京师范大学出版社,2000年,第309-312页。
③ 傅兰雅《江南制造总局翻译西书事略》,载张静庐辑注,《中国近现代出版史料》(1),上海书店,2003年,第12-13页。

官。这与上一代科学工作者"绝缘"官场的表现完全相反。当时在翻译馆活动的这一代科学工作者大致经历可寻的主要有舒高第、李凤苞、徐建寅、钟天纬、贾步纬、徐华封等。

舒高第(1844—1919),浙江慈溪人,自幼留美,获得医学博士学位。1877年任上海广方言馆英文教习,翌年兼任翻译馆翻译事务。傅兰雅说他"在美国多年肄业,考取医学,回至上海,因请之译医学诸书,盖在美国时已精练此艺,故译此书甚宜也"。他是口译的唯一一位中国人,译著包括医学、军事技术、农学和矿学等。后曾任广方言馆总教习,1903年因压制学生,引起退学风潮。

江苏崇明人李凤苞(1834—1887),因绘制地图得到丁日昌的赏识。1869年进翻译馆与美国人金楷理合作译书,译成12种,主要相关军事科技,如《克虏伯炮操法》《克虏伯炮弹造法》等。1877年任留欧船政学堂学生监督,后任驻德国公使,并兼任出使奥地利、意大利、荷兰等国钦差大臣,从一个洋务科技专家完全转变为职业外交官。1885年回国,任职北洋营务处,受弹劾被革职。以所掌握的西学知识成为使节,典型的"弃学为官"。①

徐建寅(1845—1901),作为徐寿的次子,自小跟随父亲到上海,拜访墨海书馆,接受西学熏陶。到安庆内军械所"累出奇思"协助徐寿制造轮船。1866年随父转入江南制造局,从事轮船、枪炮、机器等的设计制造。翻译馆成立后,与傅兰雅等合作翻译西书。据统计,徐建寅一生翻译西书25种,其中《化学分原》《声学》《电学》《谈天》《运规约指》等15种出版发行,另有10种翻译完毕,但未出版。徐建寅的翻译,最早将近代分析化学、声学以及电学的基础知识系统地介绍到中国。与李善兰、徐寿等父辈翻译家不一样,徐建寅出生在鸦片战争之后,是在西学的熏陶下成长起来的。他通过翻译西书、自学与出国考察成为一代军工技术专家与造船专家。1874年,徐建寅奉调天津制造局督办制造锅水,取得成功。翌年被山东巡抚丁宝桢聘任山东机器局总办。1879年,以驻德使馆二等参赞出国考察,成为中国第一个对西欧近代工业进行系统考察的科学工作者。回国后出版《欧游杂录》,为中国人了解西方科学技术打开了一扇窗户;还参观德国的陆军操练,写作相关文章,向国内介绍德国的军事工业与武器制造。1886年,徐建寅在金陵机器局仿制后膛抬枪。1900年

---

① 姜鸣《李凤苞》,载沈渭滨主编,《近代中国科学家》,上海人民出版社,1988年。

到湖北任职,因试制无烟火药失事,以身殉职。① 徐建寅作为自学成才的典型代表,以洋务技术专家在洋务事业上跋涉。

 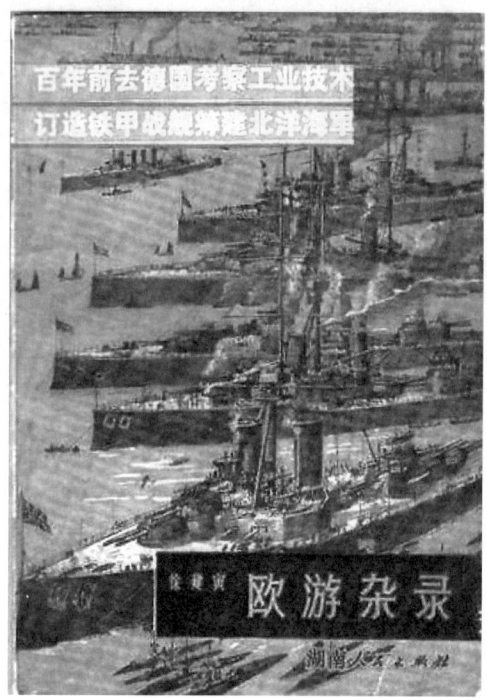

徐建寅与湖南人民出版社作为"走向世界丛书"出版的《欧游杂录》

钟天纬(1840—1901),江苏华亭县亭林(今属上海金山)人,33岁入广方言馆。曾应徐建寅邀入山东机器局任职,随李凤苞出使德国,1881年回国,入江南制造局翻译馆译书,并参与1882—1884年的《西国近事汇编》编译工作。后以创办学堂、推行新式教育闻名。从洋务官员到使节再到翻译人员,最后从事教育事业,角色转换可谓频繁。

贾步纬(1840—1903),江苏南汇人。傅兰雅说他"在馆数年,与译书事相连属。……幼时嗜好算学,原在上海城内以生理为业,常日夜思维天文、算学等事,能自推日月亏蚀"。他曾拜李善兰为师,与伟烈亚力等交游。他译书主要相关算学、天文,也著述《航海通书》《算学表》,校刊《算学统宗》《勾股六术》等算学十书,"供人学习"。后曾参与黄河全图的测绘工作。

---

① 曾敬民《徐建寅》,载杜石然主编,《中国古代科学家传记》(下),科学出版社,1993年,第1253-1259页。

徐华封(1858—1928),徐寿第三子。自幼跟随父亲到上海、安庆,9岁在上海跟邻居学英文。后在江南制造局翻译馆译书,主要相关电学、化学等。1877年在上海制成中国第一部电话。后曾任制造局工艺学堂化学教习,创办广艺公司生产肥皂、矿烛等,协助吴蕴初等发展民族工业。

另外,广方言馆还培养了一大批学生,比较著名的有汪凤藻、席淦、杨兆鋆、朱格仁、瞿昂来、刘式训等。与翻译馆的大多数译员一样,他们后来亦大多或从政成为外交官,或作为技术官僚办理洋务事业。如江苏元和(今苏州)人汪凤藻(1851—1918),1868年被选送到京师同文馆,后任算学副教习,1891—1894年为出使日本大臣,再转任南洋公学校长。江苏青浦人席淦(1845—1917),1868年被选送到同文馆,从李善兰学算,后接替李善兰出任算学教习与总教习。他的教课得到学生好评,齐如山回忆说:"其中最认真的,就是汉文算学,教习为席翰伯,乃李善兰得意的门生,教法也好。"① 席淦著有多种算学著作,是洋务学堂中培养出来的极为少见的数学专才。

留美幼童回国后在上海的电报事业上也曾大展宏图,为上海电报事业的发展做出了贡献。江苏宝山人周万鹏(1864—1928),第三批留美幼童,回国后到天津电报学堂学习。1882年毕业后,先后任清江、汉口两电报局的领班。1884年调任上海电报局总管,后升任该局会办和总办,并兼任中国电报总局提调和襄办,1909年升任中国电报总局总办。此后长期在电信行业供职,1927年退休。周万鹏熟悉电报业务、技术,且管理有方。蔡元培评价他"导引电政,吾国之倡;周旋撙俎,折冲外攘;清廉峻洁,不媚于上"。② 另外,牛尚周先服务于电报局,后转入江南制造局;黄开甲曾担任招商局和电报局经理;朱宝奎1901—1905年曾任上海电报局总办等。③ 当然,上海洋务事业中还有其他一些科学工作者,这里就不再赘述。

必须指出的是,洋务运动中成长起来的科学工作者群体主要以铁路工程专家詹天佑、罗国瑞、邝孙谋等,矿业工程专家邝荣光、吴仰曾等及留欧船政学堂学生魏瀚等为代表,此外还有一些通过自学或自费留学回国成才的邹代钧、李维格等。也就是说,与上一代翻译

---

① 李兆华主编,《中国数学史大系》第8卷,北京师范大学出版社,2000年,第275页。
② 《上海邮电志》(2005年3月24日 http://www.shtong.gov.cn/)。
③ 石霓《观念与悲剧——晚清留美幼童命运剖析》,上海人民出版社,2000年,第224-225页。

西书的传统科学家主要集中在上海不同,洋务运动中成长起来的这一代科学工作者代表并不在上海,这自然与上海作为一个城市,没有矿山可开发等自然因素有关;而船政学堂留学生主要在海军供职,上海并不是近代海军基地。上海作为近代西学输入与传播中心,其特征仍然是西书翻译与新兴的教育事业。值得注意的是,这批科学技术工作者无论是留美幼童还是留欧船政学生,回国后基本上充任洋务官僚们的技术骨干,没有充分施展他们的才能,成为洋务运动中"呼风唤雨"的人物,但在晚清新政中却迎来了生命之"第二春",纷纷走上了各种新事业的领导岗位,对晚清新政产生了重要影响。而在籍贯上,已经突破上辈江浙区域,扩展到广东、福建等地。这自然与留美幼童主要来自广东、留欧船政学生主要来自福建有关。

这一代科学工作者也有其独特的社会结构与社会身份。首先,正如前面所说,他们的社会角色变动频繁,而且主要以官僚、技术专家与翻译人员为特色。洋务运动的展开,为这些具备西方科学技术知识的人才提供了相较前辈而言更为宽广的就业空间与渠道。他们中没有一人以自然科学工作者角色立世,这自然与洋务运动重视实用技术的政策与境况有关,当然也与他们所受教育程度分不开。总体而言,他们并没有受到系统的近代西方科学教育,当时的洋务学堂不是以语言文字为主,就是以"军事技术"为目标,而非严格意义上的科学教育;留学生或中途撤回,或短期培训,或仅仅考察而已。《申报》说:

> 方今当事者亦尝孜孜焉讲求西学矣,……乃观同文馆、方言馆、船厂局与派遣赴美都之学生,徒为洋行公司添多少买办,求其堪为钦使随员者,已难其选,未闻有俊伟秀异,超轶群伦,克自振拔,有所表现者。何也?盖学之不精也。①

时人也从洋务教育角度寻找原因说:

> 如广方言馆、同文馆,虽罗致英才,聘师教习,要亦不过只学言语文字,若夫天文、舆地、算学、化学,直不过粗习皮毛而已。他如水师武备学堂,仅设于通商口岸,为数无多,且皆未能悉照西法认真学习……况督理非人,教习充数,专精研习曾无一生,何得有杰出之士,成非常之人耶?②

---

① 《商务论略》(中),《申报》光绪十五年十二月七日(1889年12月28日)"社说"。
② 夏东元编,《郑观应集》(上),上海人民出版社,1982年,第280页。

在此情况下,要求他们在中国科学技术的发展上有重大贡献,未免苛求。

第二,相较前辈科学工作者而言,他们在知识结构上已有大变化,基本上以其科技才能作为谋生的手段。与前辈科学家在翻译西书的同时,继续从事传统科学研究不同,这一代科学工作者很少从事真正的科学研究。他们即使在具体的事务上,也很少有真正的技术创新与发明。这自然与当时对科学的整体看法有关。当时社会对科学还没有基本的认知,如今日被众多历史学家所关注的王韬就说过:"不明古法不知新法之善,而悉其变通之得失。故中国人士讲历算者,当先从经学中算术始,……苟中国学者徒知以西法入门,而于经史历算本末未尝一考,则亦未见其得也。"①另外,他们作为掌握了全新科学技术知识的一代,没有像前辈一样在科学宣传与科学普及方面积极行动,将他们掌握的知识广泛传播,而汲汲于具体的事务或奔走于官场,这确实很不利于中国科学的发展。与日本的近代化过程中早期留学生出现一批启蒙思想家,宣扬科学与科学教育相比,这一代留学生中只出现了严复这样的思想家,而且他所宣扬的不是科学,而是思想。

有人曾就晚清数学学科的发展做出过分析,指出洋务派提倡数学教育,主要目的是借助数学知识学习实用的技术,以培养技术人才和政治外交人才,并非提倡数学研究,造就数学专家。"这便对学生日后出路及数学教学学制等方面有很大影响"。同文馆数学高才生蔡锡勇、汪凤藻、左秉隆、杨兆鋆、杨枢等先后派驻外国,回国后亦多参加洋务活动而没有再从事数学教育或研究。上海广方言馆学生除选送同文馆深造外,多散入通商督抚衙门及海关,担任翻译或其他洋务工作。"这便使得具有一定数学水平的学生脱离了数学学习与研究,使得他们无法成为数学专业人材"。②

第三,洋务科学工作者无论是充当技术官僚,还是出任外交使节,都没有成为独当一面的人物。当然,由于各种各样的原因,洋务人才不能人尽其才也是常情。例如江南制造局"设有铁船馆,以教学生,此等学生无毕业年期,无一定膏伙,学成后无一定之位置,由此馆出生之华某精算术绘图之技,乃派之到机器厂司工帐"。"邵某在馆十年,技艺精通,仍

---

① 王韬《甕牖余谈·算学宜先师古》,载沈云龙主编,"近代中国史料丛刊"第三编第606册,文海出版社,1990年。
② 李兆华主编,《中国数学史大系》第8卷,北京师范大学出版社,2000年,第273页。

是月给以四千文之膏伙",有人推荐给总办,总办因见过他坐马车,曰"纵给以十金二十金之薪水恐不敷其马车费也"。于是邵某求去,受聘于某矿师,"月受百金之薪水"。而该矿师曾对人说:"吾自到中国以来,所见华人之精于算绘者无出邵某右也。"于是言者慨叹:"费无限之膏伙教成人才,乃为他人所用,失计有过于此者。此外,学生就外间洋行公司之聘者偻指难尽,甚至于某茶居之掌柜以此中人物,书至此不禁为人才一叹。"①

但世时毕竟发生了变化,洋务的社会地位也在慢慢提高。容闳曾回忆说:"是时中国为纯粹之旧世界,仕进显达,赖八股为敲门砖。……父母独命予入西塾,此则百思不得其故。意者,通商而后,所谓洋务渐趋重要,吾父母欲先着人鞭,冀儿子能出人头地,得一翻译或洋务委员之优缺乎?"②王韬也记载说:"凡属洋务人员,例可获优缺,擢高官,而每为上游所器重,侧席咨求。其在同僚中,亦以识洋务为荣,嚣嚣然自鸣得意。于是钻营奔竞,几以洋务为终南捷径。"③

可见,上海新学堂培养了一批洋务技术专家,洋务企业和新兴科技行业也吸纳了一批洋务专家,更有一些人通过自学成为专才。但是,上海的城市特性决定了上海并不是这一代科学工作者聚集地。甲午中日战争后,上海的城市特性又使它成为中国近代科学宣传与教育中心。

科学宣传与教育:甲午战争后成长起来的一代科学工作者

甲午一战,老大之中华帝国为"蕞尔小岛"之日本打败,朝野震惊,中华民族的救国强国之道又开新路。杜亚泉说:

> 甲午之秋,中日战耗传至内地,予心知我国兵制之不足恃,而外患将日益亟也。蹙然忧之,时方秋试将竣,见热心科名之士,辄忧喜狂遽,置国事若罔闻知,于是叹考据词章之汩人心性,而科举之误人身世也。翻然改志购译书读之,得制造局所译化学若干种而倾心焉,以谓天下万物之原理在是矣。④

---

① 陈真编,《中国近代工业史资料》第三辑,三联书店(北京),1961年,第77、79页。
② 容闳《西学东渐记》,载钟叔河主编,"走向世界丛书",岳麓书社,1985年,第13-14页。
③ 王韬《弢园文录外编》,中华书局,1959年,第32页。
④ 范明礼《亚泉杂志》,载《辛亥革命时期期刊介绍》(第一集),人民出版社,1982年,第83页。

一批士人弃科举而转习西方科学,组织学术性社团,团结同志,利用新的传播媒介诸如报纸、杂志等传播科学,宣扬科学精神,中国近代科学的发展进入新阶段。虽然传统科举制度仍然影响着这一代学人,"学者非有志于学问,不过欲得膏火之辅助,出身之资格,于《富强丛书》《西学时务通》《西学大成》等书中,剽窃一二所谓'洋务'之新名词,以为应试之敲门砖,与向之徒读四书五经者,齐观等量,何尝有以西学为'身心性命之学者乎'?"①但毕竟时势不同,全新的教育体系正在建设中,科学教育也已慢慢成为正规教育的重要组成部分。

近代中国科学社团的创建由外国人开其端,国人接其绪。外国人主要是传教士在各通商口岸相继创建了不少学会组织,诸如1847年在香港成立的皇家亚洲学会中国支会(后演化为香港支会)、1857年在上海成立的上海文理学会(翌年改为皇家亚洲学会北中国支会)都是以学术研究、交流为宗旨的团体。1889年秋天,在卜舫济的倡导下,上海的朱玉堂、吴子良、华嗣秋、沈星垣等13人成立了益智会,"专论格致之理,先以一人创论,然后各以心得之要,相与讨论而折衷之。赏奇析疑,反复辩难,务使万物自然之理,深入浅出,由融会而至贯通,由贯通而臻神话,后乃分列条目,录而出之,以为世人讲求格致之助"。②详细而真切地描述了进行学术交流的情况与目标,与后来维新运动期间成立的林林总总的学会活动相比,似乎深切学会学术交流的功能。

维新运动期间,上海成立了不少所谓的学术性组织,其中以务农会(后改为农学会)最为有名。该会1897年5月由罗振玉、徐树兰、朱祖荣、蒋黻、张謇等创办,"聘化学师,以辨别土宜;购外洋机器农具,以佐人力;除树艺五谷外,博采中外各种植物进行试种,兼及饲养牧鱼等事"。③该会影响最大的是创刊《农学报》,到1905年12月停刊,前后共发行315期,是当时众多报刊中寿命最长者之一。此外,还有叶耀先等发起成立的上海算学会,董康、赵元益等发起成立的上海译书公会,叶瀚、汪康年等发起成立的医学善会等。必须指出的是,这些社团组织与维新运动时期所有学会一样,并不具备科学社团的性质:既没有严密的组织条例和管理机制,也未形成促进科学研究、学术交流的运行机制,基本上是一

---

① 张准《科学发达略史》附录《近五十年来中国之科学教育》,中华书局,1932年,第254-255页。
② 梁溪瘦鹤嗣人邹弢《益智会弁言》,原载1889年11月《万国公报》,转引自何志平、尹恭成、张小梅主编,《中国科学技术团体》,上海科学普及出版社,1990年,第7页。
③ 《上海市科学技术志》编纂委员会编,《上海科学技术志》,上海社会科学院出版社,1996年,第29页。

些关注政治改进、社会改良的普通学会。

与团结同志创建学会相比,当时上海科学工作者创办期刊,宣传科学更为蓬勃发展。1898年,江苏青浦人朱志尧等有感于"志士"们流于"空谈""清谈",于上海创办《格致新报》,以报道、介绍西方科学技术最新成就为志业,通过翻译国外报刊及时报道了西方各国科学技术发展动态和最新成就。杜亚泉一生的著述事业始于在上海创设亚泉学馆,发刊化学为主的综合性科技期刊《亚泉杂志》。① 他还创刊有《普通学报》,宗旨为"欲使我国学士大夫咸吐露其思想,传播其知能""以为书业改良之嚆矢"。1903年3月,设在四马路惠福里内的科学仪器馆编辑部编辑发刊《科学世界》,似乎是第一份以"科学"为名的期刊。宗旨为"发明科学基础实业,使吾民之知识技能日益增进"。虞辉祖在《发刊词二》中说,相对于日本的"与时俱进",我国"学士大夫短于科学之知识,因疏生惰,以实业为可缓。教科偏枯,报章零落,则社会无教育矣。故其人民畏进取、陷迷信,格路矿以风水,掷金帛于鬼神,则无普通之知识"。②

1903年由上海四马路(今福州路)科学仪器馆创刊发行的《科学世界》创刊号封面

《科学世界》可能是中国第一份以"科学"为名的刊物,主要创办人有虞和钦、王本祥等,创刊号有林森《发刊词一》、虞辉祖《发刊词二》、钟观光《祝词》。发刊12期后于1904年停刊。1921年7月复刊,发刊5期于次年7月停刊。

下页所列表格是维新运动到民国建立以前全国重要科技期刊一览表。可见,表中所列25种重要期刊中,在上海创办的有15种之多,远远超过其他城市与地区。正是一批活跃在上海的科学工作者创办了这些期刊,积极从事科学教育与宣传工作。

在天津创办《地学杂志》的张相文(1867—1933),成才于上海。他是中国地理学的奠基人之一,在家乡江苏桃源(今泗阳)时就经常阅读《格致汇编》及江南制造局译书等,购买徐家汇天主堂出版的《地理备说》等书籍,地理学造诣与日俱增。后来到上海,1899年在南

---

① 谢振声《杜亚泉与〈亚泉杂志〉》,转引自许纪霖等编,《一溪集:杜亚泉的生平与思想》,三联书店(北京),1999年,第227页。
② 范明礼《科学世界》,《辛亥革命时期期刊介绍》(第一集),1982年,第289页。

维新运动至民国建立前重要科技期刊一览表

期刊名	时间	地点	主 持 人	主 要 内 容
农学报	1897	上海	农学会	最早宣传西方农业科技的农业刊物
算学报①	1897	温州	黄庆澄	数学普及刊物
格致新报	1898	上海	朱志尧	报道、介绍西方最新科学技术
算学报①	1899	桂林	朱宪章等	学术性刊物
亚泉杂志	1900	上海	杜亚泉	涉及自然科学的各方面,以化学为主
新世界学报	1902	上海	陈介石	工学、农学、兵学、物理、算学等
大陆报(月刊)	1902	上海	戢元丞	西方普通科学文化
中外算学报	1902	上海	杜亚泉等	偏重数理
科学世界	1903	上海	虞和钦等	内容广泛,数学、物理、化学、动植物等
宁波白话报	1903	上海	松隼等	有关实业、格致等
实业界	1905	上海	美洲学报社	商业、农业、工业
湖北农会报	1905	武昌	湖北农务总会	研究农学、改良农业、补助农政
北直农话报	1905	保定	保定高等农业学堂	相关农业知识,诸如农产、畜牧、气象等
理学杂志	1906	上海	薛蛰龙	普及各种自然科学
学报(月刊)	1906	上海	何天柱	普及刊物,包括新学旧学、中学西学
科学一斑	1907	上海	曹祖参	有关自然科学的各种知识
理工	1907	上海	宾步程	"输入理工两科知识于内地间",文章横排
实业报(旬刊)	1907	广州	曾公健	相关农业、工业、商业等知识
农工商报旬刊	1907	广州	广东农工商总局	开通风气、挽回利权,改为《广东劝业报》
医药学报	1907	日本千叶	留日学生	为留日学生组织中国医药学会机关刊物
卫生白话报	1908	上海	卫生白话报社	卫生知识
学海②	1908	日本京都	北大留日学生编译社	商务印书馆发行,涉及理工农医各科
绍兴医药学报	1909	绍兴	神州医药绍兴分会	宣传中医刊物
中西医学报	1910	上海	丁福保	早期中西医兼论的重要期刊
地学杂志	1910	天津	张相文等	刊载有关地学的研究

资料来源:《上海科学技术志》第 183-188 页;张小平等《中国近代科技期刊简介(1900—1919)》,载丁守和主编,《辛亥革命时期期刊介绍》第 4 集第 694-712 页。① 吴文俊主编,《中国数学史大系》第 8 卷第 353-360 页;② 张奠宙等《冯祖荀》,载《中国现代科学家传记》第 6 卷第 1 页。

洋公学教授地理学与国文,并跟随校中日本教师习日语。1901 年编著《初等地理教科书》,是为我国编写的第一部地理教科书;翌年又编著《中等地理教科书》。两书非常畅销,发行量达 200 多万册。1903 年离开上海,不二年,又回上海,编写《地文学教科书》和《地质学教科书》,分别于 1908、1909 年出版,是为我国最早的自然地理学和地质学教科书。此后,张相文先后任天津北洋女子高等学校教务长、校长等。1909 年,在天津与同道创设中国地学会,并任会长,发刊《地学杂志》。1912年辞去教职,专职于地学会事务。张相文除在地理学传播与教育上有重大贡献外,也进行地理学研究,特别是在历史地理方面取得了相当成就。①

张相文与他所著《新撰地文学》1908年版版权页

可以说,张相文通过阅读上海出版的科学书籍而成长起来,又在上海通过编写教科书,宣扬科学而成名。他已经认识到创办真正的学术社团,团结同志进行学术交流的重要意义。浙江镇海人钟观光(1868—1940)是我国近代植物学的开拓者,植物分类学的奠基人之一。他也自学成才,前半生为培养科学人才致力于教育事业。在家乡联络有志之士组织"四明实学会",学习格致之学,进行实验。为扩充知识,赴上海习日语,并东渡日本考察。回国后在上海与人创建"科学仪器馆",并在馆内设立传习所,专门培养理科人才,得以结识章太炎、蔡元培、吴稚晖等人,参加同盟会。苏报案发生后,担任爱国女校校长兼教文理各科,后返乡创办芦渎公学。1908年再度赴上海执教理科实习所,结果积劳成疾,蔡元培等成立"钟门同学会"集资助他到西湖疗养。疗养期间,他研读李善兰与韦廉臣合译的《植物学》,结果深为大自然的奥秘所吸引,与植物学结下不解之缘。1909年到上海宁波

---

① 曹宛如《张相文》,载《中国现代科学家传记》第六集,科学出版社,1994年,第289-295页。

旅沪公学任博物教员,兼任商务印书馆动物学编辑。辛亥革命后曾任教育部参事,蔡元培任北京大学校长后,任北京大学副教授,筹建生物系和标本馆。年近半百,才开始科学研究事业,赴各地采集植物标本,进行植物分类研究,对我国植物分类学的发展贡献极大,是较早从事标本采集的中国人之一。①

钟观光在上海与人合办科学仪器馆,从事科学教育事业,并通过阅读《植物学》而最终确定了专业方向,最后以中国植物分类学奠基人矗立在中国学术史上。浙江上虞人杜亚泉(1873—1933),早年热衷科举。甲午战败后,弃科举习科学,应蔡元培聘任绍兴中西学堂算学教员。后买江南制造局翻译馆所译化学书籍,通过自学得"理化学之要领",并能直译日文书籍。1900 年秋,为施展

钟观光
钟观光故乡今属宁波市北仑区,其故居已成为区级文物保护点,《植物学家钟观光》作为北仑历史文化系列丛书之一于 2019 年出版发行。

科学救国之抱负,来到上海,创办"亚泉学馆"传授理化知识,出版《亚泉杂志》,"揭载格致、算、化、农、商、工艺诸科学"。此后,设立普通学书室,编译和刊行介绍科学知识书籍;创刊《普通学报》月刊和《中外算报》等期刊。1904 年,杜亚泉进入商务印书馆任编译所理化部主任,编译出版各种传播新科学知识书籍,主编有《植物学大辞典》《动物学大辞典》,编译或编著有《高等植物分类学》《下等植物分类学》等。杜亚泉毕生热心科学教育事业,在 1910 年以前编写过近 20 种教科书,如《最新笔算教科书》《最新格致教科书》(1902 年)、《普通矿物学》《普通植物学教科书》(1903 年)等。②

与张相文、钟观光、杜亚泉等主要是通过阅读上海翻译出版的科学书籍而成长不一样,江苏苏州人王季烈(1873—1952),1896 年到江南制造局翻译馆,与傅兰雅合作翻译了《通物电光》一书。他通过自学,钻研西方近代物理学,将藤田丰八翻译的教科书重新编

---

① 陈锦正等《钟观光》,载《中国现代科学家传记》第一集,科学出版社,1991 年,第 443 - 449 页。
② 曾敬民《杜亚泉》,载杜石然主编,《中国古代科学家传记》(下),科学出版社,1993 年,第 1286 - 1291 页。

写,并定名为《物理学》,分上、中、下三册先后由江南制造局刊行,是为中国第一本以物理学命名、具有大学水平的教科书。后任学部专门司郎中兼京师译学馆的理化教员,并做过一年监督,主持编印了《物理学语汇》,同时又兼任商务印书馆理科编辑,翻译、编写了多种理化教材。辛亥革命后,投身实业与教育事业。晚年醉心于昆曲研究。①

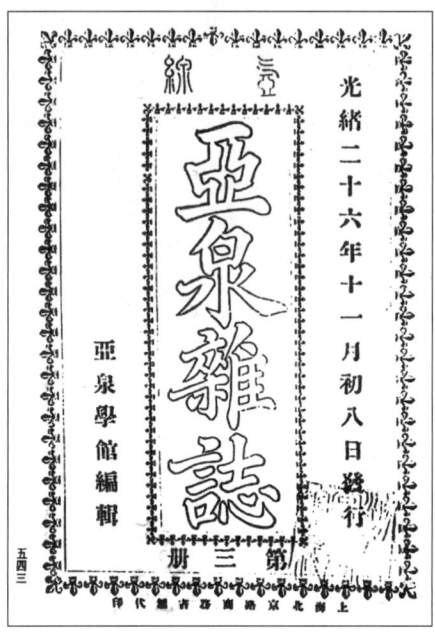

杜亚泉与其创办的《亚泉杂志》

杜亚泉通过阅读江南制造局翻译馆所译西书等自学成才,是晚清重要的科学宣传者,也是新文化运动期间的重要思想家,有《杜亚泉文存》《杜亚泉文选》《中国近代思想家文库·杜亚泉卷》等行世。

当然,这时期还有许多其他的科学工作者,诸如罗振玉、朱志尧、虞和钦等人。从成才过程来看,与上一代主要接受洋务教育而成长不一样,这一代科学工作者主要是通过自学上海翻译出版的西方科学书籍而成才,有些人如钟观光、虞和钦曾留学日本。他们从事的科学工作主要是团结同志合组相关科学机构或组织、创办期刊等,以宣扬科学;就任学校教师,从事科学教育,或编著出版科学教科书。第二,与洋务科学工作者不同,他们基本以科学宣传或科学教育作为终身志事,如张相文、钟观光还具体从事一些科学研究,成为近代中国地理学和植物分类学的奠基人之一。当然,他们的科学研究基本上是在离开上海

---

① 张橙华《王季烈》,载《中国科学技术专家传略·理学编·物理卷1》,参阅网站 http://www.kxj.cpst.net.cn。王季烈一辈兄姐妹中有王季同(小徐)、王季点、王季绪、王季玉等科技专家、教育家,后辈中更涌现出王守竞、王守武、王守觉、王淑贞、何泽慧、何怡贞等一批科学技术人才。

以后进行的。第三,正是由于他们基本上通过自学而获得科学技术知识,自然没有获得系统的科学教育,也不具备从事高深科学研究的知识储备。因此,他们在中国科学技术发展史上很快让位于新留学归国的一代诸如地质学上的丁文江、翁文灏,数学上的冯祖荀、胡敦复、郑之蕃,物理学上的何育杰、张贻惠等,天文气象方面的高鲁、蒋丙燃等,后者在国外接受系统的科学教育,成为中国各门学科的奠基人。第四,正是由于这代科学工作者所受教育程度较低,他们虽已明白团结同志在发展科学事业上的重要作用,但并没有充分利用这一手段。

活跃在上海这一代科学工作者基本上来自江浙地区,又恢复到第一代科学工作者的籍贯分布。从社会角色方面看,科学在他们的职业生活中似乎占据更为重要的地位,无论是张相文、钟观光,还是杜亚泉、王季烈,其工作与生活一直没有离开过科学。但由于新一代科学工作者的迅速崛起,科学家社会角色逐渐形成,成为中国近代各门学科的奠基人,取代了他们在中国近代科学发展过程中的作用与地位。同时,由于各种各样的原因,随着新一代科学工作者在南京、北京的大量聚集,上海在中国近代科学技术发展过程中的中心地位日渐消失,最终仅仅保持了其科学宣传与科学教育的地位,表征科学真正发展的科学研究让位于南京、北京等城市。

1843年上海的开埠,使上海逐渐成为中外科学工作者学习、工作和学术交流的中心平台,为中国近代科学技术事业的发展开辟了全新的道路,通过中西学者的共同努力,晚清上海已经成为近代中国科学技术中心。在这一过程中,上海科学工作者的社会角色也经历了三个发展阶段,从兼具传统与西学翻译家历经洋务科学工作者到世纪之交的科学宣传与教育工作者。特别是科学宣传与教育工作者们接续了第一代的科学普及工作,但由于他们掌握科学知识的有限,对科学精神与科学方法等方面了解的不够,他们在科学宣传与科学教育上的作用自然大打折扣。除了一些教科书而外,无论是他们创建的社团还是创办的期刊,影响范围都比较狭小,自然其科学宣传与普及的功能不能得到充分发挥。中国需要具有新知识结构、了解世界科学技术发展趋势的群体,需要他们能够创办振聋发聩、引起社会广泛重视的科学期刊。下一代留学归国者及其社团组织、创办的期刊诸如中国科学社、《科学》杂志刚好担当了这一责任。

(《上海档案史料研究》第2辑,上海三联书店,2007年,第78-99页)

清末民初学子"弃理从文"分析

清末民初"实业救国""科学救国"潮流中,大批学子随时流选择了理工农医一类科学技术,作为自己报效祖国的学业。随着学识的增长和社会的变动,不少人改变了初衷,重新选择了自己的人生道路,转向人文社会科学或文学。这一转变除与他们个人自身的兴趣和才智有关而外,更是社会历史环境影响的结果。

一

严复是弃理从文的先驱,13岁入福州船政学堂,学习驾驶轮船。1877年赴英国留学学习航海技术,对自然科学抱有浓厚兴趣,数学极好,物理也很有造诣,知识面极为广泛,"很有可能成为一位成绩卓著的自然科学家或军事科学家"[1]。可他并不专心一意学习船舰知识,而对英国富强的秘诀更感兴趣,"热切地考察英国的政治、经济和社会制度,并且最终导致他全神贯注于当时英国的思想"[2]。回国后,先在福州船政学堂任教,后任天津北洋水师学堂"洋文正教习",1889年升会办,1893年任总办。[3] 其间染上鸦片瘾,三次参加科考不中。甲午中日战争后,"投戎从笔",开始其翻译宣传西方文化的思想家生涯,当然也极力鼓吹西方科学。

接绪先驱,按照时间顺序,"弃理从文"者接下去是鲁迅、胡适、赵元任,然后是李达、郭沫若、成仿吾、夏衍等。

鲁迅弃理从文的经历更具有代表性。1898年,不愿意走没落读书家庭子弟常走的学做幕友或商人的路,鲁迅到南京去学"洋务"。先入水师学堂,后入路矿学堂,学习矿学、地质学、化学等自然科学课程。"在这学堂里,我才知道世上还有所谓格致、算学、地理、历史、绘图和体操。生理学并不教,但我们却看到些木版的《全体新论》和《化学卫生论》之类了。……便渐渐的悟得中医不过是一种有意的或无意的骗子,……而且从译出的历史上,

---

[1] 李喜所《近代留学生与中外文化》,天津人民出版社,1992年,第111页。
[2] 〔美〕本杰明·史华兹著,叶凤美译,《寻求富强:严复与西方》,江苏人民出版社,1996年,第26页。
[3] (编注)姜鸣《严复任职天津水师学堂史实再证》,《历史研究》2008年第3期。

严复与《严复全集》
《严复全集》共 11 卷,由汪征鲁等主编,福建教育出版社 2014 年出版。

又知道了日本维新是大半发端于西方医学的事实。"①1902 年以一等第三名从路矿学堂毕业。因为在学堂里所得不足以在实际工作中做出成就,同年留日入弘文学院普通科。1903 年在《浙江潮》发表《说镭》,向国人介绍居里夫人的最新发明;发表《中国地质略论》,系统论述中国地质的基本情况,并提出中国人自主开矿的要求。翻译儒勒·凡尔纳的《月界旅行》和《地界旅行》,宣传普及科学常识,使读者"获一般之智识,破遗传之迷信,改良思想,补助文明"。1904 年从弘文学院毕业,应升入东京帝国大学工科所属采矿冶金科学习,但转投医学。"原因之一是我确知了新的医学对于日本的维新有很大的助力""我的梦很美满,预备卒业回来,救治像我父亲似的被误的病人的疾苦,战争时候便去当军医,一面又促进了国人对于维新的信仰"。并劝导同学转学医学:"做医生不是为了赚钱,而是为劳动同胞治病出力。"于是到仙台学医。正是在仙台经过痛苦的思索,放弃以医学治病救人身体的理想,转而拿笔作拯救国人灵魂的事业。② 但并未完全放弃"科学救国"的理想。1906 年,他与顾琅合著的《中国矿产志》在上海由普及书局等出版,引起强烈反

---

① 鲁迅《呐喊·自序》,《鲁迅全集》第一卷,人民文学出版社,1973 年,第 270 页。
② 鲁迅博物馆鲁迅研究室编,《鲁迅年谱》第一卷,人民文学出版社,1981 年,第 69、72、77、84 - 85、102、110 - 115、125 - 127 页。

响。1907年发表《人之历史》,以达尔文进化论的思想介绍人类起源的历史。次年发表《科学史教篇》,鼓吹西方近代科学。1909年回国后在学校讲授有关科学的课程,诸如化学、生理学和博物学等,采集和制作了大量的标本。可以说鲁迅在科学事业上已经有所成就,但他还是放弃追求如此之久的科学,走上文艺救国的道路。

生于上海的安徽人胡适,1905年入澄衷学堂,成绩极好,但自然科学不佳。考庚款留美时,国文虽得了满分,仅名列55,可见数理不是强项。勉从其二哥劝告留美入康奈尔大学学农,"以家道中落,要我学铁路工程,或矿冶工程。他认为学了这些回来,可以复兴家业,振兴国家实业。不要我学文学、哲学,也不要我学作官的政治、法律,说这是没用的"。而他对路矿不感兴趣,"为免辜负兄长的期望,决定选读农科,想做科学的农业家,以农报国"。① 当然他也说:"我的选择是根据了中国盛行的,谓中国学生需学点有用的技艺,文学哲学是没有实用的这个观念。但是也有一个经济的动机:农科学院当初不收学费,我心想我或许还能够把每月的学费节下一部分来汇给我的母亲。"②尽管如此,他还是在农学院学习三个学期后,弃农从文,转学哲学。胡适留学日记没有这一重大人生转变的记载,他自己后来追述原因,一是他对农学学习没有兴趣,而且感到所学回国后不济实用;同时他对历史和哲学有天生爱好。二是辛亥革命的成功促使他对政治学的研究产生了浓厚兴趣。第三,他通过对德语的学习,从而产生对文学的喜好。③

赵元任,1907年考入南京江南高等学堂,学习自然科学。1910年赴美入康奈尔大学主修数学,并选修

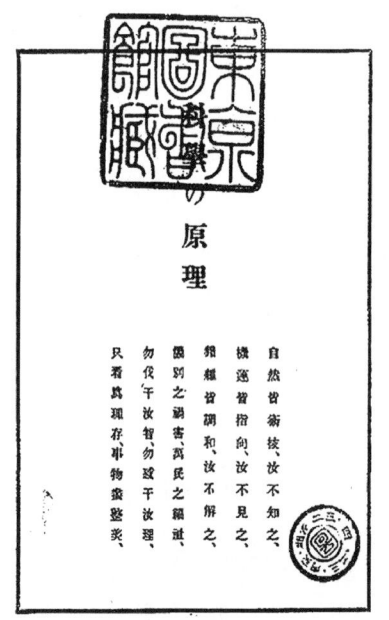

木村骏吉《科学之原理》封面
最新研究表明,鲁迅1908年发表的科普文章《科学史教篇》,是对木村骏吉1890年出版的《科学之原理》绪言"科学历史之大观"的编译,其用意是探求由科学到文学的内在关联。

---

① 耿云志《胡适年谱》,四川人民出版社,1989年,第24-25页。
② 胡适等著,向真等译,《今日四大思想家信仰之自述·胡适的信仰》,良友图书印刷公司,1931年,第29页。
③ 唐德刚译注,《胡适口述自传》,华东师范大学出版社,1993年,第36-40页。其实,胡适关于习农学在中国无多大实用的原因追述值得商榷。最简单的推理,如果每个习农学的人都这样想,中国还有近代农学吗?

不少物理课程,成绩相当棒,保持康奈尔大学平均成绩最高许多年。但很快将兴趣从数学、物理转到哲学和语言学,大学毕业后入研究生院攻读哲学,后转哈佛大学,获得哲学博士学位。毕业后在康奈尔大学教物理,回国后在北京大学授科学哲学。同时对语言学极有兴趣,并最终将主要精力转到语言学的研究上。1948年以"为我国现代语言学研究之创导者,规划并施行汉语方言调查工作"当选首届中央研究院院士。①

李达,中国共产党历史上著名理论家和宣传家,1905—1909年读中学时,数理成绩特别突出。后以教育救国的理念就读京师优级师范,认为发展教育事业,普及科学知识,唤起人民的觉醒,才能使中国富强。辛亥革命后,受孙中山实业救国思想的影响,放弃教育救国,"改学理工科",留日入第一高等师范,学习理科。1918年作为留日回国请愿团带头人之一回国,请愿失败后,再度赴日,放弃理科,专攻马列主义,走上了职业革命家的道路。②

郭沫若很小就受到实业救国的熏陶,留日选择专业时很有一番踌躇,"当时的青少年,凡是稍有志向的人,都是想怎样来拯救中国的。因为我们对于法政经济已起了一种厌恶的心理,不屑学;文哲觉得无补于实际,不愿学;理工科是最切实了,然而因为数学成了畏途,又不敢学;于是乎便选择了医科"。③ 他全身心地投入医科学习,把对文学的爱好压抑。但由于耳朵听觉不灵,在临床医学上障碍很大,学习不好,很是苦闷,在时势和成仿吾等同道影响下走上文学之道。虽还是获得医学学士学位,但终未从事医学事业。

成仿吾,1910年随大哥到日本,入名古屋第五中学,因受日本同学讥笑与讽刺,转到东京。1914年入第六高等学校学习工科。次年与郭沫若结识,引为知己。一起读文学、哲学、社会科学书籍,一起谈论诗歌,"我们抱着富国强兵的志向,幻想科学救国,他学医,我学工。两人又都有着对文学的狂热。这些共同的志趣,使我们一见面就很要好"。④ 认为要富国强兵,必须有现代化的武器,1917年入东京帝国大学造兵科,攻读枪炮专业。他要以《飞机与风力》为题目,写一篇惊人的论文,因此"每天在工科大学的地窖里吃着冷便当,

---

① 赵元任《从家乡到美国——赵元任早年回忆》,学林出版社,1997年。
② 宋镜明《李达传记》,湖北人民出版社,1986年。
③ 《郭沫若全集·文学编》第12卷,人民文学出版社,1992年,第15页。
④ 成仿吾《怀念郭沫若》,载《成仿吾文集》,山东大学出版社,1985年,第309页。

实验风力。在他的实验台上,摆着三四架大大小小的电风扇"。① 但最后还是"弃工从文",干起文学的行当。

夏衍,1915年入浙江公立甲种工业学校,学习染色,成绩较好。后以染色科第一名毕业,被学校资助留日。1920—1927年,在日本"先认认真真学电机工程,后来读了一些社会科学方面的书,认识了几位日本的进步青年,参加了政治活动,这在我人生道路上,继五四运动之后,又是一个大转折的时期"。"四一二"事变后,回归祖国,留学生涯结束,"工业救国"思想也消失,从事文艺工作。②

除上述人物外,检索书目文献出版社出版的《中国当代社会科学家》(传记丛书),以1900年前出生(包括1900年)为限,下述社会科学家也有弃理从文的经历。

吕振羽,历史学家。1921年入湖南工业专门学校专攻电机,以实践"工业救国"的理想。学校一位留美博士不能修理电机,使他对"工业救国"产生怀疑,乃转学历史。

周传儒,历史学家。1914年入中学,由于数理化老师素质较差,"我本来好数理化,想成为科学家,但终于爱上了文史"。后考北京师范大学,报名理化系,却被分配到史地系。

向达,历史学家。中学毕业后受实业救国的影响,立志考南洋或北洋大学,然后留美攻读化学。但因家境困难,考入南京高师理化部攻读化学,一年后放弃"实业救国",改学文史。

陈望道,语言学家、教育家。中小学努力学习自然科学,为实现"科学救国"理想,1915年赴日本留学。先后习物理、数学、法律、经济以及哲学、文学等,最后获法学学士。正是在日本,并接受马克思主义,"逐渐认识到救国不单纯是兴办实业,还必须进行社会改革"。

谭戒甫,历史学家。1905年入湖南游学预备班,孜孜以求学数理化、外文等,1909年入上海高等实业学堂,学习电机工程,决心攻读自然科学,以科学救国。屡次申请留学德国不成,"从此以后,我不乞怜政府了,我即放弃原学电机工程,任教糊口,继续读先秦诸子"。

陈垣,历史学家、教育家。他认为要使中国摆脱贫穷落后,必须提高文化、发展科

---

① 张资平《曙新期的创造社》,转引自余飘等著《成仿吾传》,当代中国出版社,1997年,第14页。
② 夏衍《懒寻旧梦录》,三联书店(北京),1985年。

学。1907年考入博济医学院,毕业留校讲授人体解剖学、细菌学和生物学等,并为人治病。1913年被广州选为国会众议员到北京,从此步入教育界,转行从事历史研究。

徐嘉瑞,文史学家。1910年在昆明考入工矿学堂,立志从事工业,但因家境贫寒,入公费的师范。1913年迫于贫困,辍学谋生,后自学成才。

陈翰笙,社会学家。1916年考入美国波莫纳大学,选读植物学课程,虽各理论课成绩佳,但视力不好,显微镜实验课成绩跟不上。一年后改读地质学,决心为祖国地质事业贡献力量,但眼睛还是不适合地质工作,只得放弃自然科学,转学社会科学。

马寅初,经济学家、教育家。在上海读中学期间,受"实业救国"影响,一心向往"工业救国",毕业后入北洋大学堂学矿冶专业,1906年毕业后被保送留美。在美期间,感到中国"实业救国"之路恐行不通,必须在社会制度、管理制度上改革,改习经济学。

胡小石,文史学家。1906年入两江优级师范,报着"科学救国"的志愿,选择农博科,从日本教习学生物、矿物、地质、农业等课程。1909年毕业到1917年,一直作为中学博物教员,采集植物标本,考订科学名词。在此过程中对考订之学产生兴趣,于是改变生途。

童润之,教育家。1919年入金陵大学农科,"原因一是我是农家出身,习惯于农业活动;二是目击农村疾苦,要振兴中华,首先要改革落后的农业;三是金大农科比较有名"。1926年赴美留学弃农转学教育,因为以人为工作对象,较之天天与物打交道更有价值。

陈鹤琴,教育家。1914年清华毕业后赴美留学,原打算学医,后反复思考,"医生是医病的,我是要医人的",于是专攻教育学和心理学。

徐中舒,历史学家。1916年入武昌高等师范学数理,但自然科学"不是他性之所近",1919年入南京河海工程学校,可"工程技术同样使他感到枯燥无味"。只得放弃理工。[①]

此外,顾颉刚也曾想学农。1913年考入北京大学预科,选乙类,想进农科。但乙类生"就得演算,就得绘图,这都是我在中学时期最撒烂污的功课,如何追赶得上?"考试几门功

[①] 北京图书馆《文献》丛刊编辑部等编,《中国当代社会科学家》,第1-11辑,书目文献出版社,1983—1990年。

课考不出,休学半年。次年重入预科甲类,学文去了,成为史学大家。①

上述列举并不是当时"弃理从文"学子的全部,只是露出海面的冰山一角,还有许多有名或无名者没有被提到,如与郭沫若等一道创立创造社的张资平,留日学地质,后来成为一代时髦的"畅销小说家"。

当然还有一些人在学习过程中并未转换专业,回国后也没有明显弃理从文,如中国科学社领导人任鸿隽、杨铨,回国后没有在他们的化学、工程领域内留下多少足迹,而是在中国科学技术的组织管理和宣传普及方面贡献不少。任鸿隽长期担任中国科学社社长、主持中华教育文化基金董事会和担任四川大学校长、中央研究院总干事、化学所所长等职;杨铨更是中央研究院的主要创始人之一。1901年留法的李石曾先后在蒙达尔纪农校、巴斯德学院及巴黎大学攻读农科和生物学,发起勤工俭学,形成中国近代留学史上的一大奇观。② 他后来不再从事农学或生物学的工作,而是创建北平研究院等。这些人和诸如朱家骅一类回国后即在政治旋涡中徜徉的人,也有放弃理工的行为,暂且不作为本文研究的对象。③

二

这些"弃理从文"者选择科学技术的首要目的大多是"富国强兵""科学救国""实业救国"或"工业救国"。严复有机会学习西方科学,是洋务运动的结果,此时国人虽还未认识到"科学救国"的道理,停留于以西方先进军事科技装备国防就可富强国家层面,但已是后来"科学救国"思潮的先声。

到了鲁迅的时代,国人已经感到中国政治制度的不足,政治改良而外,革命也成为潮流,同时要求全面学习西方科学技术的呼声也亦出现。1903年,鲁迅与陶成章等人联名发

---

① 顾潮《历劫终教志不灰——我的父亲顾颉刚》,华东师范大学出版社,1997年,第29-35页。
② 鲜于浩《留法勤工俭学运动史稿》,巴蜀书社,1994年,第2-3页。
③ (编注)当然,也有一批"弃文从理"的人,两相比较起来,似乎更有意思。如著名心理学家汪敬熙,求学北京大学经济系期间,与罗家伦、傅斯年等创办"新潮社",在《新潮》上连续发表白话小说五篇,奠定其在新文学史上的地位,鲁迅也曾说他"这样下去,创作很有希望"。可1920年留美入霍普金斯大学,走向神经心理学的研究道路,1948年以"内分泌对于行为之影响、中枢神经中之动作电势及中枢神经发展各期对于行为影响等研究"当选首届中央研究院院士。还有亦文亦理者,典型代表可能是长期担任中央研究院物理所所长的物理学家丁燮林和曾任清华大学工学院院长的电机专家、台北"中央研究院"院士顾毓琇。丁燮林也是新文化运动以来有影响的剧作家之一,1923年(时任北京大学物理系教授)以《一只马蜂》登上戏剧舞台,到1940年还先后发表《亲爱的丈夫》等8部剧作。1949年后,以文学工作者角色担任文化部副部长、中国对外文化联络委员会副主任等职务。顾毓琇除国际公认电机权威和现代自动控制理论先驱角色外,作为诗人出版诗歌词曲集三十多部,作为戏剧家创作话剧12部。

出《绍兴同乡公函》,劝导同乡出国留学,汲取外国先进的科学文化知识,以挽救危亡的祖国。随着清末新政的全面实施,新的教育体系逐步形成,实业救国、科学救国的思潮开始萌芽,许多人认为政法、文哲无关实际,只有实业、科学能救中国。1906年,严复在上海高等实业学校演讲,认为以增强军队实力和排挤洋货来拯救国家不是良策,"然则中国今日自救之术,固当以实业教育为最急之务。……惟此乃有救贫之实功,而国之利源,乃有以日开,而人人有自食其力之能事"。①

这种以实业、科技拯救国家的思潮已经相当深入人心,影响极为广泛。四川嘉定府沙湾小镇郭沫若就读的家塾,"从前是死读古书的,现在不能不注意些世界的大势了。从前是除圣贤书外无学问的,现在是不能不注重些科学的知识了"。郭沫若大哥去日本留学前提议他读实业,"还是学实业好,……实业学好了可以富国强兵""其实实业的概念是怎样,我当时是很模糊的;就是我们大哥恐怕也是人云亦云罢。不过富国强兵这几个字是很响亮的"。当时沙湾蒙学堂的门联也是"储材兴学、富国强兵"八个字。② 胡适留美前他哥哥的言传身教;茅盾父亲要他兄弟俩学习工艺,因为"不久中国要大乱,那时唯有学会了西洋工业技术的人,能够谋生"③;这些认知都表明科学救国思潮的社会影响并不仅仅停留于所谓先进知识分子身上。

当时在新式学堂学习的学生,大多很注意学习科学。从小对文学有着浓厚兴趣的吴宓,开始一心一意要从事实业,后来性情变化要转学其他,于是对专业的选择就很踌躇。由于辛亥革命,吴宓就学的清华学校一时停办,转学上海圣约翰,但"约翰科学不备,清华再开无期,余一思及为学之方针,殊觉茫茫然不得其所"。听说唐山路矿学堂,"校中课程则系英文、德文、数学、物理、化学、机械等。学校中有实习工厂,机械器具亦有多种,所学颇资实用。余以为……彼校似较此为宜,且又有出洋之希望,所学功课又皆关于实业一方面。……余意本志在工业,即路矿二项亦最适宜,将来西北路矿需材正多,或他日归来当可遂其素志也"。某日读一叙述中国实业的《市声》,"使余投身工业之志油然而生。……

---

① 严复《论实业教育》,载《中国近代教育史资料汇编·实业教育·师范教育》,上海教育出版社,1994年,第40页。
② 《郭沫若全集·文学编》第十一卷,人民文学出版社,1992年,第41—42、50页。
③ 茅盾《茅盾小传》,载北京图书馆《文献》丛刊编辑部等编,《中国当代社会科学家》第四辑,书目文献出版社,1983年,第35页。

窃愿具此志者,同一读之而相为勖勉焉可也"。可是他后来不再对实业感兴趣了,1915年面临留美,对专业选择犹豫不决,"近日有极难决定之事发生,即选科是也。……往日决学化学工业,而体弱而不耐劳,工业机械一途,校长必不允许。至专精化学而深造之,成一学术家,亦可立我国科学之基础,然恐一时与社会之关系过疏,难于发展"。"杂志"一类,与社会较为接近,改良社会有大功绩。于是决定选择"杂志"即新闻事业,并给自己找出许多的理由,什么科学界少他一人不足为奇,照样能发展;而"同学多数之见解,在实业一方面,盖归来易得到位置、金钱,而图个人身家之舒服也,非为他也"。于是同学选择科学倒成了投机取巧的卑劣目的,而不是他早先所思的富强国家的崇高理想,他选择"杂志"倒是成为该值得奖励的事项了,"觉得一家一人之舒服以外,有更大于此者,岂可亦随波逐流"。可是,同学们对他的决定还是极不赞成,同时"逆家中父母,以及戚友中,……亦皆以余之决定为误"。于是只得自怨自艾,"曲曲心事,未必能作得到,亦未敢妄冀人知。惟期自勉,以望见许于他日可耳"。可见当时要选择非科学专业,要承受多大的社会和家庭压力,要为自己寻找多少不是理由的理由以开脱"罪责"。① 郭沫若也说:"二三十年前的青少年差不多每一个人都可以说是国家主义者,那时的口号是'富国强兵'。稍有志趣的人,谁都想学些实际的学问来把国家强盛起来,因而对文学有一种普遍的厌弃。我自己在这种潮流之下逼着出了乡关,出了国门,虽然有倾向于文艺的素质,却存心要克服它。"②

《吴宓日记》及《吴宓日记续编》
这是了解民国以来知识分子心路历程的宝库,值得研读与解读。

---

① 吴宓著,吴学昭整理注释,《吴宓日记》第一册(1910—1915),1912年3月29日、7月25日,1915年10月14日、10月20日,三联书店(北京),1998年,第221、251、508-509、511页。
② 《郭沫若全集·文学编》第十二卷,人民文学出版社,1992年,第65页。

留学生界科学救国思潮也很兴盛。晚清政府为杜绝像早先时候留日学生大多习法政之类现象的再度发生,鼓励实业科目的学习,在政策上对习实业科学生资以奖励。1910年规定官费生"以已入大学习医、农、工、格致四科之专门学者为限,习法政、文、商各科者,虽入大学,不得给官费";自费学习农、工、医、格致者,经游学监督查明,"确能循分力学,成绩优异者,由监督处咨明本省,酌易补助学费"。① 这也自然影响到留学生对专业的选择。留法勤工俭学一直比较注重对"科学救国""实业救国"等思想的宣传。1912年2月,由李石曾、张静江、吴玉章、汪精卫等人成立的留法俭学会,规定介绍留法学生"以科学、实业以及一切有裨人生及有关社会之智、德、体育各种学课为重,不事政法、军事各科"。② 聂荣臻回忆说:"军阀混战造成国家贫困落后,更增强了我对'工业救国'的信念,这是我决定去法国勤工俭学的另一方面的原因,也可以说是最重要的原因。"③

留美学生以科学学习为特征。留美学生的科学选择在很大程度上受到美国社会的影响,"以商立国者,英国也;以工程实业立国者,美国是也。……中国之形势地利,不与英国同而与美国同者也。美国赖以发达其天然之富者,工艺工程也。故工艺之巧,工程之精,各国中当推美国第一。我国学生留学西洋者,以留学美国者最多。留学美国者,以专门工程及实学者最多"。"中国今日为建设时代,政治须建设,法律须建设,铁路、开矿、实业及一切之事莫非建设问题。故吾人生于今日,非性情天才不太近于实用之学者,不可不注重实用之学。"④

正如有论者研究严复时说:"事实上,我们在严复身上看到了一种现象的端倪,这种现象在随后一代留学生中一再发生。在被送出国去学习某些专业知识的留学生中,那些最富天才的,很少能够始终保持毫不旁骛地研读既定专业的心态。与富强的东道国相比,中国那极其不能令人满意的整个现状不可避免地把他们的注意力引向专业之外的普通问题。他们对中国整个灾难现状的忧虑,常随个人前程的渺茫而进一步加强,这在下一代留学生中表现得尤为突出。"⑤这些学子在关注祖国命运的同时"弃理从文"的主客观原因是

---

① 《学部:奏酌拟管理欧洲游学生监督处章程并单》(1910年4月24日),《中国近代教育史资料汇编·留学教育》,上海教育出版社,1991年,第305页。
② 张允侯等编,《留法勤工俭学运动》(一),上海人民出版社,1980年,第14-18页。
③ 《聂荣臻回忆录》(上),解放军出版社,1984年,第8页。
④ 李喜所《近代留学生与中外文化》,天津人民出版社,1992年,第314-315页。
⑤ 〔美〕本杰明·史华兹著,叶凤美译,《寻求富强:严复与西方》,江苏人民出版社,1996年,第25页。

什么呢,又反映了怎样的社会现实呢?

三

这些"弃理从文"学子转变学习科目的目标,与他们当初选择科学技术一样,大多是为了拯救中国于水深火热之中。除此以外,转变缘由归纳起来大致有以下几个方面。

第一,中国传统对待科学技术的态度

中国传统文化讲究"修身、齐家、治国、平天下",研究自然世界的科学技术处于"奇技淫巧"的地位,不是士大夫辈应该用力的地方,士子们只有通过正规的科场途径才能进入唯一能光宗耀祖的官场。① 严复"弃理从文"充分体现了传统文化的这一点。严复与他的同学们在英国学习了先进的科学技术知识,回到国内却发现很难得到重用,不能进入领导层,只能处于边缘状态。当时一些所谓的洋务运动领袖没有从根本上改变传统偏见。鲁迅后来也说:"那时的留学生没有现在这么阔气,社会上大抵以为西洋人只会做机器——尤其是自鸣钟——留学生只会讲鬼子话,所以算不上'士'人的。"②于是他到南京去进洋务学堂时,"仿佛是想走异路,逃异地,去寻求别样的人们。我的母亲没有法,……然而伊哭了,这正是情理中事,因为那时读书应试是正路,所谓学洋务,社会上便以为是一种走投无路的人,只得将灵魂卖给鬼子,要加倍的奚落而且排斥的"。③ 因此严复"出身不科第,所言多不见重",为了改变自己满腹才学无处施展的窘境,重新投身科途,不想屡屡失败。甲午惨败后,为救国保种才从事思想宣传事业。

即使像鲁迅等的转变也不能不说受到此类思想的影响,"我便觉得医学并非一件紧要事,凡是愚弱的国民,即使体格如何健全,如何茁壮,也只能做毫无意义的示众的材料和看客,病死多少是不必以为不幸的。所以我们的第一要著,是在改变他们的精神,而善于改变精神的是,我那时以为当然要推文艺,于是想提倡文艺运动了"。也就是说,文艺比科学更为重要,更能唤起民众。后来李达、陈望道、郭沫若、成仿吾等人也有这种认识。

这种影响并没有随着中国科学的发展而有所改变,中国人看重人文知识的习惯继续

---

① 关于这方面的讨论很多,学术界已形成共识,认为这是导致中国科学落后的主要原因之一。
② 鲁迅《关于翻译的通信》,《鲁迅全集》第 4 卷,人民文学出版社,1973 年,第 375 页。
③ 鲁迅《呐喊·自序》,《鲁迅全集》第 1 卷,人民文学出版社,1973 年,第 270 页。

影响未来,正如有论者解说的那样,即使在五四新文化运动中,五四精英们激进地倡言革命反传统,但仍然遵循着一种古老的思维定式,"人文知识比科技知识与国家兴亡、民族命运更紧密相关,因而在知识体系中地位更高",因此"科学与人生观"之争,实质上是科学家用人文话语与玄学争论,表面上看来是科学家取得了胜利,但实际上真正的科学技术仍处于边缘地位。①

第二,新文化运动中启蒙思潮的影响

甲午战败后,新文化运动逐渐兴起,开启民智,唤醒民众成为一种潮流。要唤起民众,首先要使民众能听能读,于是要改变文言一统天下的局面。1898年裘廷梁创办《无锡白话报》,揭开白话文运动的旗帜,其列举白话的好处,其中有"便幼学""便贫民",一言以蔽之曰:"文言兴而后实学废,白话行而后实学兴。"②其后相继有《扬子江白话报》《苏州白话报》《中国白话报》等刊行。留日学生1899年所创的《开智录》也有启蒙民众的宗旨,梁启超的"新民说"影响巨大,后来的文学革命更是开启了文化启蒙的大道。要唤醒民众,用笔写文章,发表言论,比待在与世隔绝的实验室更为有效,因此吴宓就有他选择新闻的理由。而在留日学界也有理论认为文学对民众的唤醒有无可估量的作用。梁启超1902年创刊的《新小说》首期便说:"欲新一国之民,不可不先新一国之小说。故欲新道德,必新小说;欲新宗教,必新小说;欲新政治,必新小说;欲新风俗,必新小说;欲新学艺,必新小说;乃至欲新人心,欲新人格,必新小说。"因为"小说有不可思议之支配人道故"。③

鲁迅正是在这种启蒙思潮的环境下,开始思索他唤醒民众道路的。1902年9月结识同乡许寿裳,常谈及中华民族的缺点,他们觉得我们民族最缺乏的东西,"是诚和爱,换句话说:便是深中了诈伪无耻和猜疑相贼的毛病。口号只管很好听,标语和宣言只管很好看,书本上只管说得冠冕堂皇,天花乱坠,但按之实际,却完全不是这回事"。④ 因此当他受到日本同学的不公平对待,明晓医学只能拯救少许个人的身体,并不能拯救整个国民的灵魂时,便放弃医学,用文艺启蒙民众的选择也就是水到渠成了。

郭沫若和成仿吾的选择也有"启蒙民众比科学救国更为重要"这种认知的因素。成仿

---

① 陶东风《中心与边缘的位移——中国知识精英内部结构的变迁》,《东方》1994年第4期,第19页。
② 裘廷梁《论白话为维新之本》,《辛亥革命前十年间时论选集》第一册,三联书店,1960年,第42页。
③ 《新小说》第一期,转引自李喜所《近代留学生与中外文化》,天津人民出版社,1992年,第282页。
④ 鲁迅博物馆鲁迅研究室编,《鲁迅年谱》第一卷,人民文学出版社,1981年,第93-94页。

吾 1918 年因为反对日本帝国主义对中国的肆意侵略，作为回国请愿团成员之一回国请愿失败。与郭沫若谈及，很是悲愤，郭也感觉医学不能救中国，想以文学来唤醒民众。于是他们筹备创办创造社。可以说 1918 年的请愿失败是成仿吾思想转折的重要原因。由此他开始对富国强兵拯救祖国方略产生怀疑①，五四运动成为他思想成熟转折点："五四运动点燃了我们心中的火，使我们思考了许多问题。我们感到科学救不了国，搞文学更有意义，沫若因此不想学医，我也不想再学原来的学科。"②童润之和陈鹤琴分别弃农弃医而转学教育，也是因为教育可以育人，可以培养人才，启蒙民众，比实实在在的科学技术影响更大。这种因为启蒙思潮而以人文社会科学诸如文学、教育、新闻、政治宣传等代替科学技术，成为"弃理从文"一重要因素。

第三，中国面临的社会政治斗争实践

严复回国后相当长时间内并未放弃理工，从福州船政局到北洋水师学堂总办，一直是"专业对口"。甲午战败后，他受亡国灭种的危机影响才发挥他在英国所学得的新思想和新知识，这是政治社会实践影响明显的例子。胡适在后来自传中讲述他弃农从文的三个缘由，其中之一是"当时时势"：辛亥革命后，中国成为亚洲第一个民主共和国，引起美国人的极大关注，导致他热心讲演中国的过去、现在与将来，促使他去研究中国的革命背景、革命领袖等。③

其实，这些"弃理从文"学子的转变在很大程度上都跟当时中国社会的"时势"有关，包括中国自身的积弱、帝国主义列强的侵略和中国人民寻求发展的努力等方面。特别是甲午战败后，日本帝国主义一直对侵占中国抱有野心，使留学生们因反抗日本帝国主义而时时陷入政治漩涡；日本人也很看不起中国人，常称留学生为"豚尾奴"或"支那人"，使留学生深受心理刺激，鲁迅和成仿吾、郭沫若都深有体会。导致鲁迅由医学而转投文艺的直接原因是日本同学对他的侮辱、国民的愚昧现实和祖国积弱；郭沫若、成仿吾、李达、陈望道等人也受到过日本人的心理刺激，然后在反对日本帝国主义的侵略斗争中相继或转行成为文学家，或重新寻找拯救祖国的道路而成为马克思主义者。

---

① 余飘等《成仿吾传》，当代中国出版社，1997 年，第 17 页。
② 成仿吾《怀念郭沫若》，载《成仿吾文集》，山东大学出版社，1985 年，第 309 页。这里是否存在一个悖论，在五四德赛先生的启蒙中，有人放弃了赛先生，这是一个值得多加注意的问题。
③ 唐德刚译注，《胡适口述自传》，华东师范大学出版社，1993 年，第 38－39 页。

夏衍的经历也表明了当时政治斗争的影响。五四运动期间,他积极参加学生运动,并参加创刊《浙江新潮》。留学日本后,"自从读了马克思主义的书后,'实业救国'的念头渐渐消失了,毕业回国当工程师也觉得不值得羡慕了"①,思想开始变化,同时积极参加政治运动,后来成为国民党东京支部的负责人之一。

中国社会的政治活动在很大程度上决定了中国社会的未来走向,因此留学生们积极关心政治,是非常自然的事情。这在勤工俭学留法学生中表现得也相当明显,虽然笔者还未找到明显"弃理从文"的留法学子案例,但其中必定还是有此类人物的存在。

第四,个人性情

这些"弃理从文"者受到当时科学救国等思潮的影响,有许多人是逆自己的个人兴趣和才智而选择科学技术的,他们后来的转变自然是恢复自己的个人兴趣而已。胡适认为他在康奈尔大学农学院中所习果树学等课程不仅枯燥无味,脱离中国实际,而且"我对这些课程基本上是没有兴趣,而我早年所学,对这些课程也派不到丝毫用场,它与我自信有天分有兴趣的各方面,也背道而驰""所以我认为学农实在是违背了我个人的兴趣。勉强去学,对我说来实在是浪费,甚至愚蠢",认为这是他转变的首要原因。② 郭沫若选学医学的同时,压抑了他从小对文学的爱好,而其他很多人也是这种情况,在此不多做讨论。

上面只是简单地讨论了一些"弃理从文"的主要因素。具体来说,每个人转换专业都有他自己独特的原因,例如在不断的学习过程中,随着知识的增长而逐渐改变学习兴趣等。上述归纳不可能面面俱到,把所有因素全考虑,因此难免有不妥存在,还望方家予以指教。

四

由上面的分析和讨论可见,不同学习环境促成了不同类型的"弃理从文"转变。留美学生从科学技术向人文社会科学的转变,一般转型为学者型人物,而非宣传鼓动型的政治或文学人物,他们即使不再学习科学技术,还是利用科学的方法和思维方式研究社会科学等,并且都取得了相当成就。胡适弃农从文后,选择了哲学,成为中国第一位真正意义上

---

① 夏衍《懒寻旧梦录》,三联书店(北京),1985年,第84页。
② 唐德刚译注,《胡适口述自传》,华东师范大学出版社,1993年,第37-38页。

的近代哲学家;赵元任放弃数学、物理,在语言学方面成就闻名世界,是为该领域大师。马寅初放弃矿业专业,学习经济,成为首届中央研究院院士中唯一的经济学家代表;陈翰笙从植物学到地质学,再到社会学,成为中国一代社会学大家,特别是在农村社会的研究方面成就卓著;陈鹤琴放弃医学专注教育成为著名教育家;童润之放弃农科转学教育,也是功成名就。也就是说,留美学生的转变基本上是在广泛意义上的科学内转变,几乎没有政治类型或文学类型的变化。同时也可以发现,留美学生的转变大多跟他们自身的原因有关,与当时中国的社会历史环境的结合不如留日学生那么紧密,即使是马寅初也是改学经济学,而不是其他与政治相关紧密的学科。

与留美学生形成鲜明对比的,是留日学生的"弃理从文"转换类型。留日学生的转变大多与中国的政治社会环境密切相关,一般转变为文学家或与政治生涯联系较强的政治理论家或宣传家。鲁迅由习矿业而学医,最后转变为文学家,成为中国新文学的开创人与集大成者;郭沫若、成仿吾分别弃医弃兵工,发起组织创造社,成为新文学运动中的生力军,在中国近代文学史上举足轻重;夏衍弃工,先是记者,然后是剧作家,与当时的政治活动密切相连。李达弃理从文,成为马克思主义的理论家和宣传家;陈望道放弃数理,接受马克思主义,成为热情的马克思主义者宣传家。这些都表明留日学生的"弃理从文",在很大程度上与当时中国的社会政治现实与日本人长期对待中国人民的态度有关,是中日两国的社会现实促成了他们的最终转变。

在国内学习过程中就改变所学专业的,除与他们自身关系密切外,还与他们接受教育的老师或学校有关。自然科学不是徐中舒"性之所近",成为历史学家;顾颉刚更是因为数学课是"中学时期最撒烂污的功课"而选学文史的;吕振羽因为学工的学校一位留美博士不能修理电机而对"工业救国"失去信心而研究历史;周传儒因中学数理化老师素质太低,促使考大学理化不成被迫分配到史地系;谭戒甫屡次申请赴德国学机电不成而"继续读先秦诸子";等等。

造成上述由于学习语境不同而转变类型和转变原因也有所区别的原因何在?日本离中国很近,而且日本在这段时间内逐步实施其对中国的侵略野心,这使得留日学子直接关切祖国和自身的命运,他们更加自然地把他们的所习与祖国的前途命运紧密地联系在一起。而留美学生,由于相去祖国较远,而且美国在此时期又一直表现为对中国友好,美国本身依靠科学富强的现实可能加深了留美学子对科学的理解。因此他们的转变也就更加注重理性,注重自身的才情与性情,而与中国当时的社会政治关联不如留日学生那么紧密。国内求学学子,他们还处于发育阶段,自身还未定型,其转变也就没有留学生们那样要经过精神的洗礼,反复思考,而相对随意一些。

这些"弃理从文"选择者对中国历史产生了极为重要的影响。严复的译书影响了一代又一代中国人的思想,是甲午后三十年中中国知识界的"圣人";鲁迅的历史地位和作用根本不用在此饶舌;胡适的学术地位、思想地位和教育家身份也不用多说;其他郭沫若、李达、陈望道及其那些大名鼎鼎的历史学家、社会学家们,对中国近代历史的影响在教育、学术创建等方面的作用也是不可估量的。1948年的首届中央研究院院士就有胡适、郭沫若、陈垣、赵元任、马寅初、顾颉刚等"弃理从文"的名字也是一种昭示。

同时,这些学子的"弃理从文"选择在相当程度上说是"顺应"了中国历史潮流,当然这并不是说学习科学技术并创建和发展中国科学技术的那代学子就违背了历史发展趋势。说他们"顺应"潮流,就是说他们的选择对他们自己而言是相对正确的,而且也是相当幸运的。据称胡适的弃农从文,深得其同学梅光迪的赞许,因为胡适"乃稼轩、同甫之流",所以其转科是"吾国学术史上一大关键,不可不竭力赞成"。① 梅光迪的看法可谓"火眼金睛",如果胡适不转科继续在农科徜徉,也许现在就根本不知道近代历史上还有个胡适,于是一代青年"宗师"和自由主义的"领头羊"要换成另一个人了;可能他早被掩盖在许许多多默默无闻的农业科技工作者中去了,即使他在农学上取得巨大成就,是中国农业科学的集大成者,又会有多少人去注意他呢? 当然,这样的命运也许会降落到鲁迅、郭沫若等诸多转换学科的人物身上。

正如前面所说,中国是一个注重人文知识的社会,而且人们的目光更多地聚焦于政治家们的社会活动中,而对那些对人类发展做出极大贡献,深刻影响社会发展的科技工作者,理解就不那么"勤勉"了。虽然胡适20世纪20年代为《科学与人生观》作序时说过:"这三十年来,有一个名词在国内几乎做到了无上尊严的地位;无论懂与不懂的人,无论守旧和维新的人,都不敢公然对他表示轻视或戏侮的态度。那名词就是'科学'。"这是今天

---

① 耿云志《胡适年谱》,四川人民出版社,1989年,第29页。

的研究者引用最为广泛的一段话,特别是为了论证中国所谓的"唯科学主义"思潮,仿佛当日的中国已经是科学"大行其道"了,成为社会的主流"意识"了。其实,论者们都没有注意到这段话后面胡适的继续言说,梁启超《欧游心影录》宣告"科学破产",中国"这遍地的乩坛道院,这遍地的仙方鬼照相,这样不发达的交通,这样不发达的实业";"中国此时还不曾享受着科学的赐福,更谈不到科学带来的'灾难'""我们……正苦科学的提倡不够,正苦科学的教育不发达,正苦科学的势力还不能扫除那迷漫全国的乌烟瘴气",胡适因此大声疾呼,要替科学辩护。①

　　胡适后面的论说才是历史的真实情况。其实到1935年,中国训练有素的科学家已逾千名,经过一定专业训练的科学人才也有数万人。② 有人从政治地位、经济收入和社会知名度三个方面对这些科学家的社会地位做了一些分析,表明即使到20世纪30年代,科学家社会声望简直可怜得紧,还不如17世纪的英国。③ 其经济收入更是来源于其传统的"士"身份,而所谓"中国科学界中没有一位人物能为全社会所家喻户晓,而政界、军界,甚至知识界及其他领域却存在这样的人物"的命题是完全可以理解的。中国人仍以"官"为本,以"人文"为经。因此,从这个意义上说他们的选择对他们自己而言是相对正确的,也是比较幸运的。当然他们"逃避"科学技术的态度是否影响到未来中国学生偏重文哲政法的历史事实,还无从定论,姑且作为悬案。

(《史林》1999年第3期,第44-53页)

---

　　① 胡适《〈科学与人生观〉序》,载张君劢、丁文江等著,《科学与人生观》,山东人民出版社,1997年,第10-13页。
　　② 重熙《中国科学社二十周年纪念大会记盛》,《科学》第19卷第12期(1935),第1907页。
　　③ 王大明《试论二、三十年代中国科学家的社会声望问题》,《自然辩证法通讯》1988年第6期,第36-42页。

传统与现代之间

——中国科学社理事会群体研究

领导群体在社团组织中扮演极为重要的角色,他们负责引导社团成员设立目标,并带领成员去实现这一目标。因此,他们的整体素质是社团组织发展的保证:前瞻能力决定了社团组织的发展方向,行政才能决定了社团组织实现目标的程度。社团组织领导层的正常更替对其发展也非常重要,这不仅是社团组织民主化程度的表征,也是吸引年轻人进入领导层、为组织发展储备人才的程序。同样,领导层的社会结构与社会网络对社团组织各项事业的开展与实施也相当重要。

中国科学社(The Science Society of China),原名科学社,1914年6月由留学美国康奈尔大学的胡明复、赵元任、周仁、秉志、任鸿隽、杨铨等人倡议创建,1918年回迁国内,1960年在上海宣告解散。中国科学社作为近代中国延续时间最长、影响最为广泛的综合性科学社团,其事业的扩展及遭遇的困境,除广阔的社会历史因素外,与其领导群体密切相关。这里以中国科学社领导群体理事会[①]成员的更替及其社会结构与社会网络为例,分析近代中国科学体制化进程中社团组织方面存在的问题。

理事会的组建与成员变迁

1915年出版的《科学》第1卷第1期公布科学社理事会由会长任鸿隽、书记赵元任、会计秉志和胡明复、周仁组成。这是为发刊杂志而成立的股份公司时期的理事会,没有章程予以合法化。1915年10月25日,科学社改组为中国科学社,公布章程,规定理事会由7人组成,任期2年,连选连任;由全体社员直选,司选委员会负责选举并在年会上报告结果,每年10月1日交接。1916年在美国举行的第一次年会选举产生了首届理事会,投票表决任鸿隽、胡明复、赵元任、秉志4人为两年理事,周仁、竺可桢、钱天鹤3人为一年理事,以后每年以3人、4人间或换届。

---

① 1922年第二次改组前,中国科学社领导层是董事会,改组后为理事会。为与此后的名誉性董事会相区分,这里将1922年前的董事会也称理事会。

翌年修改章程,议决理事会由11人组成。1918年留任理事仅3人,新选理事8人,投票表决任鸿隽、胡明复、赵元任、唐钺、孙洪芬任期两年,其后每年以5人、6人间选。1922年第二次改组,理事会人数不变,新成立董事会为名誉机构。1931年年会讨论决定理事会增至15人,总干事为常任理事,1932年当选理事9人,孙洪芬和竺可桢任期一年,其后每年改选7人。

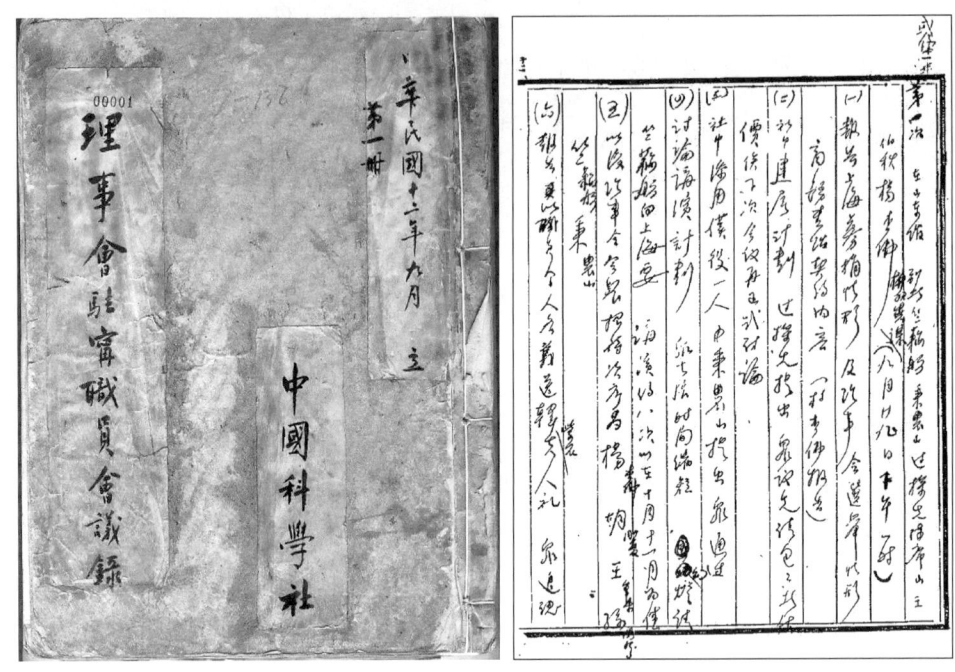

上海市档案馆藏中国科学社理事会会议记录第一册封面(左)与内页第一页(右)

到1936年,中国科学社年年举行年会,理事会的换届选举正常进行。全面抗战爆发后,年会不能如期举行,理事会的换届随之亦成问题。中国科学社领导层的更替,1937年前的历届换届选举具有连续性与代表性。因此,以1937年前历届理事会成员为分析对象,其更替的具体情况见表1。

表1 中国科学社1916—1936年理事会成员一览表

年份	理事会成员	
	当 选	留 任
1916	任鸿隽、胡明复、赵元任、秉志、周仁、竺可桢、钱天鹤	
1917	周仁、竺可桢、邹秉文	任鸿隽、胡明复、赵元任、秉志

续表

年份	理事会成员	
	当　选	留　任
1918	任鸿隽、胡明复、赵元任、唐钺、孙洪芬、孙昌克、过探先、钱天鹤	周仁、竺可桢、邹秉文
1919	邹秉文、杨铨、裘维裕、金邦正、李协、李垕身	任鸿隽、胡明复、赵元任、唐钺、孙洪芬
1920	任鸿隽、胡明复、赵元任、孙洪芬、郑宗海*	邹秉文、杨铨、裘维裕、金邦正、李协、李垕身
1921	胡刚复、杨铨、金邦正、王琎、张准、王伯秋	任鸿隽、胡明复、赵元任、孙洪芬、杨孝述
1922	任鸿隽、胡明复、孙洪芬、丁文江、秉志	胡刚复、杨铨、金邦正、王琎、张准、王伯秋
1923	秦汾、胡刚复、杨铨、赵元任、王琎、竺可桢	任鸿隽、胡明复、孙洪芬、丁文江、秉志
1924	任鸿隽、胡明复、丁文江、秉志、胡先骕	秦汾、胡刚复、杨铨、赵元任、王琎、竺可桢
1925	杨铨、赵元任、王琎、竺可桢、翁文灏、过探先	任鸿隽、胡明复、丁文江、秉志、胡先骕
1926	任鸿隽、胡明复、丁文江、秉志、周仁	杨铨、赵元任、王琎、竺可桢、翁文灏、过探先
1927	杨铨、赵元任、竺可桢、翁文灏、过探先、胡刚复、王琎**	任鸿隽、胡明复、丁文江、秉志、周仁
1928	任鸿隽、秉志、周仁、王琎、叶企孙	杨铨、赵元任、竺可桢、翁文灏、过探先、胡刚复
1929	杨铨、赵元任、竺可桢、翁文灏、胡先骕、胡刚复	任鸿隽、秉志、周仁、王琎、叶企孙
1930	任鸿隽、周仁、王琎、高君珊、钱宝琮	杨铨、赵元任、竺可桢、翁文灏、胡先骕、胡刚复
1931	杨铨、赵元任、秉志、翁文灏、胡刚复、杨孝述	任鸿隽、周仁、王琎、高君珊、钱宝琮
1932	任鸿隽、胡先骕、周仁、王琎、丁文江、胡庶华、李协、竺可桢、孙洪芬	杨铨、赵元任、秉志、翁文灏、胡刚复、杨孝述
1933	赵元任、竺可桢、翁文灏、胡刚复、孙洪芬、秉志、李四光	杨孝述、周仁、王琎、丁文江、任鸿隽、胡先骕、胡庶华、李协
1934	任鸿隽、胡先骕、王琎、周仁、伍连德、李协、丁绪宝	杨孝述、赵元任、竺可桢、翁文灏、胡刚复、孙洪芬、秉志、李四光
1935	秉志、翁文灏、胡刚复、竺可桢、马君武、赵元任、胡适	杨孝述、任鸿隽、胡先骕、王琎、周仁、伍连德、李协、丁绪宝
1936	任鸿隽、胡先骕、王琎、周仁、李四光、孙洪芬、严济慈	杨孝述、秉志、翁文灏、胡刚复、竺可桢、马君武、赵元任、胡适

注：* 很快辞去，杨孝述接替；** 代替去世的胡明复为任期一年理事。

1916—1936年，先后有任鸿隽、胡明复、赵元任、秉志、周仁、竺可桢、邹秉文、王琎、胡刚复、杨铨、翁文灏、胡先骕、丁文江、杨孝述、孙洪芬、过探先、钱天鹤、李协、郑宗海、金邦正、李四光、唐钺、孙昌克、裘维裕、李垕身、张准、王伯秋、叶企孙、高君珊、钱宝琮、胡庶华、伍连德、丁绪宝、马君武、胡适、秦汾、严济慈共37人当选理事。

第一届理事中竺可桢和钱天鹤不是发起人，他们的当选是积极参与社务活动的结果。9位发起人中过探先、章元善、金邦正已经回国，留在康奈尔大学的6人，《科学》编辑部部长杨铨没有当选。第二届理事中邹秉文代替钱天鹤，仅变化一人。第三届理事增为 11 人，前两届当选的 8 人中秉志落选，新增唐钺、孙洪芬、孙昌克和过探先 4 人。1919 年在杭州召开的第四次年会，是在国内召开的首次年会，为扩大社会影响，吸收新的成员进入领导层，新当选的杨铨、裘维裕、金邦正、李协、李垕身都是从未当选过的"新人"。这届理事会组成，发起人仅有任鸿隽、胡明复、赵元任与杨铨，李协是第一个非留美学生理事，他当时就职于南京河海工程专门学校。

1920 年郑宗海加盟，是第一个非科学技术理事，但很快辞去。1921 年王琎、胡刚复、张准、王伯秋新当选，他们都是南京高师教师，王伯秋是第二个社会科学出身的理事。1922 年丁文江成为新生力量，他是国内地质学界的领袖人物、学界名流，是第二个非留美出身理事。1923 年秦汾成为理事会新成员，他是当时数学界的领军人物之一，后弃学从政。1924 年胡先骕成为新理事，此前他已就任中国科学社生物研究所植物部主任。1925 年翁文灏加盟，他是地质学界的权威，留学比利时。1926—1927 年没有新面孔出现，1928 年叶企孙成为新鲜血液。1929 年没有新人物出现，1930 年高君珊、钱宝琮新当选，高君珊在中国科学社设立了很有影响的高女士奖金，教育学出身，是首位女性理事。1931 年杨孝述真正当选，此时他已经是中国科学社的总管——总干事。1932 年理事会扩大到 15 人，但仅增添了一位新人胡庶华，时任同济大学校长，旋任湖南大学校长。1933 年增添李四光，1934 年来了丁绪宝和伍连德，丁绪宝是第一位在国内大学毕业再留学当选理事者，可作为理事会中第二代科学家代表。伍连德因扑灭东北鼠疫声名鹊起，1935 年以"从事肺鼠疫研究工作，特别是发现旱獭在其中的传播作用"被提名为诺贝尔生理学或医学奖候选人。1935 年新增胡适与马君武，胡适是第四位非科学技术理事，虽然从中国科学社创立起就有关系，但似乎一直若即若离。1936 年严济慈当选，他真正是第一代理事胡刚复等培养的学生。

可见，中国科学社理事会成员一直处于变动中，特别是回国之初，曾大量吸收国内人才。但后来没有继续保持这一"法宝"，从总体上看，成员更替并不频繁。

理事会成员更替与民主化进程

将表 1 处理为表 2。1916—1936 年共 21 届理事会，将少数一年期理事算作一届即两年,按章程应当选 129 人次,实际当选总人数为 37 人,平均每人当选届数为 3.5,每届两年,也就是说平均任期为 7 年。在分析的 21 年中,平均每位理事的任期占据了三分之一的时间,对一个学术社团而言,应该说更换频率并不快。具体分析,有"马太效应"存在。这些理事中,当选届数相差极大,有 17 人是一次当选,也就是说他们或任期 2 年或任期 1 年,而另 20 人占据了 112 次机会,平均每人任期达 11.2 年。具体分析一次当选的 17 人,大多数是当选一次后就从领导层消失,只有叶企孙、严济慈、丁绪宝等人是成绩优秀的年轻人,新进入领导层。从总体上看,这些一次当选者对中国科学社的发展并不具有大作用。有 4 人当选过 2 次,2 人当选过 3 次,3 人当选过 4 次。当选 5 次及 5 次以上的有 11 人,他们共占据了 86 次机会,平均每人任期达 15.6 年,中国科学社领导权大部分时间由他们掌控。

表 2　1916—1936 年间理事担任届次统计表

姓名	任鸿隽	赵元任	竺可桢	王琎	秉志	周仁	胡刚复	杨铨	胡明复	翁文灏
届数	11	10	10	9	8	7	7	7	6	6
姓名	孙洪芬	胡先骕	丁文江	杨孝述	过探先	李协	邹秉文	钱天鹤	金邦正	李四光
届数	5	4	4	4	3	3	2	2	2	2
姓名	唐钺	孙昌克	裘维裕	李垕身	郑宗海	张准	王伯秋	叶企孙	高君珊	钱宝琮
届数	1	1	1	1	1	1	1	1	1	1
姓名	胡庶华	伍连德	丁绪宝	马君武	胡适	秦汾	严济慈			
届数	1	1	1	1	1	1	1			

9 位发起人除章元善外,都当选过理事,共 54 人次,占总人次的 42%;任鸿隽、赵元任、秉志、周仁、胡明复、杨铨 6 人当选 49 人次,占总人次的 38%,平均每人当选时间为 16.3 年。如果胡明复、过探先、杨铨等不是过早去世,他们当选的人次会占更大的比例。另外,竺可桢、王琎作为社务主要主持人(竺可桢曾任书记、社长,王琎担任《科学》主编十余年,也曾任社长),他们当选届次超过发起人秉志、周仁。

中国科学社理事的选举应该说有相当严格的程序,由专门的司选委员负责,章程专章规定了司选委员的权利与义务,也出现过由于选举出现问题而结果作废的情况。1926 年年会选举叶企孙、宋梧生及褚民谊为司选委员,负责次年理事选举。在翌年年会上,叶企孙以此次理事选举参选人数不够而对选举结果没有表示同意,按照章程司选委

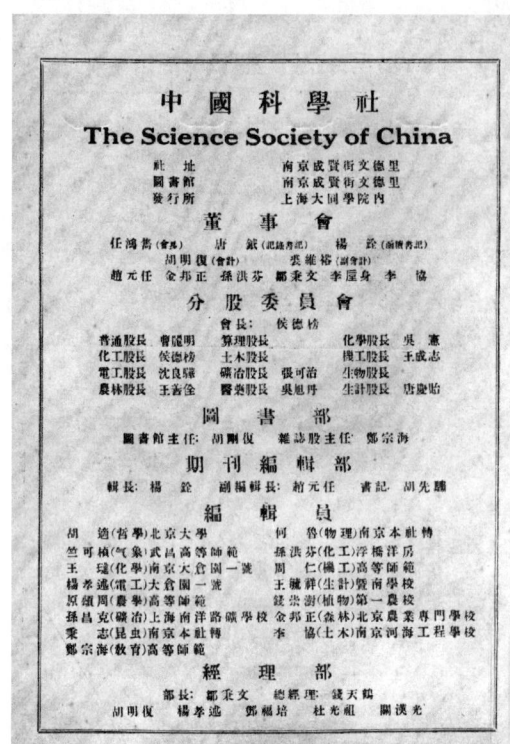 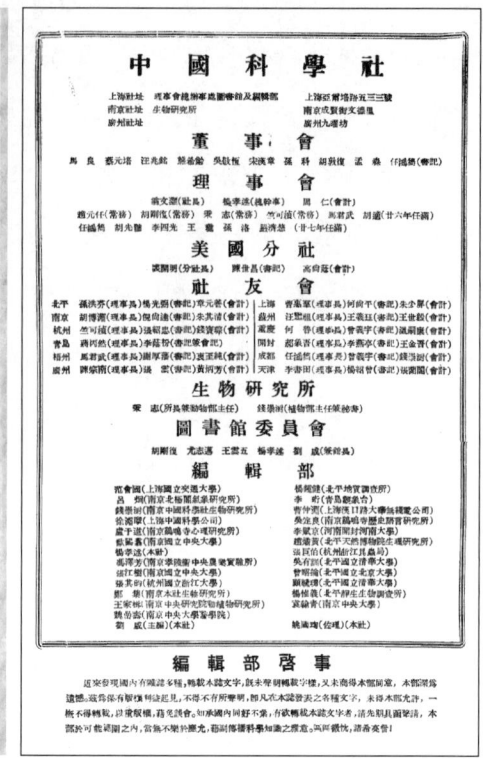

《科学》公布的中国科学社各组织部门成员名单
左为第 4 卷第 8 期（1919 年 4 月出版），右为第 21 卷第 1 期（1937 年 1 月出版）。

员三人中只要一人不同意选举则无效的规定，宣布此次理事选举作废。与会代表同意重新选举。这在中国科学社的发展史上可谓"空前绝后"。① 后来重新选举结果如下：竺可桢 80 票、杨铨 74 票、胡刚复 67 票、翁文灏 58 票、过探先 53 票、赵元任 52 票、王琎 41 票、李熙谋 37 票、何鲁 28 票、朱经农 27 票、李石曾 25 票、张乃燕 25 票、姜立夫 20 票、唐钺 19 票、朱少屏 18 票、李四光 16 票、饶毓泰 15 票、钟荣光 14 票、吴宪 13 票、丁燮林 10 票、金湘帆 10 票、段育华 9 票、郭任远 9 票、熊庆来 5 票。应选理事 6 人，因留任理事胡明复逝世，故多选一人补为一年理事。按得票多少竺可桢、杨铨、胡刚复、翁文灏、过探先、赵元任当选两年理事，王琎补缺胡明复。② 可见理事选举竞争相当激烈，没有当选的姜立夫、李四光、饶毓泰、吴宪等是各学科创始人或奠基者，他们 4 人还是 1948 年中央研究院首届院士；李石曾、张乃燕、郭任远、熊庆来、何鲁、丁燮林、钟荣光、朱经农等也

---

① 《中国科学社第十二次年会记事》，《科学》第 12 卷第 11 期（1927），第 1625 页。
② 《中国科学社记事：本届理事选举结果》，《科学》第 12 卷第 11 期（1927），第 1655 页。

是学界名流。

虽有如此严格的选举程序,但理事会成员的更替还是存在上述问题。中国科学社是以科学技术成员为主体的综合性社团,科学技术不比社会科学,它在相当程度上是年轻人的事业。20世纪最伟大的数学家之一、华罗庚在剑桥大学的导师哈代曾说过,"任何数学家都永远不要忘记:数学,较之别的艺术或科学,更是年轻人的游戏""我还不知道有哪一个重要的数学进展是由一个年过半百的人创始的"。① 非但数学如此,其他学科如物理、化学,重要的进展也都是科学家们在青年时代做出的。民国这样一个科学技术快速发展的时期,作为一个团聚科学技术人才的学术社团领导层不能加快更换频度,将代代年轻后进吸收入领导层,对其正常发展是不利的。

作为中国化学会的主要领导人,曾昭抡认为学会的领导人一定要常换常新,"常规的职务,像干事、编辑等,任期不妨略微长些。但是决定政策的会长、副会长和理事是应当常换新的分子。公共团体的同仁化、包办化,是中国许多公共团体的悲剧。一个人在一个团体作了十几年的职员,结果他自己厌倦了,别人也对这个团体失去了兴趣"。他举例说美国化学会会长每年换一位新的,连任很少,美国田径运动的发达也是因为新陈代谢快速。加快学会领导层的更换步伐不仅可以使学会的发展充满活力,而且从另一方面看,也是对后进的鼓励,"欣悦他们的成功,一反从前'同行是冤家'的谬论,是我们科学家应有的胸襟",也是中国科学发展的"重要推进力"。②

曾昭抡的述说对中国科学社领导层有相当的针对性,中国科学社有"同仁化""包办化"的嫌疑。理事成员的更替存在上述不足,在最为重要的职务——社长上也有问题。1915—1936年就任社长情况:1915—1923年任鸿隽,1923—1925年丁文江,1925—1927年翁文灏,1927—1930年竺可桢,1930—1933年王琎,1933—1936年任鸿隽,1936年在第21届理事会的理事会议上翁文灏以6票当选社长。发起9人中仅任鸿隽担任过社长,这说明中国科学社成立以来并不故步自封,特别是1918年从美国迁回国后,积极吸收新鲜血液,注意与国内其他科学人才联系,1922年丁文江当选理事,并从1923年

---

① 〔英〕G. H. 哈代等著,毛虹等译,《科学家的辩白》,江苏人民出版社,1999年,第39-40页。
② 曾昭抡《中国化学会前途的展望》,载《一代宗师——曾昭抡百年诞辰纪念文集》,北京大学出版社,1999年,第17-18页。

开始担任社长。此后中国地质科学的另一位领导人翁文灏也当选社长。同时,从1923年丁文江当社长开始,任期基本为3年,似乎有一个较好的更换机制。

科学社团表现出与其他所有领域中的志愿社团相同的成员构成模式。其成员由两部分构成,一是少数积极分子,一是不太积极的大多数人。"少数积极分子有最强烈的兴趣并占据大多数领导职位。但……科学组织中的最高职位几乎从不由那些仅在组织中表现得非常积极的人来充任。体现着科学的等级和价值的这些最高职位,习惯地通过成员的表决而作为优秀职业成就的象征,授予那些在组织中最有名望的科学家,无论其是否非常积极地参与组织的事务。积极的参与……可能也起作用,但不是特别重要。……被自由的科学组织选为领导人乃是对于成就的一种正式承认,……"①作为学术社团共性的这一特征在中国科学社领导群体中也有相应的体现,大多数理事是社务的积极参与者,当然也有例外,有待下文分解。社长职务却没有完全给予最有名望的科学家:第二任社长丁文江,确实不是社务的积极参与者,而是当时科学成就最为突出者之一,后来相继担任的翁文灏和竺可桢也可以如是看待;但王琎、任鸿隽的当选可能就脱离了这一规律。最初,任鸿隽作为发起人当选无可厚非,后来再次当选就说不过去了,王琎的当选自然是因积极参与社务而不是科研成就特出。上述已经形成的社长更替机制,也仅仅是表面现象,任鸿隽两次当选,翁文灏也是两次荣任,虽非连任,终究不出几副老面孔。更为重要的是,自1941年任鸿隽第三次担任社长以后,直到1960年中国科学社在上海宣告解散,近二十年就他一人孤独地"站在舞台"。

中国科学社领导群体更替分析表明,老一辈长久地占据着领导位置,下面的年龄分析中表现更为充分。因此,1949年后中国科学社被指责为"老科学家多""有宗派性"。② 这不仅阻塞了后进者前进的道路,而且可能使他们舍弃该团体,另行组织或参加其他团体。由年轻人创办并改组的中华自然科学社在很大程度上可能有这方面的原因。

其实,民国时期科学社团的民主化特别是在领导层的更替上,中国科学社所表露的问题具有相当的代表性。据杨钟健回忆说,中国地质学会"理事会开会,早年主持者为翁文灏先生。他显然有左右会场之极大力量,多数理事不过陪衬而已。不过,这时的国内

---

① 〔美〕伯纳德·巴伯著,《科学与社会秩序》,三联书店(北京),1991年,第142-143页。
② 樊洪业等《黄宗甄访谈录》,《中国科技史料》2000年第4期,第321页。

风气,上至政府,下至民间团体,无不如此,也不能责怪少数人。事实上,就地质学会来讲,主持的人实是完全为发展此学会而努力的,并无他杂念。近年以来,各种会务亦逐渐走向民主之途"。① 翁文灏在中国地质学会的地位和影响是其他任何人都不能匹敌的。其他社团组织在这方面也存在同样的问题,在某种程度上正如曾昭抡所说,成了"同仁化、包办化",由某些人把持的机关。

作为模仿西方纯粹学术社团而成立的中国科学社,其领导群体的选举并没有真正体现民主精神与民主程序。这一现象的出现,自然与中国社会缺乏民主传统有关。虽然留美学生们在美国时,曾实践民主精神与民主化程序,欲将之移植回国内,但这毕竟不是一件器物,说"拿来"就"拿来"了。② 中国科学社的章程规定理事可以连选连任,而不是国外同类社团组织通行的不得连任或任期不超过几届。也就是说,中国科学社章程为上述现象的出现提供了法理基础。民国时期各种学术社团也普遍存在同样的问题,中华自然科学社董事是连选连任,中国科学化运动协会董事亦连选连任,中国科学工作者协会也是同一理路,只有中华学艺社规定董事连任不得超过两次。

作为一个学术社团,充分的开放性与民主化是其正常发展与成长的先决条件。在缺乏民主传统的中国,像中国科学社这类完全模仿西方而创建的纯学术性社团,在民主化方面应该走在时代前列,为中国其他方面的民主化起示范作用。上述现象的出现,正是行走在近代化道路上的中国学术体制化所表现出来的过渡性质,传统与现代、民主与把持、开放与封闭交织在一起。

不可否认的是,学术社团的民主化进程出现这种情况也有其原因。领导群体的相对稳定,对维持社务或会务的发展有重要作用。对中国科学社而言,1918 年回国之初,老社员不关心社务,没有新人入社,社务经费奇缺。这时,稳定的领导群体对维持其生存发展至关重要。创始人等像照顾自己的孩子一样"看护",经多方努力而走出困境。问题是,当社团的发展走上正轨后,领导群体还保持如此之稳定就不利于社团的正常发展了。这样,就存在一个悖论:开创人不关心社务,社团就可能瘫痪乃至解散,民国时期

---

① 杨钟健《杨钟健回忆录》,地质出版社,1983 年,第 164 页。
② 关于留美学生在美国时的民主实践,参阅拙文《清末民初留美学生社团组织分析》,《学术月刊》2003 年第 5 期,第 58 - 65 页。

有许多开办之初生机勃勃的学术社团很快销声匿迹,就有这方面的原因;开创人过分关注社务,将之看成自己的"禁脔",同样会导致社团发展缺乏活力与后进。这一悖论的解决,既需要遵守学术发展自身的规律,又需要研究、交流、评议等学术体制化的全面建立。

为进一步了解理事会成员更替所反映问题及其原因,分析成员们的社会结构与社会网络,也是一个可以参考的路径。

理事会成员的社会结构与社会网络(上)

"社会结构"与"社会网络",社会学含义丰富而复杂。这里仅以理事会成员的籍贯、年龄、国内外求学经历、所学学科、社会角色、与中国科学社的关系等指标(表3),构筑理事会成员的社会结构与社会网络,力图对其更替进行社会学意义上的解释。

表3 理事会成员社会角色、籍贯、出生时间及与中国科学社的关系

姓 名	社会角色与学术成就	籍 贯	出生年	与中国科学社关系
任鸿隽	科学活动、宣传与推进者	四川垫江	1886	发起人,长期担任理事、社长
胡明复	数学教育家	江苏无锡	1891	发起人,长期担任理事,负责《科学》编校
赵元任	语言学大师,首届院士	江苏武进	1892	发起人,主要领导人之一
秉 志	动物学奠基人,首届院士	河南开封	1886	发起人,主要领导人之一,领导生物研究所
周 仁	冶金陶瓷学家,首届院士	江苏江宁	1892	发起人,主要领导人之一
竺可桢	气象学奠基人,首届院士	浙江上虞	1890	主要领导人之一,曾任社长
钱天鹤	农学与农业行政领导人	浙江杭县	1893	早期领导人之一,后从领导层消失
邹秉文	农学家	广东广州	1893	早期领导人之一,后从领导层消失
唐 钺	心理学家	福建侯官	1891	1918年当选理事,后从领导层消失
孙洪芬	化学教育工作者	安徽黟县	1889	主要领导人之一
孙昌克	矿业工程师	四川	1897	1918年当选理事,后从领导层消失
过探先	农学家	江苏无锡	1887	发起人,主要领导人之一
杨 铨	政治活动与学术推进者	江西玉山	1893	发起人,主要领导人之一
裘维裕	电机专家	江苏无锡	1891	1919年当选理事,后曾当选司选委员
金邦正	从校长到商人	安徽黟县	1886	发起人,1919年当选理事,后从领导层消失
李垕身	铁路工程师	浙江余姚	1889	1919年当选理事,后从领导层消失
李 协	水利事业创始人之一	陕西浦城	1882	1919年当选理事,西安年会再次当选
郑宗海	教育家	浙江海宁	1891	1920年当选理事,很快辞去
胡刚复	物理学家、教育家	江苏无锡	1892	主要领导人之一,任明复图书馆长等

续表

姓　名	社会角色与学术成就	籍　贯	出生年	与中国科学社关系
王　琎	化学教育家与化学史家	福建闽侯	1888	主要领导人之一,曾任社长
张　准	化学教育家与化学史家	湖北枝江	1886	1921年当选理事,后从领导层消失
王伯秋	政治学教育工作者	江苏江宁	1884	南京社所得他帮助,1921年当选理事,后从领导层消失
丁文江	地质学奠基人之一	江苏泰兴	1887	1922年当选理事,并被举为社长
秦　汾	数学工作者转政治人物	江苏嘉定	1887	1923年当选理事,后从领导层消失
胡先骕	植物学奠基人,首届院士	江西南昌	1894	生物研究所植物部主任,活跃的领导人之一
翁文灏	地质学奠基人,首届院士	浙江鄞县	1889	主要领导人之一,曾任社长、监事长
叶企孙	物理学家,首届院士	江苏上海	1898	1928年当选理事
高君珊	教育工作者	福建长乐	1893	第一位女性理事,捐款设高女士奖金,后从领导层消失
钱宝琮	科学史家	浙江嘉兴	1892	1930年当选理事,后从领导层消失
杨孝述	科学活动与宣传工作者	江苏松江	1889	主要领导人之一,长期主持日常事务
胡庶华	教育家	湖南攸县	1886	1932年当选理事,后从领导层消失
李四光	地质学奠基人,首届院士	湖北黄冈	1889	1933年当选理事,后长期当选
伍连德	医学、病理学家	广东兴宁	1879	1934年当选理事
丁绪宝	物理学家	安徽阜阳	1894	1934年当选理事,后从领导层消失
马君武	政治活动家与教育家	广西恭城	1881	1935年当选理事
胡　适	哲学家,首届院士	安徽绩溪	1891	早期社员,1935年当选理事为最好表现
严济慈	物理学家,首届院士	浙江东阳	1901	被破格吸收为社员,第一代理事学生

由表3可以将理事会成员分为几类:一是长期关心社务的发展,因而长期担任理事,如任鸿隽、赵元任、竺可桢、王琎、秉志、周仁、胡刚复、杨铨、胡明复、胡先骕、翁文灏等;一是早期积极参加社务活动,后来不再关心社务,从领导层逐渐消失,以钱天鹤、邹秉文、金邦正、李垕身、张准等为代表;第三类是因在某些事件上对中国科学社贡献较大而当选理事,但并不持久关心社务,因此担任理事仅"昙花一现",以王伯秋、高君珊为代表;第四类是有突出学术贡献者,以李四光、严济慈为典型;还有一些社会名流如胡适、马君武、胡庶华等。

由表可知,37位理事集中了近代中国科学技术精英,有物理学、化学、地质学、生物学、气象学、工程技术等学科的奠基者与创始人,有语言学、哲学大师。当选1948年中央研究院首届院士的有赵元任、秉志、周仁、竺可桢、胡先骕、翁文灏、叶企孙、李四光、胡适、严济慈10人。理事中也有一些科学工作推进者,如任鸿隽长期担任对中国科学影响很大的中华教育文化基金董事会总干事、董事与干事长,杨铨在中央研究院的创建与规划方面、丁文江在中央研究院评议会的成立等方面、钱天鹤在农业科学的发展方面等都做出了很大贡献。理事成员还有一些著名的教育工作者,例如胡刚复在物理学,王琎、张准在化学,胡明复在数学等,培养了大批青年才俊。但是也可以清楚地发现,中国科学社作为一个欲囊括各学科人才的综合性学术社团,还有许多当时的杰出人才没有被吸收进入领导层。

37名理事,江苏11人当选45人次,浙江7人当选22人次,安徽4人当选9人次,福建3人当选11人次,四川2人当选12人次,江西2人当选11人次,湖北2人当选3人次,河南1人当选8人次,广东2人当选3人次,陕西1人当选3人次,广西、湖南各1人各当选1人次。据研究,近代各种人物地理分布,占据前4位的分别是江苏、浙江、广东、河北,其后是福建、湖南、四川、安徽、江西、湖北等,排名或前或后。① 理事会人数以江苏、浙江为多,这与近代社会经济发展与人才分布具有同一性。但是,江苏平均每人当选4.1届次,浙江为3.1届次,无论是当选人次还是平均当选届次,江苏都远远高于浙江。考虑到仅江苏无锡就有4位理事当选17人次,可能有地域关系在起作用。广东籍人数之少与安徽籍人数之多,是理事群体地域分布的特色,而且这与中国科学社社员人数广东远远高于安徽也不一致。这样一个籍贯分布状况,一方面固然反映了近代中国社会经济与科学技术发展的不平衡,另一方面也显示了理事的当选与地域因素有显而易见的关系。出生四川的任鸿隽作为中国科学社最重要的领导人,另有孙昌克一人作为四川人当选为理事,而且仅有一届,地域因素似乎在四川没有起作用。其实,任鸿隽虽然出生四川,但原籍浙江。

从理事年龄来看,1885年以前出生的理事有伍连德、马君武、李协、王伯秋,当选6人次;1886—1890年出生的有胡庶华、任鸿隽、秉志、过探先、张准、金邦正、丁文江、秦汾、王琎、翁文灏、杨孝述、孙洪芬、李四光、李垕身、竺可桢共15人,共当选68人次,平均每人当选4.5次,高于平均的3.5次;1891—1895年出生的有赵元任、周仁、杨铨、胡刚复、胡明复、胡先骕、邹秉文、钱天鹤、唐钺、裘维裕、郑宗海、钱宝琮、高君珊、丁绪宝、胡适共15人,共当选52人次,平均每人当选3.5次;1896—1900年仅有孙昌克、叶企孙2人,当选2人次,1901年出生1人,当选1次。可见从年龄段来看,1937年前理事主要是由1886—1895年出生的人担当,共有30人,当选120人次,其中以1886—1890年龄段更具

---

① 王奇生《中国近代人物的地理分布》,《近代史研究》1996年第2期,第218-243页。

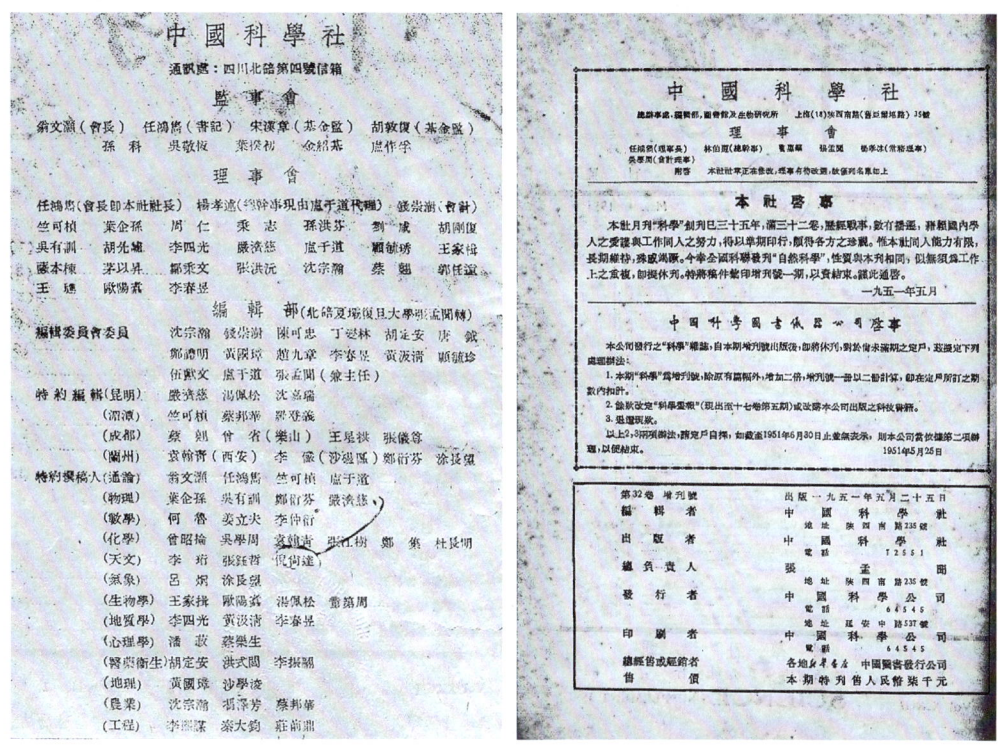

《科学》公布的中国科学社职员名单
左为第28卷第1期(1945年1月),右为第32卷增刊号(1951年5月),两相对照,一目了然。

有优势。1898年出生的叶企孙1928年当选理事时年仅30岁,1901年出生的严济慈1936年当选董事时也仅35岁,但这样年轻有为的人理事会中实在太少,而且叶企孙、孙昌克仅仅当选一届就基本消失,充分说明年轻人在理事会没有地位。

其实,中国各门学科由于先期留学归国者和各方面的努力,20世纪20年代的后期已经有年轻的科学家们崭露头角。到30年代,世纪之交出生的新一代科学家们已经30来岁,他们在各个领域已经取得了令人瞩目的成就。37位理事中仅丁绪宝、严济慈是国内大学毕业再留学者,理事会还主要由前一辈组成。37位理事中当选1948年首届院士的,1895年以后出生的叶企孙、严济慈都是院士;除秉志、翁文灏、李四光3人是1890年前出生,其余5人都出生于1890—1895年。

理事会成员的社会结构与社会网络(下)

籍贯和出生时间是上天注定的,后天不能改变,其所浇筑的社会结构与社会网络在理事会成员的构成上有上述重要的作用。求学经历包括国内学习与留学学习是可以选择的,这也构成了理事会成员的社会结构与社会网络。表4是理事会成员求学情况的列举。

表4 理事会成员求学经历

姓名	国内求学包括传统功名	留学国别	就读大学	所学学科
任鸿隽	秀才,重庆府中学堂、中国公学	日本、稽勋留美	日本高等工业学校,康奈尔大学、哥伦比亚大学	化学
胡明复	南洋公学、南京高等商业学堂	庚款留美	康奈尔大学、哈佛大学	数学
赵元任	江南高等学堂	庚款留美	康奈尔大学、哈佛大学	数学、物理
秉志	举人,京师大学堂预科	庚款留美	康奈尔大学	生物学
周仁	上海育才中学、江南高等学堂	庚款留美	康奈尔大学	机械工程
竺可桢	复旦公学、唐山路矿学堂	庚款留美	伊利诺伊大学、哈佛大学	农学、气象学
钱天鹤	清华学校	美国	康奈尔大学	农学
邹秉文	北京汇文学校	美国	康奈尔大学	农学
唐钺	福州英华书院等	美国	康奈尔大学、哈佛大学	心理学
孙洪芬	秀才,武昌文华书院	美国	宾夕法尼亚大学	化学
孙昌克	北京蜀学堂	美国	科罗拉多矿业学院	矿业
过探先	南洋公学等	庚款留美	康奈尔大学	农学
杨铨	中国公学、唐山路矿学堂	稽勋留美	康奈尔大学、哈佛大学	机械工程等
裘维裕	邮传部高等实业学校	庚款留美	麻省理工学院	电机
金邦正	清华学堂	庚款留美	康奈尔大学	林学
李垕身	浙江高等学堂	日本、美国	金泽第四高等学校、康奈尔大学	铁路工程
李协	秀才,京师大学堂	德国	柏林工业大学	水利
郑宗海	浙江高等学堂、清华学校	美国	哥伦比亚大学	教育学
胡刚复	南洋公学等	庚款留美	哈佛大学	物理学
王琎	京师译学馆	庚款留美	里海大学、明尼苏达州立大学	化学
张准	秀才,武昌文普通中学堂	庚款留美	麻省理工学院	化学
王伯秋	杭州武备学堂	日本、美国	早稻田大学、哈佛大学	法学
丁文江	私塾就读	日本、英国	格拉斯哥大学	地质、动物学
秦汾	北洋大学堂	美国	哈佛大学	数学、天文学
胡先骕	生员,京师大学堂预科	美国	加州大学、哈佛大学	植物学
翁文灏	秀才,上海震旦公学	比利时	鲁汶大学	地质学
叶企孙	上海敬业学校、清华学校	美国	芝加哥大学、哈佛大学	物理学
高君珊		美国	哥伦比亚大学、密歇根大学	教育学
钱宝琮	苏州苏省铁路学堂	英国	伯明翰大学	土木工程
杨孝述	邮传部高等实业学校	庚款留美	康奈尔大学	电工工程
胡庶华	生员,京师译学馆	德国	柏林工业大学	钢铁冶金

续表

姓　名	国内求学包括传统功名	留学国别	就　读　大　学	所学学科
李四光	武昌高等小学	日本、英国	大阪高等工业学校、伯明翰大学	采矿、地质
伍连德		英国	剑桥大学	医学
丁绪宝	北京大学物理学学士	美国	芝加哥大学	物理学
马君武	上海震旦学院	日本、德国	东京帝国大学、德国柏林工业大学	化学、冶金
胡　适	中国公学	庚款留美	康奈尔大学、哥伦比亚大学	哲学
严济慈	东南大学物理学学士	法国	巴黎大学	物理学

由表4可见,37位理事都是留学生,他们留学前的国内求学经历,在中国公学就读过的有3人,任鸿隽、杨铨与胡适;在江南高等学堂学习过的有赵元任、周仁;唐山路矿学堂有竺可桢和杨铨;京师大学堂(包括译学馆)共有5人,王琎、秉志、胡先骕、李协、胡庶华;南洋公学(包括邮传部高等实业学堂,即上海交通大学前身)有5人,胡刚复、胡明复、裘维裕、过探先、杨孝述;清华学校(包括学堂)4人,钱天鹤、金邦正、李垕身、叶企孙;震旦公学、震旦学院3人,翁文灏、竺可桢、马君武。以京师大学堂和南洋公学人数最多,清华学校、中国公学、江南高等学堂、唐山路矿学堂等紧随。国内求学经历也构成了中国科学社发展的社会关系网络,如任鸿隽、杨铨、胡适在中国公学的同学关系是他们未来事业的最早基础。值得注意的是,有不少人还有举人、秀才这样的传统功名,如秉志为举人,任鸿隽、孙洪芬、李协、张准等为秀才。

理事中仅有留美经历的25人,先前留日后留美的3人,共28人留美,在理事中占据绝对地位,达75%以上;当选109人次,占84%以上,平均每人当选3.9次。留欧有9人,其中3人先前还留学过日本,当选20人次,平均每人当选2.2次。这说明中国科学社理事会组成以留美学生为主,留欧学生为辅,在其间的地位与作用也是留美学生占绝对主导。没有一位纯粹的留日学生当选理事,这与其社员组成上也是相一致的。留美28人中,13人为1909—1911年的三届庚款留美生,2人为后来清华留美,庚款官费留美占主导地位。13位庚款生中秉志、周仁、赵元任、胡明复、过探先、金邦正等人为发起人,他们与竺可桢、胡刚复、王琎、杨孝述等10人成为未来中国科学社重要的领导人,特别是杨孝述长期担任总干事,成为中国科学社日常事务的主持人,他们当选理事届次共66人次,平均达6.6次;

其他官费与私费留美不能与庚款留美相提并论。在留美类别上也存在明显的社会关系网络。

留美学生中有 14 人曾在康奈尔大学就读过，有 10 人曾在哈佛大学获得学位，4 人曾在哥伦比亚大学获得学位，2 人在麻省理工学院就读，其中有 4 人是从康奈尔大学转到哈佛大学，2 人从康奈尔大学转到哥伦比亚大学。这说明在留美学校方面，理事们主要来源于中国科学社创建地康奈尔大学，这又是一个必须考虑的社会关系网络指标。扩大一点看，康奈尔大学、哈佛大学、哥伦比亚大学、麻省理工学院就读过的有 24 人之多，占据绝对地位。在留美同学网络中也存在着留学学校的"马太效应"。

没有一位纯粹的留日学生当选理事，可见留美、留日学生在当时社会存在壁垒之森严，其实留日学生中也有许多的杰出科学家。民国时期，据说主要由留日学生组成的中华学艺社及其发刊的《学艺》杂志，是与主要由留美学生组成的中国科学社及其《科学》杂志取对立态度的。① 既然有不同留学背景的学术团体，那些没有留学背景的国内毕业生呢？中华自然科学社成员基本上是国内大学毕业生或在校大学生，以青年社友为中坚，而且不断注意从学生队伍中吸收新鲜血液，出刊通俗性的《科学世界》。② 这样，民国时期影响最大的三个综合性科学社团无论是组成成员方面，还是在领导层方面，都存在着求学国别这样的"地域性"畛域。③

从留学学科来看，按当时分类，物质科学方面数学 2 人、物理 5 人、化学 4 人、地质学 3 人、气象学 1 人共 15 人；生物科学方面生物学（包括心理学）3 人、农学（包括林学）4 人、医学 1 人共 8 人，工程科学 10 人，社会人文科学（包括哲学、政治学、教育学）共 4 人。说明理事会群体主要以习科学者组成，其中又以习物质科学的为特征。虽然中国科学社从创建伊始就宣称它是一个囊括所有学科，包括人文科学在内的学术团体，但人文社会科学在其间并不占据重要位置。

具体分析这些理事后来所从事的职业即社会角色，情况又有所变化。从事物质科学的有 12 人，真正有研究成果仅有竺可桢、翁文灏、丁文江、胡刚复、叶企孙、严济慈、李四光

---

① 曾昭抡《中国科学会社概述》，《科学》第 20 卷第 10 期（1936），第 800 页。
② 杨浪明、沈其益《中华自然科学社简史》，《文史资料选辑》第 34 辑。
③ （编注）关于这一问题的具体讨论参阅拙著《赛先生在中国——中国科学社研究》相关章节。

等人;从事生物科学仅有5人,真正有科学成就的仅有秉志、胡先骕与过探先等;从事工程技术工作的有6人,有成就者周仁、李垕身、裘维裕等。其他人基本上改行从事其他工作,如任鸿隽、杨铨根本"学非所用",从事的是科学管理与推进工作,与最初所学关系不大;金邦正最后经商,秦汾、钱天鹤等从政,赵元任从物理学改换为语言学,钱宝琮从工程改为数学史;也有些人社会角色多次转变,如孙洪芬回国从事科学教育,后转任中基会,再转任农林部或银行职务等。

理事会成员的社会结构与社会网络表明,当选中国科学社理事,地域因素起相当重要作用;从年龄上看,严重地阻隔了年轻一代进入领导层;国内求学经历、留学国别与就学大学等方面,存在着明显的社会关系网络;所学学科上以自然科学为主。也就是说在这样一个所谓的纯学术社团中,其实并不仅仅以学术贡献大小和对社务的关心程度来选举理事,其他关系诸如同学、留学国别、所学学科、籍贯等都是极为重要的考量因子。这虽然可能是任何一个组织都不能避免的社会结构与社会网络,但对一个纯学术社团,却未必合适。

理事会成员这样的社会结构与社会网络,在团聚社员与人才方面、在资金筹集与社务发展上功不可没。但是,如果一个学术社团不是以学术成就的大小、对社务关心参与的程度作为标准来选举其领导层,那么这个社团的正常发展可能会面临相当严重的问题,这也许是20世纪30年代中国科学社试图向中国科学促进会或中国专门学会联合会这样的角色转换没有成功的原因之一。因为领导层没有相当全面地聚集全国学术界的真正精英,反而由一些老面孔控制把持,其他任何社团组织或个人自然也不愿意成为其中的一员。问题严重的是,中国科学社这方面的问题具有相当普遍的意义,其他社团也同样存在。因此,中国科学社和其他任何团体都不可能成为中国科学界的领袖团体。这样,作为制衡政府强力的民间力量——科学社团最终不能统一,在与政府的对抗中自然处于十分不利的位置,这对民国科学技术的发展产生了相当不利的影响。

作为一个模仿西方学术社团而建立起来的近代组织,中国科学社在许多方面仍然不能脱离传统习惯与势力的侵袭。正是在这种意义上,可以说中国科学社领导层理事会的变迁与发展是处于近代与传统之间,采取了近代性的民主选举形式,也规定了相当民主的选举程序,但实际的组成仍然不能摆脱传统的束缚。这也许是科学社团在近代中国这样一个急剧变动社会中必经历的演化过程与必须接受的宿命。

上述社员群体与领导层的社会结构与社会网络分析，如果能与其他综合性社团如中华学艺社、中华自然科学社，专门社团如中国数学会、中国物理学会、中国化学会等团体进行对比研究，必将丰富思考的路径，分析结论也许更具有说服力，对近代科学社团及其科学自身的发展可能提供更为广阔的背景，这将是未来关注的研究方向之一。

附录：理事会成员小传

小传包括籍贯、国内教育、国外教育、学术专长或社会角色、主要经历、与中国科学社关系等方面（每项之间用句号隔开，以当选先后为序）：

任鸿隽（叔永①）（1886—1960）：四川垫江人。秀才、重庆府中学堂、中国公学。1908年入日本高等工业学校习化学；1912年稽勋留美国，先后获康奈尔大学化学学士学位、哥伦比亚大学化学硕士学位（1918年）。科学宣传与活动家。南京临时政府总统府秘书，北京大学教授，教育部司长，东南大学副校长，四川大学校长，中基会董事、干事长，中央研究院化学所所长、总干事，上海科联主任、上海科协副主席、上海图书馆馆长等。发起人，长期担任理事、社长，中国科学社最主要的领导人。

胡明复（1891—1927）：江苏无锡人。南洋公学、南京高等商业学堂。二届庚款留美，1914年获康奈尔大学学士学位，1917年获哈佛大学博士学位。数学教育家。大同大学数理教授，兼任东南大学、交通大学、上海商科大学等校教授，担任过国民政府上海政治分会教育委员。发起人，长期担任领导并实际负责《科学》的编辑校对等工作。

赵元任（1892—1982）：江苏武进人。南京江南高等学堂。二届庚款留美，1914年获康奈尔大学学士学位，1918年获哈佛大学博士学位。国际知名语言学家，首届中央研究院院士。历任康奈尔大学及哈佛大学讲师、清华国学研究院导师、清华大学教授、中央研究院历史语言所第二组主任兼专任研究员、中基会董事等，哈佛大学、加州大学伯克利分校教授等。发起人，最主要的领导人之一，长期担任理事，贡献极大。

秉志（农山）（1886—1965）：河南开封人。举人，京师大学堂。首届庚款留美，入康奈尔大学攻读生物学，先后获学士、博士学位（1918年）。中国动物学奠基人之一，首届中央

---

① 括号中大多为"字"，也有"号"，当然也可能是"名"，主要以通行为标准。如马君武原名"道凝"，又名"和"，字"厚山"，"君武"为号，以号行，名"和"也较为多用；曾昭抡字"隽奇"，"叔伟"，号比字多用。

研究院院士。历任南京高等师范学校、东南大学、厦门大学、中央大学、复旦大学教授,中国科学社生物研究所所长兼动物部主任,静生生物调查所所长兼动物部主任,中国科学院水生生物研究所、动物研究所研究员。发起人,最主要的领导人之一,长期担任理事,创建并领导生物研究所。

周仁(子竞)(1892—1973):江苏江宁人。上海育才中学堂、南京江南高等学堂。二届庚款留美,1914年毕业于康奈尔大学机械系,次年获得冶金学硕士学位。冶金学、陶瓷学家,首届中央研究院院士。南京高等师范学校教授,南洋大学机械系教授、主任、教务长,中央大学工学院院长,中央研究院工程所所长,中国科学院冶金陶瓷研究所所长、硅酸盐化学与工学研究所所长等。发起人,最主要的领导人之一。

竺可桢(藕舫)(1890—1974):浙江上虞人。复旦公学、唐山路矿学堂。二届庚款留美,1913年获伊利诺伊大学农学学士学位,转哈佛大学习气象学,1918年获博士学位。中国气象学、地理学创始人之一,首届中央研究院院士。先后任教武昌高等师范学校、南京高等师范学校、东南大学,中央研究院气象所所长、浙江大学校长、中国科学院副院长、科协副主席等。最主要的领导人之一,长期担任理事,1927—1930年担任社长。

钱天鹤(安涛)(1893—1961):浙江杭县人。清华学校。1913年入康奈尔大学攻读农学,1918年获得硕士学位。农学家与农业领导人。历任金陵大学教授兼蚕桑系主任,浙江农业专门学校校长、浙江建设厅农林局局长、中央农业实验所副所长、经济部农林司长、农林部常务次长等,1949年去台,主持农林事业。早期领导人之一,1916年当选首届理事,也当选过司选委员,后从领导层消失。

邹秉文(应菘)(1893—1985):广东广州人。北京汇文学校。以官宦子弟留美,先读中学,后入康奈尔大学,1915年获农学学士学位,入研究院攻读植物病理学。农学家。金陵大学农林科教授、南京高等师范学校教授兼农科主任、东南大学教授,上海商品检验局局长,上海商业储蓄银行副总经理,联合国粮农组织执行委员、中美农业技术合作团中方团长等。早期领导人之一,1917年当选理事,后从领导层消失,1944年再次当选。

唐钺(擘黄)(1891—1987):福建侯官人。福州英华书院、上海闽皖铁道学校、清华学校。1914年留美入康奈尔大学习心理学,1920年获哈佛大学心理学博士学位。心理学家。北京大学心理学教授、商务印书馆哲学教育部主任编辑、清华大学教授、中央研究院心理学所创始人与所长,北京大学哲学系教授。连续当选第一、二届司选委员,1918年当选理事,后从领导层消失。

孙洪芬(洛)(1889—1953):安徽黟县人。秀才,武昌文华书院。1915年留美,先后就学于科罗拉多矿业专科学校、芝加哥大学及宾夕法尼亚大学,获硕士学位。宾夕法尼亚大学有机化学助教、加士制漆公司化学技师、南京高等师范学校及东南大学预科主任、理科主任兼化学教授、中央大学理学院院长、华中大学校董、中基会执行秘书、干事长兼董事、农林部顾问、代理技监、代常务次长、台南工学院化工教授、教务主任等。主要领导人之一,1917年当选司选委员,次年当选理事。

孙昌克(邵勤)(1897—?):四川人。北京蜀学堂。科罗拉多矿业学院毕业。南开大学教授、建设委员会事业处专门委员、淮南煤矿局局长、开滦林西矿师、矿冶工程学会干事等,抗战胜利后逝世。1918年当选理事,后从领导层消失。

过探先(宪先)(1887—1929):江苏无锡人。上海中等商业学堂、南洋公学等。二届庚款留美,初入威斯康星大学,后转学康奈尔大学,先后获学士与硕士学位,1915年毕业归国。农学家。江苏第一农校校长、东南大学农科教授、农艺系主任、推广部主任等、金陵大学农科主任、校务委员会主席等,江苏省银行总经理、教育部大学委员会委员、农矿部设计委员、中山陵园计划委员等。发起人,贡献极大,曾担任经理部长,1918年当选理事。

杨铨(杏佛)(1893—1933):江西玉山人。中国公学、唐山路矿学堂。1912年稽勋留美,入康奈尔大学习机械工程,后入哈佛大学读管理学,1918年获硕士学位回国。南京临时政府总统府秘书、南京高等师范学校(东南大学)教授兼商科主任、社会学系主任、孙中山秘书、国民党上海特别市党部执委兼宣传部长、大学院副院长、中央研究院总干事等。发起人,主要领导人之一,首任编辑部长,1919年当选理事。

裘维裕(次曼)(1891—1950):江苏无锡人。邮传部高等实业学校。1916年留美,1920年获麻省理工学院电机科硕士学位,1923年回国。电机专家。爱迪生电厂助理工程师、交通大学电机系教授、物理系主任、理学院院长等,1942年日伪占领交大后去职,战后回交通大学任教授兼理学院院长,兼任江南造纸厂厂长。1919年当选理事,后还曾当选司选委员。

金邦正(仲藩)(1886—1946):安徽黟县人。南开中学、清华学堂。首届庚款留美,1914年获康奈尔大学林科硕士学位。安徽省立第一农校校长、省立森林局局长、北京农业专门学校校长、清华学校校长,1922年从清华辞职后转入实业界,历任秦皇岛耀华玻璃制造公司经理、上海商业储蓄银行北平分行经理等。发起人,曾任推广部部长,1919年当选理事。

李垕身(孟博)(1889—1985):浙江余姚人。浙江高等学堂。1907年留日,曾就读金泽第四高等学校工科;1913年留美,获康奈尔大学土木工程师学位。历任津浦铁路总工程师秘书、沪宁沪杭甬铁路管理局局长、交通大学唐山土木工程学院院长、国民政府建设委员会委员、交通部技正、上海大兴建筑事务所经理兼工程师、英商开能达公司华商业务部经理、善后救济总署上海储运局工程师等。1919年当选理事,后从领导层消失。

李仪祉(协)(1882—1938):陕西蒲城人。秀才,京师大学堂。1909年官费留德,入柏林工业大学,2年后返国,1913年再次留德,3年后回国。中国近代水利事业创始人。历任河海工程专门学校教授、陕西省水利局局长、教育厅厅长、建设厅厅长兼省政府委员、西北大学校长,主持修建洛惠渠等,泽被后世。1919年当选理事,1932年再次当选。

郑宗海(晓沧)(1891—1979):浙江海宁人。浙江高等学堂。1914年清华庚款留美,1918年获哥伦比亚大学教育硕士学位。教育家、教育史家。历任南京高等师范学校、东南大学教授,江苏省立第一女子师范学校教务主任、浙江教育会会长、中央大学教育学院院长、浙江大学教授、教育系主任、教务长、师范学院院长、研究院院长和代理校长等,浙江师范学院教授、院长等。1920年当选理事,很快辞去。

胡刚复(1892—1966):江苏无锡人。南洋公学、震旦公学。首届庚款留美,哈佛大学学士、硕士、博士(1918年)。实验物理学家、教育家。南京高等师范学校、东南大学物理系教授兼系主任,厦门大学物理系主任兼教授,中央大学物理系教授、主任、理学院院长,交通大学教授,大同大学教授、理学院院长、工学院院长、校长,浙江大学理学院院长兼教授,天津大学、南开大学教授等。主要领导人之一,1921年当选理事,曾任明复图书馆馆长等。

王琎(季梁)(1888—1966):福建闽侯人。京师译学馆。首届庚款留美,1915年获里海大学化学工程学士学位,1934—1936年再度留美,任明尼苏达州立大学访问研究员,获得化学硕士学位。化学史家、教育家。长沙工业学校、南京高等师范学校、东南大学教授,浙江高等工业学校化学工程系主任,中央研究院化学研究所所长,四川大学教授,浙江大学教授兼师范学院院长,浙江师范学院教授等。主要领导人之一,1921年当选理事,1921—1934年任《科学》编辑部部长,1930—1933年任社长。

张准(子高)(1886—1976):湖北枝江人。秀才,武昌文普通中学堂。首届庚款留美,1915年麻省理工学院化学系毕业,翌年回国。化学史家、教育家。南京高等师范学校、东南大学教授,中基会编辑委员会副委员长,金陵大学、浙江大学教授,清华大学化学系教授、主任、教务长,燕京大学客座教授,北平中国大学教授、系主任及理学院院长兼辅仁大学教授,清华大学教授、工程化学系主任、副校长等。1921年当选理事,后从领导层消失。

王伯秋(1884—1939):江苏江宁人。杭州武备学堂。日本早稻田大学政法系毕业,后入美国哈佛大学继续深造政治学,1919年回国。历任东南大学政法经济科主任、江苏法政大学教务长、平民教育促进会理事、国民政府立法委员、军事委员会委员长南昌行营秘书、福建第一区行政督察专员及保安司令、长乐县县长等。南京社所获得得他大力帮助,1921年当选理事,后从领导层消失。

丁文江(在君)(1887—1936):江苏泰兴人。私塾就读。1902年游学日本,1904年赴英国,就读格拉斯哥大学,1911年以动物学和地质学双学科毕业。地质学奠基人之一。工商部矿政司地质科长,农商部地质调查所所长,涉足矿业界担任北票煤矿总经理等,挑起"科学与玄学"之争,中基会董事、淞沪商埠总办、北京大学教授、中央研究院总干事等。1922年当选理事,并被举为社长。

秦汾(景阳)(1887—1973):江苏嘉定人。北洋大学堂。1906年留美,入哈佛大学学天文、数学,1908年获硕士学位。同年游学英国,1910年回国。历任上海浦东中学校长、南洋公学教员、北京大学教授、理科学长、教育部专门司长、东南大学校长、"京师大学校"理科学长,后弃学从政,曾任财政部会计司长、常务次长、全国经济委员会秘书长、经济部政务次长、最高经济委员会副秘书长等,1949年去香港,后转台湾。1923年当选理事,1929年进入政界后在学术界消失。

胡先骕(步曾)(1894—1968):江西南昌人。生员,京师大学堂。1913年以江西官费留美,1916年获加州大学学士学位,1923年再度赴美,先后获得哈佛大学植物学硕士、博士学位。中国植物学奠基人之一,首届中央研究院院士。江西庐山森林局副局长,南京高等师范学校、东南大学教授,中国科学社生物研究所植物部主任,静生生物调查所植物部主任、所长，中正大学首任校长，中国科学院植物研究所研究员等。1924年当选理事，活跃的领导人之一。

翁文灏(咏霓)(1889—1971)：浙江鄞县人。秀才，上海震旦公学。1908年浙江公费留欧，入比利时鲁汶大学，1912年获地质学博士学位。中国地质学奠基人之一，首届中央研究院院士。农商部地质调查所所长，清华大学教授、代理校长，后弃学从政，历任国防设计委员会秘书长、行政院秘书长、经济部部长、资源委员会主任、战时生产局局长、行政院副院长、行政院院长等。主要领导人之一，1925年当选理事，1936—1941年任社长，1941年当选董事兼董事长。

叶企孙(鸿眷)(1898—1977)：上海人。上海敬业学校、清华学校。1918年留美，1920年获芝加哥大学物理学学士学位，1923年获哈佛大学博士学位。物理学家、教育家与科学史家，首届中央研究院院士。东南大学物理系教授，清华大学物理系主任、理学院院长，西南联大教授，中央研究院总干事，北京大学物理系教授等。1926年当选司选委员，1928年当选理事。

高君珊(1893—1964)：女，福建长乐人。1925年获美国哥伦比亚大学教育学学士学位，1931年获密歇根大学教育学硕士学位。教育学家。北京女子高等师范学校、东南大学教育科教授，上海市教育局督学，国民政府大学院文化事业处第一科科长，燕京大学、中央大学、暨南大学、震旦女子文理学院、大同大学教授，华东师范大学教育系教授。因捐款设立高女士奖金，1930年当选理事，后从领导层消失。

钱宝琮(琢如)(1892—1974)：浙江嘉兴人。苏州苏省铁路学堂。1908年官费留英，1911年获伯明翰大学土木工程学士学位。数学史、天文学史家。浙江省民政司职员、南洋大学附属中学教师、江苏省立第二工业学校教师、南开大学数学系教授、浙江大学数学系教授、中国科学院自然科学史研究室研究员。1930年当选理事，后从领导层消失。

杨孝述(允中)(1889—1974)：江苏松江人。松江府中学堂、邮传部上海高等实业学堂。三届庚款留美，1914年毕业于美国康奈尔大学电工系。南京河海工科大学教授、校长，中央大学秘书长兼机械工程科主任，交通大学教授，上海市政协委员、杨浦区政协副主席等。主要领导人之一，1929年担任总干事，长期主持日常事务，创办《科学画报》并任总编辑，创建中国科学图书仪器公司并任总经理，1931年当选理事。

胡庶华(春藻)(1886—1968)：湖南攸县人。生员,明德学校、京师译学馆。1913年留德入柏林工业大学,获钢铁冶金博士学位。1922年回国,历任武汉大学代校长,同济大学、重庆大学、西北大学、湖南大学校长,江苏教育厅厅长、汉阳兵工厂厂长、农矿部农民司司长、上海炼钢厂厂长、立法委员、中央监察委员,北京钢铁学院教授兼图书馆馆长。1932年当选理事,后从领导层消失。

李四光(仲揆)(1889—1971)：湖北黄冈人。武昌高等小学。1904年官费留日,1910年毕业于大阪高等工业学校,1913年稽勋留英,入伯明翰大学习采矿,后改学地质,1918年获得硕士学位,后授予博士学位。中国地质学奠基人之一,首届中央研究院院士。北京大学地质系教授兼主任、中央研究院地质所所长、中国科学院副院长、地质部部长、科联主席、科协主席。1933年当选理事,此后长期当选。

伍连德(星联)(1879—1960)：广东兴宁人。英国剑桥大学医学学士、博士,美国约翰·霍普金斯大学公共卫生学硕士。医学微生物学、病理学家。曾在英国、德国、法国著名研究所工作,先后任天津帝国陆军军医学堂副监督、东北鼠疫防治总管、哈尔滨医学专门学校首任校长、全国海港检疫处处长兼上海海港检疫所所长等,曾任中华医学会会长等,1937年回到出生地马来亚槟榔屿。1934年当选理事。

丁绪宝(1894—1991)：安徽阜阳人。北京大学第一届物理学学士。美国芝加哥大学物理学硕士。物理实验教育家。东北大学理学院中基会讲座教授、安徽大学理学院教授、中央大学物理系主任、广西大学教授、贵州大学物理系主任、浙江大学物理系教授、国家科委计量局研究员等。1934年当选理事。

马君武(和)(1881—1940)：广西恭城人。上海震旦学院。1901年入东京帝国大学读制造化学,1906年毕业;同年广西官费入德国柏林工业大学习冶金,1910年获学士学位,1915年获博士学位。曾任南京临时政府各省代表会议副议长、实业部次长、第一届国会议员,参加"二次革命""护法运动",历任孙中山军政府交通总长、广西省省长、大夏大学校长、北京工业大学校长、临时执政府教育总长、中国公学校长、广西大学校长等。1923年被选为特社员,1935年当选理事。

胡适(适之)(1891—1962)：安徽绩溪人。中国公学。二届庚款留美,入康奈尔大学,1914年获得学士学位,后获哥伦比亚大学博士学位。哲学家、思想家、新文化运动代表人之一,在立言、立德与立功三个方面都很成功,首届中央研究院院士。历任北京大学教授、光华大学教授、中国公学校长、北京大学文学院院长、中基会董事、驻美大使、北京大学校长等,1949年去美,后转台湾就任台北"中央研究院"院长。早期社员,曾撰写社歌等,非重要领导人,1935年当选理事。

严济慈(慕光)(1901—1995):浙江东阳人。东南大学物理学学士。1923年留法,先后获巴黎大学数理硕士学位、法国国家科学博士学位;1928年冬再次出国,先后在法国科学院大电磁实验室、居里夫人实验室进行研究。物理学家,首届中央研究院院士。大同大学、中国公学、暨南大学教授,北平研究院物理研究所所长、镭学研究所所长,中国科学院办公室主任兼应用物理所所长、东北分院院长、技术科学部主任、副院长,中国科学技术大学教授、副校长、校长,科协副主席等。学生时代被破格吸收为社员,并协助胡刚复等编辑《科学》,1936年当选理事。

(《史林》2002年第1期,第83-93页)

从中央研究院评议员到院士

——中国学术评议空间的开创

中国学术评议空间的开创,既有民间社团的努力,也有政府作为,最终结果是本来应该由科学共同体自身承担的角色为政府机构所担当,这既有传统的原因,也与当时社会历史环境有关。这里以中央研究院(下简称中研院)评议会为中心,探讨中国学术评议空间开创过程中的得与失。学术评议是中研院创立的原初目标之一,但其发展并不顺利,直到1948年首届院士选举成功,其学术评议体制才真正形成。①

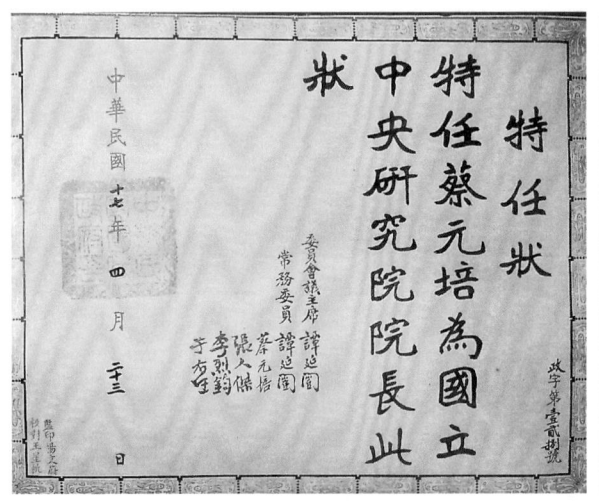

国民政府任命蔡元培为国立中央研究院院长的"特任状"

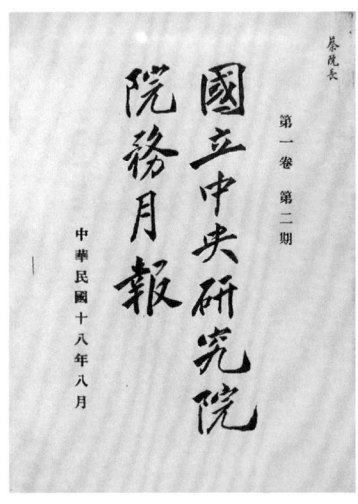

中研院创办的《月报》
它是研究与了解中研院发展的重要资料,惜乎仅发刊不到两年就停刊了。

中研院评议会的筹备与设立

1928年11月颁布的《国立中央研究院组织法》规定,除设立研究所进行科学研究外,

---

① 对中研院的研究日渐成为学术界热点,相关成果除台北"中央研究院"总办事处秘书组编印《"中央研究院"史初稿》(1988年)外,主要有陈时伟《民国时期的政府与学术:中央研究院史(1927—1949)》(哈佛大学博士论文,1998年)、《中央研究院与中国近代学术体制的职业化(1927—1937)》(《中国学术》总第15辑)、陶英慧《蔡元培与中央研究院》《"中央研究院"近代史研究所集刊》第7期)、林文照《中央研究院的建立与发展》(载董光璧主编,《中国近现代科学技术史》,湖南教育出版社,1997年)、徐明华《中央研究院与中国科学研究的体制化》(《"中央研究院"近代史研究所集刊》第22期)、段异兵、樊洪业《1935年中央研究院使命的转变》(《自然辩证法通讯》2000年第5期)等。

中研院还有"指导联络奖励学术之研究"的任务。正如蔡元培所说：

> 对于向我们咨询专门问题的人，我们当然有指导的责任；对于在学术界有重要发明或贡献的本国学者，我们有时亦认为有奖励的义务；对于和我们志同道合的研究机关，我们更觉得有联络的必要。①

为担当此一"联络奖励"任务，"组织法"第五条规定中研院成立评议会，"为全国最高学术评议机关"，由院长聘任国内专门学者30人组成，院长为议长，院所辖研究所所长为当然评议员。第七、八条还规定了评议员的任务，即选举名誉会员。②

中研院成立后，积极筹设评议会。1928年6月30日召开的第二次院务会议上，专门讨论了评议会的问题，议决英文名为 National Research Council，与欧美各国的国家研究理事会相同，每年召开会议一次。③ 同年8月11日第三次院务会议上，议决评议员各学科人数分配及其候选人名单见表1。1929年1月13日第四次院务会议推定王世杰、竺可桢、李四光起草评议会组织条例。同年2月16日第五次院务会议讨论"评议会组织章程案"时，议决"保留"。6月21日第六次院务会议上，议决增派徐韦曼、宋梧生为评议会组织条例起草委员，并推定徐韦曼负责召集开会，"限七月底以前完成之"。④

表1 1928年中研院评议会评议员候选人名单

学科	人数	候选人名单
数学	1	姜立夫、李俨、钱宝琮、周美权、余【俞】大维
天文气象	2	余青松、高平子、张云(以上天文学)、蒋丙然(以上气象学)
物理	2	饶毓泰、严济慈、李书华、颜任光、叶企孙、朱物华、胡刚复
化学	3	李麟玉、孙学悟、赵石民、曹梁厦、吴宪、曾昭抡
地质地理	3	翁文灏、朱家骅(以上地质，地理学人选暂缺)
生物学	3	秉志、辛树帜、钟心煊、李煜瀛、汪敬熙、张巨伯
人类考古	1	李济、马衡

---

① 蔡元培《中央研究院与中国科学研究概况》(1935年11月4日)，载高平叔编，《蔡元培全集》第6卷，中华书局，1988年，第607页。
② 国立中央研究院文书处编，《国立中央研究院十七年度总报告》，国立中央研究院总办事处发行，第1—3页。此前的《中华民国大学院中央研究院组织条例》(1927年11月中央研究院筹备会议通过)、《修正国立中央研究院组织条例》(国民政府1928年4月公布)对评议会都有基本相同的规定。
③ 国立中央研究院文书处编，《国立中央研究院十七年度总报告》，第55页。
④ 国立中央研究院文书处编，《国立中央研究院十七年度总报告》，第68页。

续表

学 科	人数	候 选 人 名 单
社会科学	5	吴敬恒、胡适、陈寅恪、赵元任、顾颉刚、刘复、林语堂(以上历史语言)、王世杰、燕树棠(以上法律)、任凯南(以上经济)、戴季陶(以上社会)
工程学	4	李协、沈晤、彭济群、周仁、李熙谋、孙昌克、朱广才、石瑛、王宠佑、傅尔都【攽】、吕彦直
农林学	3	何尚平、谭熙鸿、过探先、陈焕镛、常宗会、邓植仪、叶雅各
医学	3	刘瑞衡【恒】、颜福庆、褚民谊、金【经】利彬、谷镜涵、Robert Ling(林可胜)

资料来源:《国立中央研究院十七年度总报告》第60-61页。

筹备工作似乎"风风火火",但很快归于沉寂。1931—1932年度的报告中说:"现以本院各所设备未充,永久院址亦未筑成,故评议会之成立尚未进行。"①评议会没有按照既定程序积极筹建,按照当事人的说法是由于中研院"条例未备,人选困难"。② 按后来研究者的说法,"终因关系复杂,牵涉太多,未能及时成立"。③ 评议会未能及时成立,除上述原因外,更重要的因素可能与当时中国科学发展情状有关。由于各学科还未真正本土化,真正的科学研究成果很少,学术带头人也未真正出现,评议员自然难以选出,所谓"人选困难"。如表1数学学科候选人居然有周达(字美权)这样基本不从事近代数学研究的人物,李俨、钱宝琮也是传统数学史研究者,而非真正的近代数学研究者。五位候选人仅有姜立夫后来当选评议员。"社会科学"竟然有吴稚晖、戴季陶,医学有褚民谊这样的官僚。④ 第二,中研院自身科研工作还未展开,成立评议会似乎也缺乏权威性。

因中研院评议会未能及时成立,蔡元培1930年在中国科学社15周年纪念会上,曾要求中国科学社将社员按学科组织起来:"如是倘有一问题发生,可以立即提交与之有关系之小组共同研究,……即可以得到全国科学家之注意研究,其收效必宏。"中研院设立各所,"本具此种志愿。但因种种关系,不能见诸事实。吾觉这一件事,由科学社办理最为适宜"。⑤ 评议会的成立,不仅可以"指导联络奖励学术之研究",而且只有设立评议会后,方

---

① 国立中央研究院文书处编,《国立中央研究院二十年度总报告》,第46页。
② 《提请审议中央研究院评议会条例》(1935年4月25日),载高平叔编,《蔡元培全集》第6卷,中华书局,1988年,第517页。
③ "中央研究院"总办事处秘书组编印,《"中央研究院"史初稿》,1988年,第167页。
④ 表1候选人中后来当选首届聘任评议员仅有姜立夫、张云、李书华、叶企孙、吴宪、赵承嘏、翁文灏、朱家骅、秉志、李济、胡适、陈寅恪、赵元任、王世杰、李协、陈焕镛、林可胜17人(参见下文)。
⑤ 《中国科学社十五周年纪念汇志》,《社友》第2号(1930年11月10日)。

中研院第一届院务年会合影(1930年7月1日)

可使中研院真正稳定,"如院长继任人选,由评议会推举,即可保持学术相当之独立性"。因此,1934年5月丁文江接任总干事后,积极着手进行。首先向政府建议修改《组织法》。

第一,首届聘任评议员的选举与聘任。"评议会为最高之学术评议机关,责任重大。评议员之人选,一方面应力从严格,一方面应力求普遍",但依原规定,不免有"以院长一人取舍左右评议会全体之嫌疑",且"国内专门学者散处各地,亦非院长个人耳目遍及",因此首届聘任评议员由国立研究院院长及国立大学校长组成委员会选举,并由政府聘任,"不独以显其地位之隆重,亦所以求其分子之精湛"。这样,将评议会组成人员由院长一人聘任改为由众人选举,极大地提升了其合理性、合法性与权威性。当时全国有12所国立大学和2个国立研究院,"以十四国立最高学术机关开会推举评议员三十人,当不至于有滥竽偏袒之弊"。

第二,学科分配。按中研院已有研究所科目分配,每科最多不超过3人,但"一科无相当人选时,得暂时从缺,亦可免滥竽充数之弊"。当时中研院有物理、化学、工程、地质、天文、气象、心理、社会科学、动物、植物、历史、语言、人类和考古学共14个科目,平均每科 2~3 人。但"各研究所科目不能永久不变,而目前国内各科目人材又未必与其科目之重要相称,故仅定每科之最多人数,不复详为分配,庶于合理支配之中,含有适合现在国情之意"。

第三,评议会职权。原组织法仅有选举名誉会员的规定,扩展为五个方面:决定中研院研究学术方针;促进国内外学术研究合作与互助;院长出缺时推举院长候补人,呈请国民政府遴选;选举名誉会员;接受国民政府委托的学术研究等事项。①

这些建议都为国民政府采纳。1935 年 4 月 24 日,蔡元培出席国民党中央政治会议,与汪精卫联名提议将中研院评议会条例原则及条例草案提请核定并交立法院审议。② 核定、审议后,5 月 27 日,国民政府公布了《国立中央研究院评议会条例》,规定聘任评议员应满足两条之一:对所专习的学术有特殊著作或发明,对所专习的学术机关领导或主持在 5 年以上成绩卓著;任期 5 年,连选连任,到期 3 个月前由评议会选举下届评议员,辞职或出缺由评议会补选,任期以补足原任为限。聘任评议员选举前应由国立大学及独立学院各院系之教授就相关科目加倍推举候选人,候选人不以国立大学和独立学院各院系教授为限。③

1935 年 6 月 19 日,在南京中研院总办事处选举首届评议员。当日出席者有蔡元培、北京大学校长蒋梦麟、北平大学校长徐诵明、北京师范大学校长李蒸、清华大学校长梅贻琦、山东大学校长赵畸、中央大学校长罗家伦(陈剑修代)、武汉大学校长王星拱(周鲠生代)、四川大学校长王兆荣(陈大齐代)、同济大学校长翁之龙、浙江大学校长郭任远、中山大学校长邹鲁(居励今代),列席总干事丁文江。议决聘任评议员学科分配物理(包括数学)、化学、工程、动物(包括生理)、植物(包括农学)、地质、社会科学、历史各 3 人;天文、气象、心理、语言、考古、人类学各 1 人。并对候选人资格进一步细化:两人学资相当,若一人为中研院成员,举另一人;若一人为研究机关领导,举之;若一人已改行不做研究,举另一人;若一人在国外,举在国内者。20 日正式选举,出席者新增交通大学校长黎照寰、暨南大学校长沈鹏飞。当场选定聘任评议员 30 人:

---

① 《国立中央研究院首届评议会第一次报告》(民国二十六年四月),第 23 - 26 页。
② 高平叔《蔡元培年谱长编》(下),人民教育出版社,1998 年,第 213 页。
③ 《国立中央研究院首届评议会第一次报告》,第 10 - 11 页。

物理组：李书华（北平研究院副院长）、姜立夫（南开大学数学系主任）、叶企孙（清华大学理学院院长）

化学组：吴宪（协和医学院生化系主任）、侯德榜（永利制碱厂总工程师）、赵承嘏（北平研究院药物所主任）

工程组：李协（黄河水利委员会委员长）、凌鸿勋（株韶铁路管理局局长）、唐炳源（无锡庆丰纱厂总经理）

动物组：秉志（中国科学社生物研究所所长）、林可胜（协和医学院生理系主任）、胡经甫（燕京大学生物系主任）

植物组：谢家声（实业部中央农业实验所所长）、胡先骕（北平静生生物调查所所长）、陈焕镛（中山大学农林植物研究所所长）

地质组：丁文江（中研院总干事）、翁文灏（实业部地质调查所所长）、朱家骅（前两广地质调查所所长、地质学会会长）

天文气象组：张云（中山大学教授兼天文台台长）、张其昀（中央大学地理系教授）

心理组：郭任远（浙江大学校长）

社会科学组：王世杰（前武汉大学教授兼校长）、何廉（南开大学经济学院院长）、周鲠生（武汉大学法学院教授）

历史组：胡适（北京大学文学院院长）、陈垣（辅仁大学校长）、陈寅恪（清华大学历史系教授）

语言考古人类学组：李济（中研院史语所考古组主任）、赵元任（中研院史语所语言组主任）、吴定良（中研院史语所人类组主任）①

与当然评议员11人蔡元培（院长）、丁燮林（物理所所长）、庄长恭（化学所所长）、周仁（工程所所长）、李四光（地质所所长）、余青松（天文所所长）、竺可桢（气象所所长）、傅斯年（史语所所长）、汪敬熙（心理所所长）、陶孟和（社会科学所所长）、王家楫（动植物所所长）共41人组成首届评议会，任期1935年7月3日—1940年7月2日，议长蔡元培，各组主席物理组李书华、化学组庄长恭、工程组周仁、动物组王家楫、植物组谢家声、地质组

---

① 《国立中央研究院首届评议会第一次报告》，第28-30页。

丁文江、天文气象组竺可桢、心理组汪敬熙、社会科学组王世杰、历史组胡适、语言考古人类学组李济。

聘任评议员来自高校清华大学、中山大学、南开大学、协和医学院各2人,中央大学、武汉大学、浙江大学、北京大学、燕京大学、辅仁大学各1人,共14人;专门研究机构中研院4人、北平研究院2人,地质调查所、中央农业实验所、中国科学社生物研究所、北平静生生物调查所各1人,共10人;企业永利公司、无锡庆丰纱厂各1人,共2人;黄河水利委员会、株韶铁路管理局各1人,共2人;另有王世杰、朱家骅两位官僚。主要来自高校和学术机构(其中国立18人、私立10人),具有相当的代表性,虽有王世杰、朱家骅这样的纯粹官僚,但王世杰的法学、朱家骅对地质事业的贡献有目共睹。首届评议员主要由学者组成,代表了当时学术界的最高水平,官僚在其间并不占据重要位置。这样,他们的决策可以真正代表学术界,不至于仅仅成为政府的"传声筒"或政府意愿的"举手者"。评议员是学术界"中坚人物",后来聘任评议员中有19人、当然评议员有8人共27人当选首届中研院院士。

中研院第一届评议会成立纪念合影

评议会中有中研院成员15人,超过1/3。因此有论者虽认为评议会"具有学术上的权威性、学科上的全国性和代表上的广泛性,不愧为'全国最高科学评议机关'",但还是对当然评议员的任命和聘任评议员的专业仅限于中研院已设立研究所学科提出了批评。① 其实,聘任评议员专业并不仅仅限于中研院已有科目,数学、农学、生理学这些中研院没有的学科根据当时国内科学发展的实际情况也有姜立夫、谢家声、林可胜这样的学科领头人入选,这是对规定的调适。丁文江筹备评议会时,朱家骅"对于评议会只限于中央研究院已

---

① 徐明华《中央研究院与中国科学研究的体制化》,《"中央研究院"近代史研究所集刊》第22期(下册),1993年,第250-251页。

有的研究科目,其他学科的人员并不包括在内,颇有异议",丁文江力劝他"不要再坚持,不必再扩大范围,以免发生其他枝节""他的苦心孤诣,使我终予同意,并在中央政治会议予以支持"。①

评议会成立后,《科学》在"社论"栏发表文章,说评员"除极少数非科学家外,余皆为吾国科学界各方代表人物,极一时之选,评议会既告成立,实为该院最高策源机关,斯不仅关系该院前途之发展,亦吾国科学史上值得记载之一件大事"。②蔡元培也说,评议会"凡国内重要的研究机关,……设有研究所的著名大学……以及与科学研究有直接关系的教育部,无不网罗在内,本院和各院研究机关因之而得到更进一步的联络,这是本院历史中可以'特笔大书'的一件事"。他还对评议会寄予期望,如果评议会运转顺畅,就算"找到了中国学术合作的枢纽"。③评议会的成立与丁文江关系极大,胡适说丁文江只作了一年半的总干事,"就把这个全国最大的科学研究机构重新建立在一个合理而持久的基础之上"。④

评议会的运转与演化

评议会成立后于同年9月7—8日召开第一次年会。会议选举丁文江为评议会秘书,主要审议评议员所提7个议案。其中相关学术评议奖励的有胡先骕提"请政府拨专款设立国家科学研究补助金",相关联络学术界合作的有丁文江提"促进学术之研究与互助"、淩鸿勋提"联络工程界合作互助",其他还有诸如提倡昆虫学研究、设立测候所等。⑤

每个议案都原则通过,并议决了实施办法或方案。如丁文江所提议案,决议由评议会各组委员先行调查各研究机关现状,设法接洽以便实行。胡先骕提案拟具了原则6条,函请教育部提请行政院会议通过,将补助金列入下一年度预算。该原则是政府相关科学研究补助的最早条文,全文摘抄于下:

---

① 朱家骅《丁文江与中央研究院》(1956年10月),《朱家骅先生言论集》,"中央研究院"近代史研究所史料丛刊(3),1977年,第749页。
② 观化(刘咸)《国立中央研究院评议会成立》,《科学》第19卷第6期(1935),第825-828页。刘咸这里所指"极少数非科学家"可能是与天文气象毫无关系的张其昀、无锡庆丰纱厂总经理唐炳源。
③ 蔡元培《中央研究院与中国科学研究概况》,载高平叔编,《蔡元培全集》第6卷,中华书局,1988年,第608页。
④ 胡适《丁文江这个人》,《独立评论》第188期(1936年2月26日)。
⑤ 《国立中央研究院首届评议会第一次报告》,第32-33页。

一、国民政府每年拨款十万元,设立科学研究补助金,为奖励研究科学之用。

二、补助金名额,每年定为 80～100 名,详细科目由评议会确定。

三、补助金管理及支配由评议会主持。

四、凡在国立大学或教育部立案之私立大学毕业生及在教育部认可之外国大学毕业生,皆可申请补助金。

五、补助金之授予,须经公开考试选拔,其详细办法由评议会确定。

六、受补助者之研究问题及机关,由评议会确定,但不以中央研究院各所为限。①

这一原则借助当时已行之有效的中基会资助科学研究经验不少。② 若这一制度确立,将为未来政府科学资助打下良好的制度基础,可惜最终不了了之。

第二次年会 1936 年 4 月 16 日在南京举行,因丁文江逝世,选举翁文灏为秘书,补选叶良辅为地质组聘任评议员。会议主要审议 13 个议案,其中有相关全局性的科研向应用倾斜、科学合作等,如翁文灏提"科研应对于国家及社会实际急需之问题特为注重",胡先骕提"积极从事与国防及生产有关之科学研究"和"公开各研究室及图书室以奖励科学研究"等;也有非常具体的经费筹措、编制英文论文摘要与目录等;当然学术评议奖励仍然是评议员们关注的重点,有翁文灏"评议会对于国人科学研究成绩特著者应酌为表扬",陶孟和、李四光提"国立中央研究院杨铨丁文江奖金章程"。③

"杨铨丁文江奖金章程"通过后,因仅事关中研院自身,很快得以实施。奖励科研成果特出者议案,会后也进入运转程序。同年 5 月 1 日,评议会呈政府请拨专款或接受私人捐款设立奖金,获准后指派李四光、陶孟和、周仁、傅斯年、汪敬熙组织"国家科学奖励金办法起草委员会"拟定办法 20 条,并呈请政府审议,名为《国家科学奖励金暂行办法大纲草案》。大致内容为受教育部委托,议长指定评议员 5～7 人组成"国家科学奖励金委员会"专门负责;奖励金每年 5 万元,分甲乙两种,甲种奖励在科学上有重大成就的学者,每年 1 人,奖金 1 万元;乙种培养科学人才,每年 3.9 万元,平均奖给 13 人。甲种获得者一是曾在一种学科内连续研究至少十年以上,二是研究成绩对人类知识进步确有重大贡献;由专门

---

① 《国立中央研究院首届评议会第一次报告》,第 35 页。
② 关于中基会对中国科学发展的影响,参阅杨翠华《中基会对科学的赞助》,台北"中央研究院"近代史研究所,1991 年。
③ 《国立中央研究院首届评议会第一次报告》,第 41-42 页。

委员会推举于评议会,得出席评议员2/3同意方得当选。乙种获得者至少在公立或立案私立大学或独立学院毕业后2年,已有优良成果发表,受奖时在国内重要学术研究机关或公立或立案私立大学或独立学院研究所继续科研工作;函请国内各重要学术研究机关及公立或立案私立大学或独立学院研究所推荐。① 由于抗战爆发等原因,这一奖励方案最终没有得以实施,中研院在学术评议奖励方面的功能也没有最终体制化,反而由抗战期间教育部成立的学术审议委员会取代。

第三次年会1937年5月3—4日在南京举行,会议分三组讨论审查13个提案。第一组审查有关"学术研究调整"提案,诸如提议全国学术研究机关制定三年规划、地质学注重实用地质学研究、国家科学奖励金咨询案等;第二组审查"有关高等教育及国际学术合作"提案,诸如派遣研究人员留学、请国民政府派遣特种专门人才出国深造并限期回国以备重用等;第三组审查"有关学术研究设备"提案,诸如全国实验室普遍性实验设备调查与合作、请政府筹设大规模材料试验场等。② 这些提案基本上原则通过,有些提案被修正。如蔡元培所提"国家科学奖励金"咨询案,主要就候选人资格等做出修正,如甲种奖金候选人修正为"凡曾在一种学科内继续作长期研究,而其研究成绩,对于人类知识之进步,确有重大贡献",将过去两种资格之一合并为一种。另外,议决李方桂《龙州泰语》获得首届杨铨奖金,姜立夫、叶企孙、赵承嘏、李四光、翁文灏、胡经甫、林可胜等为丁文江奖金审查委员会委员。③

因抗战内迁,第四次年会延期到1939年3月13—14日,才在昆明云南大学举行。蔡元培病后体弱,无法由香港到昆明主持,临时举王世杰为主席。李协去世,补选茅以升接替。④ 讨论提案10件,就内迁后工作重点,广泛交换意见,形成四项决议,诸如中研院应在西南各省设置永久研究机关,使学术平衡发展,"而利内地之开发";理化工程研究所应与政府及社会事业机关密切合作,"以增加效能";联络国内各研究机关,拟定战时工作计划;由中研院发起,会同教育部、经济部检讨全国科研方针及分工合作办法。⑤ 同时,推举

---

① 《国立中央研究院首届评议会第一次报告》,第91-93页。值得注意的是,"奖励"由专家推举,而非作者申请,这是整个民国时期学术评议的基调,与今日学术生活中的"请奖"可谓不可"同日而语"。
② 《大公报》1937年5月6日,第10版。
③ 《大公报》1937年5月7日,第10版。
④ 竺可桢《竺可桢日记》第一册,人民出版社,1984年,第318页。
⑤ "中央研究院"总办事处秘书组编印,《"中央研究院"史初稿》,1988年,第169-170页。

朱家骅、王世杰、傅斯年、陶孟和、叶企孙、任鸿隽、翁文灏7人组织第二届评议会选举筹备委员会。

1940年3月22—23日，首届评议会最后一次年会在重庆举行，主要任务本来是选举第二届评议会，但因蔡元培3月5日在香港病逝，选举继任院长成为最为重要的事务。按照评议会条例，当院长辞职或出缺时，由评议会选举候选人3人，呈请国民政府遴选。由于蒋介石将个人意愿强加给评议员，"下条子"让选举未跟随汪精卫叛逃的汪派主干人物顾孟余为院长，结果演成民国学术史上学者们争取民主、保持学术独立的一段佳话，最后选出翁文灏、胡适、朱家骅3人上报国民政府遴选。① 也许是出于对评议员们的"惩罚"，国民政府迟迟不宣布院长人选，致使"院中主持无人，经费艰穷，极可忧虑"。直到9月18日，才任命朱家骅为代理院长，并一直代理到1957年10月在台湾被迫卸任。

中研院代理院长朱家骅

朱家骅任代理院长后向国民政府总裁
蒋介石报告相关中研院情形草稿首页

1940年3月23日下午选举第二届评议员，结果物理吴有训替叶企孙，化学曾昭抡、庄长恭代赵承嘏、吴宪，工程王宠佑接替唐炳源，气象吕炯接张其昀，地质谢家荣代叶良辅，动物陈桢替胡经甫，植物戴芳澜替谢家声，心理唐钺代郭任远，其余依旧。② 30位

---

① 关于院长的具体选举参阅拙文《1940年中央研究院院长选举》，《档案与史学》1999年第2期。
② 竺可桢《竺可桢日记》第一册，人民出版社，1984年，第419页。

聘任评议员中仅科学技术方面21位中改选9人,社会人文科学方面无一人改选。新聘任评议员有6人当选首届院士,而被代替的9人中仅2人当选,就科学技术方面而言,评议员群体学术水准又有相当的提升。

第二届评议会上报国民政府核准,于1940年7月正式组成。1941年3月13—15日在重庆举行第一次年会,议决由中研院编辑出版学术半年刊《论文提要》(英文)和中文著作目录季刊《学术概要》,分别以吴有训、李四光、吴定良、曾昭抡、李济、姜立夫、陈焕镛、林可胜、茅以升9人和李书华、曾昭抡、王家楫、翁文灏、傅斯年5人负责,还讨论了科学发明奖金及组织各地调查等议案,增设数学研究所,姜立夫任筹备主任。① 1942年3月9日开评议会谈话会,朱家骅报告国民党九中全会前有人提议中研院合并于教育部或考试院,经疏通后打消。议决第二次年会于1943年1月11日蔡元培生日召开。② 但1943年并没有召开会议,此时的中研院地位已经相当尴尬。教育部学术审议会学术评议工作如火如荼,内迁学术界活跃异常,但评议会工作却进入如此"杳无音信"的境地,而且中研院自身也有被撤并的危险。

1943年11月,《国立中央研究院评议会条例》修订,事务增加"应受考试院委托,审查关于考试及任用人员之著作或发明事项",总干事为当然评议员。时隔三年之后,1944年3月8—10日在重庆召开第二届评议会第二次年会。蒋介石派人致训词说中研院:

> 为国家最高学术研究机关,而评议会之任务,除决定该院研究学术之方针外,复有促进国内外学术研究之合作与互助之规定。然则际此时会,如何潜心壹志,兼程并进,发明创造,以应战时之急需;如何揆度国情,慎密筹拟战后学术文化事业之建设方案,以供政府之采择;如何借助他山,颉颃提携,提高科学水准,以树立我国文化在国际上之荣誉。此次年会当必有切实审详之决定。……诸君子学有专长,闻望素孚,尚希顾念自身职责之重大,殚精竭智,树立风声,启迪文明……以增邦本,而扬国光,至所企盼。③

会议讨论通过提案十余件,诸如战后召开全国学术会议、建立纯粹科研机构与应用科研机

---

① 竺可桢《竺可桢日记》第一册,人民出版社,1984年,第495-496页。《"中央研究院"史初稿》说3月29日举行,这里据竺可桢日记。
② 竺可桢《竺可桢日记》第一册,人民出版社,1984年,第582页。
③ 《中央日报》1944年3月9日,第2版。

构联系、联络及协助国内各机关及大学研究机构、分动植物所为动物植物两所、成立医学研究所筹备处、将史语所人类学组独立建制体质人类学研究所等。① 议决评议会英文为 Council of Academia Sinica，评议员称 member of Council of Academia Sinica，另设研究院学侣 member of Academia Sinica。陈焕镛因在广州"附伪"，举钱崇澍继任。② 还通过致蒋主席敬电：

> 国民政府主席蒋钧鉴：本会此次举行年会，蒙颁赐训词，备加策励，恭聆之余，同深感奋。谨当遵照训示，继续努力，藉期对于民族之复兴、战后之复员、科学水准之提高、学术自立之实现，以及国际间学术合作事业之加强，献其绵薄。……同人等深体国步之艰难，益切涓埃之报称。誓竭智能，仰副厚望。

第二届评议会任期到 1945 年 7 月，但因抗战及战后复员，聘任评议员选举不易，两次呈准国民政府，延至 1948 年首届院士会议结束。③ 1946 年 6 月 24 日，在南京开复员后第一次院务会议，竺可桢从朱家骅报告中得知过去评议会的决议案"许多未能办到"。④

1946 年 10 月 20 日，第三次年会在南京举行，"就全院组织及前途，与中国学术界整个情况，加以检讨，内为学术之进步，外为国际之合作，金以应完成国家学院之体制，以院士为本院之构成分子"，议决呈请国民政府修正公布"组织法"及"评议会条例"，将评议会事务重心全面转移到首届院士的选举上。⑤ 22 日议决通过院士英文名为 Fellow of

---

① 《中研院评议会年会圆满闭幕，重要提案通过十余件，全体决议电致蒋主席致敬》，《中央日报》1944 年 3 月 11 日，第 2 版。
② 竺可桢《竺可桢日记》第二册，人民出版社，1984 年，第 742 页。已意识到评议会仅仅是中研院的评议会，不是欧美与日本的国家科学研究理事会，因此英文名有如此改动。关于陈焕镛"附伪"一事，传记作者有如是讲述：日军占领香港后，1938 年迁港的中山大学农林植物研究所重要标本、图书面临被日军掠夺的境地。适逢伪广东教育厅厅长林汝珩到港，他提出将农林植物研究所迁回广州。作为该所创始人与所长的陈焕镛与全所职员共商后认为："与其慕清高之行为而资敌以珍藏，曷若利用权宜之措施以保存其实物，名城弃守，光复可期；文物云亡，难谋归赵，为山九仞，岂亏一篑之功；来日大难，当抱与物共存亡之念，赴汤蹈火，生死不辞，毁誉功罪，非所敢顾。"同意林汝珩计划，但声明研究所乃纯粹科学机构，拒绝牵扯政治。后农林植物所迁回广州，陈焕镛仍任所长兼广东大学特约教授。战后，陈焕镛请中山大学派人接收。1945 年 12 月 31 日中山大学农学院长邓植仪给校长王星拱的报告中说："该员忍辱负重，历尽艰危，完成本校原许之特殊任务——保存该所全部文物，使我国植物学研究得以不坠，且成为我国植物学研究机关唯一复兴基础，厥功甚伟，其心良苦，其志堪嘉。"也有人借此控告陈焕镛为"文化汉奸"，许崇清、金曾澄、沈鹏飞、邓植仪等联名上书陈述事实并愿担保，1947 年法院以"不予起诉"了结此冤案。参阅陈昭德《陈焕镛》，载《中国科学技术专家传略·理学编·生物卷 1》，网站 http://www.cpst.net.cn/kxj/zgkxjsxj/。陈焕镛 1955 年当选中国科学院学部委员。
③ "中央研究院"总办事处秘书组编印，《"中央研究院"史初稿》，1988 年，第 170 页。
④ 竺可桢《竺可桢日记》第二册，人民出版社，1984 年，第 944 页。
⑤ 《国立中央研究院概况》(1928.6—1948.6)，第 4 页。

第二届评议会第三次年会合影
照片上注明时间错误,应为1946年10月20日,不是11月20日。

Academia Sinica,23日讨论中研院组织法与评议会规程,拟定第一届院士产生办法及名额。①

从1935年6月中研院评议会组成到1946年10月召开第二届评议会第三次年会将事务重心转入首届院士选举,评议会已经运转了11个年头,也召开了8次年会,议决了不少提案,为国家学术发展提供了不少的方略。自从评议会将其职能由最初的选举"名誉会员"扩展到议决中研院发展方向、促进学术研究合作互助等6个方面以来,其在相关全局性的国家学术发展方面的影响似乎成效不大。除在中研院自身建设方面如研究所的扩展、杨铨丁文江奖金的设立、院长的选举等,促成科学研究与实际相结合等方面有所

---

① 本次会议上,翁文灏以评议会秘书身份报告,指出科研经费越来越少,"科学工作人员无以为生,因此有希望的人们、年青科学家,均有国外研究的趋势"。总干事萨本栋报告,述国外研究人员不愿回国的理由及国内科学人才被糟蹋的状况,如桂质庭放弃高空游离层的测定而就任行政院参事;国家留学政策更是荒唐透顶,教育部所送大学教授70余人,大半不懂英文。见竺可桢《竺可桢日记》第二册,人民出版社,1984年,第974-976页。

作为外①,无论是学术评议奖励(如设立国家科学补助金、国家科学奖励金)、学术合作与互助(中研院与其他机构合作、促使其他机构合作),还是在国家留学政策等其他方面的建议都影响甚微。② 也许正是看到在这些方面的无所作为,评议会还是决定回归本位,以选举"名誉会员"为"本业"。当然,由于中国科学的发展,首届院士的选举此时也有成功的基础。

院 士 选 举

1947年3月13日,国民政府公布修正《国立中央研究院组织法》,根据该组织法,中研院设置院士,院士满足下列两个条件之一:对于所专习的学术有特殊著作发明或贡献,对于所专习的学术机关领导或主持在五年以上成绩卓著。首届院士由评议会选举,嗣后由院士选举;首届院士先经各大学、独立学院、著有成绩之专门学会、研究机关提名,由评议会审定为候选人,并公告;院士为终身名誉职务,有选举院士及名誉院士、评议员、议定国家学术之方针、受政府委托办理学术设计调查审查及研究事项等职权;院士分数理、生物和人文三组;评议会由院士选举经国民政府聘任评议员30~50人及当然评议员组成。③

此后,首届院士选举进入程序状态。1947年3月15日,召开评议会谈话会,商讨院士选举法草案,萨本栋与傅斯年各拟一草案。17日,开谈话会第二次会议,傅斯年所拟第二草案被用作讨论基础。④ 5月22日,胡适发出首届院士"人文"部分拟提参考名单:哲学吴稚晖、汤用彤、金岳霖,中国文学沈兼士、杨树达、傅增湘,史学张元济、陈垣、陈寅恪、傅斯年,语言学赵元任、李方桂、罗常培,考古学及艺术董作宾、郭沫若、李济、梁思成。⑤

1947年10月13日,开院士选举筹备会,正式提名510人,初步审查剩下402名。

---

① 关于评议员积极提案要求学术研究与解决国家实际急需问题相结合,段异兵、樊洪业有专文《1935年中央研究院使命的转变》讨论,这里就不赘述。
② 中国科学院成立时,有许多科学家认为民国两大国立研究机关中研院与北平研究院"各自为政,设置的研究所叠床架屋;两院只把目光局限在自己的研究所上,从未发挥计划与领导全国科学研究工作的作用;科学研究漫无计划,与大学和其他科学研究机构缺乏密切的联系合作"。见樊洪业主编,《中国科学院编年史(1949—1999)》,上海科技教育出版社,1999年,第2页。
③ 《国立中央研究院概况》(1928.6—1948.6),第11页。
④ 曹伯言整理,《胡适日记全编》第7册,安徽教育出版社,2001年,第648页。
⑤ 曹伯言整理,《胡适日记全编》第7册,安徽教育出版社,2001年,第656-657页。

15日,召开第二届评议会第四次年会,通过《国立中央研究院院士选举规程》,议决院士分组名额,数理27～33人,生物27～33人,人文27～34人。此后连续开会讨论候选人,拟定候选人的候选理由,到17日最后确定了150人的候选人名单。① 在最后确定150人名单时,还有所增删。数理组将天文学余青松、张钰哲删去,物理学增加桂质庭,化学增加朱汝华、孙学悟、纪育沣、黄子卿,工程删去钱学森;生物组医学去掉吴宪,药物学增加陈克恢,生理学去掉侯宗濂,农学去掉陈嵘、邓植仪,增加冯泽芳;人文组法律增加吴经熊,政治学去掉徐淑希、刘迺诚。② 会议还拟定了各学科院士人数:数理组数学6人、天文气象学2人、物理学7人、化学5人、地质学7人、工程学6人,共33人;生物组动物学6人、植物学6人、医学8人、药物学1人、人类学1人、心理学2人、生理学4人、农学5人,共33人;人文组哲学(包括教育)3～4人、中国文史学4人、历史学6人、语言学3人、法律学4人、政治学3～4人、经济学4人、社会学2人、考古及艺术史4人,共34人。③

候选人名单及其候选理由在《大公报》等大报公布4个月,以收集对候选人的意见。1948年3月25日,第二届评议会第五次年会召开,依照程序以无记名投票方式选举首届院士。到28日,经5次投票后才最终产生81名院士,具体学科分布见表2。

表2 中研院首届院士候选人与当选名单

学科组	学科	候选人与当选名单
数理组 49(28)	数学 8(5)	江泽涵、<u>姜立夫</u>、<u>许宝騄</u>、<u>陈省身</u>、陈建功、<u>华罗庚</u>、<u>熊庆来</u>、<u>苏步青</u>
	物理 9(7)	<u>吴大猷</u>、吴有训、<u>李书华</u>、周培源、桂质庭、<u>叶企孙</u>、<u>赵忠尧</u>、<u>严济慈</u>、<u>饶毓泰</u>
	化学 8(4)	朱汝华、<u>吴宪</u>、吴学周、纪育沣、孙学悟、<u>庄长恭</u>、<u>曾昭抡</u>、黄子卿
	地质学 12(6)	尹赞勋、王竹泉、<u>朱家骅</u>、<u>李四光</u>、李善邦、孟宪民、俞建章、孙云铸、<u>翁文灏</u>、<u>黄汲清</u>、<u>杨钟健</u>、<u>谢家荣</u>
	天文气象学 1(1)	<u>竺可桢</u>
	工程学 11(5)	王宠佑、汪胡桢、周仁、施嘉炀、<u>侯德榜</u>、<u>茅以升</u>、<u>凌鸿勋</u>、程孝刚、蔡方荫、<u>萨本栋</u>、罗忠忱
生物组 46(25)	动物学 10(6)	<u>王家楫</u>、<u>伍献文</u>、朱洗、<u>贝时璋</u>、<u>秉志</u>、胡经甫、陈世骧、<u>陈桢</u>、<u>童第周</u>、刘承钊

---

① 曹伯言整理,《胡适日记全编》第7册,安徽教育出版社,2001年,第684-685页。
② 中国社会科学院近代史研究所图书馆胡适档案2343-1。
③ 中国社会科学院近代史研究所图书馆胡适档案2344-3。值得注意的是,这个学科人数控制似乎有问题,如天文气象学候选人仅竺可桢1人,当选人数居然控制为2人;医学候选人仅9人,控制人数居然达到8人;而候选人数最多的地质学12人,控制人数为7人。

续表

学科组	学科	候选人与当选名单
生物组 46(25)	植物学 10(6)	<u>胡先骕</u>、<u>殷宏章</u>、<u>秦仁昌</u>、<u>张景钺</u>、<u>裴鉴</u>、<u>刘慎谔</u>、<u>钱崇澍</u>、<u>戴芳澜</u>、<u>罗宗洛</u>、<u>饶钦止</u>
	医学 9(3)	<u>李宗恩</u>、胡正详、洪式闾、<u>袁贻瑾</u>、马文昭、<u>张孝骞</u>、汤飞凡、冯兰洲、刘士豪
	药物学 2(1)	<u>陈克恢</u>、黄鸣龙
	体质人类学 1(1)	<u>吴定良</u>
	心理学 3(1)	<u>汪敬熙</u>、陆志韦、臧玉淦
	生理学 5(4)	<u>林可胜</u>、<u>徐丰彦</u>、<u>汤佩松</u>、<u>冯德培</u>、蔡翘
	农学 6(3)	<u>李先闻</u>、<u>俞大绂</u>、冯泽芳、赵连芳、<u>邓叔群</u>、刘崇乐
人文组 55(28)	哲学 5(4)	<u>吴稚晖</u>、<u>金岳霖</u>、陈康、<u>汤用彤</u>、<u>冯友兰</u>
	中国文史学 6(4)	<u>余嘉锡</u>、<u>胡适</u>、唐兰、<u>张元济</u>、<u>杨树达</u>、刘文典
	历史学 10(5)	李剑农、<u>柳诒徵</u>、徐中舒、徐炳昶、<u>陈垣</u>、<u>陈寅恪</u>、<u>陈受颐</u>、<u>傅斯年</u>、蒋廷黻、<u>顾颉刚</u>
	语言学 4(2)	王力、<u>李方桂</u>、<u>赵元任</u>、罗常培
	考古学 4(4)	<u>李济</u>、<u>梁思永</u>、<u>郭沫若</u>、<u>董作宾</u>
	艺术史 2(1)	<u>梁思成</u>、徐鸿宝
	法律学 6(2)	<u>王世杰</u>、<u>王宠惠</u>、吴经熊、李浩培、郭云观、燕树棠
	政治学 5(3)	<u>周鲠生</u>、张忠绂、张奚若、<u>钱端升</u>、<u>萧公权</u>
	经济学 8(1)	方显廷、何廉、巫宝三、<u>马寅初</u>、陈总、杨西孟、杨端六、刘大均
	社会学 5(2)	吴景超、凌纯声、<u>陈达</u>、<u>陶孟和</u>、潘光旦

注：49(28)表示候选人49位，当选28位；候选人名字下划线者当选院士。

院士原拟遴选80～100人，结果在选举时，第一次投票仅选出67人，第二次补选11人，第三到五次每次仅选出一人，分别为顾颉刚、余嘉锡和吴稚晖。五次选举才举出81人，达到《国立中央研究院院士选举规程》总人数的最低限制，生物组比最低限额还少2人，"可以说相当的郑重审慎"。与1947年确定的学科名单分配相比，数理组数学、天文气象学、化学、地质学、工程学各少1人共少5人；生物组医学少5人、心理学少1人、农学少2人共少8人；人文组历史学少1人、语言学少1人、法律学少2人、经济学少3人，考古与艺术史增加1人，共少6人。医学、经济学、法律学等学科当选比例很低，特别是经济学8位候选人仅1人当选，反映了中国近代经济学的发展现状。

对这次选举有各种各样的批评，最重要的原因是提名办法不佳，有些可能当选的学者根本没有被提名,"令人无从选出,颇有遗珠之憾"。如杨钟健就提出地质学方面发现北京人化石的裴文中就应当选,但没有被提名。朱家骅也说:"各院校、各研究机关、各专门学会所提名者,其主持人往往谦逊而提名他人,致本人未曾提出;或注意本机关人士,而未及其他人士,或注意其他人士,而未及本机构人士,或提名机构不合规定,以致尚有学术界著名人士,未经选入,弥引为憾。"① 也有人批评当选者与中研院同仁及有关人物过多,夏鼐分析表明,有21位院士就职中研院,其中13位所长中11人当选。他说:

> 中央研究院的所长和专任研究员,因为"近水楼台"的关系,他们的工作和贡献,院中同人自然比较熟悉。又加以人类到底是感情的动物,朝夕相处的熟人之间多少有点"感情"的关系。所以同等成绩的学者,也许是院内的人比较稍占便宜。②

因此,他提议说:"为着'避嫌疑'及延揽院外人才起见,也许需要采取一种政策,如果遇到有同等成绩的学者,优先推选院外者,以表示礼貌(Courtesy)"。

具体分析这份名单,只有朱家骅、王世杰、翁文灏、王宠惠、吴稚晖等少数人物属于"政客"。但正如夏鼐所说,这些行政官僚,"他们所以当选,并不是由于做官的煊赫,实是由于他们在学术工作方面的贡献"。王世杰、王宠惠在法律学上,翁文灏在地质学上都有奠基地位与作用,其学术成就足以让他们当选。至于朱家骅,杨钟健回忆说地质学当选6名院士中,"独朱对于地质方面的工作太少。然因别的原因(推进工作有功)而当选。此事为许多人不满。"③汤佩松几十年后的回忆中还说:"至今我仍未得到一个问题的答案:个别院士是怎样被'遴选'进来的?并且又如何'当选'为第一任院长的?"④朱家骅以"研究德国侏罗纪石灰岩,创办并主持两广地质调查所、奠定华南地质研究之始基"当选院士,名不副实。他作为院士的著作目录上,仅有两篇博士毕业时代的论文,因此,以"研究家"名义当选院士,自然遭来非议。

根据中研院组织法,院士资格两大条件之一是"对于所专习学术之机关,领导或主持在五年以上成绩卓著者"。不考虑朱家骅在中国地质学、地理学与大地测量学等方面的倡

---

① 朱家骅《国立中央研究院概况》,《朱家骅先生言论集》,"中央研究院"近代史研究所史料丛刊(3),1977年,第95页。
② 夏鼐《中央研究院第一届院士的分析》,《观察》第5卷第14期(1948),第5页。
③ 杨钟健《杨钟健回忆录》,地质出版社,1983年,第167页。
④ 汤佩松《为接朝霞顾夕阳》,载韩存志主编,《资深院士回忆录》,上海科技教育出版社,2003年,第117页。其实朱家骅直到1957年在台湾被蒋介石逼迫辞职一直是"代院长",也不是第一任院长。

导之功,仅就其领导中研院来看,他自1940年蔡元培逝世以后,代理中究院院长也已八载有余,对中研院的发展及整个中国科学进步的贡献有目共睹。① 因此,如果朱家骅以院长这个职位而不以研究专家名义当选院士,恐怕更令人信服。在一个角色日益专业化的时代,"科学家"这个名义是不容易担当的,是科学推进者就是科学推进者,是政府官员就是政府官员,要窜位到科研岗位或者其他位置,自然"名不正,言不顺",引起非议。

1948年9月23日,中研院第一次院士会议开幕,此为开幕式后与会院士合影

左起竖排从前到后:第一排萨本栋,第二排陈达、周鲠生,第三排茅以升、冯友兰、杨树达、邓叔群,第四排竺可桢、杨钟健、余嘉锡、谢家荣、吴定良,第五排张元济、汤佩松、梁思成、李宗恩、俞大绂,第六排朱家骅、陶孟和、秉志、伍献文、陈省身,第七排王宠惠、凌鸿勋、周仁、陈垣、殷宏章,第八排胡适、袁贻瑾、萧公权、胡先骕、柳诒徵、钱崇澍,第九排李书华、吴学周、严济慈、李济、冯德培,第十排饶毓泰、汤用彤、叶企孙、戴芳澜、傅斯年,第十一排庄长恭、李先闻、苏步青、贝时璋,最后姜立夫。

81位首届中研院院士群体,集中了中国近代学术发展的三代人,仅以科学技术方面(数理组与生物组)53名院士来看,既有中国近代学术的开创人,也有他们的学生,还有

---

① 关于朱家骅对民国科学技术的影响,参阅拙文《朱家骅的科学观念与国民政府时期科学技术的发展》,《近代中国》第14辑,上海社会科学院出版社,2004年,第291-321页。

他们的学生的学生;年龄最大的是1883年出生的钱崇澍(65岁),年龄最小的是1911年出生的陈省身(37岁)。另外,许宝騄、华罗庚都仅比陈省身大1岁,他们不满40岁就当选院士,可见当日学术界之风气,也可见他们成就影响之大。

具体分析这53名院士的当选资格,有吴有训、叶企孙、陈桢、戴芳澜、汤佩松、饶毓泰、曾昭抡、张景钺、苏步青、贝时璋、吴宪、林可胜、姜立夫、蔡翘、李宗恩、张孝骞、李书华、庄长恭、严济慈、吴学周、李四光、竺可桢、周仁、王家楫、翁文灏、杨钟健、秉志、钱崇澍、胡先骕、袁贻瑾、谢家荣、李先闻、邓叔群33人两个条件都具备。其中主要以主持学术机关当选院士的可能有朱家骅、姜立夫、李书华、叶企孙、周仁和袁贻瑾等数人。在《国立中央研究院院士录》所附著作目录上,姜立夫只有1945年发表在《科学记录》上那篇用矩阵方法改写并发展了圆素和球素几何学的论文。李书华著作也仅1922年发表的论文两篇。① 叶企孙分别为1921、1925年发表的论文2篇,都是学生时代的成果,回国后"即不研究特别问题"了。周仁亦仅1915—1937年发表了3篇文章。袁贻瑾论文仅5篇,相比其他医学家如陈克恢论文225篇,实在是太少点。

从当选81名院士及其当选资格看,这一院士群体确实是当时中国各门学科的代表,"足以代表今日中国学术界的情况"。② 从其评选过程来看,基本上充分尊重了学者们的权利。政治意识形态并没成为先决条件,学术成就及其对学术发展的影响成为唯一标准,因此有郭沫若当选,表征了当时学术相对独立于政治的状况。当然,首届院士选举的学术性保证,与评议会组成成员的学术性密不可分。院士选举时聘任评议员中有王宠佑、吕炯、唐钺、张云、何廉等,当然评议员中张钰哲、赵九章没有当选,有些人甚至没有成为候选人。可见只要一切从学术和良知出发,有时"近水楼台也得不到月"。

1948年9月23日,第一届院士会议举行。翌日选举第三届评议会聘任评议员32人:数理组陈省身、苏步青、吴有训、李书华、叶企孙、庄长恭、翁文灏、竺可桢、茅以升、凌鸿勋,生物组秉志、伍献文、陈桢、胡先骕、钱崇澍、李宗恩、林可胜、冯德培、汤佩松、俞大绂,人文组汤用彤、冯友兰、胡适、陈垣、赵元任、李济、梁思成、王宠惠、王世杰、周鲠生、钱端升、

---

① 李书华被称为"政治科学家"。吴大猷回忆说李是一个非常好的绅士,回国后曾教过物理,但未做物理研究。见吴大猷《吴大猷文选》第7册,第102-103页。

② (编注)当然,正如朱家骅所说,也有"遗珠之憾",除杨钟健提出的裴文中而外,闻名世界的心理学家(可谓中国心理学第一人)郭任远虽被清华大学提名,但并未成为正式候选人。

陈达。此为首次由院士选举产生的评议会，由此，"本院主持人为院长，构成之主体则为院士，学术评议之责属于评议会，而从事学术研究者，则为各研究所，国家学院之体制，于本院成立二十年之今日，乃告完成"。①

中国学术评议体制的形成及其异化

学术评议和奖励，在科学规范内部有其独特的结构，最为有名的自然是以科学家命名，第一等级是诸如哥白尼宇宙体系、牛顿力学、爱因斯坦相对论这些科学发展的划时代标志；第二等级是某门学科之"父"或奠基人；下一等级是分支学科的奠基人；再下一等级是将发现者的名字缀在某种发现物的后面，或以名字命名一些计量单位等。这些科学规范内部对科学独创性的崇高奖励，是任何其他世俗的奖励都不能替代的。但科学发展史上大多数独创性并不能归入上述极为崇高的奖励中，这就需要科学共同体或专门的组织进行评议和奖励。国际上通行的学术评议并不由政府主持，往往由科学家自己组织的民间学术社团或其他民间组织担当，这自然是西方学术独立最为基本的体现。②

中国学术评议与奖励体制的建立，民间学术社团也很努力。中国科学社自1929年开始，设立、管理有高君韦女士纪念奖金、考古学奖金、爱迪生奖金、何育杰物理学奖金、范太夫人奖金、梁绍桐生物学奖金等奖励青年科研才俊的奖项；还曾有向国内科学研究最著名者颁发"中国科学社奖章"的规划，并制定了章程，计划每年年会召开时颁奖，但最终没有结果。中国工程师学会也有赠给工程师荣誉金牌的奖励，当选条件一为发明工程上新学说，或有裨人类及国防之机械物品或制造方法；二为负责主持巨大工程解决技术上之困难。侯德榜、凌鸿勋、茅以升、孙越琦、支秉渊等都曾因对中国工程事业有巨大贡献而获此殊荣。此外，还设有天佑奖学金、子博公路奖学金、仪祉土木水利奖学金、朱母奖学金、石渠奖学金、诵芬工程奖学金等，主要奖助对象是青年工程师及工科大学生。中国地质学会1925年设立葛氏奖章，1930年设立赵亚曾先生研究补助金，1936年设立丁文江先生纪念奖，1940年设立学生奖学金，1945年设立许德佑先生、陈康先生、马以思女士纪念奖金。

---

① 《国立中央研究院概况》(1928.6—1948.6)，第4页。
② 研究表明，国际上也几乎不存在像中国这样由政府主持的各种科技成果评审（包括各种奖励）。参阅顾海兵等《中外科技成果评审制度：比较与对策研究》，《开放导报》2004年第2期，第74-82页。

葛氏奖章和丁文江先生纪念奖金奖励成就卓著者,葛氏奖章两年一次,授予"对于中国地质学或古生物学之有重要研究或与地质学全体有特大贡献者",先后有葛利普、李四光、步达生、丁文江、德日进、翁文灏、杨钟健、章鸿钊、朱家骅获得;丁文江先生纪念奖金也是两年一次,"对中华民国籍研究地质有特殊贡献者"颁发,先后有田奇㻠、李四光、黄汲清、尹赞勋、杨钟健得奖。其他奖励主要奖助鼓励年轻人从事学术研究。

中国因缺乏民间资助学术发展的传统,学术社团的学术评议与奖励也不具备全局性,其影响力不能与政府的学术评议奖励相提并论。在学术评议奖励的制度建设方面,民国初年政府已经开始"行动"。1914年7月,北京政府教育部颁布《学术评定委员会组织令》,"章校阅各学科论文著述,奖励学问事务"。1918年3月,教育部又颁布《学术审定会条例》,"处理……学术上著述及发明之审定事务"。① 但这些学术评议与奖励制度化努力仅仅停留于纸面。

南京国民政府成立后,积极从事国家学术体制的建设,除中研院评议会外,1940年教育部还专门成立了学术审议会作为全国最高学术审议机关,除审议相关高等教育事项外,将学术评议与奖励纳入,侵扰了中研院评议会的"领地"。学术审议会由教育部部长、次长、高教司司长和25位聘任委员组成。聘任委员中12位由教育部直接聘任,另13位由国立专门以上学校校长选举。1940年3月,选举冯友兰、傅斯年、竺可桢、吴有训、周鲠生、王世杰、邹树文、茅以升、马寅初、颜福庆、蒋梦麟、腾固、马约翰为聘任委员,加上教育部长官陈立夫、顾毓琇、余井塘、吴俊生和12位直接聘任委员吴稚晖、朱家骅、张君劢、陈大齐、郭任远、陈布雷、胡庶华、程天放、罗家伦、张道藩、曾养甫、赵兰坪,首届学术审议会组成。这一成员名单相较中研院评议会,很大程度上由政府官员与党务工作者占据主导地位。第二届委员无多大改变,直到朱家骅出任教育部部长后,委员中党务工作者分量才有所下降。学术审议会最重要的学术评议工作是在1941—1947年间共评选出6届包括自然科学、应用技术、社会科学与人文科学等在内的学术奖励。② 与中研院评议会在学术评议奖励特别是物质奖励方面毫无成效相比,教育部学术审议会可谓"顺风顺水"。

---

① 蔡鸿源主编,《民国法规集成》第27册、第28册,黄山书社,1999年。
② 具体名单参阅教育部年鉴委员会编《第二次中国教育年鉴》(民国二十三年至三十六年),第866-872页。**(编注)** 该年鉴所提供资料有不少错误。关于学术审议会的组成与具体运作参阅拙文《良知弥补规则,学术超越政治——国民政府教育部学术审议会学术评奖活动述评》,《近代史研究》2014年第2期,第100-118页。

这样,中国学术评议体制就形成了以政府主持的中研院评议会和教育部学术审议会为主、民间学术社团组织为辅,看起来似乎较为完整的体系。在这一体制中,政府起着主导作用,民间社团无论就其影响力还是作用都不能与政府相提并论。政府方面,教育部学术审议会更具有行政机关的倾向,中研院评议会更趋向学术性。也许正是由于学术审议会浓厚的官员背景,其工作开展较为顺利。从担当的功能与具体运行结果来说,中研院评议会更多的是学术共同体内部的学术奖励,院士这一终身名誉是最高奖赏,是教育部学术审议会各种奖励所不能相比的。教育部学术审议会担当的更多的是外在性的评议与奖励,多有物质作基础。也就是说,由中研院评议会和教育部学术审议会各自建制起了学术界内部的学术评议和外在性物质奖励两大部分。

中研院评议会与教育部学术审议会应该有所合作,特别是其人员组成方面还有许多重叠。但由于各种各样的原因,似乎矛盾更深。学术审议会的成立不仅直接侵入评议会领地,而且导致整个中研院有合并到教育部或考试院的危险,直接使评议会一时间"沉默寡言"。也许正是因为感觉到中研院与教育部的隔阂,1941 年 3 月 20 日在重庆举行的中研院评议会第二届第一次年会通过了与教育部联合发起全国学术会议的提案。朱家骅在题为《全国学术会议召集意义》的讲话中如是说:

> 就大体论,中国研究学术之组织,方在开始建设之时期,本院人力物力均属有限,欲独立担负推进全国学术之重任,常感困难,因此本院评议会决议召开全国学术会议,集合全国学者,并酌请外国学者参加,与本院同仁共策进行,以唤起全国上下之注意,蔚成普遍注重科学之学风,而使研究学术之环境得以改善,全国学术之提倡得以顺利,以促进研究工作之猛进。①

但是,朱家骅及其中研院评议会的决议案并没有得到教育部的响应。学术审议会与评议会各自的独立存在,表征了南京国民政府时期教育部与中研院之间的矛盾与不和谐,特别是抗战期间陈立夫任教育部部长时,与朱家骅小团体派别之争也影响到了两个机构的关系与发展。

与教育部学术审议会作为一个政府组织具有强烈的政治色彩因而在学术评议方面成

---

① 王聿均等编,《朱家骅先生言论集》,"中央研究院"近代史研究所史料丛刊(3),1977 年,第 5-6 页。

效显著不同,中研院学术评议不能顺利实施,与它作为一个政府组织又要保持学术独立有密切关系。南京国民政府成立后,蔡元培为实现其教育独立的理想,开始实行教育、研究共为一体的大学区制度,结果很快宣告失败。此后,中研院脱离教育部成为直辖于国民政府的一个独立的最高研究机关,与政府的关系相比教育部等而言,具有更大的独立性。无论是院长选举还是各研究所所长的任命、研究人员的聘定、研究方向的确立、评议会评议员的选举等,都是其内部事务,可自行解决。因此,中研院作为蔡元培及当时学人学术独立追求的最后一片天空,具有相当的独立性。

总体看来,民国时期学术评议与奖励,与国际上通行相比,并没有建立起比较完善的机制,民间学术社团或者说学术界自身在这方面的建设还很薄弱,这仅仅是民国科学体制化道路走上政府化不归路在一个方面的表现而已。这不仅对民国学术的发展产生了重要影响,对未来中国学术的进程也有不可估量的作用。当然,当时社会还存在相当的学术自由空间,学术评议与政治也有疏离的时候,学术评议奖励过程、结果与政治关系本身并不密切。评议员们选举院士时完全以学术为标准,政治趋向并不作为考虑的因子,无论是规章制度还是具体的运作过程也较为公正合理;评议员选举院长可以完全不考虑蒋介石的意愿,表征了学术独立于政治的一面。教育部学术审议会选聘部聘教授时,虽然有三民主义这样的学科设置,而且无论是大学还是中学,三民主义都是必修的政治课程,但学术审议会委员可以让这一课程不成为学科,三民主义教授自然不能成为部聘教授。这样看来,民国学术评议奖励体制虽然主要表现为政府化的形式,但具体运作及其结果在相当程度上却是学术性的,内容与形式并没有真正统一。

附录:首届中研院院士150名候选人候选理由

数理组49人

江泽涵:分析与拓扑学之研究,主持北京大学数学系

姜立夫:圆与球的几何之研究,曾主持南开大学数学系

许宝騄:数理统计之极限分配、近似分配等研究

陈省身:微分几何、积分几何及积分与拓扑学之关系等研究

陈建功:傅氏级数、正交函数等研究,曾主持浙江大学数学系分析组

华罗庚：分析数论及方阵几何学等研究

熊庆来：无穷级半纯函数之研究，曾主持清华大学数学系

苏步青：卵型论与投影微分几何等研究，主持浙江大学数学系

（以上数学 8 人，当选 5 人）

吴大猷：光谱及天文物理等研究

吴有训：X 光之康波顿效应、X 光散射与吸收等之研究，曾主持清华大学理学院及物理系

李书华：电极膜对于游子之选择透过性等研究，主持北平研究院

周培源：流体力学及相对论等研究

桂质庭：中国地磁测定及高空电离层等研究，主持武汉大学理学院

叶企孙：磁学研究及勃郎克常数之测定等研究，主持清华大学理学院及物理系

赵忠尧：珈玛射线、中子吸收与放射等研究

严济慈：光谱、压力对于照相效应、水晶振动及应用光学等研究，主持北平研究院物理研究所

饶毓泰：光谱、电离作用、电子等研究，主持北京大学理学院及物理系

（以上物理 9 人，当选 7 人）

朱汝华：与维生素 K 及维生素 B 等有关化合物之综合

吴　宪：蛋白质化学、营养研究及血液分析方法等研究，主持协和医学院生理化学系

吴学周：多原分子之紫外光谱、分子构造及分解能、溶液中之反应结构等研究，主持中央研究院化学研究所

纪育沣：嘧啶及其衍生物之制备、国药之化学研究

孙学悟：发酵工业等之研究，主持黄海化学研究社

庄长恭：男女性内分泌素有关繁醇类之综合研究，主持北平研究院药物研究所

曾昭抡：有机合成及分析之研究，主持北京大学化学系

黄子卿：热力学、溶液及比空三方面之研究

（以上化学 8 人，当选 4 人）

尹赞勋：研究中国各纪无脊椎动物化石、山西大同火山、中国火山之分布，历任江西地

质调查所所长、中央地质调查所所长、主任

王竹泉：测制太原榆林幅地质图、订定大同煤系时代、研究大青山煤田构造、拟定陕北油井位置，获得成果

朱家骅：研究德国侏罗纪石灰岩，创办并主持两广地质调查所，奠定华南地质研究之始基

李四光：研究中国地质构造、发现第四纪冰川、中国地层及䗴科之研究，主持中央研究院地质研究所

李善邦：用重力法测探水口山铅锌矿、创制新型地震仪，主持鹫峰地震研究室

孟宪民：研究华中华南金属矿产、探测个旧锡矿获得成果

俞建章：研究中国丰宁系珊瑚化石及分层，主持重庆大学地质系

孙云铸：研究中国古生代寒武志留等纪地层分层及三叶虫及其他化石，主持北京大学地质系

翁文灏：创立华南矿床分带、燕山运动、地震与构造关系、华煤分类新法、剥蚀与沉积之研究等，曾主持中央地质调查所

黄汲清：二叠纪化石及分层、秦岭地质构造、中国构造单位、四川及新疆油田地质等研究

杨钟健：研究禄丰恐龙、新疆穆氏水龙兽及山东蛙化石等，主持地质调查所新生代研究室

谢家荣：煤岩学、中国铁矿床分类、铝土成因等研究，发现淮南新煤田、凤台磷矿及漳浦铝矿，主持资源委员会矿产测勘处

（以上地质学 12 人，当选 6 人）

竺可桢：中国气候学、气候区域、风暴生成、水旱分布与天文及地理等研究，曾主持中央研究院气象研究所

（以上天文气象学 1 人，当选 1 人）

王宠佑：冶锑研究，著有《锑》及《钨》两书

汪胡桢：中国水利工程之研究，著有水利设计多种

周　仁：钢铁理论及制造之研究，主持中央研究院工学研究所

施嘉炀：水工试验理论研究，著有水力发电计划数种

侯德榜：制碱研究，著有《碱之制造》一书

茅以升：桥梁应力之研究，主持钱塘江大桥工程之设计及施工

凌鸿勋：研究我国铁路工程之技术标准，主持粤汉铁路及陇海铁路两段重要工程之设计及施工

程孝刚：机车设计制造、机厂设计及机务标准等研究，曾主持各铁路机务工程

蔡方荫：结构工程中桁梁应力及变位之研究

萨本栋：电机工程中多相电路各问题之研究，著有《电路分析》等书

罗忠忱：在唐山工学院主讲力学，成才甚众

(以上工程学 11 人，当选 5 人)

生物组 46 人

王家楫：原生动物分类形体生态等研究，主持中央研究院动物研究所

伍献文：鱼类形体生理分类生态等方面及寄生虫之研究

朱　洗：细胞学及实验胚胎学之研究，主持北平研究院生理研究所

贝时璋：细胞学及实验形体学等研究，主持浙江大学生物系

秉　志：比较解剖学、昆虫学等之研究，曾主持中国科学社生物研究所

胡经甫：中国昆虫分类之调查与研究，主持燕京大学生物系

陈世骧：昆虫分类及幼虫形体之研究

陈　桢：金鱼之遗传与演化、动物之社会行为等研究，主持清华大学生物系

童第周：实验胚胎学之研究

刘承钊：两栖类动物分类分布生态等研究

(以上动物学 10 人，当选 6 人)

胡先骕：植物分类学、植物地理学及新生代古植物学之研究，主持静生生物调查所

殷宏章：植物生长素之研究

秦仁昌：中国蕨类植物之分类研究，曾主持庐山森林植物园

张景钺：植物形态学之研究，主持北京大学植物系

裴　鉴：植物分类学之研究

刘慎谔：植物地理学、植物分类学及菌类学等研究，主持北平研究院植物研究所

钱崇澍：植物分类学及植物生态学之研究，主持中国科学社生物研究所

戴芳澜：菌类学及植物病理学之研究，主持清华大学植物病理研究部分

罗宗洛：微量元素与植物之生长量、碳水化合物之代谢作用等研究

饶钦止：淡水藻类学之研究

（以上植物学10人，当选6人）

李宗恩：裂体虫病、线虫病、疟病、回归热等研究，曾主持贵阳医学院

胡正详：黑热病、锥虫病、斑疹伤寒等研究

洪式闾：寄生原虫、钩虫及其与人体之关系等研究

袁贻瑾：统计学及防疫学之研究，主持中央卫生实验院防疫研究所

马文昭：高氏体与分泌之关系、吗啡中毒之细胞变化及血球发生史等研究

张孝骞：胃肠病之研究，主持湘雅医学院

汤飞凡：疱疹、牛痘等过滤毒之研究，主持中央防疫处

冯兰洲：锥虫病、黑热病、疟疾、丝虫病、螺旋体病及内脏虫病之寄生虫研究

刘士豪：研究钙之新陈代谢

（以上医学9人，当选3人）

陈克恢：麻黄素及强心剂等之药理等研究

黄鸣龙：男女性内分泌素之综合、蛔蒿素及国药化学等研究

（以上药物学2人，当选1人）

吴定良：各族颅骨与体骨之比较及黔苗体质之探讨等研究，曾任中央研究院人类学组主任

（以上体质人类学1人，当选1人）

汪敬熙：内分泌对于行为之影响、中枢神经中之动作电势及中枢神经发展各期对于行为影响等研究

陆志韦：记忆与视觉之研究，主持燕京大学心理系

臧玉淦：脑视觉与学习之关系及胃之饥饿收缩与行为动机等研究

(以上心理学3人,当选1人)

林可胜：胃液分泌、延髓中交感神经中枢、胆囊收缩、脑下腺之神经支配等研究,曾主持协和医学院生理学系

徐丰彦：哺乳类呼吸循环系统等研究

汤佩松：细胞呼吸及代谢等研究,主持清华大学生理研究部分

冯德培：肌肉和神经之放热及神经肌肉接头之传导等研究

蔡　翘：神经系统之解剖及生理碳水化合物代谢、抗溶血素、止血机构等研究,主持中央大学医学院生理学系

(以上生理学5人,当选4人)

李先闻：小麦、小米、玉蜀黍杂种染色体之行动等研究,曾主持四川省稻麦改良场

俞大绂：蚕豆等作物病害、小麦大麦黑穗粉菌之生理分化与抗病育种等研究

冯泽芳：棉花育种之研究,主持中央棉业改进所北平分所

赵连芳：稻连锁遗传之研究,曾主持中央大学农艺系

邓叔群：植物病理学、菌类学、森林学等之研究,曾主持甘肃洮河林场

刘崇乐：经济昆虫之研究,主持清华大学昆虫研究部分

(以上农学6人,当选3人)

人文组55人

吴敬恒：思想家,著有《一个新信仰的宇宙观与人生观》等

金岳霖：治西洋哲学,著有《逻辑》《论道》等

陈　康：治希腊哲学,于柏拉图、阿里士多得均有专著

汤用彤：治中国佛教史,著有《汉魏两晋南北朝佛教史》等

冯友兰：治中西哲学,著有《中国哲学史》等书

(以上哲学5人,当选4人)

余嘉锡：治考证之学,重要著作有《四库提要辩证》

胡　适：研究中国思想史与中国文学史

唐　兰：考订甲骨文字、利用古文材料建立中国文字学理论

张元济：主持商务印书馆数十年,排印四部丛刊等书、校印古本史籍,于学术上有重大

贡献

　　杨树达：继承清代朴学风气，整理古书，研究古文法与古文字学

　　刘文典：治校勘考证之学

（以上中国文史学6人，当选4人）

　　李剑农：研究中国经济史货币史

　　柳诒徵：主持南京国学图书馆多年，主讲大学史席多年

　　徐中舒：用古文字与古器物研究古代文化制度

　　徐炳昶：治古史，著《中国古代的传说时代》等书，主持北平研究院史学研究所

　　陈　垣：专治中国宗教史，兼治校勘学、年历学、避讳学

　　陈寅恪：研究六朝隋唐史，兼治宗教史与文学史

　　陈受颐：研究近世中西文化交通之早期史

　　傅斯年：治中国上古史，利用新材料与新眼光考订古代制度地理及文籍体制，主持中央研究院历史语言研究所

　　蒋廷黻：主持大学史学系多年，专治近代中国外交史

　　顾颉刚：以怀疑精神研究古史，倡导古地理学之研究

（以上历史学10人，当选5人）

　　王　力：研究中国语言与古代音系，兼治中国语法

　　李方桂：致力于边疆各种语言之调查与研究，并考订上古语音

　　赵元任：为我国现代语言学研究之创导者，规划并实行汉语方言调查工作

　　罗常培：专治中国中古语言史与中国音韵学史，有厦门临川两处方言调查报告

（以上语言学4人，当选2人）

　　李　济：为我国田野考古之领导者，精于中国史前文化及殷代陶器铜器之研究

　　梁思永：主持大规模之殷墟工作，又发现华北史前文化次序之实证

　　郭沫若：研究两周金文，以年代与国别为条贯自成体系，又于殷墟卜辞加以分类研究

　　董作宾：利用发掘经验将殷墟卜辞划分时代，又考订殷代历法及祀典

（以上考古学4人，当选4人）

　　梁思成：主持中国营造学社多年，研究中国古建筑物，实地搜求、发见甚多

徐鸿宝：精于中国艺术品之演变流传及真伪辨定，主持故宫博物院古物馆多年

(以上艺术史 2 人，当选 1 人)

王世杰：研究比较宪法，主持国民政府法制局，于立法事业及宪法制度均有贡献

王宠惠：早年以英文翻译德国民法，至今有国际声誉，在国内对于法律修订及宪法制度多所贡献

吴经熊：研究法律哲学，任法院法官，参加历法工作，均有成绩

李浩培：研究国际私法，主持法律学系多年

郭云观：研究英美法律，任法院法官，著有成绩

燕树棠：研究国际私法及法律哲学，主持法律学系多年

(以上法律学 6 人，当选 2 人)

周鲠生：研究国际法及外交，主持政治学系多年

张忠绂：研究中国外交及行政学

张奚若：研究西洋政治思想

钱端升：研究比较政治制度及现代中国政治制度

萧公权：研究西洋及中国政治思想

(以上政治学 5 人，当选 3 人)

方显廷：研究工业革命及中国工业

何　廉：推进经济研究及指数编制，主持南开大学经济研究所

巫宝三：研究中国农业经济及中国国民所得

马寅初：研究中国金融市场及财政金融诸问题

陈　总：主持清华大学经济系及法学院

杨西孟：研究生活费指数之编制及物价问题

杨端六：研究会计货币银行，主持武汉大学经济系

刘大均：从事中国工业之调查研究，创办主持经济研究所

(以上经济学 8 人，当选 1 人)

吴景超：研究中国之社会经济中阶级制度、工业化、经济建设诸问题

凌纯声：研究边疆民族中之赫哲、苗、瑶、畲诸族

陈　达：调查并研究中国劳工、人口、移民

陶孟和：研究中国都市及乡村社会，主持社会调查研究机关

潘光旦：研究中国家族、人才血缘诸问题

(以上社会学5人，当选2人)

(《史林》2005年第6期，第88-100页)

近代中国农学的发展

——科学家集体传记角度的分析

科学技术的发展,归根结底是由具体的科学家个体及由他们组成的群体实施进行的,因此,统计分析科学家个体及其群体的传记,可以为了解科学家群体的地理分布、国内受教育的学校分布与留学国别对中国科学技术发展的影响提供一个较为独特的视角,细化中国近代科学技术史与留学史研究。科学家集体传记研究是科学社会学广泛应用的一种分析方法,科学社会学奠基人默顿(Robert K. Morton, 1910—2003)又称之为社会调查资料的多变量分析,它通过对一组人物生平传记的剖析,可以了解这一群体的共同特征,并对社会历史的演化做出具有数量意义上的估量。

农业科学家群体研究对象的确定

对近代中国科学家群体的分析,一套大型传记《中国科学技术专家传略》(下简称"传略")可以作为分析对象。"传略"是 1986 年由周培源(1902—1993)在中国科协第三次全国代表大会率先倡导发起,由中国科学技术协会主持编纂的一套大型科学家传记丛书。总编纂委员会主任先后由钱三强(1913—1992)、朱光亚(1924—2011)、周光召(1929—　)等担任。300 多名编纂委员会成员涵盖了理、工、农、医四大学科著名学者、专家、教授和编辑出版界人士。这套传记以记载中国近现代科学技术专家为主线,试图通过"寓史于传"①来反映中国科学技术发展的历史,为中国科技史的研究提供史实:"这是一部以介绍中国近、现代科技人物为主线,反映中国科技发展进程的史实性文献;其目的是为中国著名科技专家立传,记载他们的生平及其对祖国乃至人类科学技术、经济和

---

① 程民德在其主编的一套《中国现代数学家传》"序言"中对"寓史于传"有所申说:"《中国现代数学家传》是一部尝试性的多卷集巨著。……它在整体上能比较全面地展示出我国现代数学的发展史实,起到寓史于传的作用,为开展我国现代数学史研究提供可靠的史料,读者对象具有相当的专门性。"(《中国现代数学家传》第二卷,江苏教育出版社,1995 年)吴文俊认为要达到"寓史于传"的目的,除了对一些有创造性研究和突出贡献的科学家作传外,还要对通过各种各样方式影响中国近代科学技术发展的人物例如从事科学宣传与传播、科学教育的人物作传(《吴文俊先生在〈中国现代数学家传〉首卷出版座谈会上的讲话》,载《中国现代数学家传》第二卷)。程民德 1998 年 11 月 26 日去世,《中国现代数学家传》到 2002 年 8 月出版第五卷,共收数学家 201 人,完成了他生前规划的第一阶段五卷计划。

社会发展作出的贡献,为中国科技史的研究提供史实,并从中总结经验与教训。"①自1991年出版以来,第一期工程已顺利完成,共出版27卷29册,总计1 073万余字,主要记载了自鸦片战争到1920年前出生的中国近现代杰出科学技术专家1 392名(其中少数人1920年以后出生)。②

"传略"农学编部分卷册书影

"传略"分理学、工学、农学和医学4编,计划理学5卷、工学12卷、农学7卷、医学5卷,共29卷。③ 这里以这套传记一期工程农学编所收农学专家作为分析对象,希望通过对这一农学专家集体传记的分析,为理解近代中国农学乃至近代中国科学的发展提供一些可供进一步思考的路径。农学编编委会主任委员为裘维蕃、卢良恕,副主任委员有方悴农、安民、黄可训、吴景峰、陈泓,7卷分别为作物、植物保护、林业、养殖、园艺、土壤、综合,各卷所收具体人物见表1。

7卷共收有农学专家276人,其中综合卷所收录的是相关农业科教管理、农业经济、农业工程和农业机械、农田水利、农业历史、农业生物技术、农产品加工、农业气象、农业科技情报等方面的专家,以及港台一些农业科学家。这些人中除过探先、邹秉文、钱天鹤、赵连芳、沈宗瀚、张心一、汪厥明等在农业科研上有较为突出的成就,属于真正的农业科学

---

① 第一任总编纂委员会主任钱三强先生为整套书所作"序言"如是说。
② 相关情况网站 http://www.kxj.cpst.net.cn 有较为详细的介绍,该网站还全文收录一期工程出版的"专家"传记,可查阅与下载。
③ 一期工程完成时,工学编"能源卷"与"轻工卷"没有出版,而理学编"化学卷"、工学编"力学卷"各有2册。

专家外,其他人如张謇等对近代中国农学的发展影响可能很大,李仪祉在农田水利的建设上也有独特的贡献,陈凤桐、杨显东作为中华人民共和国农业领导人有其相应地位,万国鼎、石声汉等对中国农史的研究有开创之功,乔启明、陈翰笙等对农业经济和农村社会也有独到的研究,吕炯对中国气象学的发展也有重要贡献,但他们很难归属于本文所研究的"农业科学家"这一范畴。有鉴于此,这里的分析不包括"综合卷"所收人物。①

表1 《中国科学技术专家传略》一期工程所收农学家名单

卷别	姓 名
作物 45人	丁颖、孙恩麐、金善宝、王绶、胡竞良、周拾禄、孙醒东、冯泽芳、汤文通、杨开渠、杨允奎、吴绍骙、祖德明、沈学年、戴松恩、徐天锡、程侃声、梅籍芳、俞启葆、丁振麟、杨洪祖、蔡旭、乔魁多、孙渠、陈瑞泰、周可涌、杨守仁、马育华、杨立炯、李竞雄、肖步阳、徐冠仁、王彬生、卜慕华、刘后利、卢浩然、鲍文奎、王鉴明、庄巧生、黄耀祥、盛家廉、王金陵、赵洪璋、张锦熙、袁隆平
植物 保护 52人	张巨伯、戴芳澜、朱凤美、张景欧、杨惟义、邹钟琳、吴福桢、尤其伟、曾省、陈鸿逵、祝汝佐、俞大绂、李凤荪、蔡邦华、邓叔群、黄瑞纶、黄齐望、周宗璜、王鸣岐、黄亮、王云章、陆大京、周明牂、王清和、魏景超、林郁、仇元、吴友三、陈善铭、傅胜发、沈其益、段永嘉、林孔湘、林传光、王焕如、周家炽、邱式邦、杨新美、齐兆生、裘维蕃、张若蕙、何家泌、张宗炳、赵善欢、王君奎、龚坤元、王铨茂、屈天祥、程暄生、方中达、范怀忠、季良
林业 41人	韩安、梁希、李寅恭、陈嵘、傅焕光、姚传法、沈鹏飞、贾成章、叶雅各、殷良弼、刘慎谔、任承统、蒋英、陈植、叶培忠、朱惠方、干铎、郝景盛、邵均、郑万钧、牛春山、马大浦、唐燿、汪振儒、蒋德麒、朱志淞、徐永椿、王战、范济洲、徐燕千、朱济凡、杨衔晋、张英伯、吴中伦、熊文愈、成俊卿、关君蔚、王恺、陈陆圻、阳含熙、黄中立
养殖 37人	郑辟疆、崔涤僧、崔步瀛、王㠀川、虞振镛、杨邦杰、葛敬中、高国景、顾青虹、黄子固、朱元鼎、陈宰均、孙本忠、陈之长、蔡无忌、罗清生、冯焕文、张松萌、熊大仕、崔步青、程绍迵、曹冶孙、陆星垣、王栋、朱树屏、许振英、熊大仁、汤逸人、郑丕留、马闻天、吴仲贤、盛彤笙、方定一、张鹤宇、钟麟、王树信、袁庆志
园艺 27人	吴耕民、吴觉农、毛宗良、章守玉、胡昌炽、李驹、曾勉、原芜洲、蒋名川、章文才、李沛文、钟俊麟、王泽农、俞德浚、孙云蔚、庄晚芳、陈椽、黄昌贤、李联标、李家文、沈隽、曲泽洲、谭其猛、李曙轩、陈俊愉、邹祖申、吴明珠
土壤 40人	邓植仪、王云森、彭家元、谢申、黄野萝、戴弘、张乃凤、侯光炯、彭克明、姚归耕、黄瑞采、朱莲青、李连捷、马溶之、熊毅、沈梓培、陈恩凤、樊庆笙、李庆逵、林景亮、宋达泉、陆发熹、叶和才、程学达、陈华癸、孙羲、裴保义、陈尚谨、俞震豫、席承藩、李酉开、朱显谟、周鸣铮、曾昭顺、朱祖祥、史瑞和、吴志华、唐耀先、华孟、于天仁
综合 34人	张謇、许璇、李仪祉、过探先、邹秉文、钱天鹤、赵连芳、辛树帜、沈宗瀚、张心一、陈翰笙、陈凤桐、万国鼎、乔启明、汪厥明、须恺、莫定森、张德粹、乐天宇、李世俊、吕炯、杨显东、沙玉清、王毓瑚、石声汉、王鹤亭、粟宗嵩、张季高、余友泰、李翰如、王万钧、曾德超、陶鼎来、陈秉聪

---

① 当然,这套传记对专业的界定也有值得商榷的地方,例如李先闻1948年以"小麦、小米、玉蜀黍杂种染色体之行动等研究,曾主持四川省稻麦改良场"当选首届中央研究院农学科院士,明显应属于农学家,却被收入理学编"生物学卷"。而戴芳澜当年以"菌类学及植物病理学之研究,主持清华大学植物病研究部分"当选首届植物学科院士,自然属于植物学家,却被作为农学家收入"植物保护卷"。

另外，1920年及其以后出生的农学家们在1949年以前的主要社会角色是学生，农学家角色一般来说还没有获取，因此本文的考察对象不包括1920年以后出生的农学家。因此，表1中"作物卷"袁隆平(生于1930年)，"植物保护卷"季良(生于1921年)，"养殖卷"袁庆志(生于1921年)，"园艺卷"邹祖申(生于1923年)、吴明珠(生于1930年)超出本文的考察范围。最终确定分析的农学家共237人，其中作物科学44人，植物保护科学51人，林业科学41人，养殖科学36人，园艺科学25人，土壤科学40人。

作物、植物保护与林业科学传记分析

作物学是近代农学发展较快的学科，正如庄巧生所指出的那样，研究对象"从早期的稻、麦、棉逐渐扩大到粮油、糖、麻、烟等门类齐全的大小作物"，研究内容"从笼统的农学分化为围绕育种和栽培两大中心而形成品种资源、遗传育种、耕作栽培、作物生态、生理生化、产品加工等分支学科或领域"。① 分析44位专家的研究专长与研究方向，水稻、小麦专家各7人，棉花5人，大豆4人，玉米3人，薯类、甘蔗各2人，高粱、烟草、油菜、黄麻各1人，耕作栽培3人，其他7人。44人中10人当选中国科学院学部委员、院士(以下统称院士②)，分别是1955年的丁颖(稻作科学主要奠基人)、金善宝(小麦科学主要奠基人)、冯泽芳(棉作科学主要奠基人)、戴松恩(作物育种与细胞遗传学)、赵洪璋(小麦育种)，1980年的蔡旭(小麦杂交开拓者)、李竞雄(玉米杂交开创者与细胞遗传学)、徐冠仁(遗传育种学，核农学创始人)、鲍文奎(植物多倍体遗传育种学)和1991年的庄巧生(小麦遗传育种)。可见，作物学的主流研究方向是在农业生产中占据重要地位的水稻、小麦、棉花、玉米和大豆等方面，趋势是从早期的良种培育向细胞遗传学发展。虽然耕作栽培是作物学研究的重要内容，但并无一人当选院士，而且从事研究的人数也不多；其他类别的作物如薯类、高粱虽在解决温饱问题上曾有大作用，但亦无一人当选院士。作物学这一发展进程与国情有极大的关系，水稻和小麦是主要的粮食作物，棉花是主要的经济作物，大豆是主要

---

① 中国科学技术协会编，《前言》，《中国科学技术专家传略·农学编·作物卷1》，中国科学技术出版社，1993年，第4页。
② 王扬宗研究表明，"学部委员"实际上不同于"院士"。最初，学部委员要参与中国科学院的学术领导工作，并不仅仅是名誉称号。"以学部委员为基础建立院士制度，使中国院士的资格相对较低，名额也较多"。参阅王扬宗《中国院士制度的建立及其问题》，《科学文化评论》2005年第2卷第6期，第5—22页。

的油料作物,关系国计民生。值得注意的是,1918年出生的赵洪璋1955年当选院士时年仅37岁,与陈省身1948年当选首届中央研究院院士时年龄一样,是1955年当选院士中年龄最小的。他当时还是西北农学院的一名副教授,作为小麦育种学家,先后育成"碧蚂1号""丰产3号"和"矮丰3号"等优良品种,为我国的小麦生产做出了重大贡献。①

从出生地看,分布14个省市,其中江苏13人,浙江7人,广东、安徽各4人,福建3人,四川、山东、湖北、河北各2人,上海、河南、山西、辽宁、黑龙江各1人,分布比较广泛。这与中国作物种类多、分布广有关,充分显现了实践需要对科学技术发展的推动力。东北是高粱的主产地,出生于辽宁海城的乔魁多专门从事高粱研究,育成以"熊岳253"为代表的多种高产高粱品种。山东是近代烟草的主要产地之一,潍坊人陈瑞泰成为烟草专家,还专门到美国进修实习。与其他人留学大多进入大学攻读学位不同,他先到康涅狄格州一烟草试验站学习包皮烟、缠心烟和芯叶烟等雪茄烟的栽培、调制方法及病虫害防治,后到北卡罗来纳州的牛津烟草研究室和康奈尔大学及普林斯顿大学等学习烟草植物病理、高级植物病毒学等。②

从国内求学经历来看,中央大学毕业生金善宝、胡竟良、周拾禄、冯泽芳、汤文通、俞启葆、蔡旭、周可涌、杨立炯、徐冠仁、刘后利、卢浩然、鲍文奎、王鉴明14人,金陵大学毕业生王绶、吴绍骙、沈学年、戴松恩、徐天锡、梅籍芳、杨洪祖、孙渠、陈瑞泰、马育华、王彬生、庄巧生、王金陵13人,浙江大学毕业生丁振麟、杨守仁、李竞雄、卜慕华、盛家廉5人,其他清华学校2人,北京大学2人,中山大学、河北大学、西北农学院、奉天农业学校、广东高师、望奎农业学校、浙江省立甲种工业学校和上海三育中学各1人。显现出中央大学农学院与金陵大学农学院在作物科学研究事业上的重要性,中央大学毕业生5人当选院士,金陵大学2人,浙江大学、西北农学院、广东高师各1人。

44人中有10人没有留学与游学经历,其他34人或留学获得学士、硕士、博士学位,或到国外大学或研究机关进修考察。留学日本的有丁颖、周拾禄、杨开渠、祖德明4人,都在东京帝国大学,最高学位为学士。其他人除卢浩然留学印度孟买大学获博士学位外都留

---

① 王新中等《赵洪璋》,载《中国科学技术专家传略·农学编·作物卷1》,中国科学技术出版社,1993年,第534－544页。
② 宋承鉴《陈瑞泰》,载《中国科学技术专家传略·农学编·作物卷1》,中国科学技术出版社,1993年,第292页。

学美国,共 29 人,获得博士学位 11 人,分别为伊利诺伊州立大学孙醒东、马育华、刘后利,康奈尔大学冯泽芳、戴松恩、李竞雄,俄亥俄州立大学杨允奎,明尼苏达州立大学吴绍骙、徐冠仁,威斯康星大学杨守仁,加州理工学院鲍文奎。获得硕士学位 5 人,分别为路易斯安那大学孙恩麐,康奈尔大学王绶、沈学年,明尼苏达州立大学徐天锡、杨洪祖。可见,作物学科的创建与发展主要是受美国影响,特别是康奈尔大学、伊利诺伊州立大学培养的学生。其中,康奈尔大学 3 位博士学位获得者都当选院士,到康奈尔大学进修的也有 3 人当选。10 位院士中除赵洪璋外都有留学经历,1 人留日,8 人留美。

中国近代植物保护科学的发展起始于 19 世纪 80 年代,当时已有相关作物病虫害防治的著作翻译出版。1898 年京师大学堂开设农科,聘请日本人三宅市郎讲授《植物病理学》。此后南京高师农业专修科、金陵大学农林科相继成立病虫害系,一批留学生也相继回国在高校担任教师培养人才与从事科研工作。早期从事植物病虫害研究的学者,大都以作物真菌病害为主。到 20 世纪 30 年代,一批从事农业化学研究的学者相继回国,逐步形成了我国现代农用药剂化学研究的专业队伍。①

植物保护科学 51 位专家,农业昆虫学方面有张巨伯、杨惟义、邹钟琳、吴福桢、尤其伟、曾省、祝汝佐、李凤荪、蔡邦华、周明牂、林郁、傅胜发、邱式邦、齐兆生、张宗炳、赵善欢共 16 人,主要关注水稻、棉花等作物害虫;真菌学、植物病理学与病毒学专家有戴芳澜、邓叔群、周宗璜、王云章、陆大京、林传光、杨新美、裘维蕃、朱凤美、陈鸿逵、俞大绂、黄齐望、王鸣岐、黄亮、王清和、魏景超、仇元、吴友三、陈善铭、沈其益、段永嘉、林孔湘、王焕如、何家泌、王铨茂、方中达、周家炽、范怀忠共 28 人;农业化学(主要是农药)方面有黄瑞纶、王君奎、龚坤元、屈天祥、程暄生 5 人;植物检疫方面有张景欧、张若蕙 2 人。可见,近代中国植物保护科学的主流研究与发展方向是真菌学、植物病理学与病毒学和农业昆虫学,而农业化学和植物检疫并不很发达。其中特别以戴芳澜、邓叔群、俞大绂所开创并领导的真菌学与植物病理学发展最为特出。正如裘维蕃等人所说,在戴芳澜的倡导下,年轻的学者纷纷改行,"以填补学科领域的空白,为我国植物病理研究体系奠定了基础"。②

---

① 裘维蕃等《前言》,载《中国科学技术专家传略·农学编·植物保护卷1》,中国科学技术出版社,1992年,第2—3页。
② 裘维蕃等《前言》,载《中国科学技术专家传略·农学编·植物保护卷1》,中国科学技术出版社,1992年,第3页。

无论是真菌学还是农业昆虫学,其目标都是了解中国农作物的病虫害情况,作为作物保护学科的分支,其快速发展与中国广泛存在的农作物病虫害有关。农药虽是防治病虫害的重要手段,但其发展与工业化学等关系密切,中国近代工业并不发达,其发展状况可以想见。另外,真菌学、农业昆虫学是具有地方性的科学,是农业化学的基础,而农业化学特别是农药在一定意义上说是具有普遍性的科学。

1936年10月,中央农业实验所出版刊物目录首页
中央农业实验所是民国时期最为重要的专业农业研究机构。

51位专家中,戴芳澜以"菌类学及植物病理学之研究,主持清华大学植物病理研究部分",俞大绂以"蚕豆等作物病害、小麦大麦黑穗粉菌之生理分化与抗病育种等研究",邓叔群以"植物病理学、菌类学、森林学等之研究,曾主持甘肃洮河林场"荣膺1948年首届中央研究院院士。他们都是以研究植物病理、真菌学等闻名,也当选1955年中国科学院院士。另外杨惟义、蔡邦华1955年也荣膺,邱式邦、裘维蕃、赵善欢1980年当选,除裘维蕃专长植物病理与真菌学外,其他4人都以研究昆虫学闻名。可以看出,真菌学分支在1949年以前所取得的成就相较昆虫学而言更为突出,昆虫学后来发展更快。

从出生地看,农业昆虫学方面江苏6人,浙江、广东各2人,江西、湖南、辽宁、福建、河北、上海各1人。江苏占据了极为突出的地位,这与1922年江苏率先成立昆虫局,从事水稻螟虫与棉虫防治有关,邹钟琳、吴福桢、尤其伟等都投身其间。真菌学、植物病理学与病毒学方面28人中,江苏6人,浙江、福建各4人,广东3人,上海、北京、河南各2人,其他湖北、湖南、江西、河北、吉林各1人。农业化学方面河北2人,江苏3人。植物检疫方面江苏、浙江各1人。整个植物保护科学专家出生地江苏16人,浙江7人,广东、福建各5人,河北4人,上海3人,北京、江西、湖南、河南各2人,辽宁、湖北、吉林各1人,分布于全国13个省市,除江苏、浙江、广东、福建等省外,河北人数比较突出,而上海、北京这样的大都市也共有5人。

国内求学经历,清华大学有5人,分别是戴芳澜、邓叔群、陆大京、陈善铭与王君奎,除王君奎从事农业化学外,其他4人都从事真菌学研究。金陵大学培养了众多的植物保护专家,有张景欧、陈鸿逵、俞大绂、李凤荪、黄瑞纶、黄亮、周明牂、王清和、魏景超、仇元、吴友三、林传光、王焕如、周家炽、齐兆生、裘维蕃、王铨茂、屈天祥、程暄生、方中达共20人,除李凤荪、周明牂、齐兆生、屈天祥习昆虫学,张景欧专长检疫,黄瑞纶、程暄生从事农药研究外,其他13人都致力于植物病理病毒学与细菌学的研究。这也许与戴芳澜1927—1934年、俞大绂1933—1938年任教该校有关。毕业于中央大学的有杨惟义、邹钟琳、吴福桢、尤其伟、曾省、祝汝佐、周宗璜、沈其益、何家泌、龚坤元共10人,早期毕业的6人都从事昆虫学研究,后期有3人转向植物病理学等方面研究。黄齐望、林郁、杨新美、张若蕙毕业于浙江大学,从事植物病理、昆虫等研究。此外,北京大学、东北大学、福建协和大学、沪江大学、燕京大学、中山大学、岭南大学、河南大学、江苏第一农校各有一名毕业生。张巨伯12岁就随家人到日本上学,后到美国读中学,直到进入俄亥俄州立大学获得硕士学位;蔡邦华与段永嘉仅仅中学毕业就留学日本。可见,在植物保护学科方面,国内求学的范围更加广泛,除金陵大学、中央大学占据优势地位外,清华大学、浙江大学也培养了不少人才,一些教会大学和像河南大学、东北大学,甚至江苏省第一农校这些地方性学校也有毕业生。与作物学相比,金陵大学比中央大学影响更大,决定了植物病理学、真菌学等学科的特殊发展。

共有44人到国外留学或进修实习,20人获得博士学位,其中留美28人14位获得博士学位,明尼苏达州立大学有邹钟琳、李凤荪、王鸣岐、黄亮、陆大京、陈善铭、王焕如7人,4位博士、2位硕士和1位进修生;威斯康星大学有魏景超、裘维蕃、方中达、范怀忠4位博士;康奈尔大学有邓叔群、黄瑞纶、周明牂、林郁、傅胜发、林孔湘、林传光、张宗炳、赵善欢、王铨茂、程暄生11人,7位博士,4位考察学习或进修;艾奥瓦大学有陈鸿逵、俞大绂2位博士;此外,哥伦比亚大学戴芳澜(硕士)、俄亥俄大学张巨伯(硕士)、伊利诺伊大学邹钟琳(硕士)、内布拉斯加大学仇元(博士)。这些人中,3位荣膺首届中央研究院院士,5位当选中国科学院院士。留学英国6人,沈其益、杨新美获伦敦大学博士学位,周家炽、邱式邦在剑桥大学进修,齐兆生、屈天祥在英国公司研究机构中实习。朱凤美、蔡邦华、黄齐望、段永嘉4人留学日本,蔡邦华后来还到德国进修。杨惟义、曾省、周宗璜3人留学法国,曾省在里昂大学、周宗璜在巴黎大学获得博士学位。留学比利时2人,王云章在卢万大学、何家泌在布鲁塞尔大学获得博士学位。吴友三在加拿大煞斯坎川大学获硕士学位。与作物科学方面相比,植物保护科学方面留学国别更为广泛,除美国、日本外,还有英国、法国、比利时等欧洲国家和加拿大。当然,留美仍占绝对优势。8位院士全都是留学生,其中留美5人,留日、英、法各1人。

随着一批专攻林学的留学生学成归来,林学开始自农学中分立,成为一门独立的学科,并逐步形成了树木学、造林学、森林经理学、森林保护学、木材学、林产化学、水土保持学等分支学科。① 41位专家的传记中没有专业方向,以林学家为名的有韩安、李寅恭、姚传法、沈鹏飞、叶雅各、朱志淞、朱济凡7人;树木分类学与树木学有陈嵘、郑万钧、王战、牛春山、徐永椿5人;森林经理学有干铎、邵均、范济洲、黄中立、陈陆圻5人;森林生态学有贾成章、徐燕千、吴中伦、熊文愈、阳含熙5人;水土保持学有傅焕光、任承统、蒋德麒、关君蔚4人;植物分类学有刘慎谔、蒋英、郝景盛、杨衔晋4人;木材学有朱惠方、唐燿、成俊卿、王恺4人;林产化学有梁希、殷良弼2人;其他造林学、树木生理学等有马大浦、叶培忠、汪振儒、张英伯、陈植等。林学似乎没有特别突出的研究方向,相对而言,树木学与树木分类学、森林经理学、森林生态学、木材学与水土保持学是当时林业科学的主流方向。1948年首届中央研究院院士选举中,林业专家中只有刘慎谔以"植物地理学、植物分类学及菌类学等研究,主持北平研究院植物研究所"获得150人的候选提名,且是作为植物学提名的。在中国科学院院士的遴选中,也仅有梁希(1955年,林学)、郑万钧(1955年,树木学、森林地理学)、吴中伦(1980年,森林生态学、森林地理学、林学)、阳含熙(1991年,森林生态学、植物生态学)4人当选。

从出生地看,江苏有殷良弼、郑万钧、傅焕光、蒋德麒、蒋英、朱惠方、唐燿、邵均、叶培忠9人,仍居第一位;浙江有梁希、陈嵘、朱济凡、吴中伦、杨衔晋5人;广东有沈鹏飞、叶雅各、朱志淞、徐燕千4人;辽宁有王战、关君蔚、范济洲、陈陆圻4人;安徽有韩安、

---

① 董智勇《前言》,载《中国科学技术专家传略·农学编·林业卷1》,中国科学技术出版社,1991年,第2页。

李寅恭、贾成章3人;其他上海、山东、山西、四川、河北、湖北各2人,北京、山西、湖南、福建各1人。虽然江苏仍占据第一位置,但所占比例已没有作物与植物保护科学方面那样高;福建出生的人数相对减少,只有1人;而辽宁异军突起,有4人之多,如王战"九一八事变"后考入北平大学农学院,抗战胜利后回到东北任教,后任职中国科学院林业土壤研究所。①

所受国内教育,有毕业于金陵大学前身汇文书院的,也有毕业于各种地方农业学校的,如江苏第一农校、淮阴农校等,当然还有金陵大学、中央大学这样的高校,另外,浙杭武备学堂、北京师范大学、保定留法高等工业学校等在作物学、植物保护学等学科中看不到的学校也培养了毕业生。具体分析,金陵大学有韩安、任承统、蒋英、叶培忠、牛春山、蒋德麒、吴中伦、阳含熙8人,中央大学有马大浦、唐燿、徐永椿、朱济凡、杨衔晋、黄中立6人,北京大学(包括北京农业专门学校)有贾成章、殷良弼、干铎、郝景盛、王战、范济洲6人,江苏第一农校有陈植、邵均、郑万钧3人,四川大学有熊文愈、成俊卿2人,清华大学有沈鹏飞、汪振儒2人,中山大学有朱志淞、徐燕千2人。其他,西北农学院、奉天农业大学、沪江大学、北京师范大学、南洋公学、岭南学堂、淮阴农校、浙杭武备学堂、平阳高等学堂、保定留法高等工业学校各1人。北京大学毕业生陡增,与北京大学生物系的发展密不可分,这也从一个侧面反映了林业与植物学的密切关系。另外,学生选择就学学校具有很强的区域性,如出生四川的熊文愈与成俊卿就读于四川大学农学院,出生辽宁的陈陆圻就读于奉天农业大学、关君蔚就读于南满铁路株式会社农事试验场,广东的朱志淞、徐燕千就读于中山大学。

除蒋英、牛春山、朱志淞、徐永椿、王战、徐燕千、朱济凡7人没有国外留学或游学经历外,其余34人中,11人留学获硕士学位,10人留学获博士学位。留学国别除传统的美国、日本、英国、法国外,还包括奥地利、加拿大、澳大利亚,甚至菲律宾。阳含熙在澳大利亚墨尔本大学植物学系获得科学硕士学位后,到牛津大学学习,获得林学硕士学位;朱惠方淮阴农校毕业后,到同济大学补习德文,后到德国明兴大学和普鲁士林学院及奥地利维也纳垦殖大学进修;傅焕光南洋公学毕业后到菲律宾大学学习。留美学生16人,几乎占留学

---

① 谭征祥《王战》,载《中国科学技术专家传略·农学编·林业卷1》,中国科学技术出版社,1991年,第363—374页。

总人数的一半,其中耶鲁大学林学院是中国学生最重要的培养基地,8人在此求学,从早期的姚传法、沈鹏飞、叶雅各到后来的吴中伦、熊文愈、张英伯共6人获硕士学位,唐燿获博士学位,杨衔晋曾在此进修。明尼苏达州立大学有博士熊文愈与硕士马大浦、蒋德麒,华盛顿大学有硕士范济洲、成俊卿,杜克大学有博士汪振儒、吴中伦,密歇根大学有博士张英伯、王恺,哈佛大学有硕士陈嵘,康奈尔大学有硕士汪振儒,俄亥俄大学有硕士姚传法,另有任承统在美国研习水土保持。留日的有东京帝国大学的梁希、殷良弼、陈植、干铎、陈陆圻,北海道帝国大学的陈嵘、邵均和东京农业高等的关君蔚,共8人;其中陈嵘后来到德国进修,并在美国哈佛大学获得硕士学位。刘慎谔、郑万钧分别在法国巴黎大学、图卢兹大学获博士学位。到英国的有李寅恭、叶培忠和阳含熙。留学德国的有3人,其中贾成章、郝景盛分别获明兴大学和柏林大学博士学位。黄中立在加拿大多伦多大学获硕士学位。当选院士的4人中,留日、美、英、法各1人,与作物、植物保护学科相比,留美人数虽多,但当选院士比例并不高。

养殖、园艺与土壤学科专家分析

近代养殖技术建立在生物学基础之上,1897年杭州设立蚕学馆,1904年保定开办北洋马医学堂,聘请外籍人员传授蚕丝与畜牧兽医技术,近代中国养殖事业开始起步。同时一批有志之士东渡日本考察。20世纪20年代,留学生们相继归国,他们或任教学校,或从事研究工作,或创办实业,或担任行政领导。到30年代,畜牧兽医、蚕桑、水产及养蜂等分支学科基本建立起来。[①]

"养殖卷"收专家36人,蚕桑方面7人,江苏吴江郑辟疆、孙本忠、曹诒孙,无锡顾青虹,江阴陆星垣;浙江嘉兴葛敬中,湖南武冈杨邦杰。蚕业专家主要来自蚕丝业产区,如素有"丝绸之乡"的江苏吴江县就有3人。除杨邦杰出生于湖南(他的主要成就是振兴粤桂湘蚕业生产,最先为广东育成优良白茧蚕品种),其他人也来自蚕业生产区。

兽医学科有河北崔步瀛、马闻天、王树信,江西熊大仕、盛彤笙,四川陈之长、程绍迥,浙江蔡无忌、方定一,陕西崔涤僧,湖北王沚川,山西高国景,广东罗清生共13人。从出生

---

① 安民《前言》,载《中国科学技术专家传略·农学编·养殖卷1》,中国科学技术出版社,1993年,第2—3页。

地看,河北 3 人,江西、四川、浙江各 2 人,而一直在农学方面占据绝对优势的江苏没有。这与江西、四川的牛瘟,北方的马病都需要兽医专家有关。畜牧学科有浙江陈宰均、张松荫,江苏冯焕文、郑丕留,河北崔步青、张鹤宇,上海王栋,山东许振英,湖北吴仲贤共 9 人。畜牧兽医有浙江的虞振镛、汤逸人。水产学科有浙江朱元鼎,山东朱树屏,江西熊大仁,广东钟麟共 4 人。养蜂只有湖北黄子固。兽医是近代养殖业中最为发达的学科,1955 年盛彤笙以兽医学当选院士,是养殖学科唯一的当选者。①

养殖业专家的出生地,浙江 8 人,江苏 7,河北 5 人,江西、湖北各 3 人,四川、广东、山东各 2 人,湖南、陕西、山西、上海各 1 人。虽然江苏在桑蚕方面人数很多,但浙江在畜牧兽医方面人数也不少,总数超过江苏。江西、湖北各有 3 人,这也与两地的牛瘟等牲畜疾病有关。

国内求学经历,与林业科学一样,各种区域性学校也有毕业生。张松荫、陆星垣、朱树屏、孙本忠、汤逸人、盛彤笙、方定一、王树信 8 人毕业于中央大学,虞振镛、陈之长、罗清生、陈宰均、熊大仕、程绍迥、许振英、郑丕留 8 人受教于清华大学,崔步瀛、崔步青、张鹤宇 3 人是陆军兽医学校毕业生。此外,郑辟疆毕业于杭州蚕学馆,杨邦杰毕业于湖南甲种商业学校,葛敬中毕业于北京大学,顾青虹毕业于常州中学,黄子固毕业于北京财商专科学校,朱元鼎毕业于东吴大学,冯焕文毕业于苏州荡口镇实用农业学校,曹诒孙毕业于江苏第二农校,王栋毕业于南通农科大学,熊大仁毕业于复旦大学,马闻天毕业于中法大学,吴仲贤毕业于华中大学与清华研究院,钟麟毕业于广东高级水产职业学校。可见,养殖业学生主要毕业于清华大学与中央大学,其中作为留美预备学堂的清华学校毕业生有 6 人,显现出清华留学生在养殖业上的贡献。其他学科毕业生众多的金陵大学农学院、浙江大学农学院等院校却没有毕业生,与这些学校没有设立相关系科有关。

除崔涤僧、高国景、黄子固、方定一、钟麟、王树信 6 人外,其他 30 人均有留学或游学经历。上述 6 人中,崔涤僧、高国景为中医兽医;黄子固原为会计人员,后专门从事养蜂事业,成为近代中国养蜂事业先驱者;方定一、钟麟、王树信则出生较晚。有留学经历的 30 人

---

① 当然,他的当选与他是西北兽医学院和中国科学院西北分院创始人这一行政位置有关。其实,1955 年选举院士,因标准为"学术上的成就、在推动中国科学事业方面的作用和忠于人民的事业",因此行政职务是一个非常重要的筹码。数理学部的恽子强,生物地学部的武衡、梁希等都有这方面的原因,哲学社会科学部自然更为明显。

中,博士15人,留美7人、留英4人、留法3人、留德1人。30人中到日本留学与考察的有10人,崔步瀛、崔步青兄弟在日本陆军兽医学校,王沚川、顾青虹、张鹤宇3人在东京帝国大学,张鹤宇获硕士学位,郑辟疆考察蚕丝业,杨邦杰获九州岛帝国大学学士学位,张松荫、曹诒孙、熊大仁分别留学北海道帝国大学、鹿儿岛高等农林学校、京都帝国大学。留美11人,冯焕文在多所大学学习进修,虞振镛、陈宰均在康奈尔大学获硕士学位,陈之长、熊大仕、程绍迥、陆星垣在艾奥瓦大学获博士学位,罗清生获堪萨斯大学博士学位,朱元鼎获密歇根大学博士学位,许振英获威斯康星大学硕士学位,郑丕留获威斯康星大学博士学位。留英4人,王栋、汤逸人、吴仲贤获爱丁堡大学博士学位,朱树屏获剑桥大学博士学位。留法4人,蔡无忌、马闻天在阿尔福兽医学校获博士学位,孙本忠在里昂大学获博士学位,葛敬中在都鲁斯大学学习。留德1人,盛彤笙获柏林大学博士学位。留学国别分布上,相较其他学科养殖学科比较平均,留美11人,仅比留日多1人,并不占据主导地位,而留英、留法各4人,留德1人。留美、留日与留欧基本持平。

日本对近代中国桑蚕事业影响很大。18世纪以前,世界主要养蚕国家都用中国的传统养蚕技术。产业革命以后,法国、意大利、日本等国大力发展蚕业教育和研究事业,在遗传育种、蚕病防治、科学养蚕和机械缫丝等方面都有重大进步。① 作为近代中国蚕桑业第一人,郑辟疆在日本考察了解到日本在明治维新以后,利用近代科学技术发展蚕丝业,迅速成为蚕丝出口大国。他立志培养蚕丝科技人才推广蚕丝科技,振兴蚕丝业。此后杨邦杰、顾青虹和曹诒孙也留学日本习桑蚕学。

园艺是指果树、蔬菜、观赏植物等的栽培、繁育技术和生产经营方法。中国近代园艺教育起始于19世纪末20世纪初期,江苏省立农校1912年在国内率先设立园艺科,培养中级园艺人才;1921年东南大学设立园艺系,揭开了培养高级园艺人才的序幕。据统计,1937—1949年,全国高校共设立23个园艺系和1个茶叶系,毕业生由最初的年仅23人增加到200余人,1942年金陵大学还开始招收研究生。② "园艺卷"收专家25人,从

---

① 钱元骏《曹诒孙》,载《中国科学技术专家传略·农学编·养殖卷1》,中国科学技术出版社,1993年,第223-224页。
② 沈隽、朱德蔚《前言》,载《中国科学技术专家传略·农学编·园艺卷2》,中国农业出版社,1999年,第3页。笔者没有目睹纸质版《园艺卷1》,所收专家名单及其传记源于上面提及的网站,具体人物传记方面的叙述,亦源于该网站,不再一一注明。

专业分布看,果树方面最多,有 11 人,几乎占据"半壁江山"。分别是浙江吴耕民、曾勉、章文才,江苏胡昌炽、孙云蔚、沈隽,山西原芜洲,广西李沛文,新加坡钟俊麟,广东黄昌贤,辽宁曲泽洲。其中以柑橘专家最多,有胡昌炽、曾勉、章文才、李沛文、钟俊麟 5 人。章文才在美国获博士学位后,回国就任金陵大学农学院果树学教授兼农业科学研究部主任。他利用寒暑假时间,带领师生跑遍四川各地,进行柑橘良种选育,先后在江津选得优良品系"先锋橙"和"锦橙",现已成为全国各地的主栽品种。

茶叶专家 5 人,分别是浙江吴觉农,安徽王泽农,福建庄晚芳、陈椽,江苏李联标。吴觉农虽出生浙江,却在武夷山创建了茶叶研究所;出生福建的庄晚芳与陈椽 1949 年前主要在福建相关茶事机构活动。蔬菜专家 5 人,分别是浙江的毛宗良、谭其猛,河北的蒋名川,江苏的李家文,广东的李曙轩。园林花卉专家 3 人,分别是江苏的章守玉,上海的李驹,天津的陈俊愉。章守玉是近代花卉学奠基人,主持南京中山陵园及植物园和其他风景点的绿化规划设计与施工建设工作;李驹为园林学家、园艺教育家和花卉专家,规划设计了多处著名园林、景区,是我国近代公园建设的先驱之一;陈俊愉也是园林学家、园艺教育家和花卉专家,创立了观赏植物品种二元分类法,提出了抗性育种的花卉育种新方向。

"园艺卷"专家 25 人中只有俞德浚 1980 年当选院士,其专业为"植物分类学与园艺学",是植物园专家。可见,园艺学并不是中国近代农学的主攻学科,虽然果树、蔬菜、茶叶乃至花卉园林都是重要的农业经济部类,但与解决温饱问题的粮食生产学科相比,未能成为学子们关注的重心。

从出生地看,浙江 7 人,江苏 6 人,广东 2 人,福建 2 人,其他山西、广西、辽宁、安徽、河北、上海、天津和新加坡各 1 人,浙江超过江苏成为第一。出生新加坡的钟俊麟为近代中国农业科学家来源增添了华侨色彩,他祖籍广东梅县,生于 1906 年,1922 年南洋华侨中学毕业后,以品学兼优被选送回国进入清华大学留美预备部,1928 年毕业先入美国明尼苏达州立大学农学院攻读农学专业,翌年转入加利福尼亚大学农学院果树专业,毕业后到伊利诺伊大学攻读研究生,1933 年获得硕士学位。回国先后任浙江大学副教授、四川园艺试验场场长、四川省农业改进所园艺组主任、甘肃省农业改进所技正兼农林实验总场场长、复旦大学农学院院长、沈阳农学院副院长、华南热带作物研究所研究员兼副所长、广东省农业科学院副院长等。

国内教育方面,金陵大学有蒋名川、章文才、李联标、李家文、沈隽、陈俊愉6人,中央大学有毛宗良、曾勉、庄晚芳、李曙轩4人,北京大学有吴耕民、陈橡、曲泽洲3人,中山大学有李沛文、黄昌贤2人,上海劳动大学有原芜洲、王泽农2人,江苏第二农校有章守玉、孙云蔚2人,其他浙江甲种农校吴觉农、清华大学钟俊麟、北京师范大学俞德浚、浙江大学谭其猛。金陵大学、中央大学仍占据主导地位,"短命"的上海劳动大学也培养了两位专家。

除原芜洲、蒋名川、庄晚芳、陈橡、谭其猛5人无留学经历外,留日6人,吴耕民在园艺试验场学习,吴觉农在茶叶试验场实习,章守玉在千叶高等园艺学校学习,胡昌炽、曲泽洲在东京帝国大学就读,孙云蔚在九州岛帝国大学学习。留美7人,康奈尔大学4人,沈隽获博士学位,李沛文获硕士学位,李联标、李家文进修;钟俊麟获伊利诺伊大学硕士学位,黄昌贤获密歇根大学博士学位,李曙轩获密歇根大学博士学位。留法3人,毛宗良获巴黎大学博士学位,曾勉也获博士学位,李驹获农业工程师称号。留英2人,章文才获伦敦大学博士学位,俞德浚在爱丁堡皇家植物园进修。此外,王泽农在比利时国家农学院获农业化学工程师称号,陈俊愉在丹麦哥本哈根皇家农业大学获硕士学位。留学国别相对也比较广泛,与养殖学科一样,留美学生没有占据主导地位,仅比留日学生多1人。

近代土壤学直到19世纪中后期才得以真正建立起来,20世纪20年代前后开始在中国传播,到30年代,随着中央地质调查所土壤研究室和广东土壤调查所等研究机构的建立,中国近代土壤学已有相当的发展,在土壤调查、土壤化学分析与土壤肥力、水土保持和化学肥料等领域取得了相当成就。① 中国近代土壤学是农业科学中发展较快的学科之一,这自然与国土辽阔土壤类别较多有关。正如传记作者说,熊毅在北平大学农学院读书期间,认识到当时中国最大的问题是吃饭问题,也就是要多生产粮食,这要靠肥料,于是选择了农业化学作为专业方向。② 要多生产粮食,品种改良与土壤改良是两个最为基本的技术条件,病虫害防治也是提升粮食产量的根本途径,因此作物学、植物保护学、土壤学是近代中国农学的主流发展学科。

"土壤卷"收专家40人,从1888年出生的中国土壤学第一人邓植仪,到1920年出生的

---

① 李庆逵《前言》,载《中国科学技术专家传略·农学编·土壤卷1》,中国科学技术出版社,1993年,第3-4页。
② 刘文政《熊毅》,载《中国科学技术专家传略·农学编·土壤卷1》,中国科学技术出版社,1993年,第153页。

于天仁，8人当选院士，分别为1955年的侯光炯、李连捷、李庆逵，1980年的熊毅、朱祖祥、陈华癸，1991年的朱显谟和1995年的于天仁。分析这40人的专业方向，除邓植仪没有专业分科外，土壤肥料与营养方面10人，彭家元、戴弘、张乃凤、史瑞和、彭克明、姚归耕、李庆逵、程学达、裴保义、陈尚谨；土壤调查与改良方面8人，谢申、黄野萝、沈梓培、林景亮、宋达泉、陆发熹、叶和才、曾昭顺；土壤地理、分类等方面8人，侯光炯、黄瑞采、朱莲青、李连捷、马溶之、陈恩凤、俞震豫、席承藩；土壤化学与土壤物理方面8人，熊毅、孙羲、李酉开、周鸣铮、朱祖祥、吴志华、华孟、于天仁；土壤微生物方面有樊庆笙、陈华癸2人；土壤发生与侵蚀方面有朱显谟、唐耀先2人，土壤科学史家有王云森1人。中国近代土壤学的主流研究是土壤调查与改良、土壤肥料、土壤地理与分类、土壤化学与土壤物理等，土壤微生物和土壤生成机理的研究是发展方向。

从出生地看，浙江戴弘、张乃凤、朱莲青、沈梓培、李庆逵、宋达泉、俞震豫、周鸣铮、朱祖祥、吴志华10人，江苏侯光炯、姚归耕、黄瑞采、陈恩凤、樊庆笙、李酉开、

地质调查所土壤研究室创始人与首任室主任翁文灏

1930年受中华教育文化基金董事会资助成立的地质调查所土壤研究室是土壤学的专业研究机构，后发展成为中国科学院南京土壤研究所。

朱显谟、史瑞和、唐耀先9人，河北彭克明、李连捷、马溶之、陈尚谨4人，广东邓植仪、谢申、叶和才3人，安徽程学达、孙羲2人，湖北裴保义、曾昭顺2人，北京陈华癸、华孟2人，江西王云森、黄野萝2人，另有山东于天仁、四川彭家元、山西席承藩、贵州熊毅、福建林景亮、广西陆发熹。浙江、江苏仍占主导地位。

与养殖、园艺等学科相比，土壤学专家国内所受教育基本上都在几所著名大学。浙江大学8人，沈梓培、宋达泉、孙羲、俞震豫、李酉开、朱祖祥、吴志华、唐耀先；金陵大学6人，姚归耕、黄瑞采、陈恩凤、樊庆笙、叶和才、裴保义；北京大学（包括北京农业专门学校和北

近代中国农学的发展

平大学农学院)6人,王云森、侯光炯、熊毅、陈华癸、林景亮、席承藩;中山大学4人,谢申、陆发熹、周鸣铮、华孟;中央大学3人,黄野萝、朱显谟、史瑞和;燕京大学3人,李连捷、马溶之、陈尚谨;复旦大学2人,李庆逵、曾昭顺;另有河北大学彭克明、南通学院程学达、西北农学院于天仁。他们中的许多人并不毕业于农学院或农学专业,而是化学和生物学专业,如李连捷、马溶之、陈尚谨毕业于燕京大学理学院,陈华癸毕业于北京大学生物系,李庆逵毕业于复旦大学化学系。

40位专家中有17人没有留学经历。1896年出生的王云森1921年毕业于国立北京农业专门学校后,回家乡江西农业专门学校任教,先后担任农场主任、教务主任和校长。有感于当时土壤学教学的"洋化",致力于土壤学的本土化,编写了我国第一本土壤学教科书。① 侯光炯在北平大学农学院读本科时深受畜牧学家陈宰均的影响,陈教导他不能只从外国文献中寻找课题,鼓励他走向野外,开展土壤调查。1931年进入中央地质调查所土壤研究室,与美国专家梭颇(J. Thorp)等一起工作。② 朱显谟、于天仁在大学读书时,中国的土壤科学已经有了很大的发展,他们不用留学国外也能取得较大成就,从一个侧面表明了中国土壤学研究的发达程度。

23人有国外留学或游学经历。其中,留美17人,6人获博士学位,8人获硕士学位,3人学习进修。他们是威斯康星大学邓植仪、谢申、张乃凤、熊毅获硕士学位,樊庆笙获博士学位;伊利诺伊大学彭克明、李连捷、李庆逵获博士学位;朱祖祥在密歇根大学、史瑞和在俄勒冈大学分获博士学位;彭家元在艾奥瓦大学、黄瑞采在明尼苏达州立大学、席承藩在俄克拉何马大学、吴志华在佛罗里达大学分获硕士学位;宋达泉、裴保义在康奈尔大学进修,姚归耕在美国考察。留英2人,叶和才在剑桥大学获硕士学位、陈华癸在伦敦大学获博士学位。留德2人,黄野萝在明兴大学、陈恩凤在克尼堡大学分获博士学位。留日2人,戴弘在东京帝国大学、林景亮在九州岛帝国大学。当选8位院士中,4人留美,1人留英。在土壤学方面,美国对中国的影响也很大,主要是威斯康星大学和伊利诺伊大学。

---

① 刘经荣《王云森》,载《中国科学技术专家传略·农学编·土壤卷1》,中国科学技术出版社,1993年,第19—24页。

② 李仲明《侯光炯》,载《中国科学技术专家传略·农学编·土壤卷1》,中国科学技术出版社,1993年,第74—84页。

农学家群体传记分析

在上述分析的基础上,对全体研究对象做一整体上的讨论,可以发现中国近代农学发展的一些特征,并进一步探讨一些有关科学社会学方面的问题。对237名农学家的出生时间以5年为一时段进行统计,其具体分布情况见表2。

表2　农学家出生时段统计表

出生时段	作物	植物保护	林业	养殖	园艺	土壤	合计
1895年前	3	3	10	9	0	1	26
1896—1900年	6	8	5	10	6	3	38
1901—1905年	4	7	8	4	4	5	32
1906—1910年	6	16	4	5	8	8	47
1911—1915年	15	15	9	7	5	15	66
1915年后	10	2	5	1	2	8	28

总体上看,统计的6个时段中,农学家们主要出生在1906—1910年、1911—1915年两个时段,共有113人,占48%。按照科学发展的趋势,应该是时间越晚,科学越发达,进入传记的人物应该越多,1915年以后收入传记中的专家人物偏少与这套传记的编纂方针有关,这里不予具体讨论,从总体上看,中国近代农学的发展还是遵循了这一发展趋势。但1896—1900年时段的专家人数多于1901—1905年的人数,其间可能有一些社会历史原因:近代中国的国家发展战略有一个从军事近代化到农业近代化再到工业近代化这样一个发展脉络,以农业近代化带动国家近代化这一战略曾经有一定影响,当时国内农学教育比较发达,习农的学生也很多。① 其后,农学逐渐成为一门边缘学科,习农的学生也逐渐减少。② 1896—1900年出生的人正好赶上农业教育较为发达的时期,进入传记的专家较后一时期为多也就可以理解。

具体分析,不同学科人数的时段分布变化很不一样,这可能表征着不同学科发展历史的先后与发展进程的不同。从1895年以前出生的人数来看,林业与养殖业是最早发展的

---

① 关于这一问题的粗浅讨论,参阅拙文《清末民初农业教育体系的初创及其原因》,《上海行政学院学报》2001年1期,第103－113页。
② 据1931年国联教育考察团的调查,三分之一以上的学生习政法,五分之一的学生习文科,习工科者不过十分之一强,习自然科学者十分之一弱,至于农科不过百分之三。国联教育考察团著,国立编译馆译,《中国教育之改进》,国立编译馆,1932年,第165页。

两个分支,作物与植物保护随之,而土壤与园艺是发展最晚的两门学科。这一发展进程可以从中国社会历史与科学自身发展两个方面得到解释。林学最初是与森林资源调查和植物学调查密切相关的,其能成为农学中最早发展的学科,与中国近代科学最早发展的是地质学与生物学的道理相同。它们同属地方性科学,只要出门实地调查就能获得成果,不需精密的仪器与高深的理论知识。正如陈寅恪先生1931年所说:"虽地质生物气象等学,可称尚有相当贡献,实乃地域材料关系使然。"①桑蚕作为制丝工业原料,是清末民初实业救国中挽回利权的重要手段,因此1897年在杭州就办起了蚕学馆,成为近代中国最早的近代农学教育机构。良种培育与病虫害的防治是增加粮食生产的最基本手段,需要高深的生物学方面的知识,更需要长期的研究与培育。因此,虽然需求很急,但不能"急于求成"。② 土壤科学在国际上也是发展相对较晚的学科,而且需要化学、物理等学科相应的发展,因此发展较晚。

从各学科来看,土壤学专家人数分布完全符合科学发展的正常轨迹,越往后进入传记的专家越多。作物、植物保护和园艺学科基本上与整个近代中国农学的发展趋势一致,其间有一些变异。林业在这6个时段呈高—低—高—低—高—低这样一个"跌宕起伏"之势。养殖业以1895年以前和1896—1900年两个时段专家最多。各学科农学家群体在出生时段上分布的历史意义还有待进一步探讨。

237位农学家出生在国内19个省和上海、北京、天津三个都市,还有一位出生在新加坡的华侨,具体情况见表3。出生地分布较广,也许与全国各地都以农业生产作为主要产业有关。当然,分布极不平衡,前两位的江苏、浙江人数达到104人,占44%,比例与1948年首届中央研究院院士的42%相近。③ 除与两省传统人文荟萃,近代文化教育和开放程度较高有关外,也许还与两省农业经济比较发达有关。江浙一带是传统农业最发达的地区,也是最早寻求传统农业的突破口以走向近代农业的地区,不仅是中国近代农业教育最为发达的区域,也最早从事农业科技改良。1879年受上海机器织布局派遣赴美考察的梁子石,购回美棉种子,发送附近农民,为指导农民种植,专门写作《美国种植棉花法》,

---

① 陈寅恪《吾国学术之现状及清华之职责》,载《金明馆丛稿二编》,三联书店,2001年,第361页。
② 董光璧主编,《中国近现代科学技术史》,湖南教育出版社,1997年,第1045-1046页。
③ 夏鼐《中央研究院第一届院士的分析》,《观察》第5卷第14期(1948),第3-5页。

是为我国第一部美棉栽培技术方法的书。1934年调查全国政府设立的主要学术研究机构,江苏省创建的最多,达到8个,其中相关农业科技改良的就有江苏省立农业试验场、麦作试验场、稻作试验场、棉作试验场、蚕丝试验场和蚕种制造所6个。[①] 陕西、黑龙江、吉林、贵州各只有一人,与这些地区教育不发达密切相关。农业大省四川、山东、河南等,由于区域经济与文化教育发展的限制,虽然有着极大的"需求",但并不能促使科学技术的"发展"。这虽然与"需要是科学发展之母"相背离,但也表明"需要"对科学的促进必须具备起码的条件。也就是说,近代科学即使是像农学这样的应用科学,文化教育、社会经济相较"需要"而言,是更为重要的决定因素。

表3 农学家出生地统计

出生地	作物	植物保护	林业	养殖	园艺	土壤	合计	百分比
江 苏	13	16	9	7	6	9	60	25.3
浙 江	7	7	5	8	7	10	44	18.6
广 东	4	5	4	2	2	3	20	8.4
河 北	2	4	2	5	1	4	18	7.6
福 建	3	5	1		2	1	12	5.1
安 徽	4		3		1	2	10	4.2
湖 北	2	1	2	3		2	10	4.2
江 西		2	2	3		2	9	3.8
上 海	1	3	2	1	1		8	3.4
山 东	2		2	2		1	7	3.0
辽 宁	1	1	4		1		7	3.0
四 川	2		2	2		1	7	3.0
山 西	1		1	1	1	1	5	2.1
北 京		2	1			2	5	2.1
湖 南		2	1	1			4	1.7
河 南	1	2					3	1.3
广 西					1	1	2	
陕 西			1				1	
黑龙江	1						1	
吉 林		1					1	
贵 州						1	1	
天 津				1			1	
新加坡					1		1	

---

① 第二历史档案馆编,《中华民国史档案资料汇编》第五辑第一编·教育(二),江苏古籍出版社,1994年,第1396-1401页。

农学家们国内求学学校,既有国立的综合性大学如中央大学、清华大学、北京大学、浙江大学、四川大学等;也有私立教会大学如金陵大学、燕京大学、岭南大学、沪江大学、东吴大学等;还有专门的高等院校如国立西北农学院、陆军兽医学校;更有一些地方性的专业学校如江苏省立第一、第二农校,奉天农业学校,淮阴农校等。主要高校毕业的农学家人数情况统计见表4。

表4 国内求学经历(以最后毕业学校为准)

学校	作物	植物保护	林业	养殖	园艺	土壤	合计	百分比
金陵大学	13	20	8		6	6	53	22.4
中央大学	14	10	6	8	4	3	45	19.0
北京大学	2	1	6	1	3	6	19	8.0
浙江大学	5	4			1	8	18	7.6
清华大学	2	5	2	8	1		18	7.6
中山大学	2	1	2		2	4	11	4.6
其他	6	10	17	19	8	13	73	30.8
总数	44	51	41	36	25	40	237	100

注:中央大学农学院包括其前身南京高师农科、东南大学农科,清华大学包括前身清华学校,北京大学农学院包括京师大学堂农科、北京农业专门学校与北京农业大学,中山大学农学院包括广东农业专门学校、广东大学农科学院。

对近代中国农学影响最大的高等学校是金陵大学、中央大学,其次为北京大学、浙江大学、清华大学和中山大学。特别是金陵大学农学院与中央大学农学院,培养的人数达到98人,占据41%。因此胡适说,民国三年以后,中国农业教学与研究的中心在南京,先在金陵大学的农林科,后加上南京高师的农科,这就是后来的金陵大学农学院与中央大学农学院。① 虽然京师大学堂是近代中国最早设立高等农业教育的学校,但并没有成为中国农业科学的重镇,仅仅与后来崛起的浙江大学农学院比肩而已,而且北京大学培养的农学家很多是来自其他系科如生物系和化学系,而不仅仅是农学院。清华大学凭借其资助留学的优势在农业科学方面也有重大贡献。在其他学校中,江苏第一农校和第二农校也培养了不少人才。

当然,在不同的学科,各大学的影响并不一样。土壤学方面,浙江大学、金陵大学、北京大学是最重要的人才培养基地,中山大学也很重要;清华大学和中央大学是养殖科学的

---

① 胡适《序言》,载《沈宗瀚自述·中年自述》,传记文学出版社(台北),1984年,第2页。

金陵大学农学院大楼(学校西大楼)

人才培养基地;金陵大学、中央大学是作物学和植物保护学科的人才培养基地;金陵大学、中央大学、北京大学是林学和园艺学的人才培养基地。金陵大学作为一个教会学校,为中国近代农业科学培养了大量人才,成为中国近代农业科学最重要的助推器,入传的专家达53人,约占总人数的1/4。金陵大学能取得这样的成就,有其自身独特的原因。正如中国近代植物学奠基人之一胡先骕所说,金陵大学除经费稳固、人事不受政治风潮影响,使研究人员得以专心致志从事学问研究外:

> 农学院自创办之始即重视研究工作,年来全院经费用之于研究者约百分之五十,所有专任教授均参与研究工作,高年级学生亦以研究工作为其设计实习及编著论文之数据,该院研究生占全校研究生总数之大半。①

留学经历方面,留学国别具体情况统计见表5。237名农学家中185年人有游学经历,占78%,可见留学生对近代中国农业科学技术发展的影响。不同学科留学比例差别很大,植物保护学科最高,达86%;而土壤学科最低,仅57.5%。

---

① 胡先骕著,胡宗刚整理,《近世中国农业研究机构概况》,《中国科技史料》2004年第1期,第9、11页。关于金陵大学对近代中国农业的影响,可参阅拙文《金陵大学农学院与中国农业近代化》,《史林》1998年第3期,第79-90页。

表 5　不同学科留学国别

国　别	作　物	植物保护	林　业	养　殖	园　艺	土　壤	合　计
美　国	29	28	14	11	7	17	106
日　本	4	4	8	10	6	2	34
英　国		6	3	4	2	2	17
法　国		3	2	4	3		12
德　国			4	1	1	2	8
比利时		2					2
加拿大		1	1				2
印　度	1						1
澳大利亚				1			1
菲律宾			1				1
丹　麦					1		1
合　计	34	44	34	30	20	23	185

注：有些人曾到多国留学进修，这里一般做重复计算，如阳含熙留学澳大利亚和英国，两个国家都计算；而陈嵘留学日本、美国和德国，也同时计算。

从留学国别看，不仅有美国、日本，还有欧洲的英国、法国、德国、比利时和丹麦，美洲的加拿大，大洋洲的澳大利亚，亚洲的印度和菲律宾，分布比较广泛。其中留美 106 人，占留学总人数的 57%，留美学生对近代中国农学的影响可见一斑；其次为日本、英国、法国和德国（留日人数与留欧总人数相差不多）。具体分析，美国在不同学科的影响力又不一样，作物学科占 85%，植物保护学科占 64%，林学占 41%，养殖占 37%，园艺占 35%，土壤占 74%。在作物、植物保护和土壤这三门近代中国农学的主流学科上，都占据绝对优势地位，而在养殖和园艺科学方面，影响相对较小。日本在林业、养殖和园艺科学方面影响较大，英国在植物保护和养殖学科上也有所影响。

分析当选院士的情况，也可以发现不同国家对中国农学的影响程度。237 人中有 3 人当选首届中央研究院院士，他们是戴芳澜、俞大绂、邓叔群，都属于植物保护学科，都留学美国。共有 32 人当选中国科学院院士，其中作物学 10 人，除赵洪璋未留学外，留美 8 人，留日 1 人；植物保护学科 8 人，留美 5 人，留日、英、法各 1 人；林学 4 人，留美、日、英、法各 1 人；养殖方面 1 人，留学德国；园艺方面 1 人，留学英国；土壤方面 8 人，除侯光炯等 3 人未留学外，留美 4 人，留英 1 人。32 人中，28 人有留学经历，其中留美 18 人，留英 4 人，留日 3 人，留法 2 人，留德 1 人。留学专家中当选院士总比例 15%，留美 15%，留英 23%，留日 9%，留法 17%，留德 12%。留美因基数大，当选比例不高，相对而言，留英当选概率最高，留日当选概率最低。这也从一个侧面反映了近代中国留日学生在科学技术方面取得的成就总体上不如人意。1948年首届中央研究院81名院士中,留日学生仅5人,并且只有苏步青、罗宗洛2人习科学。

留美人数众多,他们就读的大学有威斯康星大学、明尼苏达州立大学、康奈尔大学、伊利诺伊大学、耶鲁大学、俄亥俄州立大学、路易斯安那大学、华盛顿州立大学、艾奥瓦大学、哥伦比亚大学、哈佛大学、密歇根大学、杜克大学等。人数较多的大学有威斯康星大学19人、明尼苏达州立大学15人、康奈尔大学14人、伊利诺伊大学10人、艾奥瓦大学8人、耶鲁大学林学院8人、密歇根大学5人。同样,不同的学校对中国近代农学不同的学科影响不一样,康奈尔大学主要是作物与植物保护学科,威斯康星大学主要是植物保护、园艺和土壤学科,而耶鲁大学主要是林学。①

作为后发展国家,中国的近代科学不是由传统科学技术自我演化而来的,也不是中国社会历史自我内在衍生的,而是通过引进而逐步发展起来的。因此,通过什么途径引进?是与具体国情相结合优先引进急需学科?还是全面系统地不分先后"整体"引进?这些都是需要研讨的问题。派遣留学生是引进科学、发展科学最为重要的途径与手段之一,但应向哪些国家派遣?如何选定?是看该国科学技术发展的具体情况而定,还是随机选择,抑或根据其他因素诸如外交关系等?通过对中国近代农学专家集体传记的分析表明,留美人数最多,占分析对象总留学人数的64%以上,而且不同学科的留学人数比例也不一样;留日人数虽然不多,但在林业、养殖和园艺科学方面影响还是较大,这自然与日本在这几个学科方面比较发达有关(留日学生总数自然远较成才人数为多);英国在养殖和植物保护学科上也有重要影响。这些都表明,留学生在选择留学国别及其选习学科方面,在相当程度上遵循了科学发展的规律,不是盲目地随机选择,而是有其独有的理性。当然,其间是否有非理性的"跟风"现象,诸如大量留日、留美是否考虑所习学科与国情,都值得进一步探究。②

---

① 对南京国民政府最为重要的专门农业科研机构中央农业实验所的研究表明,中农所历任高级行政和技术人员以留学美国为最多,与康奈尔大学的关系尤深,故研究方法也颇受美国影响。王聿均《抗战时期中农所之发展和贡献》,台北"中央研究院"近代史研究所编,《近代中国农村经济史论文集》,台北"中央研究院"近代史研究所,1989年,第117-118页。

② 相比日本政府在留学生派遣国别与所习科目上的理性选择,中国的留学生教育确实有值得检讨与反思的地方。明治政府从一开始在留学生派遣上"科学向德、法两国学,技术向英国学,相当善于识别当时世界的最高水平。以后便遵循这个方针引进和接受西方科学技术。这种认识大概是根据外国顾问的建议"。〔日〕杉本勋编,郑彭年译,《日本科学史》,商务印书馆,1999年,第336页。

近代中国科学技术发展的历史表明,为了取得"富国强兵"的"立竿见影",洋务运动所开启的中国科学技术引进,其实仅仅是引进技术,而忽略了引进科学乃至科学思想、科学方法与科学理性等,这自然延迟了中国近代科学技术的发展进程。农学虽与生物学、化学、物理学等基础学科有密切的关系,但整体上仍属于技术科学,应用性非常强,其发展与社会需求有直接的关系。中国近代农业科学的具体发展历程是中国社会历史现实及科学发展的内在规律和中国农业科学家群体共同努力的结果。一方面,中国的国情左右着农业科学家们选择的研究方向,解决温饱问题的相关粮食生产的学科包括品种改良(作物学科)、病虫害防治(植物保护学科)、提高土壤肥力(土壤学科)等快速发展。虽然相对而言,林业与园艺学这些相关自然环境与鉴赏的学科并非主流学科,但即使在这非主流学科方面,相关重要经济作物的果树、茶叶等分支发展也较为迅速。这些都印证了"需要是科学发展之母"这一论断。虽然,从农学家分布区域来看,与"需要是科学发展之母"相背离,但这说明了文化教育、社会经济也是重要因素。同时,科学发展自身的规律在一定程度上也影响了农学分支学科的发展先后。另一方面,政治与社会思潮也影响学子们对所学学科的选择,从而影响科学技术的发展。中国近代农学专家出生时段的分布并不符合科学的发展规律,受到中国从农业救国向工业救国转化这一社会政治思潮与发展战略的影响。这些都说明科学技术的发展除与自身规律有关外,外在的社会环境更应是需要注意的方面。

以上这些分析,仅仅是粗浅的看法,具体的历史演化还需要做进一步的深入探讨,有待方家的共同努力,以探索中国近代科学技术发展的独特道路,为未来科学技术的发展提供一些有意义的参考与借鉴。

(丁新豹等主编《近代中国留学生论文集》,香港历史博物馆,2006年,第468-485页。同载《中国科技史杂志》2006年第1期,第1-18页,有一定的修订)

学术与工商的聚合和疏离

——中国数学会在上海

1935年7月,中国数学会在上海成立,这是民国时期唯一在上海创建的全国性自然科学社团。与其他自然科学门类如地质、天文、物理、化学等团体的诞生地一般是该学科的中心不一样,近代上海并不是中国数学的重镇。① 中国数学会为什么在上海诞生? 笔者试图解答这一问题,并以此出发,讨论上海这样一个城市与学术发展之间的关系。②

中国近代数学的发展与中国数学会的成立

数学在传统中国科学技术发展史上占据极为独特的位置,特别由于与历法天象相关,有时似乎还扮演"意识形态"工具的作用。鸦片战争后,传统中国科学技术其他门类基本上停滞不前,数学科学却有一定的发展,数学家们继续利用传统方法取得了一些具有近代意义的数学成就,直到19世纪70年代以后才逐渐归于沉寂。同时,西方近代数学知识体系承继明末清初的传输也逐步输入中国。③

洋务运动中,虽然中国传统科学的最后代表李善兰提出了"数学救国"的口号,但作为科学基础的数学自然不受重视,当时急需的是"坚船利炮"。从戊戌维新到清末新政这一激荡的社会变革时代,随着新教育系统的初步建立,各门学科也在教育体系取得一席之

---

① 从科学发展史看,科学社团是科学发展到一定阶段后,科学家们为了科学交流、同行评议、共同促进科学进一步发展而创建的。科学社团的诞生地一般是学术中心。地质调查所、北京大学地质系是中国地质学的中心,中国地质学会于1922年2月在北京成立。由高鲁担任台长的中央观象台是当时中国唯一的国立天文学机构,中国天文学会1922年10月在北京创建也实至名归。1898年德国人在青岛设立气象台,20世纪20年代青岛是中国气象学中心之一,中国气象学会1924年10月在青岛成立也有其理由。北京协和医学院的生理学研究一直是近代中国生理学的中心,1926年7月中国生理学会假此成立也是水到渠成。1932年8月中国物理学会、中国化学会相继在北平与南京成立,自然也与北平、南京是物理、化学的人才聚集与科研中心密切相关。

② 近代中国数学的发展历程,由于张奠宙等人的努力[张著有《中国近现代数学的发展》(河北科学技术出版社,2000年)等],线索已相当清晰。任南衡、张友余《中国数学会史料》(江苏教育出版社,1995年),全面收集、考证了中国数学会各个时期的文献资料,翔实可靠,是本文的主要资料来源。另外,程民德主编《中国现代数学家传》第一至五卷(江苏教育出版社,1994—2002年),《科学家传记大辞典》编辑组《中国现代科学家传记》第1—6集(科学出版社,1991—1994年),中国科学技术协会编《中国科学技术专家传略·理学编·数学1》(网站 http://www.kxj.cpst.net.cn)也为本文的完成提供了人物传记方面的材料。

③ 这一时期数学的具体发展历程,参阅吴文俊主编《中国数学史大系》第八卷《清中期到清末》(本卷李兆华主编),北京师范大学出版社,2000年。

地,但各门学科并没有实质性的发展,数学也是一样。19世纪,世界数学界发生了翻天覆地的变化,群论、集合论、曲面几何、黎曼几何、拓扑学等新分支不断涌现,而当时输入中国的还是微积分、概率论等近世以前的知识。1900年希尔伯特(David Hilbert, 1862—1943)已在巴黎国际数学大会上发表影响以后数学进程的23个难题,1906年的京师大学堂还在使用日本人编著的《代数学》,仍是竖排本,以甲、乙、丙代 a、b、c,用天、地、人代 x、y、z。当时输入中国的数学与世界前沿已经相差二百年左右。[①]

直到一批留日、留欧、留美学生回国积极从事大学数学科系的创设,中国近代数学才随之真正发展起来。冯祖荀1904年被京师大学堂派遣到日本留学,在京都帝国大学理学部研读数学,返国后到北京大学就任数学门教授;秦汾1908年获哈佛大学数学硕士学位,同年赴英访学,1910年回国,先后执教江南高等学堂、南洋公学,1915年北上任北京大学数学教授;王仁辅1915年获得哈佛大学数学硕士学位,回国也就任北京大学数学教授。他们三人将北京大学数学系办得有声有色,为北京大学后来在数学上取得成就打下了坚实的基础。胡敦复1909年获得康奈尔大学数学学士学位,回国后就任清华学堂第一任教务长,很受学生们欢迎,后因与美国教员起矛盾而去职,转而创办大同学院,在上海贡献其数学知识。黄际遇1910年毕业于东京高等师范,回国先后任教天津高等工业学堂、武昌高师等,在武昌帮助学生创办学会,发刊杂志,培养了一批人才,为以后武汉大学数学的发展奠定了基础。其后一批数学博士、硕士学位获得者胡明复、姜立夫、何鲁、陈建功等相继归来,到20世纪30年代,更多的人加入了这一行列,国内大学数学系科也相继设立,为社会不断输送毕业生。

与此同时,中国在数学科研上也不断有成果刊发。《美国数学会会刊》1918年10月刊登了胡明复的博士论文《具有边界条件的线性积分-微分方程》,对意大利数学家伏尔泰拉(Vito Volterra, 1860—1940)、希尔伯特等人的成果加以推进,是为中国数学家在国际数学界的第一次发言。[②] 1921年,陈建功在日本《东北数学杂志》上发表了他的第一篇论文《无穷乘积的若干定理》,以此为起点,与熊庆来等一道开创了中国数学分析分支,特别

[①] 张奠宙《二十世纪的中国数学与世界数学的主流》,《自然科学史研究》1986年第5卷第3期。
[②] 张祖贵《胡明复》,载《科学家传记大辞典》编辑组编辑,《中国现代科学家传记》第四集,科学出版社,1993年。

是在傅氏级数方面成果特出;1922年华侨黄秉清发表论文,并成为美国南加州大学教授;1925年俞大维在柏林发表数学论文;1927年苏步青、孙光远分别发表论文;此后孙光远、苏步青、曾炯、熊庆来、杨武之、江泽涵等相继发表研究成果,并逐步建立起中国数学的各个分支。到1935年中国数学会成立时,中国数学发展的基础奠定,全国设立数学系的大学和学院有30多所,进行数学研究与教学的人才也有数百人,甚至某些大学还成立有数学研究所招收研究生,某些学科分支在国际上也有一定的"声音"。中国数学的发展欣欣向荣,老一辈老当益壮、刚回国的一代已经挑起大梁,研究成果纷纷面世。①

在中国近代数学的发展过程中,数学工作者很早就试图建立团聚数学工作者、促进数学发展的数学团体,发刊传布数学研究成果的数学刊物。维新运动期间有算学会、舆算学会、算学日新会等所谓"学会"组织成立,②但它们不具有科学学会的性质。当时也出现了两份《算学报》,但只是普及性数学刊物。1900年,周达在扬州聚合同志成立的知新算社被认为是我国最早的民间数学社团,接近于西方数学会形式,宗旨为"研究学理,联络声气,切磋讨论,以辅斯学之进化"。③虽宣称研究宣扬数学,但并没有多少活动与成绩,且很快亦销声匿迹,也不完全是数学工作者的组织。

真正的有学术性质的数学组织是随着数学学科的创建而出现的,这已是民国初年大学数学系科逐步成立以后的事。1914年4月,武昌高师成立数理学会,以"研究数理补助教科"为宗旨,创办《数理学会杂志》,"研究数理之学科,推广数理之知识"。1916年10月,北京高师成立数理学会,创办《数理杂志》;1918年10月,北京大学成立数理学会,发刊《北京大学数理杂志》;1919年2月,南京高师成立数理化研究会,发刊《数理化杂志》。④ 这些由高校创建的数学社团,大多是学生与教师的共同组织,以师生交流和学术普及为特色,少有真正的学术研究。⑤ 1918年12月,武昌高师、北京高师和北京大学的数理社团在北

---

① 李仲珩《三十年来的中国算学》,《科学》第29卷第3期(1947),第67-72页。
② 林文照《中国近代科技社团的建立及其社会思想基础》,载王渝生主编,《第七届国际中国科学史会议文集》,大象出版社,1999年。
③ 吴文俊主编,《中国数学史大系》第八卷《清中期到清末》,北京师范大学出版社,2000年,第341页。
④ 任南衡、张友余编,《中国数学会史料》,江苏教育出版社,1995年,第12-15页。下面有关中国数学社团的活动及其中国数学会筹备成立情况,除注明外参阅该书第17-20、24-31页。
⑤ 当时中国学界还没有形成科学研究之风气,正是"科学宣传"大行其道之时。参阅拙文《从科学宣传到科学研究——中国科学社科学救国方略的转变》,《自然科学史研究》2003年第4期,第304-317页。

京高师举行联席会议,议决加强联系,并预备成立全国数理学会。南京高师也予以响应,但终无结果。"其后变乱相循,国无宁日,廪饩不断,弦诵屡停,无由更事此不急之务,以故各校数理杂志先后停刊",这些社团也纷纷于无形中消散。

南京国民政府成立以后,各项事业逐步进入正轨。1928年秋,清华大学成立清华数学会;翌年6月,北平师大也有数学会诞生。8月,中华教育文化基金董事会在清华召开科学教育会议,假此成立了中国数理学会。其宣言有曰:

> 同人等讲学国内,邂逅北平。兴言集会,素志全同。讨论之余,深知欲促进中国科学进步,非从事提倡基本科学不可。故由南北各大学数学物理学界同人发起中国数理学会,一面联络全国数理学家,一面从事于新学说之传播与探讨。

该会主要活动是召开年会讨论学术,如1932年8月在清华大学召开第三次年会,数学方面有冯祖荀、张羽丰、范会国、赵进义、黄际遇、江泽涵等人宣讲论文。同年9月,派熊庆来出席第9届国际数学大会。[①] 1933年,北平数学会成立,进一步把北平地区的数学工作者组织起来。同时,相关数学的专门杂志也有发刊。1932年,武汉大学"中等算学月刊社"成立,次年1月发刊《中等算学月刊》,后得到南京余介石[②]主持的"中等算学研究会"和重庆大学何鲁等主持的"初等算学杂志社"合作,三方合办。

可见,到1934年前后,无论是学科发展、人才聚集还是学术交流的需求,中国数学会的成立条件都已经具备:"就我国数学家的总体来看,地域上无论南北或者东西,专业上无论高层次的学术研究,或是普及性的中等数学教育,学术思想都比较活跃,各自以不同的形式组织起来,互相交流、扩大影响。进一步组织成立全国性的数学学会,已经提到了议事日程。"

从1934年开始,各地数学会、社负责人,开始联络着手成立全国性的数学会。何鲁、熊庆来等从重庆、北京到上海又到杭州,与上海的胡敦复、顾澄、范会国,杭州的陈建功、

[①] 中国数理学会的成立,按照创建人的说法,主要是因为数学与物理关系密切:"数学物理,关系密切,人皆知之。实则数学为形式的抽象科学,而物理为经验的自然科学。……数学根据逻辑,原理既定,所推论者,皆一成不变。物理学中之天然律为不变,数学物理之关系,即此两种不变性使之然也。"然而科学的发展趋势是专门化,当时像数学物理这样的交叉边缘学科还没有形成,因此联合数学、物理学者共同组成的数理学会,随着中国物理学会、数学会这样的专门学会的成立,其发展前景可以想象。1936年,中国数理学会宣告结束。《中国数学会史料》第18页。

[②] 余介石(1901—1968),字竹平,号慰慈,安徽黟县人。长期致力于中等、高等数学教育,撰写大量数学教材与普及读物。1923年毕业于东南大学数学系,先后担任重庆大学、四川大学、北京农业工程大学数学系教授。1968年以"反动学术权威"和"介石"两字与"蒋介石"相同而被批斗,终至含冤去世。程民德主编,《中国现代数学家传》第四卷,江苏教育出版社,2000年,第53-61页。

苏步青等商议。上海成了热心成立全国性数学社团人士的交通枢纽、数学家们联络成立组织时的中心。同时,中国科学社预备在周达捐赠的数学书籍基础上设立数学研究所,这一计划虽然搁浅,但促成了中国第一个专门的数学图书室——中国科学社明复图书馆美权算学图书室的诞生。上海因而具备了成立中国数学会的专门处所。

在多位数学家的努力下,1935 年 7 月 25—27 日,中国数学会在上海交通大学图书馆召开成立大会,各地出席代表 33 人,代表会员四五百人,教育部、中国科学社、交通大学等单位各有代表出席。大会通过了中国数学会章程,选举首届董事、理事及职员、评议员,议决中国科学社明复图书馆美权算学图书室为会址等议案。

上述中国数学会创设之前的一系列社团组织活动中,上海基本处于"无语"状态,因此,中国数学会在上海的成立似乎有些突兀。同时,也可以看到,在中国数学会具体的筹备过程中,上海在交通上,比南京、杭州、北平、广州、武汉、重庆等都便利;在地理上,是南

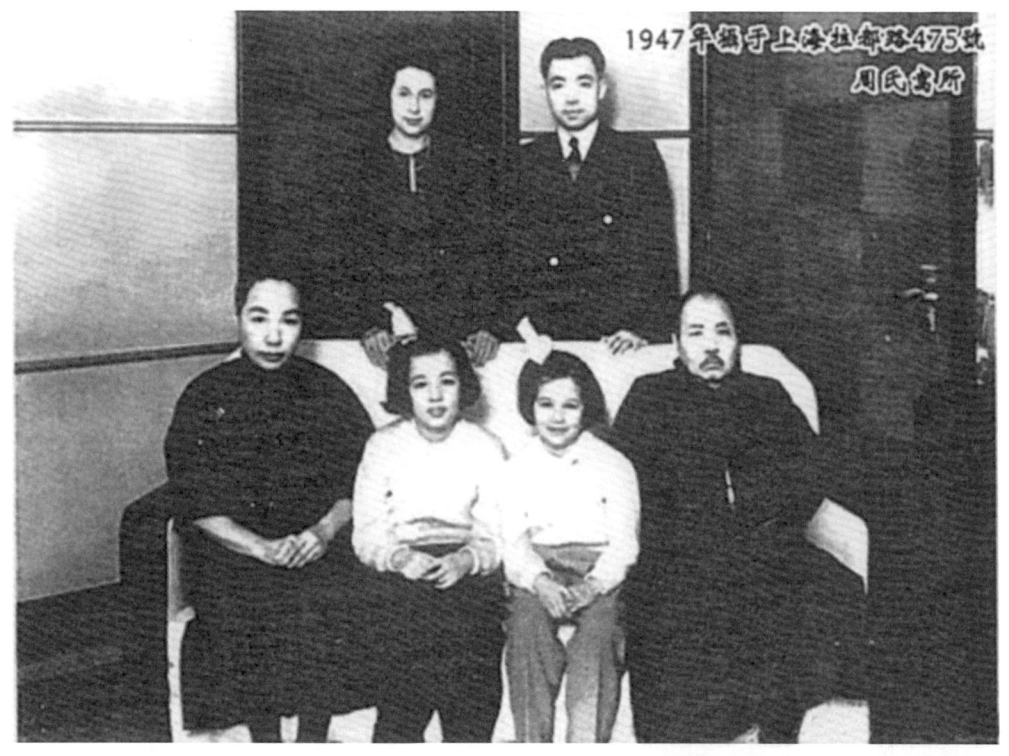

周炜良与德籍夫人、女儿赴美前与周达夫妇在寓所合影

相较数学上的声名,周达更以邮票大王周今觉闻名十里洋场,曾创办刊物《邮乘》。1928 年 5 月,他向中国科学社捐赠历年收藏的中、英、日文数学书籍及杂志 546 种、2 350 册。中国科学社曾欲以此为基础创设数学研究所,惜未成功。明复图书馆建成后,专辟一室收藏和陈列周达捐赠,名曰"美权算学图书室"。

来北往的中心;同时上海又有专门的数学活动场所,这些都是其他城市所不具备的自然和物质条件。① 除这些因素外,中国数学会选择在上海成立,更可能与上海数学工作者群体在当时国内数学界的地位与影响有关。

领导群体的社会结构及与上海的关系

按照《中国数学会章程》②,董事会"计划发展本会事宜",由大会选举9人组成,任期5年,连选连任。理事会"办理及推动会务",由理事11名及职员2人组成,任期2年,连选连任。评议会"评议本会重要事务",由21人组成,每年改选1/3。董事会是指导性的决策性机构,董事具有名誉性质,任期较长;理事会是具体执行董事会决议的事务性行政机构,理事任期较短;评议会是讨论会务的议事机构,具有监督性质;真正具体推动会务发展的是理事会。下面具体分析首届董事会、理事会与评议会组成成员的社会结构,探讨他们与上海的关系及对中国数学发展的贡献,寻绎上海在其间的作用与地位。

1. 首届董事会成员社会结构分析

表1是首届董事会成员的简历。可见,董事们都是中国近代数学学科萌芽阶段的见证人,是元老。9人除周达与顾澄自学成才外,其余都接受了较为系统的西方数学教育,并在国外获得学位,4人为硕士、3人为学士。从留学国别看,4人留美、1人留法、1人留日、1人留日留美。虽留日学生在中国近代科学技术最初发展阶段有大贡献,但在数学学科上还是以留美学生为主。这自然与晚清留日学生的求学学科、世界数学发展大势与日本近代数学发展进程有关。

表1 首届董事会成员简况

姓名	生卒年与籍贯	留学时间与国别	最高学位	当选时就职单位、职务	主 要 经 历
胡敦复	1886—1978 江苏无锡	1907—1909 美国	康奈尔大学学士	交通大学数学系主任	清华学堂教务长、大同大学创始人、北京女子师范大学校长、华盛顿大学教授

---

① 当然,陈省身回忆说,中国数学会迟至1935年才在上海成立,是因为北方的姜立夫、冯祖荀等数学前辈"怕麻烦,不愿负责行政"。后来南方的顾澄愿意"干这类事,但自知资格不够",于是请出时任上海交通大学教授的胡敦复来主持,数学会才得以成立。亦是一说法。参见张奠宙等编《陈省身文集》,华东师范大学出版社,2002年,第60页。

② 《中国数学会章程》全文见任南衡、张友余编《中国数学会史料》第28-30页。

续表

姓　名	生卒年与籍贯	留学时间与国别	最高学位	当选时就职单位、职务	主　要　经　历
周　达	1878—1949 安徽东至	1902—1910 数次赴日	自学成才	自由职业者	实业家周馥孙子，家境优裕，创建知新算社，多次捐助数学书籍予中国科学社
冯祖荀	1880—约1940 浙江仁和	1904—1911 日本	京都帝国大学学士	北京大学数学系教授	创建北京大学数学系并多次任系主任
秦　汾	1887—1971 江苏嘉定	1906—1910 美国、英国	哈佛大学硕士	全国经济委员会秘书长	北京大学教授、教育部司长、经济部次长、天文学会会长等
何　鲁	1894—1973 四川广安	1912—1919 法国	里昂大学硕士	重庆大学理学院院长	曾任南京高师、大同大学、中法通惠工商、中央大学等校教授或系主任，重庆大学校长
黄际遇	1885—1945 广东澄海	1903—1910 日本 1920—1922 美国	芝加哥大学硕士	山东大学文理学院院长	武昌高师数理部主任、山东大学理学院院长、中山大学数学天文系主任
郑之蕃	1887—1963 江苏吴江	1907—1911 美国	康奈尔大学学士	清华大学教务长、数学系教授	先后任教南洋公学、北京农业专门学校、清华大学、西南联大等
王仁辅	1886—1959 江苏昆山	1909—1915 美国	哈佛大学硕士	北平师范大学教授	先后任北京大学数学系教授、系主任，燕京大学、辅仁大学、北京师范大学教授
顾　澄	1882—约1947 江苏无锡	江南格致书院毕业	自学成才	交通大学教授	京师译学馆教员、京兆烟酒事务局局长、北平女子大学文理学院院长、东北大学数学系主任等

资料来源：《中国数学会史料》第 105、115 - 121 页；《中国现代科学家传记》第六集"冯祖荀""胡敦复""何鲁"条；第二集"郑之蕃"条。"顾澄"还参见《京师译学馆校友录》、樊荫南编《当代中国名人录》等。

9位董事当选时平均年龄约50岁，除何鲁1894年出生外，其他人基本上是19世纪80年代左右生人。年龄最小的何鲁41岁，与年龄最大57岁的周达相差16岁，其他人都在50岁上下，可见这些人除何鲁外，基本上属于同一代人。何鲁能以41岁当选董事与他广泛参与数学学科的建设、积极筹组中国数学会有关。顾澄在《数学杂志》"创刊弁言"中说："前年秋，何君奎垣[即何鲁]来沪，发起数学会，拟出刊物，推进数学。两次集议，询谋金同。"① 单独提到何鲁在筹组中国数学会中的热情，可见何鲁以小小年纪跻身于"元老"，

---

① 转引自任南衡、张友余编，《中国数学会史料》第25页。

实在是事出有因。

从籍贯看,江苏5人,安徽、浙江、四川、广东各1人。足见江苏人在中国近代数学草创阶段的重大贡献。从当选时他们的就职单位看,胡敦复、顾澄是上海交通大学教授,周达居住上海,冯祖荀在北京大学、黄际遇在山东大学、王仁辅在北平师范大学、郑之蕃在清华大学、何鲁在重庆大学,秦汾已经弃教从政。"上海人"和"北京人"各占据了1/3的席位。从董事们的工作经历看,何鲁与郑之蕃都曾在上海任教,并有相当影响。

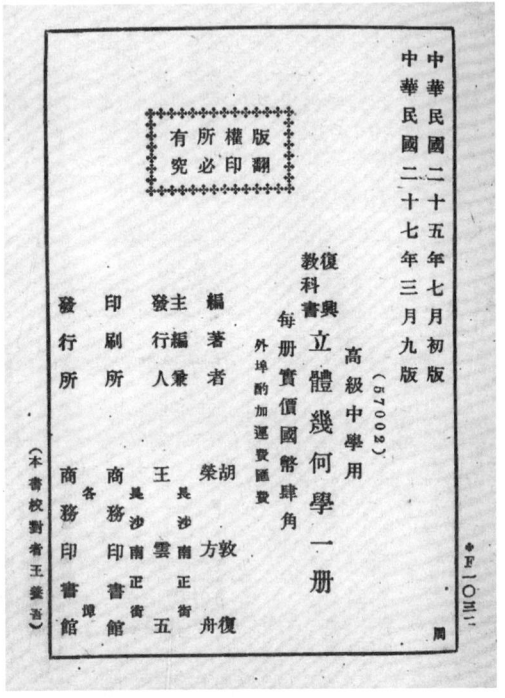

胡敦复(左)与他编著的众多数学教科书之一《立体几何学》版权页(右)
胡敦复不仅在中国数学发展史上有其独特贡献,在近代私立高等教育上也功勋卓著,他创办的大同大学是当时上海最好的私立大学,有"北南开,南大同"的称誉。

胡敦复当选董事会主席即会长。他作为中国数学界元老和教育界名流,不仅对中国数学的发展有大贡献,对中国教育事业特别是私立教育发展也有其独特地位。周达作为一代实业家后裔,虽未受专门的数学教育,但对数学有极为浓厚的兴趣,在近代数学的传播上有其独特作用,中国数学会会址正得于他的捐助。关于顾澄,陈省身回忆说:"中国数学会胡敦复是会长,但胡不大管具体事务,……实际工作、计划主要是顾澄在做,……顾澄是自学成才的数学家,是一个不错的数学家,他翻译过好几本书,其中重要的一本叫

《四元原理》,讲的是四元数;还有一本叫《定列式》,即现在的行列式。顾澄……注重搞一些活动……"①上海的几位董事在近代中国数学初创阶段与中国数学会的日常事务上都有其独特地位。与其他董事基本上是大学教授不一样,上海的几位董事经历都较为丰富,社会交往网络宽广,具有较强的社会活动能力。这正是一个组织成立之初亟需的,这也许是中国数学会在上海成立的一个值得注意的缘由。

正如郑之蕃的传记作者所说,"郑之蕃是中国近代数学开创人之一。他的一生业绩主要在数学教育。"②董事会成员们对中国数学的贡献大多可以如此定位,他们也与郑之蕃一样,没有取得名垂青史的科研成果,对中国数学的主要贡献是数学教育与人才培养,具有开创之功。即使像何鲁这样较晚的留学归国者在科研成就上也作为甚小。对这一代留学归国的科学家们来说,国内没有适合进行科研的场所与环境,他们首要的任务是创造条件,科学教育是最为重要的工具。只有培养了一批新的人才,共同致力于学术发展,逐渐形成科研风气与科学共同体,真正的科学研究才可能进行,科学本土化才能实现。其实不仅是数学学科,纵观整个中国近代科学的发展历程,其他门类概不出此。这一发展轨迹是与近代中国引进西方科学这一总体进程相适应的。③ 当然他们科研成就的不能取得,也与他们在国外所受教育程度有关。9 位董事中最高学位是硕士,对数学而言,在整个学科没有任何研究基础的大背景下,要想取得开创性的成就,仅仅硕士程度是很困难的。另外,他们留学国别主要是美国,美国当时并不是世界数学中心,当然也不是世界科学中心,美国人自己也要到德国、法国等国去取经。④

---

① 《陈省身的回忆》,载任南衡、张友余编,《中国数学会史料》第 67 页。该回忆是张友余据录音整理,未经陈省身审阅。张奠宙等编,《陈省身文集》没有收入这一段谈话,只收有后面相关"恢复中国数学会"的谈话录音,不知是何原因。
② 《科学家传记大辞典》编辑组,《中国现代科学家传记》第二集,科学出版社,1991 年,第 2 页。
③ 科学工作者们都知道,学术是他们的生命,但为了奠基中国近代科学,他们选择了培养学生的教读生涯,而不是躲进"象牙塔"。不由想起顾颉刚向中山大学校长戴季陶辞职以"定心研究学问"时戴季陶的一席话:"我们这辈人,像树木一样,只能斫了当柴烧了。如果我们不肯被烧,则比我们要矮小的树木就不免了。只要烧了我们,使得现在的树木都能成长,这就是好事。"正是这一代科学家们的"燃烧",才培育了大量的后备人才,为中国近代科学的发展奠定了坚实的基础。见顾潮《历劫终教志不灰——我的父亲顾颉刚》,华东师范大学出版社,1997 年,第 132 页。
④ 首届中央研究院 5 名数学院士中,华罗庚留学英国师从数学大师哈代(G. H. Hardy, 1877—1947),陈省身先留德后到巴黎师从几何学大师嘉当(É. J. Cartan, 1869—1951),许宝騄留英师从数理统计学大师皮尔逊父子(K. Pearson, 1857—1936;E. S. Pearson, 1895—1980);姜立夫虽是留美博士,但他后来曾到世界数学中心哥廷根大学进修,苏步青是留日博士。这从一个方面说明,早期留美数学人才要取得突出的科研成就确实相当困难。当然,不可否认的是,随着美国数学的发展,美国在中国与世界上各国数学交流上逐步取得了主导性影响地位。关于不同国家对中国数学发展的影响评论,可参阅马若安、李文林《中国与法国数学交流概况(1880—1949)》,载《法国汉学》第六辑"科技史专号",中华书局,2002 年。**(编注)**关于当时世界科学中心德国及美国成为世界科学中心的大致情况,参阅拙著《世界科学中心的转移与同时代的中国》,上海科学技术出版社,2014 年。

9位董事会成员中有何鲁、胡敦复、冯祖荀、郑之蕃4人入选《中国现代科学家传记》，这是对他们奠基中国近代数学学科历史地位的确认。

2. 首届理事会成员社会结构分析

表2是首届理事会及两名职员秘书、会计的情况简介。理事会成员大多出生在世纪之交，年龄最大的段子燮，1890年出生，年龄最小的是1902年出生的朱公谨、苏步青、江泽涵，相差12岁，平均年龄37.3岁，有8人出生在1891—1902年之间，占主体地位。与董事会平均年龄差13岁左右，从年龄看，可以说是董事们的下一代或学生辈，有些人正是国内大学毕业后再留学的。孙光远1920年毕业于南京高师，1922年留美；曾昭安是武昌高师数理部首期学生，1915年留日；江泽涵1926年南开大学毕业，翌年留美。

表2　首届理事会成员及职员简况

姓名	生卒年与籍贯	留学时间与国别	最高学位	当选时就职单位、职务	主要经历
范会国	1899—1983 海南文昌	1920—1930 法国	巴黎大学博士	交通大学教授兼大同大学教授	北平师范大学教授、中央大学数学系主任兼教授、私立海南大学校长、北京师范大学教授
朱公谨	1902—1961 浙江余姚	1921—1927 德国	哥廷根大学博士	上海光华大学数学系主任、教务长、副校长	中央大学特聘教授、上海交通大学教授、西安交通大学教授等
熊庆来	1893—1969 云南弥勒	1913—1920 1931—1933 法国	庞加莱研究所博士	清华大学数学系主任	创办东南大学算学系、云南大学校长等
陈建功	1893—1971 浙江杭州	1914—1929 三次留日本	东北帝国大学博士	浙江大学数学系教授	先后任教武昌大学、浙江大学、复旦大学、杭州大学等，曾任浙江大学数学系主任、杭州大学校长
苏步青	1902—2003 浙江平阳	1919—1931 日本	东北帝国大学博士	浙江大学数学系主任兼教授	长期任教浙江大学和复旦大学，曾任浙江大学数学系主任、复旦大学校长
江泽涵	1902—1994 安徽旌德	1927—1931 美国	哈佛大学博士	北京大学数学系主任	回国后一直在北京大学任教，曾任理学院院长
孙光远	1900—1979 浙江余杭	1922—1928 美国	芝加哥大学博士	中央大学理学院院长兼数学系主任	大学期间创办《数理化杂志》、曾任清华大学教授、南京大学数学系主任等
曾昭安	1892—1978 湖北宜昌	1915—1918 日本 1918—1925 美国	哥伦比亚大学博士	武汉大学数学系主任	曾发起数理学会，先后任武昌大学数学系主任、武汉大学理学院院长等

续表

姓　名	生卒年与籍贯	留学时间与国别	最高学位	当选时就职单位、职务	主　要　经　历
段子燮	1890—1969 四川江津	1913—1920 法国	里昂大学硕士	广西大学理学院院长	成都高师数学科主任、中央大学数学系主任、重庆大学理学院院长等
魏嗣銮	1895—1992 四川蓬安	1920—1925 德国	哥廷根大学博士	四川大学理学院院长	同济大学教授、成都大学教授和理学院院长、川康农工学院院长等
何衍璇	1900—1971 广东高要	1921—1924 法国	里昂大学硕士	中山大学理学院院长	大夏大学教授，中山大学数学天文系主任、云南大学理学院院长、教务长、代理校长
汤彦颐	1901—1980 浙江萧山	？—1926 美国	华盛顿大学硕士	暨南大学数学系主任	交通大学数学系主任、美国华盛顿大学教授
张镇谦	1901—1985 浙江嘉兴	1921—1927 法国	硕士	广西大学数学系主任	中央大学数学系教师、暨南大学数学系教授、广西大学数学系教授等

资料来源：《中国数学会史料》第107－109、122－130、134－135页；《中国现代科学家传记》第一集"江泽涵"、第二集"熊庆来"、第三集"苏步青"、第四集"陈建功"、第五集"朱公谨"。

从当选时就职单位与职务看，大多是大学数学系主持人或理学院院长，诸如北京大学、清华大学、浙江大学、四川大学、交通大学、中央大学、武汉大学、中山大学、暨南大学、广西大学、光华大学等，可以说理事们执掌着中国数学发展的大权。与董事会成员相比，理事会团聚了当时数学界的学术骨干与精英、各个学校的学科领军人才，他们正当学术盛年，意气风发驾驶着中国数学的航船。从籍贯看，浙江6人，四川2人，云南、海南、安徽、湖北、广东各1人，占据董事会重要地位的江苏无一人进入理事会。浙江人后来居上，在近代中国数学的发展阶段占据主导性地位。① 江苏人在中国近代数学发展上有开创之功，却没有在进一步发展上继续发力，反而由浙江人取代其位置，这背后的原因似乎值得进一步探究，难道说这也与上海有关？

从留学国别与取得学位看，法国5人，3硕士、2博士；美国3人，1硕士、2博士；德

---

① 其实，浙江科学人才后来居上不仅仅表现在数学一门上。1948年首届中央研究院院士选出后，竺可桢曾多次统计院士籍贯。1948年9月23日在南京开第一次院士会议时，统计院士籍贯，结果浙江18人、江苏15人。并说："(昔)评议会，苏多于浙，而第一届院士则浙多于苏，数学五人中浙占其四也。"(《竺可桢日记》第二册，人民出版社，1984年，第1177页)其实，夏鼐与胡适的统计表明，浙江籍院士是19人(夏鼐《中央研究院第一届院士的分析》，《观察》第5卷第14期，第3－5页；曹伯言编，《胡适日记全编》第7册，安徽教育出版社，2001年，第716页)。

国 2 人,全博士;日本 2 人,全博士;另外 1 人留日留美,在美获得博士。13 位理事会成员全是留学生,9 人获得博士学位,美国 3 位,德国、法国、日本各 2 位。他们受教育的程度远远高于董事会成员,美国也不再是最主要的留学国度,法国和德国成为理事们寻求知识的主要目的地,特别是其中 2 人在当时世界数学中心德国哥廷根大学获得博士学位,带给中国数学界世界数学最前沿的知识。可以说,中国数学从其发展阶段就与世界先进水平建立了密切联系,为未来的蓬勃发展奠定了基础。留法人数多达 5 人,这与勤工俭学留法运动有关,除范会国曾在巴黎大学研究院师从著名数学家皮卡(Charles Emile Picard,1856—1941)获得博士学位、熊庆来第二次留法获得国家博士学位外,其他人并不在法国数学中心求学。这在一定程度上决定了他们未能取得数学成就的状况。①

从回国效力的时间看,他们大多在 20 年代中后期和 30 年代初回国,到数学会成立时已在国内工作了一段时间,有些人还取得了相当的科研成就,自然应该成为中国数学会的中坚力量。最早的熊庆来和段子燮 1920 年回国效力,他们创建东南大学算学系等;最晚的是江泽涵和苏步青,1931 年回国效力,但已分别担任北京大学、浙江大学数学系主任,很快成为中国数学南北两重镇的领军人物。

上海的几位理事,当选时范会国是交通大学和大同大学教授,朱公谨是光华大学副校长,汤彦颐是暨南大学数学系主任。另外,魏嗣銮、何衍璇、张镇谦有上海工作经历。杭州 2 人为陈建功、苏步青,北京 2 人为熊庆来与江泽涵,广西 2 人为段子燮、张镇谦,其他南京、武汉、成都、广州各 1 人。13 位理事会成员中,上海工作者人数最多,加之有上海经历者达一半左右。这些人中朱公谨和范会国当选常务理事,汤彦颐为会计,常务工作基本上由上海的数学工作者主持,上海数学工作者在中国数学会中占据位置可见一斑。当然,因会所定在中国科学社明复图书馆美权算学图书室,日常事务自然由上海理事们负责。

作为中国数学会的中坚力量,理事会成员大多取得了相当突出的科研成果,成为中国数学各分支的奠基人。江泽涵以"分析与拓扑学之研究,主持北京大学数学系",陈建功以

---

① 关于近代中国留学法国学数学的大体情况,参阅马若安、李文林《中国与法国数学交流概况(1880—1949)》。

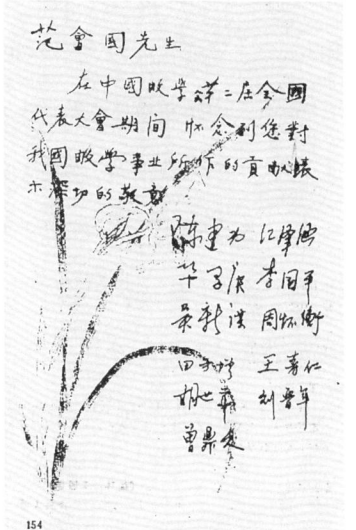

左为朱公谨,右为 1960 年中国数学会第二届全国代表大会期间,华罗庚等与会数学家联名写给范会国的"致意函"

"傅氏级数、正交函数等研究,曾主持浙江大学数学系分析组",熊庆来以"无穷级半纯函数之研究,曾主持清华大学数学系"名列 1948 年首届中央研究院院士 150 名正式候选人,苏步青更以"卵型论与投影微分几何等研究,主持浙江大学数学系"当选首届院士。当时当选院士的还有华罗庚、陈省身、许宝騄、姜立夫 4 人。除姜立夫之外,其他三人都是年轻的后来者。中国数学会成立时,华罗庚虽已显露数学天才,但刚到清华不久,还没有树立其在数学领域内的地位;陈省身正留学德国攻读博士学位,许宝騄正准备留学英国。另外孙光远从 1927 年开始连续在国外发表 7 篇论文,是当时我国数学界成果最丰的学者之一,陈省身到清华读研究生就是想跟他做点研究。[①] 魏嗣銮是我国变分学的奠基人之一;范会国在函数论方面也有相当造诣。

理事会有朱公谨、熊庆来、陈建功、苏步青与江泽涵 5 人入选《中国现代科学家传记》,也显示其历史地位。

3. 首届评议会成员社会结构分析

表 3 是首届评议员的经历。21 位评议员除一位情况不明外,其他 20 位分析如下。有 4 位没有留学经历,3 人毕业于北京大学数学系,另一位毕业于南洋大学电机科。说明

---

① 陈省身《学算四十年》,《陈省身文集》,华东师范大学出版社,2002 年,第 18—24 页。

北京大学数学系在当时中国数学界的重要地位,特别是作为一位女性评议员,高扬芝1930年24岁才从北京大学毕业,中国数学会成立时已是大同大学数学系主任。有留学经历的16人中留英3人、留美3人、留法5人、留日2人、留德1人、留英留美1人,留德留法1人,留欧人数最多,留美次之。从留学取得的学位看,留英硕士2人,留美博士2人、硕士2人,留法博士2人、硕士4人。只有2位美国芝加哥大学博士与1位法国巴黎大学博士和1位里昂大学博士,受教育程度远低于理事会成员。当选时职务大多是大学数学系教授,少数人是一些不知名大学的数学系或相关数学系的主持人。无论是受教育程度,还是在当时中国数学界的地位,评议员都逊于理事。

表3 首届评议会成员简况

姓名	生卒年与籍贯	留学时间与国别	最后学历	当选时单位与职务	主要经历
钱宝琮	1892—1974 浙江嘉兴	1908—1912 英国	伯明翰大学硕士	浙江大学数学系教授	先后执教南洋大学、南开大学、中央大学、浙江大学,中科院研究员
胡浚济	1885—? 浙江慈溪	1903—1909? 日本	东京帝国大学	北京大学教授	曾任北京大学评议员、北京师范大学数学系主任等
胡坤陞	1900—1959 四川乐山	1929—1932 美国	芝加哥大学博士	中央大学数学研究部主任、教授	先后执教清华大学、中央大学、重庆大学、四川大学
武崇林	1900—1953 安徽凤阳	无	北京大学数学系毕业	上海交通大学、大同大学教授	先后执教东北大学、上海交通大学、大同大学、华东师范大学
傅种孙	1898—1962 江西高安	1945—1947 英国	剑桥、牛津进修生	北平师范大学教授	先后执教北京女子师范大学、北京师范大学
曾远荣	1903—1994 四川南溪	1927—1933 美国	芝加哥大学博士	清华大学教授	先后执教中央大学、清华大学、西南联大、四川大学、南京大学
褚一飞	1906—1990 浙江嘉兴	1923—1931 德国、法国	巴黎大学博士	复旦大学统计系教授	曾任国民政府主计处顾问、江苏省统计长、上海市统计长,北京钢铁学院教授
徐治					
刘俊贤	1898—1971 广东新会	1921—1930 法国	里昂大学博士	中山大学数学天文系主任	先后执教中山大学、昆明中法大学,曾任中山大学理学院院长
陆慎仪(女)	1900—1981 江苏嘉定	1921—1925 美国	康奈尔大学硕士	金陵女子文理学院教授	国立师范学院教授,金陵女子文理学院教务主任,美国威斯利女子学院等校教授

续表

姓　名	生卒年与籍贯	留学时间与国别	最后学历	当选时单位与职务	主　要　经　历
蒋绍基	江苏	英国	爱丁堡大学硕士	中央大学数学系教授	
郭坚白	1895—1959 四川隆昌	1912—1923 法国	巴黎大学硕士	重庆大学数学系教授	先后执教东南大学、中国公学、安徽大学、重庆大学、西南师大等
高扬芝（女）	1906—1978 江西南昌	无	北京大学数学系毕业	大同大学教授、数学系主任	执教大同大学20余年，后在南京师大供职
陈荩民	1895—1981 浙江天台	1921—1925 法国	底雄大学硕士	大夏大学数理系主任	先后执教北京师范大学、暨南大学、大夏大学、英士大学、北洋工学院等
陈怀书	1884—1951 江苏吴江	无	南洋大学电机科	交通大学教授	先后担任过中学教员与大学教授
陈作钧	1901—1981 广东潮安	1920—1929 法国	格城大学硕士	河南大学数学系主任	先后任教河南大学、中山大学、华南工学院、华南师范学院等
刘正经	1900—1959 江西新建	无	北京大学数学系毕业	武汉大学教授	先后执教东北大学、武汉大学、华中工学院等
束星北	1907—1983 江苏南通	1926—1931 英国、美国	麻省理工硕士	浙江大学物理系教授	执教南京中央军官学校、浙江大学、暨南大学、山东大学等
郑尧拌	浙江	日本	东京帝国大学学士	中央大学数学系教授	曾任中统局统计处处长
单粹民	1904—1984 河南新蔡	1921—1930 法国	里昂大学硕士	安徽大学数学系主任	先后执教河南大学、安徽大学、复旦大学、安徽师范学院等
汤璪真	1898—1951 湖南湘潭	1923—1925 德国	柏林大学等进修	武汉大学教授	先后执教武昌大学、暨南大学、上海交通大学、北京师范大学等

资料来源：《中国数学会史料》第111-113、135-148页；《中国现代科学家传记》第二集"傅种孙"、第六集"钱宝琮"；(编注)莫非《北大数学系创办者胡浚济》，《慈溪日报》2014年3月12日；陆束屏编著、翻译《血腥恐怖金陵岁月：金陵女子文理学院中外人士的记载》(上)，南京出版社，2014年，第44页注释2。

从年龄看，已知的18人中，平均36.6岁，比理事小半岁多；最小的28岁，最大51岁，相差23岁，差距相较董事会和理事会都大，可以说，评议员囊括了当时中国数学界除董事会、理事会成员之外的大部分骨干。具体分析，35岁以下（包括35岁）10人，36～40岁6人，40岁以上2人，主要由35岁左右的人员组成。他们基本上可以看作理事会成员的同辈，只是某些人年龄稍微小一点，如1906年出生的褚一飞和高扬芝、

1907年出生的束星北。有了他们就可以与华罗庚、许宝騄、陈省身及其再晚出生的数学家们接续起来。

从籍贯看,江苏和浙江各4人、江西和四川各3人、广东2人,其他湖南、河南、安徽各1人。与董事会、理事会相较,江西异军突起,有3人当选。夏鼐先生统计分析1948年首届中央研究院院士的籍贯分布,结果以江浙两省最多,其次为广东、福建及长江流域各省江西、湖南、湖北,其余各省较为分散。① 综合统计中国数学会董事会、理事会及评议员成员的籍贯分布,浙江11人、江苏9人、四川6人、广东4人、安徽3人、江西3人,其他湖南、湖北、河南、云南、海南各1人。这一分布情况与院士分布有所差别,主要是四川的异军突起与安徽人数相较湖南、湖北为多。这是数学学科从业者在地域分布上的特异之处,其所表征的意义有待进一步讨论。评议员仅有钱宝琮和傅种孙两人入选《中国现代科学家传记》,钱宝琮的数学史研究成果国际瞩目,李约瑟说:"在中国的数学史家中,李俨和钱宝琮是特别突出的。钱宝琮的著作数量虽然比李俨少,但质量旗鼓相当。"② 傅种孙一生主要贡献是传播现代数学思想和培养数学人才。

从已知大致经历的19位评议员看,除陆慎仪外他们都将终生精力献给了中国数学事业,很少有中途弃学从政或经商者,表明了他们选择数学这一行当的严肃性,亦可看出当时从业者对其所选择职业的尊重。有些人几乎终生奉献一校,有些人从东到西、从北到南,在中国大地上留下了跋涉耕耘的身影。虽然他们由于各种各样的原因所取得的科研成就不能与理事会成员相媲美,但是他们为中国数学所做的贡献不应该被磨灭。1932年取得芝加哥大学博士学位的胡坤陞,后来成为我国变分法的权威。陈省身回忆说他"沉默寡言,学问渊博,而名誉不及他的成就"。③ 芝加哥大学博士曾远荣在学术上也有很大的成就,不仅是我国泛函分析的鼻祖,举世公认的"逼真解"与"广义解"的奠基人,而且对计算机数学在中国的发展也有大贡献。1930年获得里昂大学博士的刘俊贤长于数学分析,曾出席1936年第10届国际数学大会,具体科研成就不得而知。与董事会、理事会学科的相对单纯不同,评议会中也有非数学的物理学工作者如束星北。已知大致经历的20人中,

---

① 夏鼐《中央研究院第一届院士的分析》,《观察》第5卷第14期,第3-5页。
② 〔英〕李约瑟著,《中国科学技术史》翻译小组译,《中国科学技术史》第三卷《数学史》,科学出版社,1978年,第5页。
③ 张奠宙等编,《陈省身文集》,华东师范大学出版社,2002年,第21页。

中国数学会成立时有武崇林、褚一飞、高扬芝、陈荩民、陈怀书5人在上海当数学教授,另有汤璪真、束星北、郭坚白、钱宝琮4人曾在上海任教。有9人与上海有关系,说明"上海人"在评议会组成上也占据着举足轻重的地位。

首届中国数学会领导层基本汇聚了当时中国数学界精英。董事会成员是近代中国数学萌芽时期的见证人,他们开启了近代数学发展的大门;理事会成员是中国近代数学发展的中流砥柱,他们扛起发展中国数学的大纛;评议会成员也是当时中国数学界的主干成员,他们也为中国数学的发展辛勤耕耘。虽然民国学术界存在着所谓的"留日""留欧""留美"与"本土"出身的区分,在某些领域与组织中还存在这样的畛域,①但是中国数学会却团结了几乎可以团结的力量,似乎没有留日、留美、留欧与本土的"门户之见",特别是评议员中有4位无留学经历的本土毕业者,这在当时以留学生为各种学术社团核心的学界并不多见。除董事会成员有弃教从政的官僚、自由职业者以外,其他人都供职于大学数学讲坛。

当然,中国数学会首届领导成员并没有完全囊括当时中国数学界的翘楚,还有李俨、姜立夫等"遗珠"。李俨,1892年生于福建,1912年入唐山路矿学堂,次年因经济拮据入陇秦豫海铁路局做工务员。到1955年,他一直供职于该铁路局,从工务员、测量员晋升到副总工程师,却是近代中国数学史研究的奠基人之一。中国数学会成立时,正是李俨研究出成果的高峰期,也开始担任副总工程师。他未被吸收入中国数学会领导集体也许与他一直在铁路局效力、没有进入当时中国数学共同体有关。姜立夫是中国近代数学的奠基人之一,1890年出生,1919年获哈佛大学博士学位,同年回国到南开大学创建数学系,并任教至1948年。其间1934年到德国,先后在汉堡大学、哥廷根大学进修两年。抗战期间在昆明筹建新中国数学会,当选会长,筹建中央研究院数学研究所,战后到美国普林斯顿高等研究院进修。1948年以"圆与球的几何之研究,曾主持南开大学数学系"当选首届中央研究院院士。② 中国数学会在上海成立时,姜立夫正在世界数学中心孜孜"充电",没有参

---

① （编注）关于民国时期中国学术界留学国别"畛域"问题的粗浅讨论,参阅拙著《赛先生在中国——中国科学社研究》相关章节,上海科学技术出版社,2018年。
② 数学被认为是年轻人的事业,哈代在 A Mathematician's Apology 中说过,"任何数学家都永远不要忘记:数学,较之别的艺术或科学,更是年轻人的游戏""我还不知道有哪一个重要的数学进展是由一个年过半百的人创始的"。姜立夫主要成就《圆素和球素几何的矩阵理论》论文到1945年55岁才发表,他可能是数学领域的"另数",突破了数学研究对年龄的限制。

与中国数学会的筹备与成立。① 另外,杨武之当选第二、三届理事。他1896年出生,1928年获得芝加哥大学博士学位,回国后主要在清华大学任教,主要贡献在数论方面。

上述分析表明,上海数学工作者在中国数学会首届领导层中占据非常重要的位置,董事3人、理事3人、评议员4人,而且还有几乎相同数量的人有上海教学经历。一则报道也说,中国数学会由顾澄、熊庆来、胡敦复、朱公谨等发起组织,除熊庆来外都是上海人士。② 同时,中国数学会的日常事务也基本上由上海的数学工作者主持。这些都说明,中国数学会在上海的成立,与上海数学工作者群体在当时数学界所处的重要地位有关,这也许就是中国数学会在上海创建的数学界内部原因。

上海数学工作者群体如此地位的取得,与上海这个城市有密切的关系。近代崛起的上海,是民国现代化程度最高的城市,西学输入的"桥头堡",对外交往基地,多功能经济中心和文化中心,知识分子的聚集之地。统计以欧美留学生为主体的中国科学社1928年国内672名社员的就职地,上海达161人,远远超过当时的首都南京(122人)和过去的政治文化中心北平(80人)。③ 大量人才在上海的聚集,充分体现了现代化对学术的凝聚力,现代化所赖以表现的工商化与学术特别是科学技术的亲缘性。

自然,上海对数学工作者也有得天独厚的吸引力。近代以来,大批数学工作者留足上海,早期有传统数学家李善兰、华蘅芳等在此流连,或研究切磋学问,或翻译西书;继之以自学成才的周达、顾澄、吴在渊等;归国留学生早期有胡敦复、郑之蕃、胡明复、何鲁等,继之以朱公谨、范会国、褚一飞等在世界数学中心获得博士学位者,更有国内数学系毕业生高扬芝、陈怀书、武崇林等。当时汇聚在上海的数学工作者大多就职于上海各大学。中国数学会成立时,全国设立数学系的大学和学院共33所。④ 其中北平有国立北京大学、清华大学、北平师大,私立燕京大学、辅仁大学和中法大学,上海有国立交通大学和暨南大学,

---

① 姜立夫在国外,没有当选领导成员,似乎合乎情理。可为什么在后来的改选中,仍没有当选?在新中国数学会成立时又当选会长,原因何在?南开大学数学系也是中国最为重要的数学系科之一,可在首届数学会的领导成员中无一代表,这是为什么?是为存疑,以教方家。(**编注**)姜立夫1936年10月在上海与胡敦复妹妹胡芷华结婚,在私人关系上应该没有问题。抗战期间,姜立夫在西南联大任教,胡芷华与儿子姜伯驹蛰居上海。1940年姜立夫曾请中国科学社总干事杨孝述,赴昆明开中国科学社年会时"挈与同行",惜未能成行。周桂发等编,《中国科学社档案资料整理与研究·书信选编》,上海科学技术出版社,2015年,第293页。
② 《中国数学会成立》,《科学》1935年第19卷第8期,第1329页。
③ (**编注**)具体统计参阅拙著《赛先生在中国——中国科学社研究》相关章节。
④ 《全国公私立大学、独立学院、专科学校一览表》(1936年1月),载中国第二历史档案馆编,《中华民国史档案资料汇编》第五辑第一编教育(一),江苏古籍出版社,1994年,第296-317页。

私立大同大学、光华大学、大夏大学、震旦大学,南京有国立中央大学和私立金陵大学、金陵女子文理学院,武汉有国立武汉大学和私立武昌中华大学,广州有国立中山大学和私立广州大学,其他城市各仅1所。从数学系科的数目看,北平、上海各以6个单位占据第一位置。正是因为有如此多的数学工作者才造就了当时上海在中国数学界的地位,也促成了中国数学会在上海的成立。

中国数学会在上海的活动及
上海数学工作者的数学成就

中国数学会的宗旨为"谋数学之进步及其普及",创办时议定了三项任务:一是举行定期常会,宣读论文、讨论关于数学研究及教学等问题;二是出版刊物;三是参加国际学术工作。

中国数学会成立后,当即举行年会,钱宝琮、华罗庚、陈建功、范会国等宣读论文。并在会址召开董事、理事、评议员联席会议,议决组建刊物编辑委员会,下次年会或在会所举行或与中国科学社联合召开,延请外国学者来华讲学、设立青年基金鼓励青年学者从事数学研究等议案。推定陈建功、胡敦复、顾澄、朱公谨、何鲁、段子燮、何衍璇、熊庆来、王仁辅、姜立夫、郑之蕃、江泽涵、孙光远、曾昭安、钱宝琮15人组成数学名词审查委员会。同年9月5—9日在会址进行名词审查,结果得名词3 426条,10月呈教育部予以公布。顾澄说:"尽八日之力竟将数千条译名,多年悬案,完全解决,告一段落,厥功不可谓不伟。"①

中国数学会在上海最重要的工作是创办刊物。专门学术期刊《中国数学会学报》(*Journal of the Chinese Mathematical Society*)1936年8月正式出版发行,"本学报专载有创作性之数学论文之未经刊布者",为了进行国际交流,文章概用外文。总编辑苏步青(浙江大学),编委朱公谨(光华大学)、熊庆来(清华大学)、江泽涵(北京大学)、刘俊贤(中山大学)、孙光远(中央大学)、曾昭安(武汉大学)。② 这份要充分展现中国数学研究成果的刊物编委汇集当时最为重要的数学家,北京有两位代表,其他地方都仅有一人,上海朱公谨参与其间。

---

① 顾澄《译名难》,交通大学科学学院主办,《科学通讯》1935年第4期,第1页。
② 任南衡、张友余编,《中国数学会史料》第89页。

发刊后,《科学》评论说:"此新刊物标准甚高,执笔者多国际数学界知名之士,且论文十之八九为我国数学界权威者作品,故可信本学报即方之外国斯学杂志实不多让。又样式大方,印刷精良,用纸考究,处处表现科学家不苟精神与主持者之擘画周详,良足称道。"并希望每文作一个中文提要,"俾好学之士,藉得窥探一二,而增其新知"。① 似乎有过誉的嫌疑,因为当时中国近代数学起步不久,与世界先进水平相差甚远,"实不多让"多是"鼓励"与"捧场"的话语。

到 1940 年共发刊 4 期 3 本(第 1、2 期合刊),登载 22 位作者 34 篇论文:苏步青 7 篇、华罗庚 3 篇、方德植 2 篇、陈建功 2 篇、江泽涵 2 篇、柯召 2 篇,其他胡坤陞、维纳(Norbert Wiener, 1894—1964)、曾炯、申又枨、哈达玛(Jacques Hadamard, 1865—1963)、戈多(Lucien Godeax, 1887—1975)、庄圻泰、许宝騄、吴大任、李华宗、周绍濂、熊全治、陈省身、周鸿经、周炜良各 1 篇,段学复与华罗庚合作一篇。② 这是一个具有国际性的作者群体,控制论创始人维纳 1935 年来清华大学任教,法国著名数学家哈达玛 1936 年来华讲学,他们都是世界数学界的重量级人物;戈多也曾任比利时数学学会主席(1931—1933 年)。首届中央研究院院士中许宝騄、陈省身、华罗庚、苏步青都有文,特别是苏步青与华罗庚两人文章占三分之一,只有姜立夫没有文章;另外 3 位名列首届院士正式候选人的陈建功、江泽涵、熊庆来也只有熊庆来没有文章。其他作者如胡坤陞、曾炯、柯召、庄圻泰、吴大任、李华宗、周鸿经、周炜良、段学复、方德植、周绍濂、熊全治等也都彪炳数学史册。上海数学工作者虽在中国数学会领导群体占据重要位置,但这 22 位作者群中除周炜良③居住上海已弃学经商外,竟无一位"上海人"。他们大多是北平清华大学、北京大学的人,如江泽涵、华罗庚、许宝騄、陈省身、柯召、庄圻泰、段学复等;杭州浙江大学的教师与学生,如苏步青、陈建功、方德植、熊全治;南京中央大学的胡坤陞、周鸿经等。

《数学杂志》是一份通俗性的数学普及刊物,1936 年 8 月发刊。分基本概念之讨论、中外论著之批评、会员研究之心得、各国名著之译述、大学教材之绍介、中国古算之考订、国内著述之提要、中外数学界之消息八个栏目。主编顾澄,编委有何鲁、武崇林、段子燮、

---

① [刘]咸《科学书报》,《科学》第 21 卷第 1 期(1937),第 84 页。
② 任南衡、张友余编,《中国数学会史料》第 91 - 95 页。
③ 周炜良(1911—1995)发表的文章编辑部 1939 年 5 月收到,其时他已弃学经商。

张镇谦、陈怀书、傅种孙、汤彦颐、刘正经、蒋绍基、褚一飞、钱宝琮、魏嗣銮,上海至少有5人参与其间。相比《中国数学会学报》编委主要由理事会成员组成(仅刘俊贤为评议员),《数学杂志》编委由董事会、理事会、评议会成员组成。《科学》对《数学杂志》评论说:"本刊宗旨重在介绍数学新知及促进吾国数学教育,与《中国数学会学报》求高深之贡献,并行不悖,两俱重要。……此外,每期尚有附录纪事及消息等,编辑方法亦佳,大可供有志研究数学者之助。"①顾澄在创刊号"弁言"中说他虽挂名主编,但由于时间与才力等关系,基本上由朱公谨主持。朱公谨是《中国数学会学报》编委,却着力于《数学杂志》。

通俗刊物《数学杂志》第一卷第一期封面与职员录

对于中国数学会的两份杂志,《科学》曾予以极高的期许:"数学会所出版之上述两种刊物,种种方面均可认为满意,大有后来居上之雅。吾人更希望以吾国数学界人才济济,诚能群策群力,将此两种呱呱坠地之刊物,善加抚育,发扬光大,前途未可限量,于吾国未来之数学研究与数学教育,其有重大之影响,可预卜也。"①

---

① [刘]咸《科学书报》,《科学》第21卷第1期(1937),第85页。

可惜,日本帝国主义的枪炮使上述愿景须臾破灭。《数学杂志》1936 年 8 月—1937年5 月共出 4 期成为 1 卷,编委会对一年来的工作有"编余赘语",其中提到数学在"救国"浪潮中的尴尬角色:"近年以来,国难日亟,社会人士,群倡所谓物质救国之道;数理之学,反目为迂远空虚,无裨实政;教育专家,斥数学为无用,青年学子,视数学为畏途。"然后阐述数学的大功用:"实则欲求思想之沉潜,立论之周密,进而窥政教之本末,穷经济之演变,均非先通数学不为功,数学之理,在在流行,治标治本,莫之能外,不独利用厚生而已。"但这些"苦口婆心"终抵挡不过时势的变幻莫测,《数学杂志》刚出满 1 卷,第二卷还没有组稿,全面抗战的烽烟四起,中国数学会总部虽还可借"孤岛"继续存在,但"人心的变化是不可预料的"。总编辑顾澄跟着当了汉奸,数学会宣布撤销他的职务,原有编委大多数也内迁大后方,与上海总会联系中断。胡敦复只得和两位常务理事朱公谨、范会国联络留沪的几位数学家组成新的编委会,于 1939 年 11 月 1 日出版了第 2 卷第 1 期,是为绝唱。①

统计该杂志 26 位作者为文 44 篇,朱公谨 7 篇,顾澄 4 篇,范会国、钱宝琮各 3 篇,华罗庚、陈作均、孙增光、陈怀书、樊𤩽各 2 篇,章用、武崇林、徐贤修、严裕莲、卓霖、周达、周炜良、魏嗣銮、徐桂芳、方淑姝、钟开莱、吕作人、钱大业等 17 人各 1 篇。这些作者中只有华罗庚、周炜良在《中国数学会学报》发表科研论文,除了华罗庚、周炜良、魏嗣銮、樊𤩽、钟开莱、徐贤修、钱宝琮等少数学者有比较重要的科研成就外,其他人基本上没有在科研园地耕耘。上海学者周达、朱公谨、范会国、顾澄、陈怀书、武崇林等,在这个群体中占据了极端重要的地位,不仅作者人数多,而且为文近 20 篇更是占据"半壁江山",上海数学界主要精力在数学普及,与科学研究成果的稀少形成鲜明对比。

中国数学会抗战期间总部留在上海,与大后方联系极少,加之顾澄成为伪政府教育部次长后利用该会名义活动,大后方的数学家们于 1940 年 9 月在昆明成立了新中国数学会,选举姜立夫为会长,以示不承认中国数学会,于是上海的中国数学会成了一个历史名词。战后数学界恢复中国数学会,与新中国数学会合并,但上海在其间已经不再扮演重要角色了。

中国数学会在上海的活动虽然结束了,但留下一些值得思索的问题。无论是数学工

---

① 任南衡、张友余编,《中国数学会史料》第 97 - 99 页。

作者数量、所受的教育程度,还是数学系科的建设、在当时中国数学界的地位,上海的数学工作者都应该做出相应的科研成就,为近代中国数学的发展贡献力量,使上海成为中国数学的中心,但他们在这方面基本上无所作为。

周达、顾澄没能取得科研成就,他们毕竟未接受过系统的西方数学训练。胡敦复仅在美国获得学士学位,要取得科研成就也未免勉为其难。可获得博士学位的胡明复呢?博士论文在美国的发表及其影响已为科研工作的继续深入开辟了一条道路。但他回国后任教于大同学院,没有继续从事科研工作,而致力于数学教育与科学传播,成为中国科学的"开路小工"。如果说胡明复1918年归国,中国数学还处于草创期,要取得成就困难重重,那么其他后来者呢?

朱公谨,1927年在世界数学中心哥廷根大学跟随应用数学大家库朗(Richard Courant,1888—1972),以《关于某些类型的单变量函数方程解的存在性证明》获得博士学位。同年回国任教于光华大学,1932—1937年任副校长。他受教于希尔伯特、库朗、朗道(Edmund Landau,1877—1938)等大师,其研究方向又是变分学这样的新学科,深受学界关注,1930—1931年还曾被聘为中央大学教授,往返沪宁之间。传记作者说,"朱公谨的博士论文,可称为我国现代应用数学研究的最早文献",可他回国后没有更上一层楼,为数学的殿堂添砖加瓦,而是"忙于教学"。中国数学界增添了一位科学普及工作者,没有增加数学家。①

范会国,1920年留法,先后获得里昂大学物理学硕士、数学博士学位,随后到巴黎大学研究院师从当时法国杰出的数学家皮卡,再次获得博士学位,并留院从事研究工作。1930年回国,先后任教北师大、中央大学,1934年到上海。据说他在函数论方面造诣不浅,但主要是在北京时期的成果。此外汤彦颐、武崇林、褚一飞、高扬芝、陈荩民、陈怀书等都一样,似乎没有在数学的"科研园地"辛勤耕耘。

正如胡适所说,做学问的人,"若没有特别研究的问题,就可以说是死了、中止了"。②教学相长,大学教授如果不从事科学研究,不能与时俱进,则其所讲授的知识必"陈腐而机械",逐渐会失去学生们的尊重;而从事科研,"其研究学问之兴趣与方法,均可无形中为学

---

① 朱公谨传记见《中国现代科学家传记》第五集,科学出版社,1994年,第6-10页。
② 曹伯言编,《胡适日记全编》第3册,安徽教育出版社,2001年,第479-480页。

生所模范,则其贡献,必将超过研究中只能研究学问而无机会训练学生之人"。① 科学工作者科研成就的取得与个人有极大的关系。但是,如果一个群体在一个城市相当长时期内不能取得成就,这就不仅仅是个体差异了,应该有更深层的社会经济原因。

与上海在数学科研上毫无作为形成鲜明对比的是,大学数学系科与上海持平的北平、仅有一个大学数学系的杭州却成为民国时期中国数学的两个中心。以北京大学、清华大学为代表的北平,早先聚集了中国数学学科的创始人冯祖荀、秦汾、王仁辅、郑之蕃,后又有熊庆来、江泽涵、杨武之、申又枨、孙光远、赵访熊、曾远荣等中坚力量等,更培养了许宝騄、华罗庚、陈省身、段学复等名家。浙江大学数学系虽直到1929年才成立,但在陈建功、苏步青的领导下,团聚和培养了钱宝琮、曾炯、王福春、方德植、白正国、熊全治、张素诚、程民德、谷超豪等人,他们在中国数学史上也有其独特地位,特别是英年早逝的王福春,是唯一两次获得教育部学术奖金的数学家。②

中国科学技术协会组织编纂了一套近代中国科学技术专家传略,其中《理学编·数学卷1》收有1920年以前出生的数学家共41人,加上《现代科学家传记》有、《数学卷1》没有的朱公谨、陈省身、周炜良、王宪钟、樊畿等共46人。除前面已经有简介(包括首届董事何鲁、胡敦复、冯祖荀、郑之蕃,理事朱公谨、熊庆来、陈建功、苏步青、江泽涵,评议员钱宝琮、傅种孙,及胡明复、李俨、杨武之、姜立夫)外,其他人情况见表4。

表4　1920年前出生的主要数学家简况

姓名	社会角色	生卒年与籍贯	国内教育	留学教育	1949年前主要经历
吴在渊	数学教育家	1884—1935 江苏武进	自学成才	无	长期担任大同大学数学系主任、教授
曾炯	数学家	1897—1940 江西新建	武昌高等师范	德国哥廷根大学	任教浙江大学、北洋工学院、西北联合大学等

---

① 杜元载主编,《抗战前之高等教育》,《革命文献》第56辑,1971年,第157-159页。
② 1941—1947年,教育部学术审议会进行了六次学术评议,数学方面获奖的分别为第一届华罗庚(一等奖)、许宝騄(二等奖);第二届苏步青(一等奖)、周鸿经、钟开莱(二等奖);第三届陈建功(一等奖)、李华宗(二等奖)、王福春、卢庆骏、熊全治(三等奖);第四届张素诚、吴祖基、蔡全涛(三等奖);第五届吴大榕(三等奖);第六届王福春(一等奖)。从这名单亦可看出数学中心所在,华罗庚、许宝騄、钟开莱等是清华大学、北京大学系统的;苏步青、陈建功、王福春、卢庆骏、熊全治、张素诚、吴祖基等是浙江大学系统的。(编注)关于教育部学术审议会的学术评议及其结果分析,分别参阅拙文《良知弥补规则,学术超越政治:国民政府教育部学术审议会学术评奖活动述评》(《近代史研究》2014年第2期)、《民国学术发展的一个评估:教育部学术审议委员会学术奖励成果类别分析》(《科学文化评论》2017年第5期)。

续表

姓名	社会角色	生卒年与籍贯	国内教育	留学教育	1949年前主要经历
王福春	数学家	1901—1947 江西安福	武昌高等师范	日本东北帝国大学	浙江大学、中正大学教授
赵访熊	数学家、数学教育家	1908—1996 江苏武进	清华学校	美国麻省理工学院、哈佛大学	清华大学教授
吴大任	数学家、数学教育家	1908—1997 广东高要	南开大学、清华大学	英国伦敦大学等	武汉大学、四川大学、南开大学教授
庄圻泰	数学家	1909—1998 山东莒县	清华大学	法国巴黎大学	云南大学、北京大学教授
柯召	数学家、数学教育家	1910—2002 浙江温岭	厦门大学、清华大学	英国曼彻斯特大学	四川大学、重庆大学教授
吴新谋	数学家	1910—1989 江苏江阴	中央大学	法国巴黎大学等	法国科学研究中心附属研究员
许宝騄	数学家	1910—1970 浙江杭州	清华大学	英国伦敦大学	北京大学教授、加州大学伯克利分校等大学访问教授
华罗庚	数学家	1910—1985 江苏金坛	清华大学	英国剑桥大学	西南联大教授、美国普林斯顿高等研究院研究员
李国平	数学家	1910—1996 广东丰顺	中山大学	日本东京帝国大学	四川大学、武汉大学教授
陈省身	数学家	1911—2004 浙江嘉兴	南开大学、清华大学	德国汉堡大学、法国巴黎大学	西南联大教授、普林斯顿高等研究院研究员、中央研究院数学所代所长
张禾瑞	数学家、数学教育家	1911—1995 天津	北京大学	德国汉堡大学	北京大学教授
周炜良	数学家	1911—1995 上海		美国芝加哥大学、德国莱比锡大学	中央大学教授，抗战期间经商，战后任同济大学教授一年后赴美
胡世华	数理逻辑学家	1912—1998 浙江吴兴	南开大学、北京大学	德国西威廉敏思特大学	中央大学、北京大学教授
闵嗣鹤	数学家	1913—1973 江西奉新	北平师范大学	英国牛津大学	清华大学数学系副教授
樊畿	数学家	1914—2010 浙江杭州	北京大学数学系	法国巴黎大学	法国、美国学术机构任职
段学复	数学家、数学教育家	1914—2005 陕西华县	清华大学数学系	美国普林斯顿大学	清华大学数学系教授、代理系主任
王湘浩	数学家、数学教育家	1915—1993 河北安平	北京大学数学系	美国普林斯顿大学	西南联大助教、讲师等
田方增	数学家	1915—2018 湖北江陵	西南联大	法国巴黎大学	西南联大、清华大学教员

续表

姓　名	社会角色	生卒年与籍贯	国内教育	留学教育	1949年前主要经历
张素诚	数学家	1916—2006 浙江萧山	浙江大学	英国牛津大学	曾任职浙江大学、中央研究院
王寿仁	数学家	1916— 天津	北京大学数学系	无	西南联大、北京大学教员
程民德	数学家、数学教育家	1917—1998 江苏苏州	浙江大学数学系	美国普林斯顿大学	浙江大学、北京大学讲师
严敦杰	数学史家	1917—1988 浙江嘉兴	中央大学数学系	无	民生公司、中国石油公司会计等
严志达	数学家	1917—1999 江苏南通	西南联大	法国斯特拉斯堡大学	云南大学教员
王宪钟	数学家	1918—1978 山东	西南联大数学系	英国维多利亚大学	中央研究院数学研究所副研究员
关肇直	数学家	1919—1982 广东南海	燕京大学数学系	法国巴黎大学	燕京大学助教、讲师，北京大学教员等
吴文俊	数学家、数学史家	1919—2017 上海	交通大学	法国斯特拉斯堡大学	任教上海育英中学等，后入中央研究院数学研究所工作
廖山涛	数学家	1920—1997 湖南衡山	西南联大	美国芝加哥大学	中学教师、北京大学助教、中央研究院助理研究员
冯康	数学家	1920—1993 江苏南京	中央大学物理系	无	复旦大学、清华大学数学物理系助教
徐利治	数学家	1920— 江苏沙洲	西南联大数学系	赴英国进修	西南联大数学系助教，清华大学数学系助教、教员

资料来源：《中国科学技术专家传略·理学编·数学卷1》；另外，陈省身见《中国现代科学家传记》第二集，周炜良、王宪钟见《中国现代科学家传记》第四集；樊畿见《中国现代科学家传记》第六集。

可见，46人中上海数学工作者只有吴在渊、胡敦复、胡明复、朱公谨4人入选这两套传记，这与中国数学会创建时上海在中国数学界的地位极不相称。表4所列31人中，只有吴在渊是上海大同大学教师，周炜良抗战期间滞留在上海经商。同时，由表4可见，上海众多的大学数学系科培养的人才，只有吴文俊1人，而有8人在清华大学（包括清华学校）受业，5人北京大学毕业，5人西南联大毕业，3人中央大学毕业，2人浙江大学毕业。① 上海数学工作者不仅在科研上没有取得令人信服的成就，在人才培养上也没有多大作为。

---

① 另外，综合前面及表4可见，1902—1908年之间出生的中国数学家有一个断层，其原因何在有待进一步探讨。

上海这样一大批数学工作者在科研和人才培养上都毫无作为,另一批人在北平、杭州却取得了令人瞩目的成就,这是否与上海这个城市有关? 不仅如此,科学研究不能在上海蓬勃开展,并不仅仅表现在数学一门学科上。研究表明,民国时期上海在科学研究方面,除医学、生理学、天文学等少数门类因有外国研究机关如徐家汇天文台、雷士德医学研究所等取得较为突出的成就外,其他学科成果鲜见。① 民国时期上海这一科学发展特征与当时上海社会经济状况到底有何关系?

作为一个科学家,其历史地位毕竟是由其学术成就决定的,而且正如罗素所说,科学家的学术成就具有超越价值,远比军政人物重要:

> 大多数伽里略同时代的人,把三十年战争(十七世纪上半叶欧洲的国际战争)看得比他的发现远为重要;但是对于我们,这次战争显然不过是三十年光阴的虚掷而已,而伽里略的发现却开辟了一个新时代。当格拉斯(英国自由党党魁,曾四度任英国首相)拜访达尔文时,达尔文事后说:"受到这样一位伟大人物的拜访,是多么的荣幸。"他的谦逊是可爱的,不过也表明了他缺乏一种历史的眼光。②

爱因斯坦也曾说:"有创造才能的人对人的教育作用,归根到底总是远远超过政治领袖。"③

学术与工商的疏离

关于科学研究与上海社会环境关系问题,还是先从数学学科谈起。相对其他学科而言,数学研究不需要大量的实验设备,主要依靠数学家个人的努力及其群体的相互砥砺切磋。因此,适宜的社会环境与学术传统对数学研究来说就显得更加重要。北平的数学家主要集中在北京大学和清华大学,两校一直将学术研究作为学校发展的重心,形成了以"学术研究"为"时髦"的学术传统与氛围,这是北平数学家们取得成就的重要保证。蔡元培对北京大学的改造已是耳熟能详,清华大学改制后的首任校长罗家伦,在就职典礼上发表演讲,也强调"研究是大学的灵魂",要延请国外科学大师来校,"把科学的根苗移植在清华园里"。④ 对清华大学发展影响最大的是梅贻琦,他所宣扬的大学理念——

---

① 民国上海科学发展特征参阅许敏《上海通史·民国文化》第14章,上海人民出版社,1999年。
② 罗素《论历史》,转引自王元化名誉主编,《释中国》,上海文艺出版社,1998年,第2951页。
③ 许良英等编译,《爱因斯坦全集》第三卷,商务印书馆,1994年版,第105页。
④ 罗家伦《学术独立与新清华》,载杨东平编,《大学精神》,辽海出版社,2001年,第347页。

"所谓大学者,非谓有大楼之谓也,有大师之谓也"①,更是空谷足音、洪钟大吕。同时,相继来北平教学、访问研究的国际著名数学家有德国几何学家布拉施克(W. Blaschke, 1885—1962)、哈佛大学退休教授奥斯古德(W. F. Osgood, 1864—1943)、维纳及哈达玛等。可以说,全面抗战爆发前,北平已经成为学术科研与交流的中心,在国际数学界也有其独特的地位。

在杭州的浙江大学数学系,虽最初仅有钱宝琮、陈建功与苏步青三位教师,但他们却支撑起中国数学的"半边天",特别是陈建功和苏步青两人在培养数学人才方面有独到之处。他们强调独立工作和科研能力的训练是培养数学人才的重要环节,运用数学讨论班的形式实现其目标。陈建功说过,要教好书,必须靠科研来提高;反过来,不教书,就培养不出人才,科研也就无法开展。② 陈建功培养的学生有曾炯、王福春、程民德、秦元勋、叶彦谦、曹锡华、越民义、夏道行等;苏步青培养的学生有张素诚、吴祖基、白正国、谷超豪、方德植、熊全治等。③

浙江大学数学系 1937 年师生合影
前排教师左五到十为苏步青、陈建功、朱叔麟、钱宝琮、曾炯、方德植,学生有张素诚、吴祖基、白正国、程民德、卢庆骏等。

---

① 梅贻琦《就职演说》,原载《国立清华大学校刊》第 341 号,引自杨东平编《大学精神》,第 353 页。
② 骆祖英《陈建功与浙江大学数学学派》,《中国科技史料》1991 年第 4 期,第 3－11 页。
③ 陈省身对陈建功与苏步青两位培养人才的方式有所非议:"可惜他们采取的态度,可名为'学徒制',学生继续做先生的问题,少有青出于蓝的机会。要使科学发展,必须给工作者以自由,这是值得深长思的。"《陈省身文集》第 22 页。

而上海的大学又怎样呢？交通大学集中了当时上海主要的数学工作者，可它是一个以工科为特色的大学，工程是其专长，数学仅仅是这些学科的基础课而已。1930年成立科学学院，"想在这个工程气味十足的学府里，造成一批切合实用的科学人才"，为了"应用科学与理论科学的互相提携"，而不是为了进行纯理论的科学研究。抗战复员后理学院提出了培植研究人才、工业人才和教育人才的目标，认识到"研究"人才之重要，不再囿于"实用人才"了。① 吴文俊1936年考入交通大学数学系，因教学内容偏重实际计算而少理论，到二年级对数学失去了兴趣，甚至想辍学不念了。② 其他国立暨南大学、同济大学，私立大同大学、大夏大学、光华大学等，没有一个学校将学术研究作为学校存在的理由。有论者云："旧上海的大学，最大的特点就是它们都强调专科式的技术教育、应用教育、职业教育，迎合社会需求，忽视基础知识的传授和研究，尤其对人文科学不加重视。"③何止人文科学，自然科学如数学、物理、化学等也难入办学者法眼。④ 可见，与北平的清华大学、北京大学，杭州的浙江大学相比，上海的大学并不具备从事科学研究的传统，也不预备培育科学研究的氛围，基本上以追求实用为办理大学的理念。

从历史上看，虽然明清时期上海地区已是科甲鼎盛之区，也出现过徐光启、钱大昕这样的学术大家。晚清因有李善兰、华蘅芳等数学大家的留居，也曾是一些传统数学家们进行学术交流的中心。但上海毕竟不是一个学术风气浓厚的城市，总体而言，缺乏学术探索的传统。在上海的发展历程中，始终洋溢着一股崇商风气，一位初到上海的英国人一下子就捕捉到上海的这一特征："一座买卖的城市。它是为这个目的而建立起来的，而买卖始终是它的主要特征。"⑤早在1929年中国科学社在苏州召开第13次年会时，上海社友会代表曹惠群也说过："上海系通商之中心，物质文明比较发达之区域，而对于科学方面之贡献实少。"⑥

---

① 《交通大学校史》(1896—1949)，上海教育出版社，1986年，第175-177、233-235页。
② 好在三年级有武崇林讲授的代数和实变函数论，改变了他的命运。参见《中国现代科学家传记》第二集。
③ 李天纲《文化上海》，上海教育出版社，1998年，第239-240页。
④ 当然，从大学主持者角度考虑，这一情状也有其合理性，特别是作为私立大学，维持其生存发展应该是主持人的首要目标，培养实用性人才自然是最根本的生存原则。
⑤ 转引自周武《上海通史·晚清社会》，上海人民出版社，1999年，第13页。学术界对近代上海取代广州的原因有很多讨论，诸如广州的反入城斗争、上海的优越的地理位势等。也许上海具备的商业特征在一定意义上满足了"洋人"生意上的要求，才是上海取代广州的深层次原因。参阅沈渭滨《1843—1847年广州与上海对外关系的探讨》，《开放时代·现代与传统》专刊1994年第2辑。
⑥ 《科学》第13卷第5期(1929)，第687页。

1935年交通大学科学学院教职员合影
前排左五、左六为顾澄、胡敦复,右三为范会国。

民国时期的上海有发达的媒体、高速发展的工业、极度繁荣的金融业和通俗文化产业,是一个消费型的工商城市。蒋梦麟这位近代中国著名教育家对上海的社会等级是这样描述的:第一等人是外国商人和资本家,他们生活豪华奢侈,"唯一的目标就是赚钱""自大、无知顽固,而且充满种族歧视,就是对于他们自己国内的科学发明和艺术创造也不闻不问,对于正在中国或他们本国发展的新思想和新潮流更无所知";第二等人为洋行买办,"他们像洋主子一样无知,也像洋主子一样富足";第三等人为商人,"他们从买办手中购买洋货,赚了钱以后就汇钱回家买田置产";第四等人为工厂工人,"他们是农村的过剩人口,……是贫民窟的居民";最低贱的人是苦力。这五等人在一起就构成了所谓的上海"租界心理":"一种崇拜权势,讲究表面的心理"。权势包括财力、武力、法外治权等,表面功夫表现为绘画、书法、唱歌、音乐等。"上海是金融的海洋,但是在知识上却是一片沙漠"。在上海,"中国人误解西方文明,西洋人也误解中国文化;中国人仇视外国人,外国人也瞧中国人不起,……但他们有一个共通之点——同样地没有文化;也有一个共同的谅解——敛财"。在蒋梦麟眼里,上海成了一个"知识的沙漠""敛财"的基地,其意思不过是说上海是一个纯粹的商业都市。①

商业社会的特征,用通俗的话说就是以"赚钱"为唯一矢的,以看不见的市场这只手来运转,再辅之以"无所不用"的手段。有论者也指出近代上海这个文化中心与巴黎、伦敦不同,"没有那么悠久的文化沉淀""没有那么多靠政府用税金扶持的博物馆、图书馆、大剧院""从名剧团、名演员、名作家、名画家,到小戏班、小艺人、小文人,数也数不清的文化团体和文化人,都靠市场养活,靠观众、读者养活",是文化市场运作的结果。② 虽然科学技术能够给预备"赚钱"的人以更大的"赚头"和广阔的前景,但人们看见的首先是短期的"社会效益",长时间的"等待"不能抵挡"短平快"。

蔡元培在中国科学社的一次上海社友会上演讲说:"上海最适宜于科学事业,因为一切科学都从西洋输入,故都从上海开始,……又科学与工业关系最密切,而上海是工业最发达的地方。……中央研究院在上海设立理化工程实验馆,就是要采取这种便利。"③中央研究院也曾利用上海工业发达的基础,特别是在水电煤气及添置仪器材料等方面较为便利的优势,在上海创设理工实验馆,与国民政府将中央研究院集中南京的计划产生了矛盾,因而造成了发展过程中的院址之争。④ 民国时期的上海,在科学技术的引进、传播上仍然承继晚清优势,继续走在全国的前列。科学与工业的发展确实也具有亲缘性,没有科学技术的发展,工业要取得进步自然也是不可想象的。但上海发达的工业是否真正促进了科学的发展呢?中央研究院长期在上海的三个研究所(物理、化学与工程研究所)在科研成就上并无特出之处。丁文江担任总干事期间对其本家丁燮林领导的物理研究所非常不满意,责备他自己不作研究,也不留心延揽人才,致使丁燮林萌生"求去之意"。⑤ 吴大猷回顾总结中国近代物理学的发展时,对严济慈领导的北平研究院物理研究所推崇备至,却认为中央研究院物理所"相当令人失望"。⑥ 周仁主持的工程研究所,更是一人所,无论是学

---

① 蒋梦麟《西潮》,辽宁教育出版社,1997年3月版,第167—169页。关于近代上海的商业文化,乐正有开创性的研究,参阅氏著《近代上海人社会心态》(上海人民出版社,1991年)。
② 熊月之《上海通史·导论》,上海人民出版社,1999年,第25页。
③ 《社友》第51号(1935年11月10日),第4页。
④ (编注)参阅拙文《学术与政治:1930年中央研究院院址之争》,《学术月刊》2013年第4期,第162—170页。
⑤ 李济《对于丁文江所提倡的科学研究几段回忆》,欧阳哲生编,《丁文江先生学行录》,中华书局,2008年,第228页。
⑥ 吴大猷《早期中国物理发展之回忆》,上海科学技术出版社,2006年,第71页。

术贡献还是对实业的推展都非常有限,甚至被认为不如民间的黄海化学工业社。① 相对而言,只有化学所在庄长恭、吴学周的先后领导下,在有机化学与物理化学等方面取得了一定的成绩。

关于工业与科学的关系,亦曾是民国学者们讨论的热点问题之一。无论是从西方发达国家的发展史,还是当时中国社会的具体现实,都已充分显现出科学技术对工业发展的强大推动力。但民国时期工业与科学之间却没有建立起良性的互动关系,基本上是脱节的。1935年11月,丁文江在中央广播电台演讲,估计中国公私用于科学研究事业的经费年约400万元,相较美国的10亿美元、英国的2.5亿元②、苏联的10亿卢布,可谓微乎其微。但这区区之数工厂或公司的投资不过百分之一二,这也造成科学研究,"属于纯粹学理者约百分之七十,属于工业应用者,占百分之三十"。因此学者们呼吁应该建立科学研究与工业应用的良好关系,并提出了实施方略:厂家设立研究机关或与学术机关合作,"中国工业进步,使中国进为工业化之国家,非厂家重视研究事业不可"。③

对上海而言,工业界对科学研究也有一定的投资,如以穆藕初为代表的纺织工业界对棉业改良推广和桑蚕改良推广等的资助,是工业界为了发展我国工业所采取的一种自救行为。④ 吴蕴初也在化学工业的研究上有所作为。但这相对于科学在工业上的广泛作用实在是微不足道,而且他们所关注的对象基本上是立马能见诸效益的应用技术。如此,像数学这样的纯粹科学根本不在考虑范围内。数学是一门专门的艺术,是门纯粹的学问,研究数学"是人类的一种神圣的疯颠,是对咄咄逼人的世事的一种逃避"。⑤

这一状况一直到抗战胜利以后也没有改善。1948年,由中国科学社等团体发起,在上海曾举行过一次名为"工业与科学"的座谈会。中华化学工业会理事长陈世璋说:"现在一

---

① (编注)"中央研究院"八十年院史编纂委员会主编,《追求卓越:"中央研究院"八十年》卷一,"中央研究院",2008年,第34页。
② 原文如此。
③ 张洪沅《研究经费与工商业》,《科学画报》第3卷第19期(1936),第743页。
④ 参阅拙文《民国时期上海地区农业改良推广与社会变迁》,《上海研究论丛》第13辑,上海社会科学院出版社,2001年。
⑤ 〔英〕A. N. 怀特海著,何钦译,《科学与近代世界》,商务印书馆,1959年,第21页。

般人只注意发财,例如近来烧碱价钱很高,就有人问碱厂的开办设计。其着眼点只是囤积赚钱,不是振兴工业。办工业者本身没有科学头脑,但知道科学是可以利用来发财的。……工业界人士在发了财(后)就不愿再讲科学。……上海的工厂很多,但没有几家是请科学人士作研究的。他们为何不看重科学?就因企业家只要达到推销的目的就算成功;制造出品,只想与外国货仿造差不多,就不再进步。我们劝他们要讲求科学管理,他们反说没有科学方法也赚了钱发了财,你懂得科学怎么没有钱?"像黄楚九这样的海上闻人,更是以虚假的广告把他毫无西药成分、仅仅是中药镇静剂的药物打扮成西药"艾罗补脑汁",并因此而赚得盆满钵满。大家讨论的结论是:中国科学不发达,因为没有工业界的支持;中国工业不进步,因为没有广泛利用科学技术。因此科学与工业需要互相联系,以克服共同面临的困难。①

事实上,上海确实缺乏学术研究的氛围。1931年严济慈第二次留法回国,没有像第一次那样在上海就职,而是改就北平研究院物理所和镭学所所长,他说:"北京是可以安定下来做工作的地方。那时的北京,所有要做官的人都往南京跑了,所有要赚钱的人都往上海跑了。"②顾颉刚1922年12月到商务印书馆任职,到1923年12月离开:"馆中固然待我并不苛刻,但我总觉得一天的重要时间为馆务牺牲掉了未免可惜。……馆中未尝许我作专门的研究,又如何教我作无本的著述;精神上既有这般苦痛,所以在这年的冬间又辞了出来。"与"痛苦的上海"相比,他是如此地看重北京:"我所以一定要到北京的缘故,只因北京的学问空气较为浓厚……"③1935年,中央研究院评议会成立,中国科学社机关刊物《科学》发表文章评论,也指出"上海环境错杂,商业中心。并非研究学问之适当处所"。④ 更有人将伦敦比作上海,说伦敦跟上海一样,不是读书作学问的地方,"伦敦是个大都市,商业中心,就像上海,生活开销大,人事繁复,交通便利,人来客网,接待应酬多,耽误读书做学问"。⑤

---

① 《工业与科学座谈会记录》,《科学》第30卷第7期(1948),第195-198页。
② 金涛《严济慈先生访谈录》,《中国科技史料》1999年第3期,第239页。
③ 顾潮编著,《顾颉刚年谱》,中国社会科学院出版社,1993年,第89页。
④ 《国立中央研究院评议会成立》,《科学》第19卷第6期(1935),第825-828页。署名观化,实为时任《科学》主编刘咸。
⑤ 王辛笛《锦城虽云乐,不如早还家》,载上海市欧美同学会留学文史资料选编《情系中华》,上海文史资料选辑2001年第4期(总101辑),2002年1月出版,第75页。这一类比虽然有一定的合理性,但非常勉强,毕竟伦敦有深厚的文化基础与浓厚的文化氛围,也有以研究学问闻名于世的著名大学与著名研究机构。从这一点看,民国时期的上海根本不能与伦敦相提并论。

严耕望认为吕思勉作为近代四大史学家之一,"在近代史学界的声光显然不及"陈垣、陈寅恪、钱穆的原因,除学问方面而外,主要与吕思勉一生蛰居上海有关:"诚之先生的时代,第一流大学多在北平,学术中心也在北平。前辈史学家能享大名,声著海内者,亦莫不设教于北平诸大学。诚以声气相求,四方具瞻,而学生素质也较高,毕业后散布四方,高据讲坛,为之宣扬,此亦诸大师声名盛播之一因。而诚之先生学术生涯之主要阶段,一直在上海光华大学任教。上海不是学术中心,光华尤非一般学人所重视。诚之先生是一个埋头枯守,默默耕耘,不求闻达的学人,我想这也是他的学术成就被忽视之又一原因。"①

据说抗战前,上海有人提出"学问无用论"的论调。②"学问无用",那么经商赚钱、从政为官自然是有用的。其实,上海社会环境对学术研究的影响,当年"京派""海派"之争就已很能表征出其特性。从学术态度来说,"所谓'京派'大概可以说是抱着为学术而学术的态度,所谓'海派'大概不免多少为名为利而撰作"。③ 中国本来就缺乏为学术而学术的传统,"天下公器"之学术,在家天下的专制时代,仅仅成为论证家天下合理性或为家天下粉饰太平的工具,一变而为天下人为皇家服务"竞争上岗"的干禄致用之术。民国建立后,家天下体制虽已一去不复返,家天下意识还顽强地沉积在国民的心灵;学术不为家天下服务,但要论证"政权"或"党天下"的合理性。学术依附于政治、宣传政治、解释政治,为政治寻找所谓"出路"仍然是许多"经世致用"学者们的追求。上海毕竟是个花花世界,学问家在这里稍不注意就会陷入"商业"的旋涡,追求致用,变成一个"社会活动家",失去自我,丢掉了自己的本行。

1947年,一位数学工作者在总结30年来中国数学的发展经验时说:"研究学术,决不是浮动的,好虚荣的人们所肯干,所能干的事。一种学术空气的养成,必须具备它所应具备的条件。最重要的是安定。比如生活上的安定,情绪上的安定。假使连这两点都做不到,那么学术和研究便不必谈了。真的学者,是不会应付环境和人事的,甚至被人认为反

---

① 严认为其他两个原因,一为"近代史学,偏向尖端发展,一方面扩大新领域,一方面追求新境界",而吕思勉却属于"博赡一途";二为"近代史学研究,特别重视史料",而吕思勉著作材料都取于正史,"运用其他史料处甚少,更少新的史料"。严耕望《治史三书》,辽宁教育出版社,1998年,第182页。
② 朱自清《论学术的空气》,《朱自清全集》第四卷,江苏教育出版社,1996年,第493页。
③ 朱自清《论学术的空气》,《朱自清全集》第四卷,江苏教育出版社,1996年,第490页。事后看来,如果当年的论争者抓住学术态度与学术成就这一"把柄"对"海派"予以攻击,那么"京派"胜利的大幕似乎也就能比较轻易地拉上了。

常和怪僻。"①这是面临战争局面一位学人的思考,他这里的"安定"自然专有所指。但我们可以将"安定"一词从其本义上延展,上海与其他城市相比,在生活上的安定上也许处于优越地位,但在情绪上的安定似乎就难以把握了。上海毕竟是一个充满各种"诱惑"的国际性大都市。

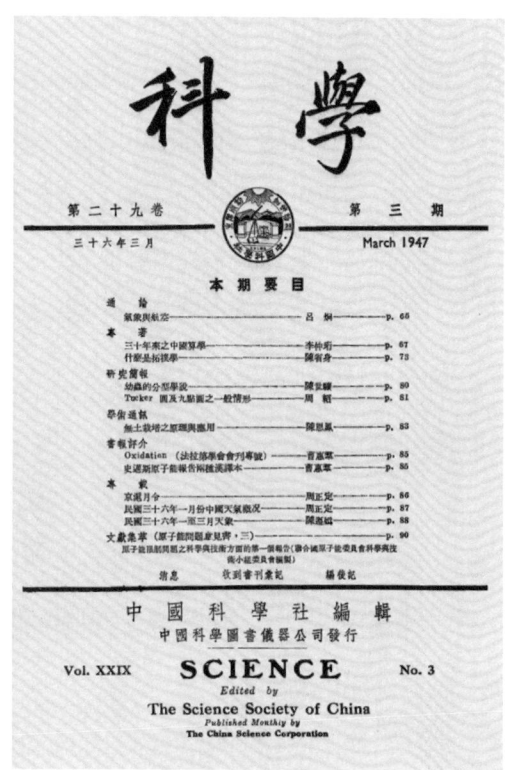

陈省身(左)与发表李仲珩《三十年来之中国算学》的《科学》
第29卷第3期(右),同期也发表有陈省身《什么是拓扑学》
陈省身在上海代理中央研究院数学所所长时,他周围聚合了一批数学才俊,如王宪钟、胡世桢、吴文俊、廖山涛、周毓麟、张素诚、叶彦谦、曹锡华、杨忠道等后来名垂数学史上的人物,当时上海已经成为数学中心,惜乎这一繁盛景象很快就烟消云散。

像上海这样以"金钱"为唯一价值观念的社会,对科学特别是纯粹科学的发展是极为不利的。② 在一个价值多元化的社会里,各种观念互相发展互相冲突,但并不成为"唯一",进行学术研究与思考自然不会被完全卷入另一独霸的价值观念中,自然有其生存与施展

---

① 李仲珩《三十年来之中国算学》,《科学》第29卷第3期(1947),第72页。
② 当然,无可否认,近代上海是一个开放的社会,其社会价值观念也是多元的,给予许多来此的各式各样的人物以成功的机会,这是近代中国其他任何城市难以具备的优势。这里所谓的"一元化"价值观念仅指其商业性特征决定了一切围绕"金钱"而旋转这一点。

才华的空间。这样社会就不会去惊动那些"象牙塔里的人",自己"安静地走开"。"躲进小楼成一统"者,也不会因社会的"强征暴敛"而滑入"歧路""叉道"。

民国时期上海科学发展状况及其与社会的关系,为科学社会学这门学科探讨科学发展的社会原因提供了一个极具典型意义的个案。一般来说,工业的发展会对科学研究产生需求式的推动力,科学的应用能促进工业更加快速的发展。但是,上海作为近代中国现代化程度最高的城市,在科学研究方面作为甚少,这脱离了科学发展的一般原则。具体分析,虽然与像数学这样纯粹科学本身所具有的特性——不能立马转化为生产力,不能融入工商业有关,但更重要的原因是上海的工商城市特性决定了,它不仅缺乏科学研究的学术传统与氛围,也不愿意培育这一氛围与传统。

其实,这牵涉一个更根本的问题,如何建立科学与社会的良性互动关系。这一关系的建设,整个民国时期虽然有所建树,但总体而言还很不够。这有社会与科学工作者两方面的问题。就社会而言,追求实用,看不到科学的长远利益。卢于道说:"就社会上领袖而言,他们容易见到者大部分是应用科学方面,如医学、电机、机械、工业、农业等。这些专家他们易感到有接触之必要,对于其他数学、物理、化学(纯粹方面)、动物、植物、生理、解剖、心理、神经等纯粹科学,除教育界外,则很少注意到这些专家。"这种只重实用的倾向是非常危险的,洋务运动的弊病历历在目,"国难"时期亦竭力购买飞机及各种武器,但却忽视"飞行原理、炼钢研究及理化等学问,则他日之失败亦在意料之中"。就科学工作者而言,"纯粹科学家多在实验室中,默首作研究工作,其兴趣集中于某个题目,其目的多在个人之成名",而极少关注科学的社会应用。① 早在抗战之前,面临航空救国的热潮,竺可桢就曾尖锐地指出:"我们要讲飞机救国,就得迎头赶上,要迎头赶上就非去研究大气力学和建筑风管不可。而且要制造飞机,必须有适当的原料,要谋飞机行动的安全,非有敏捷精确的天气报告不可,这又要靠地质学家、化学家、冶金学家和气象学家的研究。所以飞机救国,必须从研究科学入手。"②

当然,如何建立科学与社会之间良性的互动关系,至今仍然是科学社会学研究中的重

---

① 卢于道《科学与社会》,《科学画报》第 2 卷第 5 期(1934),第 1 页。
② 竺可桢《航空救国和科学研究》,载樊洪业主编,《竺可桢全集》第 2 卷,上海科技教育出版社,2004 年,第 152 页。

要论题与论域。中国数学会在上海的案例告诉我们,多元社会价值观念的形成,学术传统与学术氛围的培育,形成社会对学术研究的尊重,对科学发展来说同等重要。

(梁元生等主编,《双龙吐艳:沪港之文化交流与互动》,沪港发展联合研究所、香港中文大学香港亚太研究所,2005年,第333-377页)

"乙酉学社丛书"的翻译与出版

——兼论科学知识人在战时上海的困窘与出路

1938年6月,辞去四川大学校长职务,重回中华教育文化基金董事会(下简称"中基会")任职的任鸿隽致函胡适说:"你所说的留下一点编译费来养士大夫的廉耻,我个人极赞成这个意见。但我们的编译员中早已发生了廉耻问题,最重要的是周岂明先生。"①中基会作为管理美国第二次退回庚子赔款的文教机构,因握有巨额经费而在民国学术界影响甚为巨大。长期担任中基会董事因而也是核心成员的胡适,要求中基会在抗战期间专门拨付"编译费"来"养士大夫的廉耻",中基会灵魂人物任鸿隽也完全同意他的主张。可见,在多灾多难的抗战期间,作为传统士大夫代表的知识分子要保持其廉耻,不像周作人那样附伪落水,日常用度费用是最为基本的条件之一。中基会当时确为滞留沦陷区的一些顶尖科学家如秉志、庄长恭等提供了不少经费,是他们度过困难时期的重要支撑。以往对沦陷区知识人的研究,大多集中在其道路选择及选择背后的思想文化等因素,而很少关注影响他们选择最为重要的、也是最为现实的基本生活基础即"钱"。这里通过分析1945年初开始运作翻译的一套"乙酉学社丛书"的情况,展示战时上海知识人所面临的困境及其出路。②

"乙酉学社丛书"的来龙去脉

1947年1月,"乙酉学社丛书"第一集出版时,丛书主要负责人、总编辑杨肇燫撰文说:

> 民国三十有四年之初,抗日战争犹酣,曙光未露,殊深风雨如晦之感。本社同人蛰居沪滨,幽忧隐愤,亟思藉韬潜之光阴,从事于严正之科学之述作,为将来复兴作育人才之准备上略效涓埃之助,而苦于经济拮据,徒有心余力绌之憾。
>
> 适袁良、黄伯樵两先生见告:实业家章荣初先生疏财好义,拟于丕塞之会作有意

---

① 《任鸿隽致胡适》(1938年6月22日),载耿云志主编,《胡适遗稿及秘藏书信》第26卷,黄山书社,1994年,第631页。
② "乙酉学社"是一个什么样的组织,目前暂不明晓。1945年为"乙酉年",大致是当年参与译书的科学工作者给自己的活动起的一个名号。

义之举,问其道于两先生;两先生固夙稔同人之志事者,遂为之介。一席倾谭,章氏毅然任编辑上经济之责;并相与约定同人暨章氏均抛弃版税,期减轻成书售价,以利读者。①

杨肇燫的述说有两层意思。第一,在风雨如晦蛰居上海期间,杨肇燫与乙酉学社同仁非常想利用隐居的光阴,"从事于严正之科学之述作,为将来复兴作育人才之准备",可苦于经济拮据无能为力。第二,经袁良、黄伯樵的介绍,实业家章荣初为他们解决了经费,他们的愿望与理想有了实现的基础。可见,"乙酉学社丛书"能够面世,与三个人分不开,即出资的"实业家"章荣初,作为学者与资本家之间桥梁的袁良与黄伯樵。中间人袁良作《岁寒译书记》如是叙说这件事:

> 曷言乎岁寒译书?谓当敌伪盛时,羁居孤岛之少数科学家、企业家,能各秉岁寒之节,集于一堂,能从事于科学教材之编译工作也。任其事者为杨寄凡等十君子,皆海内负盛名学者;而担任费用,使十君子得以安心工作者,则吴兴章君荣初也。其最初发起以促成之者,余亦有片言之助焉,亦颇有可纪者。

袁良(1882—1953),浙江杭州人,是中国政界的日本通,与黄郛交好。早年毕业于日本早稻田大学,归国后在东三省任职,后回北京曾任大总统府秘书、国务院参议、中央农事试验场场长等。1924 年,任黄郛摄政内阁秘书长。翌年,调任全国水利局总裁兼扬子江水道讨论委员会副会长。1928 年,任国民政府外交部第二司司长。次年,任上海市政府秘书长,10 月任上海市公安局局长。1931 年 12 月,任江西省政府委员兼保安处处长,旋兼任军事委员会委员长南昌行营地方自卫处处长。1933 年,任行政院驻北平政务整理委员会委员长黄郛随从,6 月任北平市市长。北平市市长期间曾借鉴欧美各国先进城市规划与市政建设经验,对北平城市发展进行规划,惜很快去职未能多有建树。② 1935 年 11 月,任福建省政府主席陈仪顾问。抗战期间,蛰居上海。③ 对于这段上海经历他如是说:

---

① 杨肇燫《乙酉学社丛书第一集·缘起》,载 Max Planck 著,陆学善译,《柔体力学》,中华书局,1949 年,第 1 页。
② 董可《袁良与北平的三年市政建设计划》,《北京档案史料》1999 年第 2 期。邓云乡曾说,七七事变前后担任北平市市长的何其巩、周大文、黄郛、袁良、秦德纯等数人中,"似乎还数袁良多少做了一些事"。邓云乡《宣南秉烛谭》,河北教育出版社,2004 年,第 227 页。
③ 战后,袁良曾出任经济部全国花纱布管理委员会主任。1953 年病逝于上海。据说,他担任北平市市长期间,曾给想到陕北采访的埃德加·斯诺开具特别通行证,斯诺为表谢意,赠给他一支英国造苹果牌双管猎枪。袁良病逝前传给长孙袁奇,袁奇 2001 年上交九江市公安局浔阳分局浔阳楼派出所(《江西九江一市民将斯诺馈赠的枪支上交警方》,中新社,2001 年 6 月 26 日)。

国军西撤，海上遂成孤岛。其不及与国军同退以待战局敉平之名流时彦，类皆不肯随风而靡，甘为虎伥，坐是困厄穷蹙，或至饔飧不给，余亦局促斗室，捉襟见肘，困顿之情，正复不殊于诸君，岁月迁延，忽焉数载……

虽"岁寒"而保持气节，艰难困苦中熬到 1944 年冬天，唐乃康①来访，交章荣初银行支票"随时支用"，"谓此款乃章君荣初以余前此出长沪市公安局薄负时誉，且知余服官数十年，仍一贫如洗，故托为转致"。唐乃康是袁良好友，章荣初吴兴同乡，章荣初通过他资助为官十余年而"一贫如洗"的袁良。袁良以与章荣初"无一日之雅""坚不肯受"。确实，章荣初此时突然有心匡助与他没有什么勾连的袁良，在这样复杂的环境下不得不让人心生疑窦，袁良不愿意接受也是情理中事。越日，唐来电说章荣初相邀见面。袁良欣然而往，见章"神采奕奕，貌魁梧而语慷慨，意其人必豪侠好义者流"，可谓一见如故。章再以 50 万元支票相送，袁良几经推托后接受，并了解到章热心公益。

袁良担任北平市市长期间，对古都文物的保存也有相当贡献

第二年春天，在唐乃康陪同下，袁良再次拜访章荣初，席间提议章推展其社会公益事业的范围，出资资助名流学者从事学术工作：

余即席献刍见于章君，谓推君施济之心，以扶翼诸名学者从事于学术工作，则其利必更溥，方今中国科学落后，非真国人之聪明才智逊于他帮，患无大力者支持提倡，使能朝夕钻研耳。观世界各国对于科学家之鼓励奖励，政府与私人莫不唯力是视，故能日新月异，进于无疆；中国诚亦有仿而行之者，持以恒心，积以岁月，则中国之科学界，亦何遽让欧美之独步乎！②

袁良将西方科学的进步归因于政府鼓励，民间奖助。建议章荣初将其公益事业范围扩展到学术发展，仿效西方支持科学事业，持之以恒，必能有所进步。对于袁良的提议，章荣初

---

① 唐乃康(1888—1949)，浙江吴兴(今属湖州)人，复旦公学毕业，创办上海市北公学(今上海市北中学)。
② 袁良《岁寒译书纪》，载 Max Planck 著，陆学善译，《柔体力学》，中华书局，1949 年，"附录"第 1-2 页。

极为赏识,"并愿力任其事"。于是,袁良邀请黄伯樵、杨肇燫一同与章荣初往返商讨。"天上掉馅饼",正苦于经费困窘的杨肇燫等自然喜出望外,立即邀集同仁详加商讨。在当时环境下,从事具体的科学研究自然完全不可能,退而求其次,都以为"国内文化界中最感贫乏者,莫过于大学所需严正科学之教本"。通用教材大多为西文原本,学生要听懂必须过外语这一关,于是"多耗心力于西文之讲习,固往往而事倍而功半"。补救之道,"莫善于迻译国外名著"。因为"泰西名家著述既正确可靠,且由经验所积,深合讲授之用",而且当时国内对这种教材需要"至亟","尤须争取时间,为求克期观成,则译述尚焉"。于是商订译书内容与范围,所采用原本及其分别担任译述人选,组成"乙酉学社丛书",具体翻译西书情况见表1。①

表1 "乙酉学社丛书"原著与译者一览表

科目		原著	编译者	编译者学历
数学	微积分 微分方程	R. Courant: Differential-und Intergral-rechnung L. Bieberbach: Theorie der Differentialgleichungen	朱公谨 沈璿	德国哥廷根大学哲学博士 日本东京帝国大学哲学博士
物理学	力学	Grimsehl-Thomaschek: Lehrbuch der Physik: Mechanik	裘维裕	美国麻省理工学院电学硕士
	热学及声学	Lehrbuch der Physik: Warmelehre-Akustik	许国保	德国柏林工业大学研究院研究员
	电学及磁学	Lehrbuch der Physik: Elehtrmagnetisches Fel	史钟奇	德国德累斯顿工业大学工学博士
	光学	Lehrbuch der Physik: Optik	叶蕴理	法国巴黎大学国家科学博士
	原子物理学	Lehrbuch der Physik: Atomphysik	王福山	德国莱比锡大学哲学博士
	理论力学	M. Planck: Vorlesungen der Theoretische Physik 1. Allgemeine Mechanik 2. Mechanik deformierbarer Korper	陆学善	英国曼彻斯特大学哲学博士
	电学	Abraham-Becker: Theoric der Elektrizitat	杨肇燫	美国麻省理工学院电机硕士
化学		Hildebrand: Principles of Chemistry Latimer-Hildebrand: Reference Book of Chemistry	曹惠群 曹惠群	英国伯明翰大学理学学士

袁良所找另一位牵线搭桥者黄伯樵(1890—1948),江苏太仓人,同济医工学校电工机械首届毕业生,留学德国柏林工业大学学习工业管理,回国后曾任中华职业学校校长。

---

① 杨肇燫《乙酉学社丛书第一集·缘起》,载 Max Planck 著,陆学善译,《柔体力学》,中华书局,1949年,第1页。

1924年,应黄郛请出任北京政府交通部科长,开始从政。后历任陇海铁路汴洛工程局总务处处长、汉口市政委员兼工务局局长、杭州市工务局局长等。上海特别市成立后,黄郛首任市长,黄伯樵任公用局局长,任职五年多有建树。1932年底,调任京沪、沪杭甬铁路局局长,加速铁路建设和钱塘江大桥建设,对此后抗战交通有大贡献。抗战期间因病避居香港九龙,任职经济部资源委员会,对抗战献绵薄之力。香港沦陷后,未能内渡,1942年10月避居上海,闭门修佛,主持编译《德华标准大辞典》。① 可见,黄伯樵与袁良一样,都与黄郛有较密切的关系,同在上海特别市政府供职,他们两人关系也自非同一般。

至于出资的资本家章荣初(1901—1972),浙江吴兴(今属湖州)人。家境贫寒,只读过五年书。18岁怀揣两块大洋到上海打拼,1928年创建了上海第一家民族资本印染厂——上海印染厂,由此走上了通往实业家的道路。作为杜月笙恒社核心成员,是三匹野马之一。据说三匹野马洪雁宾、张志廉、章荣初深受杜月笙的喜爱,杜月笙能从他们身上看到若干年前的自己。他们有一个共同特点,"野心奇大,勇气无匹,一张嘴巴能够说得天花乱坠,顽石点头,……吹牛皮的本领一等一,……天分高,门槛精,但是决不损人利己,凡是都讲究一个义气"。三人之中,章荣初"本事最大,手面最阔(尤能超过乃师),上海人讲究的三头:噱头、苗头、派头一概占全"。② 抗战爆发后,章荣初变卖住宅和家具捐献抗战。上海沦陷后,避居家乡。后闻孤岛可以施展才能,回沪开设工厂,先后创办荣丰纱厂及苏中铁工厂、上海皮革厂、泰州纱厂、丰业大楼等,获利甚丰。杜月笙在上海的开销,基本上为章荣初所支。章荣初在日伪与租界各方势力下长袖善舞,但具有强烈的民族主义,亦曾被日军逮捕以迫胁出卖抗日志士,宁死不从。③

在袁良、黄伯樵的引荐下,热心公益事业、具有民族主义情感的实业家章荣初,资助同样具有民族主义、不愿同流合污附伪事敌的学界知识人从事学术工作,以"养士大夫廉耻",双方可谓一拍即合。当时商订各书翻译以一年为期,为了统一格式与名词术语,推定杨肇燫为总编辑,于当年2月开始工作。中国科学社借亚尔培路社所房屋一间为编辑室,

---

① 《黄伯樵先生传略》,载胡健国主编,《"国史馆"现藏民国人物传记史料汇编》第三十辑,"国史馆",2006年,第371-375页。
② 章君毅著,陆京士校订,《杜月笙传》第3册,(台北)传记文学出版社,1989年,第264-266页。
③ 章济塘《从所谓"杜月笙故居"说起——祖父章荣初的"实业救国"之路》,载朱纪华主编,《档案里的金融春秋》,学林出版社,2012年,第189-200页。

黄伯樵(左)与20世纪60年代初的章荣初(右)
黄伯樵对战后中国科学社的维持贡献甚大,1947年当选理事。

每周六同仁集会一次,商讨各种问题,并延请赵孟养帮助编校及其他事务,后赵离开,改聘许祩(交通大学1945年毕业生),"一年之中,同人昕夕从事,虽环境艰危,生活窘迫,仍莫不精神焕发,视为乐事,固均获完成"。① 到1946年2月,译书完成。这13个月中:

> 诸君子之生事一切,概由章君负责,每人月致米四石,其他服用称是,计所费实极巨大,然竟得于风雨危舟之中,困苦奋斗,以成此艰巨之工作,诸君子之处境良苦,诸君子之精神,实足为学林矜式;而章君亦得睹其一部分宏愿达成,此则余与章君所同告欣慰者,深望是项巨制,次第杀青,公诸当世,俾教育当局采为教材,则中国科学前途,或能由此递进,焕异彩于来日,以与世界各国争一日之短长,未可知也。

可见,无论是具体参与其事的翻译者,中间牵线搭桥的袁良、黄伯樵,还是具体出资的章荣初,他们都对翻译世界著名科学教材以提升中国科学水平充满了希冀,希望能对中国科学的发展贡献一份力量。可以说,这一点是他们的共同认知,也是他们合作并取得成功的基础。更为重要的是,袁良还希望章荣初进一步行动,赓续学术事业的资助:"惟是始基

---

① 杨肇爔《乙酉学社丛书第一集缘起》,载 Max Planck 著,陆学善译,《柔体力学》,中华书局,1949年,第2页。

虽建,光而大之,固宜有一永久机构,以赓续是项宝贵工作,仍不能不深切寄望于章君耳。"其对战后学术发展,充满了希冀,"河山还我,建设伊始,学术研讨,尤为急务,良虽老固将拭目俟之"。① 当然,袁良此一愿景因时势的斗转星移而烟消云散。

译书"十君子"

按照杨肇燫与袁良的说法,具体从事翻译的"十君子",除总领其事的杨肇燫外,还有数学方面的朱公谨、沈璿,物理学方面的裘维裕、许国保、史钟奇、叶蕴理、王福山、陆学善和化学方面的曹惠群。

总编辑杨肇燫(1898—1974),字季瑢,别用名寄凡,四川潼南县人。1912年,离开家乡到上海求学。1918年肄业于交通部上海工业专门学校电机科,考取清华留美专科生,入麻省理工学院电机系,1922年获得硕士学位。当年回国,任教南京高师。后认识到物理学是理工科基础,放弃电机工程转向物理学。1925年任北京大学物理系教授。1928年,受所长丁燮林邀请,到上海任中央研究院物理所研究员兼秘书。在物理所前后20年,杨肇燫在王书庄等人协助下,建立了一个计量标准仪器检验室,确立了涉及力学、热学、电学、光学、声学等几方面的鉴定方法,研制出长度、时间、质量等几方面的基本量器。还领导物理所附属工厂,研制生产了大批中学物理实验仪器。上海沦陷期间,杨肇燫组织领导原物理研究所在沪人员,维持物理所(所址迁到法租界)留下的工厂,继续制造仪器,还为后方有关单位修理仪器。1940年,工厂被迫停工,部分人员撤到桂林,部分技术人员和工人遣散留在上海。杨肇燫滞留上海,与王书庄、赵元等人通过各种关系,将物理所留在上海的大型仪器分散隐藏。1941年春,杨肇燫、丁燮林等在香港与英国合办科学仪器厂,杨肇燫任董事主持工作,因香港沦陷而被迫终止。

杨肇燫通晓英、德、法文,长期从事外国科学名著和教材的翻译工作,非常重视物理名词术语的审定与统一工作。抗战期间,他组织陆学善等几位学者对先前已审定的物理学名词进行补充。陆学善回忆说:"那时我们在上海见面时不谈艰苦的生活,只谈名词翻译,有时几天讨论一个名词,非常认真。讨论定下的名词编写成书,自己出钱,装订成册。"当

---

① 袁良《岁寒译书纪》,载 Max Planck 著,陆学善译,《柔体力学》,中华书局,1949年,"附录"第2页。

杨肇燫是"乙酉学社丛书"的灵魂,右为他为商务印书馆"自然科学小丛书"所译《实验物理学小史》封面(收入"万有文库")

然,他更为人称道的是在学术翻译上的贡献。1936年,杨肇燫翻译出版了《物质之新观念》,较早地介绍了原子、电子、核、质子、光子、波、物质之衍射、测不准原理、不相容原理等新概念与原理。1940年翻译出版《电学原理》上下两册,指出该书"虽偶有含混之处,未能尽惬人意,……然小疵不掩大醇,是在用是书者之善为补充耳"。还与裘维裕、杨孝述等人编译全套电工技术丛书共23本。① 可见,杨肇燫在当时上海以其高超的学术翻译和出众的组织管理能力引领着沦陷区学术界,袁良也认为杨肇燫"固精研电工科学之权威"。袁良、黄伯樵找到他来组织处于生活困苦中的学人从事大学理科教材翻译这项"严正之科学之述作",可以说"找准"了人。战后杨肇燫曾任山东大学物理系主任,1950年调中国科学院,出任科学出版社副总编辑、副社长等。

生于浙江余姚的朱公谨(1902—1961),字言钧,是中国为数不多在世界数学圣地德国哥廷根大学获得博士学位者。1914年入南洋中学,1919年考入清华学校,因参加游行留美不成,在舅父帮助下留德,1922年进入哥廷根大学随库朗攻读博士学位,并受教于希尔伯特等人。1927年获得博士学位回国,任光华大学教授,1932—1937年任副校长,并

---

① 杨先珏《杨肇燫先生事略》,《物理》1988年第8期,第507-510页。

主持数学系。因曾就教于希尔伯特、库朗等数学大师,深谙当时世界学术的前沿,博士论文研究变分学这样的新学科,因此回国之初广受重视,曾被聘为中央大学特聘教授,往来沪宁之间上课。朱公谨回国后并没有在数学研究上用功,教学之外,着力于数学普及,撰写的《数理丛谈》1935 年初版,到 1948 年已印刷第六版,影响极大。有限元方法开创者冯康(1920—1993)高三时阅读《数理丛谈》,首次领略了现代数学的神奇;丰子恺早年也痴迷于《数理丛谈》。① 1940 年,朱公谨翻译了戴德金(R. Dedekind)名著《实数探源》,商务印书馆以汉译世界名著出版。在科学哲学上朱公谨也有所造诣,撰有《理性批判派哲学家纳尔松——生平与学说》,还发表有《数理逻辑纲要》《数理逻辑导论》等文章。作为中国数学会发起人之一,当选首届理事,担任专业学术期刊《中国数学会学报》编委,用力于通俗刊物《数学杂志》编辑工作。抗战期间,先在光华大学上海分部任教,并任教务长。1941 年光华大学关闭后,失业两年。1943 年,到汪伪接管的交通大学兼课,以补贴家用。② 1956 年随迁西安交通大学,1960 年回任上海交通大学教授。可见,朱公谨不仅学养深厚,也积极从事数学翻译与普及工作。

沈璿(1899—1983)是黄郛女婿,字义舫,江苏江阴人,曾入上海水产学校求学。1917 年赴日,考入东京第一高等学校。1921 年入东京帝国大学天文学系数理组,1925 年毕业,在校任研究员两年。1926 年返沪,任教大夏大学。1931—1942 年,任职于日本设立的上海自然科学研究所。1934 年,偕夫人赴欧洲考察教育,在柏林大学任天文学研究员一年。上海沦陷时,拒绝为日本人效劳,将长、次二女托人携带赴川,与夫人及三女滞留在沪,潜心于天文数理研究,于 1940 年获得东京帝国大学哲学博士学位。曾译有《范氏高等代数学》(1934 年)、《中国上古天文》(新城新藏著,1936 年)等,其中《范氏高等代数学》影响甚大,到 1939 年 3 月已发行第 16 版。可能正是沈璿的黄郛女婿角色,将袁良、黄伯樵与学术界牵连起来。他也是战时中日之间交往的"缓冲器"与"润滑剂",中国科学社明复图书馆被日本人抢劫而去的珍贵图书,就是在他的交涉下归还不少。战后随罗宗洛接收台

---

① 冯倩《朱公谨:高等数学教育的奠基人》,载王宗光主编,《老交大名师》,上海交通大学出版社,2008 年,第 177 页。
② 刘景德《朱公谨》,载《科学家传记大辞典》编写组编辑,《中国现代科学家传记》第五集,科学出版社,1994 年,第 6-10 页。

湾大学,成为台湾大学数学系奠基人之一。①

相较数学方面仅有朱公谨、沈璿两人,物理学方面人数最多,除杨肇燫外还有裘维裕、许国保、史钟奇、叶蕴理、王福山、陆学善。裘维裕(1891—1950),字次丰,江苏无锡人。1916年毕业于交通部上海工业专门学校电机科,是杨肇燫"学长"。考取庚款留美,入麻省理工学院,1919年获得硕士学位。1923年回国,任南洋大学教授,直到1950年去世。为交通大学教学改革和理学院、物理系建设倾注了精力,培养了大批人才,"十君子"中许国保、史钟奇就是他的弟子。抗战爆发后,交通大学大部分人员未能及时内迁,裘维裕等在法租界爱麦虞限路(今绍兴路)继续办学。1940年夏,裘维裕还与人一道以麻省理工学院同学会名义在法租界创办学制两年的"中国工专"。太平洋战争爆发后,汪伪于1942年8月接管交通大学。裘维裕与陈石英、钟兆琳、黄叔培等拒绝合作,拂袖而去,被誉为"反伪六教授"。此时,"中国工专"也被迫停办,裘维裕到南洋仪器厂工作一年。该厂被兼并后,到隐藏有交通大学物理仪器的中国科学社明复图书馆办公。生活上的拮据接踵而至,裘维裕变卖了天平路上一套舒适的公寓和全套家具,乔装化名租用了广元路"义合坊"内一户梁姓人家的三层阁楼。② 即使如此,他仍和一些人联系在申报馆地下室为社会青年开设讲座讲授物理。裘维裕就是在没有固定工作与经济来源的情况下,参与了"乙酉学社丛书"的翻译工作,章荣初的资助对他度过那段苦难日子的意义可想而知。裘维裕还曾参与中国科学社赞助的"电工技术丛书"的编译,负责其中《电学与磁学》《交流电学》两本。

许国保(1901—1993),浙江海宁人。1917年入南洋中学,1921年升入大学,1925年毕业于南洋大学电机科。曾到工厂工作,1929年回交通大学任教。1931年,交通部派往德国学习X射线检验材料技术,曾在柏林大学习理论物理,作为交通大学代表出席在苏黎世召开的第9届国际数学大会。1933年回国,继续任教交通大学。1934年晋升副教授,1942年任教授。③ 院系调整时,调华东师范大学物理系任教。

史钟奇(1906—1986),江苏宜兴人。1930年交通大学机械系毕业。在校期间,即展露

---

① 沈黄熙文等《沈璿》,载程民德主编,《中国现代数学家传》第四卷,江苏教育出版社,2000年,第28-33页。
② 裘绍程《慈父 严师——回忆父亲裘维裕》,中国人民政治协商会议江苏省无锡市委员会文史资料委员会《无锡文史资料》第26辑,1992年,第24页。
③ 潘桢镛《严谨治学 身正为范——记理论物理学教授许国保》,载吴铎主编,《师魂:华东师范大学老一辈名师》,华东师范大学出版社,2011年,第122-127页。

才华,1933 年美国芝加哥世界博览会展出了交通大学两件展品,其中之一就是他制作的"真空管电压表"。1933 年留学德国,先后在柏林工业大学、德累斯顿工业大学学习,获电信工程博士学位。1937 年 8 月回母校任教。1949 年后先后调南京和成都任职,最后晚年担任南京一工厂总工程师。

与裘维裕两位年轻弟子许国保、史钟奇都曾在德国留学不同,江苏南京人叶蕴理(1905—1984),1935 年获得法国巴黎大学国家科学博士学位。回国后,曾任中山大学教授。抗战期间,任教交通大学。他积极参与科学普及工作,先后翻译出版最后一位全才数学家庞加莱科学哲学著作《科学与假设》(商务印书馆多次重版)、爱因斯坦《我的世界观》(1937 年)、法国诺贝尔奖获得者约翰·佩兰《原子》(1939 年)等,并编著有《科学家的天才》(1943 年版)。1941 年 12 月,叶蕴理为《科学家的天才》作序说:

> 我国科学教育的一大缺点,就是在大学中对于科学史尚不大注意。大学生修业四年理科或工科,对于整个物质文明或科学方法、来源、发展等还缺乏普遍的概念。如说人类文明史可以感化青年,使他有负起时代的责任的决心,那末科学史是最有价值的,而科学天才就是科学史中所点缀的明星,因此科学家的人格与事绩是我国每个科学青年都应有的知识。①

艰难困苦中,仍焕发出忧国忧民的才情与思考。叶蕴理战后曾短期任厦门大学航空工程系主任。后回沪长期任教复旦大学物理系。

上海县法华乡人王福山(1907—1993),是量子力学哥廷根学派创始人玻恩的学生。1919 年入南洋中学,1922 年考入圣约翰大学。后转入光华大学,受朱公谨影响,1929 年留学哥廷根大学随玻恩习理论物理。1933 年,玻恩因排犹离开,推荐他到莱比锡大学师从其学生海森堡。1940 年,王福山获得博士学位回国,任教光华大学。② 战后任同济大学物理系教授。1952 年院系调整到复旦大学。

陆学善(1905—1981),字禹言,浙江吴兴(今属湖州)人。1923 年考入之江大学,翌年考入国立东南大学物理系,1928 年毕业后,随吴有训到清华大学任助教。1930 年随

---

① 叶蕴理编著,《科学家的天才》,正中书局,1943 年,第 4-5 页。
② 贾起民《王福山》,载中国科学技术协会编《中国科学技术专家传略·理学编·物理卷 2》,中国科学技术出版社,2001 年,第 21-30 页。

吴有训攻读硕士学位,1933年毕业,到北平研究院任助理。翌年由清华公派到英国曼彻斯特大学从事金属X射线晶体学研究,1936年获得博士学位,成为我国从事X射线晶体学研究开拓者,年底回国到上海担任北平研究院镭学研究所研究员。上海沦陷后,陆学善与郑大章等一道,将研究所改名为"中法大学镭学研究所",维持研究所的生存,并从事学术研究。1944年7月,汪伪派人接收该所,陆学善决意不合作,离开了研究所,避居苏州老丈人家。① 后曾任中国科学院应用物理研究所副所长、所长等,1955年当选学部委员。

裘维裕(左)与陆学善(右)
他们相差14岁,可谓两代人。

化学方面仅有曹惠群一人。曹惠群(1886—1957),字梁厦,江苏宜兴人。年少入南洋公学,求教于吴稚晖、蔡元培等人,与胡敦复等为同学,曾中最后一科秀才。1905年考取江苏官费,留学英国入伯明翰大学。1910年获理学学士学位回国,任复旦公学化学教授。后参与大同学院的工作,1922年任化学系主任兼教授,1928年继胡敦复任第二任校长,直到太平洋战争爆发后辞职。曹惠群是中国科学社骨干成员,长期担任上海社友会会长。②

---

① 杨承宗口述,边东子整理,《从居里实验室走来——杨承宗口述自传》,湖南教育出版社,2012年,第29页。
② 王仁中等编,《爱国办学的范例:立达学社与大同大学、大同附中一院史料实录》,上海古籍出版社,2002年,第53-54页。

曹惠群也积极参与科学名词的审定统一工作,受科学名词审查会之托整理出版数学、理化名词,并译有窦维廉《近世无机化学》一书。① 1949年后,曾任上海市政协委员,子女移居美国,夫妻俩清贫过活。

表2是译书"十君子"的大致情况。从年龄来看,曹惠群最大,1945年参与译书时已59岁,王福山最小仅38岁,相差21岁。可以说,这是一个老中青结合的团队,有传统功名的曹惠群和裘维裕,可以说是老一辈,杨肇爔、沈璿、许国保、朱公谨属于中间一辈,叶蕴理、史钟奇、陆学善、王福山是年轻一代,其间有同学关系(裘维裕、杨肇爔可能前后同学)、师生关系(杨肇爔与许国保、史钟奇,朱公谨与王福山等)。从国内教育看,除叶蕴理不明、陆学善求学于中央大学和清华大学外,其他人都在上海接受中高等教育,其中有7人与交通大学有关,曹惠群就读的是新学发轫期间的南洋公学,裘维裕、杨肇爔、许国保、朱公谨等就读的是交通大学的前身上海工业专门学校、南洋大学,史钟奇毕业于交通大学,许国保、史钟奇还是裘维裕的学生,王福山曾求学于南洋中学。只有沈璿与交通大学系统无关,是上海水产学校毕业生。可见,这个群体的组成与交通大学有比较密切的关系。抗战爆发后,交通大学、光华大学在法租界继续办学,因而有不少教授滞留在上海。太平洋战争爆发后,光华大学停办,交通大学被日伪接收,这些教授们大多自然成为"失业者",生活面临的艰辛可想而知。他们相互关心、相互帮助,合组"乙酉学社"从事翻译,获取生活必要的

1957年2月23日曹惠群去世后,老友徐善祥所撰纪念文章

此文刊载《科学》第33卷第2期,这是目前相关曹惠群最为详尽与权威的传记资料。

---

① 科学名词审查会在南京国民政府成立后,将审查成果交大学院后宣告退出舞台。曹惠群在后来的国立编译馆之外,将科学名词审查会审查结果整理,分别出版了《算学名词汇编》(1938年)、《理化名词汇编》(1940年)。

基础,也就成为他们共同度过艰难岁月的经济来源之一。

表2 译书"十君子"简历

姓名	生卒年	籍贯	国内教育	留学	工作经历	后来情况
杨肇燫	1898—1974	四川潼南	上海工业专门学校	麻省理工学院	北京大学、中央研究院物理所	科学出版社副社长
朱公谨	1902—1961	浙江余姚	南洋中学、清华学校	哥廷根大学	光华大学	交通大学教授
沈璿	1899—1983	江苏江阴	上海水产学校	东京帝国大学	大夏大学、上海自然科学研究所	台湾大学教授
裘维裕	1891—1950	江苏无锡	上海工业专门学校	麻省理工学院	交通大学	交通大学教授
许国保	1901—1993	浙江海宁	南洋大学	柏林大学	交通大学	华东师范大学教授
史钟奇	1906—1986	江苏宜兴	交通大学	德累斯顿大学	交通大学	南京工厂等
叶蕴理	1905—1984	江苏南京	不明	巴黎大学	交通大学	复旦大学教授
陆学善	1905—1981	浙江吴兴	中央大学、清华大学	曼彻斯特大学	清华大学、北平研究院	中国科学院学部委员
王福山	1907—1993	江苏上海	光华大学	莱比锡大学	光华大学	复旦大学
曹惠群	1886—1957	江苏宜兴	南洋公学	伯明翰大学	复旦大学、大同大学	留在上海

从籍贯看,除杨肇燫出生四川外,其他人都出生于江苏和浙江。从译书前的工作经历看,除杨肇燫、陆学善曾在北京工作外,其他人都在上海,有4人供职交通大学,2人供职于光华大学;杨肇燫后来长期在中央研究院物理所、陆学善在北平研究院镭学研究所两个国立专门研究机构工作。可见,这个译书团体还是具有比较紧密的关系,上海是他们职业生涯中最重要的场所。更为重要的是,除许国保、史钟奇、王福山、陆学善4位相对比较年轻的学者外,其他人此前都已翻译出版了不少相关科学著述,已积累了相当的数理书籍翻译经验,特别是杨肇燫、曹惠群、裘维裕等年长者,即使是年轻的叶蕴理也有不少的翻译著述。当然,也许正是因为有以上的经验差别所在,造成了译书出版上的不同遭遇。

根据以上的分析,这套丛书最终能翻译出版,有一个人虽已去世但起着非常重要的纽带作用,他就是蒋介石的把兄弟黄郛。袁良、黄伯樵是黄郛的"门人",沈璿是黄郛的女婿,袁良、黄伯樵可能是通过沈璿与杨肇燫等人联系,从而将"十君子"组织起来。当时在法租界特别是中国科学社周围聚集的科学工作者不少,相互之间的往来交流当然频繁。中国科学社在这套丛书的面世中也有重要的作用,除杨肇燫提及的专门提供办公场所外,在学者之间的联络方面也有不少的作用。因此,裘维裕、陆学善等在战后中国科学社面临发展困境时,都成为非常积极的社务参与者,甚至是重要的领导人之一。①

"乙酉学社丛书"是具有强烈民族主义的民族资本家、隐居的政府官僚和科学工作者合作的产物,他们不仅有共同坚持民族气节的风骨,也有共同致力于中国科学发展的理想,这些译书自然也有相应的贡献与作用。

译 书 分 析

无论是杨肇燫的说法还是袁良的叙述,都说译书在一年多时间内就完成了。翻译完成后,中华书局"鉴于本集丛书之重要,虽丁此经济万分艰苦之时期,慨然担任出版",以"大学用书"的名义面世。杨肇燫除感谢章荣初之资助,袁良、黄伯樵之牵线搭桥与多方赞助外,还对方子卫进行了申谢:"方子卫先生以其余暇,不吝协力,并此申谢。"1902年出生的方子卫,浙江镇海人,也毕业于交通大学,是著名的无线电专家,战后曾负责创设中国科学社射电实验研究所,惜未有结果。当然,杨肇燫在总结第一集的来龙去脉的同时,与袁良一样对未来也有所希冀,展望了第二集的未来:

> 所望海内学者,对于本集惠予指正,俾于再版时得减少瑕疵,同人不敏,敢不拜嘉;会当勉竭庸愚,继为第二集之译述,请以本集为其息壤云尔。②

因众所周知的政权转换,杨肇燫的展望也仅仅成为"展望"。翻译完成的这些书籍并没有完全出版,表3是"乙酉学社丛书"出版的大致情况。

---

① (编注)可参阅拙著《赛先生在中国——中国科学社研究》相关章节。
② 杨肇燫《乙酉学社丛书第一集·缘起》,Max Planck 著,陆学善译,《柔体力学》,中华书局,1949年,第2页。

表3 "乙酉学社丛书"出版简况

译者	书名	出版时间
朱公谨	柯氏微积分学(上下两册)	1949年初版,1952年1月三版
沈璿	常微分方程式	1951年10月
许国保	热学与声学	1950年
叶蕴理	光学	1948年初版,1952年再版
陆学善	力学概论(理论物理学导论卷1)	1947年1月
	柔体力学(理论物理学导论卷2)	1949年7月
杨肇燫	电学理论	1949年10月
曹惠群	化学原理	1947年10月初版,1951年7月增订3版

这些译书1947年1月开始由中华书局作为"大学用书"先后陆续出版,一直持续到1951年。裘维裕翻译的《力学》、史钟奇翻译的《电学和磁学》、王福山翻译的《原子物理学》、曹惠群翻译的另一本化学书籍都未能见诸出版。① 朱公谨译《柯氏微积分学》一书是其导师、应用数学大师库朗(Richard Courant,1888—1972)所著。库朗是希尔伯特在哥廷根大学的真正传人,他在该书"序"中说:

> 近年以来,微积分学课本之印行于世者,不可谓不多。然欲求一提纲钩玄,引人入胜之作,能了然于此学之影响及其应用之关系者,殊不易得。若专求理论之谨严而不问思想之起源,则初学见之,将茫然不知所措;或注意应用之例题而不讲系统之联系,则易流于支离琐碎之病。……本书系修订前在德国哥廷根大学历年之讲稿而成,……其最显著者,为微分与积分学之混合编述,与一般之先论微分,后论积分者大异其旨。考微积之先后分论,实由于偶然之习惯,殊乏理论之根据,其结果使学者不能直捷触及中心问题,即对于定积分、不定积分及导数之关系未能融会领悟,不可谓非憾事。②

自欧拉之后的微积分教材著作者总是把微分学和积分学分开论述,从而导致微分和积分之间的关系不清晰,直到克莱因(Felix Christian Klein,1849—1925)在哥廷根首创混合讲

---

① 其中《力学》一书由葛庭燧翻译于1953年由商务印书馆出版。七七事变后,毕业于清华大学物理系的葛庭燧滞留北平,担任中基会编译委员会编译员,翻译该书。1941年译完,受到张准、任鸿隽等的鼓励。该书出版后,似乎很受欢迎,1953年4月初版,1956年3月已经4版,1957年6月第2次印刷。**(编注)** 周桂发等编注,《中国科学社档案资料整理与研究·书信选编》,上海科学技术出版社,2017年,第289页。

② 〔德〕库兰特(R. Courant)著,朱言钧编译,《柯氏微积分学》,中华书局,1952年,"原序要旨"。

述之后,"风气为之一变"。库朗以克莱因为师编撰该书,"上卷所论,为一个自变数之函数问题,至二个以上自变数之理论及应用,拟留待下卷研讨之;盖采用是法以编课本者,前似未尝见也"。

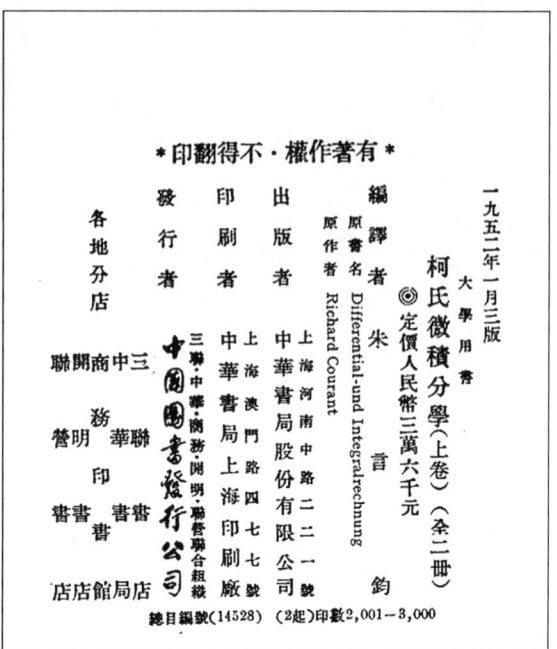

朱公谨所译《柯氏微积分学》1952年三版封面与版权页

《柯氏微积分学》详略得当,叙述严谨,尤精于数学思想的分析,远高于当时国内已有教科书,因此深受好评。"虽然译文是半文言的,读来有些困难,但是仍为各大学普遍采用"。1949年初版后,1952年1月就三版,"在40年代末和50年代初,曾是一种模范教本,直到50年代大规模引进苏联教材之后,此书才停止发行"。① 著名科学史研究专家、香港中文大学文化研究所前所长陈方正曾回忆说:"我对科学的兴趣是初三那年碰到《微积学发凡》,由这小册子触动的,跟着被中华书局刚刚出版的两卷本《柯氏微积分学》激发。此书清晰、严谨、有系统,一下子就把我迷住了。"②

沈璿《常微分方程式》,以原定比贝尔巴赫(Ludwig Bieberbach,1886—1982)著作为蓝本,并参酌 E. Kamke、L. Schlesinger、Serret-Scheffers 诸人著作编译而成,"从第一阶常微

---

① 刘景德《朱公谨》,载《科学家传记大辞典》编写组编辑,《中国现代科学家传记》第五集,科学出版社,1994年,第9页。

② 《陈方正的书单》(http://www.infzm.com/content/50601)。

分方程式、第二阶常微分方程式,到一般常微分方程式,论述极为详尽,包含范围很广"。比贝尔巴赫也是哥廷根大学博士,克莱因的学生。其著作出版于1923年,两年后《美国数学会杂志》曾予以评论。① 沈璿在翻译期间,杨肇燫曾就名词术语的选定、文字的修饰上有所贡献,沈璿在序言中予以感谢。该书出版时,政权已经转换,沈璿已经在台湾大学任职5年多时间。

叶蕴理《光学》,是德国物理教育家格利姆赛尔(Ernest Grimsehl, 1861—1914)所著,托马斯齐克(Rudolf Tomaschek, 1895—1966)重编名著《物理学教材》(*A Textbook of Physics*)第四册。② 格利姆赛尔1909年出版这套物理学教材,奠定了他作为物理教育家的声誉,在以后数十年间屡次再版,也曾译为英文出版。实验物理学家托马斯齐克是一个"日耳曼物理学"③论者,他于1933—1945年间,以"日耳曼物理学"的理念对格利姆赛尔的*Lehrbuch der Physik*进行改编出版。《光学》一书"内容包括测光术、几何光学、物理光学、大气光学及生理光学等。测光术叙述光强单位及各种光度计之原理与应用;几何光学叙述镜及透镜之反射及折射之原理与应用;物理光学分述色散、干涉、衍射、偏振及双折射等各种作用;大气光学说明大气中之折射、漫射以及冕晕、霓虹等现象;生理光学说明各种视觉特性及幻觉等"。因该书对物理光学方面理论较略,叶蕴理在再版中增加"物理光学理论"四章,分别解释"干涉现象之理论、衍射现象之理论、偏振理论、光波在结晶体中传播之理论等",以臻完善。④ 1952年2月的《中文再版序》中,叶蕴理具体说明该书的一些特点:

> 本书内容以几何光学与物理光学为主,前者叙述颇详,后者理论较略。揣著者之

---

① 比贝尔巴赫是函数论权威,1916年曾提出比贝尔巴赫猜想,直到68年之后的1984年才由美国普渡大学一位教授解答。曾先后担任柯尼斯堡、巴塞尔、法兰克福和柏林大学教授。是个狂热的纳粹主义者,"日耳曼数学"的两位倡导者之一,1945年因此被解除教授职务。参阅https://en.wikipedia.org/wiki/Ludwig_Bieberbach。

② 格利姆赛尔汉诺威大学毕业,曾任中学校长,致力于推行理科教育的现代教学法,在某次演讲中,他阐述了对于学生的要求:"那些不满足于中等分数的人总能在生命中找到自己的位置,因为满世界都是这样平凡的人。"一战时以53岁的高龄自愿入伍,1914年10月以上尉军衔阵亡。参见http://de.wikipedia.org/wiki/Deutsche_Physik,感谢谙熟德文的林艾岑君翻译提供相关格利姆赛尔和托马斯齐克的资料。

③ 所谓"日耳曼物理学",与"日耳曼数学"一样,是法西斯主义的产物,以诺贝尔物理学奖获得者勒纳和斯塔克为核心,他们宣称"科学是由种族、血缘决定的",试图为经典物理学找到"日耳曼血统"因素,攻击相对论为"犹太人的诡计",量子力学是"徒劳的形式主义"。作为勒纳的学生(1924年在勒纳的指导下获得博士学位),托马斯齐克深受其师影响。1934—1939年担任德累斯顿大学教授兼物理学院院长,1939—1945年担任慕尼黑技术大学教授兼物理学院院长。战后被盟军开除高校职位,在石油部门工作,1966年去世。参见http://de.wikipedia.org/wiki/Rudolf_Tomaschek。

④ 〔德〕格利姆赛尔著,〔德〕托马斯齐克增编,叶蕴理译,《光学》,中华书局,1952年再版,"本书内容提要",第1页。

原意,盖在避免高深之理论,使初学者务必先学习察视光学之基本事实而把握其物理上之基本意义。有此基础,始可进一步研讨光学之理论,而不致误为数学抽象之结果。质言之,根据此种实践之基础,再进入高深理论,此理论方不致失诸空洞。

该书这样的编排,刚好避免当时光学著作的弊病。叶蕴理在1948年9月的《译者序言》中曾对这种弊病有所论列:

> 凡曾读普通物理学者,对于光学一道辄有忽视之概。一般作者均偏重于几何光学。于是以直线代表光线,求其经过各种介质之折射定律,遂将几何光学变为一几何问题,换言之,变成一数学问题,此对于初学者实颇乏味也。其实几何光学所讨论诸现象自有其兴趣浓厚之处。至于干涉、衍射、色散现象等,均属有趣而重要之事实,但惜在一般浅近书中均未能与以适当之地位,或语焉不详,使初学者模糊过去,甚至引起误解,于是光学之重要性及其价值,对于初学者反被蒙蔽。

格利姆赛尔《光学》一书"为避免读者对于光学乏味"取材"理论与事实兼顾,叙述深刻而精微,则为德人著书之一贯作风"。

陆学善所译《理论物理学导论》两卷《力学概论》与《柔体力学》,作者为因"对量子的发现而推动物理学的发展"而获得1918年诺贝尔物理学奖的马克斯·普朗克(Max Planck),他是20世纪之交物理学革命的见证人,开创的量子论改变了物理学的结构,常常被列入牛顿、爱因斯坦的行列。因此,在中译本的封面有广告如是说:"诺贝尔奖金获奖人,英国皇家学会国外会员,柏林大学理论物理学教授,Kaiser Wilhelm研究院主任。"1916年8月,普朗克曾在该书"序言"中如是说:

> 年来力学书籍之见于出版界者,何啻汗牛充栋,就中且不乏佳构,欲图于此更有所增益,是必有说:著者执教有年,观察所及,深感初学理论物理学者遭遇之困难,并非数学之难而为领略观念之物理的涵义;最感棘手者,非方程式之计算,而为方程式之创立,尤其为方程式之解释。本卷之主要目的,即欲于此诸端能对学者有所贡献。读者于数学知识当具相当基础,如解析几何与微积分必先明其大要。叙述时著者并不以力学体系为已知之知识,乃导读者循序渐进,用明其演进之迹象,此自非一般传统科学文献所泥定之方向,故每于具有决定性之转折点,时时加以指示或警惕,如是

则凡具独立思想之学者或能领略初入一新科学领域中所特有之乐趣。①

普朗克指出学习物理学难点并不是解答数学方程式,而是设立方程式、对物理概念的理解与数学方程式的物理解释,也表明"数学好物理也能学好"的一般认知是错误的。当然,阅读普朗克书必须具备相当的数学基础,诸如掌握解析几何和微积分知识。在"汗牛充栋"的力学书籍中,该书的编撰突破以往教材追求力学知识的系统性,而以物理学发展的历史为线索:

> 余确信一准确科学之历史,以发展之逻辑言,并不自其体系有甚大之偏离,凡与余有同感者当首肯于题材处理之先后,必循该科学实际产生之同一路迹。……余于阐发定理时所采用之证明,并非为最简捷及最佳者,而为余所认为最富有启发性或最晓畅者。盖著笔时注力所在,并不在某定理之实际如何发现,或往后之如何可以最直接方法证明,而在当时之如何得以最简捷方法求得之,所以不得不承认者,即于此尚有游移余地,可因各人之观点而异。

1928年3月,普朗克在第四版序中再次强调了他的选择:"此新版中本书之特质一仍其旧。在求每一定律时,余所沿用之方法,仍非形式上最简之方法,而为与物理观念相随最密之方法,或为去发明当时所用者为最近之方法。"这两本书的翻译出版,也是陆学善学术生涯中的重要经历与事件。

杨肇燫所译《电学理论》是几代德国学者的共同结晶,因此杨肇燫称"近五十年来,凡治电学者,靡不奉为圭臬,藉以升堂入奥"。1894年A. Foppl编著《麦克斯韦理论发凡》出版。十年后,M. Abraham予以全面修订,改名为《电学理论》出版,"自是以后,一代物理学家莫不奉'Abraham-Foppl'一书为电学入门之南针",M. Abraham生前该书已再版七次。R. Becker接续进行修订,于1930年推出第8版,1932年第9版,1933年第10版,该书影响之大可以想见。② 杨肇燫"穷一年之力"翻译,"期为国内有志进修者之津逮"。不想,初稿译成,适逢抗战胜利,他事务繁忙,本想"详加削改,已无余暇""迫于社中同人之督促,祇得以初稿付梓"。其时,他正担任青岛国立山东大学物理系主任,所有校对工作由物理系

---

① Max Planck著,陆学善译,《力学概论(理论物理学导论卷1)·原序》,中华书局,1947年,第1页。
② 《原序》,〔德〕阿布拉罕(M. Abraham)、〔德〕贝克尔(R. Becker)撰,杨肇燫译,《电学理论》,中华书局,1949年,第1-3页。

王承瑞"慨然独任,谨志深切之谢忱"。①

曹惠群所译《化学原理》一书,"注重初步原理的简要说明,同时强调原子与分子的构造与一切变化都有基本的关系"。该书自1912年起就作为美国加州大学一年级教材,"达三十余年之久,经四次之修订,成绩斐然可观"。按照曹惠群说法,中国从初中开始讲授化学,由高中而升入大学,已有相当程度的化学知识,但偏重记忆,对化学原理未能彻底理解。《化学原理》一书正好填补了这一缺憾,"大学初年学生基本训练重在说明原理,而得正确之观念,造成对于所观察所经验所熟知之事实,有应用原理解释之能力"。②

"乙酉学社丛书"历时一年有余全部译成,因各种原因12本译书未能全部出版,仅有8本问世。这套丛书包括了20世纪前半叶世界数学中心哥廷根学派代表人物之一库朗"微积分"、20世纪伟大的物理学家普朗克"理论物理学导论"和影响甚为深远的格利姆赛尔所著多卷本物理学教材这样的作品。第二次世界大战之前,德国是世界科学中心,当时美国还是科学落后之国,正奋起直追。当然,即使是曹惠群所译《化学原理》也是美国影响深远的化学教材。这些书籍的翻译与出版,充分显现了"乙酉学社"成员们在选择译书原著时的眼光与视野。无疑,这些译著给科学落后的中国带来了世界最先进科学国家的科学教材,对中国科学发展的影响显而易见。从其短短两年间就不断再版的情形也可以看出其反响。中华人民共和国成立后,苏联科学教材一统天下,这些以德国为代表的"资本主义教材"被迫退出了历史舞台,在相当程度上减弱了其影响与作用。

"乙酉学社丛书"的翻译出版,不仅为战后中国科学的发展做出了相当的贡献,而且还使参与其间的"十君子"在战时的困难时期获得了生活的必需品,使他们度过了敌伪高压下的困难时期。

战时上海科学知识人的困境与出路

上海沦陷后,因各种各样的原因,有相当一批科学工作者滞留"孤岛",他们主要任职于在租界办学的交通大学、大同大学、光华大学、上海医学院和由苏州迁沪的东吴大学,也

---

① 《译者序》,〔德〕阿布拉罕(M. Abraham)、〔德〕贝克尔(R. Becker)撰,杨肇燫译,《电学理论》,中华书局,1949年,第4页。
② 曹惠群《化学原理·译序》,中华书局,1947年,第1页。

有中央研究院化学研究所、物理研究所的留守人员,还有北平研究院在沪的药物研究所和镭学研究所工作人员。据统计,1939年中国科学社上海社友会有社友130多人,当年8月举行的抗战以来首次交谊会,出席社员70多人,其中许多人在中国近代科学发展史上声名卓著,如秉志、胡敦复、刘咸、孙洪芬、杨孝述、曹惠群、查谦、朱公谨、范会国、杨肇燫、裘维裕、蔡宾牟、周铭、顾翼东、王志稼、赵燏黄、顾世楫、汪胡桢、陈世璋、方子卫、李熙谋、徐荫祺、纪育沣、钟兆琳、程瀛章、沈璿等。当时中央研究院化学所、物理所滞留在沪人员除上面提及的杨肇燫及其助手王书庄、赵元等外,还有庄长恭、黄耀曾、田遇霖、高怡生等人。北平研究院药物所有所长赵承嘏及朱任宏、朱子清、梅斌夫等人,镭学研究所有郑大章、陆学善、杨承宗等人。也有曾在北平研究院工作的朱洗在李石曾资助下,在世界社内创设北平研究院上海生物研究所。

孤岛时期,这些人虽然有各种各样的工作岗位,但生活并不轻松,也面临着各种各样的困境。杨肇燫19岁的大儿子患肺结核、16岁的二女儿患副伤寒,都因无钱医治,在两年间先后去世。北平研究院镭学研究所负责人(所长为严济慈)郑大章,是居里夫人为中国培养的唯一放射化学博士,也是中国放射化学奠基人。他与大汉奸王揖唐有亲戚关系,王要他出任伪政府教育部长,他不为所动携带家人来到上海。因患有心脏病,避居出生地苏州,终于不治于1941年病逝。对于当时的情形,蛰居世界社上海生物研究所的朱洗曾写道:

> 国军西撤,日人势力渐伸入租界,每日耳目接触,都是蛮气凶风,精神上的痛苦,更难以笔墨言语形容,惟一的慰藉物,就是这小小而新置的实验室;它是我们消愁解闷的良伴。我们几个老朋友日里做实验,看显微镜中的世界,夜里读书或写文章,习以为常。至此,我才感到拉马克在他的《动物哲学》一书的前言第一长句上,写道:人生有难免的苦恼,惟有观察自然、研究自然、整理自然,而能就中求得一解释此中变化的原理,才是消愁解恼的良方(就意想所及的意译)。此诚千古名言,人人得而验之。①

在强敌环伺的"孤岛",科学工作者们只有以"观察自然、研究自然、整理自然"来逃避

---

① 朱洗《世界社与上海生物学研究所》,《世界半月刊》第1卷第4期(1946),第40页。当时在"实验室"与朱洗一同工作的几个"老朋友"有陈兆熙、汪荔和张果。

现实中的苦痛,沉浸在自己的"象牙塔"里。可敌人连科学工作者们这样一点小小的天地也要剥夺。太平洋战争的爆发,击碎了孤岛时期科学工作者的"象牙塔",对他们的生活产生了巨大的影响。原来在租界中艰难维持的相关事业或被日伪接收或占领,或因各种各样的原因被迫停办,科学工作者们失去了基本的生活基础,面临第二次选择。在这个选择的当口,一些选择不合作,或千方百计去内地继续研究,或回归家乡寻找生计,或隐姓埋名想方设法维持生活,更有一些人放下知识人的"本业","下海""创业",也有一些人离开"象牙塔"进入工厂将知识转化为生产力;当然,也有人实在没有办法,只得在日伪控制的机构寻找一些生机。可以说,为了生活与生计,他们各显神通,千方百计度过这昏暗而逼仄的岁月。历史学家杨宽回忆说,孤岛时期的"许多报馆、出版社和大学纷纷停办,设法隐蔽起来转入地下。……吕思勉、童书业和我曾商讨对策,认为此后上海文化界的汉奸势力将越来越大,不适宜再在此继续工作,都决定离开上海"。吕思勉回到老家常州,童书业离开上海到江苏、安徽,杨宽也回到家乡江苏青浦。①

朱洗及他1946年8月初版的"现代生物学丛书"之一《智识的来源》一书所插图片

---

① 杨宽《历史激流中的动荡和曲折》,台北时报文化出版有限公司,1993年,第137页。

北平研究院药物所颇有盛名,设备精良,被日本人看中,强行把全部设备抢走,运往日本。赵承嘏不顾个人安危,到法国驻沪领事馆,提出药物所的仪器设备乃法国退还庚子赔款购买,非国民党产业,属于法国财产,日本无权抢走。法领事馆即和日方交涉,并派公董局教育处长葛乐普(Grobois)亲自去码头把设备留住。事后日本宪兵司令部曾多次传讯赵承嘏,他无所畏惧,据理力争,为国家保住这份珍贵的财产。① 原中研院化学所所长庄长恭1940年带着学生高怡生投奔药物所,这时他选择前往内地,转辗到达昆明,回到中央研究院化学研究所继续从事科研;而当时在药物所工作的纪育沣也选择去了内地,转辗到内迁重庆的上海医学院任教,并担任药科主任。中国科学社的核心成员秉志、刘咸也选择去内地,但因交通线被破坏,未能成行。秉志因为名声在外,为日本人所瞩目,只得先躲入震旦大学,后隐居在友人方庆咸经营的中药厂里,孜孜不倦地坚持科学研究,完成论著多种。长期担任中国科学社《科学》杂志主编、明复图书馆馆长的刘咸成为"下海"创业的代表。当他与老师秉志到内地计划受挫以后,先做小本生意,后与同学王恒守开煤球厂。正如论者所谓:"两位科学家,为饥寒所迫,为了气节,为了生存,不得不从事自己不擅长的实业,心中的哀痛,他人恐难以知晓。"②

与庄长恭、纪育沣等选择去内地不同,不少人选择留在上海,但不是继续在日伪教育机构供职,而是以他们在科学上的造诣进入工厂。庄长恭学生黄耀曾1939年开始在上海医学院任教。太平洋战争爆发后医学院停办,失业的黄耀曾进入上海造化工业化学厂,任技术厂长,与林国镐等合作发明合成氨基酸的简易方法。③ 1937年在慕尼黑大学获得博士学位的汪猷,1939年8月转辗回国在北平协和医学院工作。太平洋战争爆发后,来到上海,进入上海丙康药厂,担任厂长和研究室主任,继续从事学术研究,并从1944年开始研究抗生素,于1947年获得成功。④

还有一些人选择了离开上海,回到乡下。1944年7月,汪伪政府教育部长褚民谊突然派人来接收北平研究院镭学研究所。此时负责人为陆学善,他与杨承宗据理力争没有结

---

① 赵体平《怀念先父赵承嘏》,《江阴文史资料选辑》第11辑,1990年,第107-108页。
② 杨家润等《刘咸与复旦大学高山族民物》,载复旦大学文物与博物馆学系、复旦大学文化遗产研究中心编,《文化遗产研究集刊》第5辑,复旦大学出版社,2012年,第397页。
③ 严晓星《梅庵琴人传》,中华书局,2011年,第203-205页。
④ 汪前进、黄艳红主编,《中国科学院人物传》第一卷,科学出版社,2010年,第511页。

果,只得移交。接收人员邀请陆学善、杨承宗留下来工作,但他两人以郑大章为榜样,坚决予以拒绝。杨承宗后来回忆说:

> 办移交的时间是1944年7月7号,又一个7月7号,这是我们永远忘不了的日子。我和陆学善离开的时候,心里非常难过,因为经营了八九年的实验室好像自己的孩子一样,感情上实在难以割舍。

当他与陆学善走出大门后,陆学善长叹道:"唉,无官一身轻啊。"①陆学善与杨承宗选择了到苏州,这是杨承宗的家乡,陆学善的岳家。同样,朱洗也选择了回归家乡。他曾说:"我们只有在实验室里,安心做五年工作。战争后半期,法租界将近被敌伪接收时,我即假做商人离开上海,步行至浙东台州山区本家过着农人的生活,以待胜利之降临。"②

当然,也有人没有办法,只得到敌伪控制的机构任职。如前面所提及的译书"十君子"中的朱公谨,光华大学停办后,失业两年,1943年到汪伪控制的交通大学任教。未随庄长恭往内地的高怡生,先到上海信宜药厂担任技师,后到南京钟英中学、中央大学任教。③ 这可能是当时大多数科学工作者解决他们生活的主要选择。中国数学会首任会长胡敦复为维持他创立的大同大学的生存,采取了与汪伪政权合作的姿态,成为汪伪上海市教育委员会委员,出席其会议。他当然也为这一选择,在战后受到了"惩罚"。胡敦复与秉志本名列1942年8月教育部学术审议会选举的首批30名部聘教授,也是当时沦陷区唯一的两位。因为地处沦陷区,名单没有公布。但后来由于胡敦复牵涉附伪,部聘教授自然被取消,中国科学社也宣布取消其董事资格。1945年10月2日,创立大同大学的立达学社召开特别会议,议决胡敦复立马赴教育部"面陈八年中经过情形",11月辞去校长职务,由其弟胡刚复接任。④

科学知识人为解决他们在沦陷期间生活的困难,想尽了各种各样的办法。其中最为重要的方式之一,就是加入以稿费维持生活队伍,以支取译者或作者稿费形式获取维持生

---

① 杨承宗口述,边东子整理,《从居里实验室走来——杨承宗口述自传》,湖南教育出版社,2012年,第29页。杨承宗当时非常奇怪汪伪为什么不接收药物研究所,他以为是赵承嘏威望比较高。其实,战后就因为这一原因,赵承嘏被取消了候选首批中央研究院院士的资格。
② 朱洗《世界社与上海生物学研究所》,《世界半月刊》第1卷第4期(1946),第43页。
③ 谢毓元《高怡生》,载中国科学技术协会编,《中国科学技术专家传略·医学卷·药学卷1》,中国科学技术出版社,1996年,第243-249页。
④ 王仁中等编,《爱国办学的范例:立达学社与大同大学、大同附中一院史料实录》,上海古籍出版社,2002年,第84-85页。

计的费用。鉴于当时避难上海学人颇多,1938年6月29日,中国科学社理事会决议利用学人们的空余时间,编译土木工程丛书,"以为战后复兴之一种准备",以各项奖金利息余款拨付稿费或预支版税。① 于是组成土木工程丛书编译委员会,首先编译美国技术学会(American Technical Society)1938年出版的实用土木工程7巨册,由汪胡桢、顾世楫主编。全书编译本以"中国科学社工程丛书"为名,由中国科学图书仪器公司出版,120余万字,附图1 600余幅,分为《静力学及水力学》《材料力学》《平面测量学》《道路学》《铁路工程学》《土工学》《给水工程学》《沟渠工程学》《混凝土工程学》《钢建筑学》《房屋及桥梁工程学》《工程契约及规范》12册。该书是美国函授学校教材结晶,"最适用为中国高级职业学校土木工程教科,及工程界服务人员之自修及参考书,若大学土木工科学生用作课外读物,亦大有裨益"。② 后又组织编译世界名著捷克人屈克立区(A. Schoklitsch)所著《水利工程学》两巨册,凡1 300余页、插图二千余幅。中译本分成5册,计1 118页,插图与照片2 057幅,"关于水利工程之各方面均有精详之叙述"③,为水利工程方面必备参考书,战后由中国科学图书仪器公司出版。可以说,"土木工程丛书"的编译出版,在相当程度上解决了汪胡桢、顾世楫等一批学人的生活。

太平洋战争爆发后,学人们更集资设立电工图书、化工图书两个出版社,"以备战后文化建设之助",其中中国科学社基金投资十万元。"电工图书"出版社负责出版"电工技术丛书",由杨孝述、杨肇燫、毛启爽、丁舜年、赵富鑫组成编委会,杨孝述任总编辑,1945年6月开始出版。其编译出版目标为"训练电机工程事业各项中级工程师及高级技工之用",可以作为职业学校、函授学校教材,大学生参考书及自学自修者读物。以美国函授国际学校(International Correspondence School)教材为蓝本,延请专家进行编译,加入适合中国国情的材料。第一集计划出版23本,"电工各门大致具备,其他门类如电信等,拟陆续另出第二集补成之"。④ 包括裘维裕编译《电学与磁学》《交流电学》,毛启爽等编译《直流电动机与发电机》《发电厂与配电站》《蓄电池》,丁舜年编译《交流电动机与发动机》《保护替续器》《电磁及电磁铁设计》,杨肇燫等编译《电工仪器及量表》《瓦特小时计》,史钟奇编译《工用

---

① 《理事会记录》,《社友》第62期(1939年1月15日)。
② 《实用土木工程学出版》,《社友》第65—66合期(1940年3月15日)。
③ 《理事会议记录》,《社友》,第65—66合期(1940年3月15日)。
④ 《凡例》,裘维裕编译,《电学与磁学》,电工图书出版社,1951年5月第5版,第3-4页。

电子管理论》等。

  朱洗与他的同仁在研究工作之余,也加入了写稿子换钱的行列。朱洗撰有"现代生物学丛书"六本由文化生活出版社印行,分别为《蛋生人与人生蛋》《我们的祖先》《重男轻女》《雌雄之变》《知识的来源》《爱情的来源》。他与他实验室的"老朋友"还撰有《兽类与人生》(陈兆熙著,上下两册)、《有用的植物》(张果)、《脊椎动物发生学》(朱洗译,60万字)、《生物学导言》(朱洗,7万字)。到1946年底,前两种由文化生活出版社刊行,后两本未刊。①

  科学知识人不是文学家,也不是人文学者,他们的本职工作在实验室,研究有所收获即在科学杂志上表达,"卖文"不是他们的专业和"强项",即使有人愿意在科普上有所作为,那也是偶尔为之的业余工作。困居租界的科学工作者不少人这时选择了"卖文"的方式来渡过难关,章荣初资助"十君子"译书,也是这种解决学人生活困难方式的表现。无论如何,"乙酉学社丛书"的翻译出版,不仅对中国科学的发展有相当的贡献,更重要的是,通过章荣初的经费资助,维持这些译书者个人乃至家庭的生活,在一定程度上保证了他们"民族气节"的保持,也在相当意义上养他们这些"士大夫"的"廉耻",是他们走出困境的重要孔道之一。

(《上海档案史料研究论丛》第17辑,上海三联书店,2014年,第72-98页)

---

① 朱洗《世界社与上海生物学研究所》,《世界半月刊》第1卷第4期(1946),第43页。

附

录

"政治科学家"李书华

1948年3月,李书华以"电极膜对于游子【离子】之选择透过性等研究、主持北平研究院",与吴大猷、吴有训、叶企孙、赵忠尧、严济慈、饶毓泰等荣膺首届中央研究院物理学科院士,为7人中年龄最长者(58岁),与最年轻的吴大猷相差17岁。他获得博士学位回国任教授时,吴大猷还是初中生。他当选院士的著述仅有1922年发表的论文两篇,是学生时代博士论文作品,可谓胡适所说回国后即不做科研的典型。吴大猷后来也回忆说,李书华是一个非常好的绅士,回国后未做物理研究。(**吴大猷《吴大猷文选》第7册,远流出版事业公司,1992年,第102-103页**)被人戏称为"政治科学家"。

20世纪30年代的李书华

名师丛中得博士

李书华,字润章,光绪十六年(1890)诞生于河北昌黎县新房子庄(今属卢龙县)。家族尚武,曾祖至其父三代单传,皆武生。他有胞弟李书田,为著名工程学家、教育家,1997年诺贝尔物理学奖得主朱棣文外公。

李书华幼习举业,适逢废除科考,改入昌黎县高等小学堂学新学。1908年考入保定直隶高等农业学堂习农,曾参与请开国会等请愿罢课学潮。民元以第一名毕业,校方呈准省府资助留日。得悉乡贤李石曾与蔡元培等创办留法俭学会倡导留法,李书华请校方加增学资,改赴法国。

当时世界科学的中心虽已从法国转移到德国,但在那个科学高歌猛进的时代,法国仍是世界科学的重镇,群星璀璨。李书华赴法之初在中学习法文,1915年入历史悠久的图卢兹大学(创设于 1230 年)农科。农科属理学院,因喜欢物理学,选习数学与化学,为获取理化硕士做准备。应用植物学、数学、化学教授皆名师,尤其化学教授萨巴蒂埃(P. Sabatier, 1854—1941)因对催化作用的研究,获 1912 年诺贝尔化学奖。[**《李书华自述》,湖南教育出版社,2009 年,第 23 页(下引该书仅注明页码)**]1918 年农科毕业,得农学技士,并考得数学和化学高等证书,留校继续攻读物理学。

翌年暑假,转学巴黎大学,随李普曼(G. Lippmann, 1845—1921, 1908 年获诺贝尔物理学奖)习电学,从居里夫人(M. Curie, 1867—1934, 1903 年获诺贝尔物理学奖、1911 年获诺贝尔化学奖)读放射学,还听其他一些名教授的课程,很是忙碌。李普曼上课讲述自己的发明与发现时,从不提及自己的名字,"其谦逊有如此者"!居里夫人的放射学,"就是那个时期的核子物理,讲述当时发现的新事实及新理论,令人极感兴趣"。(第 32 页)

课堂学习之外,李书华还去英国访学,参观王家学院、大学学院、皇家学院、大英博物馆、格林威治天文台,也去剑桥大学卡文迪什实验室感受物理学革命的氛围。身入繁花似锦的名师丛中,李书华不仅学业兴趣从农学转到物理学,紧跟当时世界科学发展激动人心的前沿,而且在考过物理学高等证书之后,决定以物理学为专业攻读法国国家博士学位。1920 年暑假之后,进入佩兰(J. Perrin, 1870—1942, 1926 年获诺贝尔物理学奖)研究室预备博士论文。佩兰研究室每周举行一两次咖啡会,佩兰及所有研究人员都参加,报告并讨论研究工作的进展,思想交锋,时时"产生新的概念或好的意见"。居里夫人与她的女儿伊雷娜(也预备博士论文,1935 年获诺贝尔化学奖)、朗之万(P. Langevin, 1872—1946)等教授有时也与会。李书华在佩兰的学生吉拉尔德(P. Girard)教授指导下做实验。

进入佩兰研究室后,李书华如饥似渴,徜徉在物理学的海洋中,假期也泡在实验室。到 1922 年 4 月,研究工作终告一段落,取得不少新的成果,佩兰很满意,于是将实验所得整理成文,要点在《法国科学院周刊》发表,全文在法国《物理学报》刊载。1911 年,荷兰生物学家亨伯格发现离子渗透细胞壁现象。1920 年,吉拉尔德提出细胞膜上电荷在电场作用下极化的观点。李书华的博士论文通过极化膜渗透性实验,发现两种不同带电离子并非按照化学等价比例扩散,证实了吉拉尔德的观点,认为膜的极化与离子运动的选择性有关。这一成果对生物物理、生物化学以及了解生物体内发生的物理化学过程有重要意义。6 月 11 日,进行答辩,因成果突出被授予最优等级,获得法国国家博士学位。李书华也成为中国最早涉足生物物理研究领域的学者。

留法十年,寒窗苦读,终成"正果",此时李书华已过而立之年,年逾32岁。按照他自己的研究,科学家重要成果的取得大都在30岁前,"成熟甚早已为大科学家之一定特征",因此要求对幼年异常聪颖的青年,"宜特别注意,使其思想得自由发展";学校组织亦需"成熟甚早",使"具有科学家天资之学生能早有成就",年限甚长的国内各级学校亦需"及早缩短"。(**李书华《科学家之特点及其养育》,《学艺》第3卷第1期,第1-8页**)这也许是李书华回国后不再从事物理学研究的原因之一,当然,更重要的是当时国内物理学发展的现状与社会环境。

教授物理育英才

留法期间,李书华曾发表文章指出留学生回国后,并没有承担起应有的国家建设重任,"比及回国,入腐败空气范围中,不但不能转移恶社会,且为恶社会所转移,于是同化官僚者有人,侵吞巨款者有人,助纣为虐残害同胞者有人,甚至以主张共和之伟人而为赞成帝制之巨子"。因此,他呼吁同辈们要担当起对国家的"转危为安之责",对社会的"维持改良之责",除习政法者可入政界外,"习科学者则万不可弃其学从事他业",这样以留学所学专业,"终身以之",对国家社会及个人庶几有所贡献。(**李书华《敬告留学生与教育当局》,《东方杂志》第15卷第1号,第7-8页**)获得博士学位后,李书华受蔡元培邀请担任北京大学物理系教授,立马回国实践他的诺言。

此时国内物理学根本没有任何研究基础,大学没有研究所,物理系也只是一个名称而已,"根本没有任何传统,没有人,没有经费,也没有学生可以跟着成长"。(**吴大猷《早期中国物理发展之回忆》,上海科学技术出版社,2006年,第14页**)因此,像李书华这样的第一代中国物理学家们只有从事物理教学,扩充物理实验设施,作育物理人才。

1922年暑假后李书华到北京大学,1929年暑假前离开,在物理系整整7年,教过预科及本科各年级物理课。讲授普通物理、近代物理,并担任普通物理实验教学,近代物理以居里夫人在巴黎大学的教材为主,"也是彼时最新的材料"。这几年,他把全部身心献给了物理系,除授课外终日不在办公室就在实验室,"一方面充实功课内容,一方面为学生准备实验室的各种实验""目标是提高学生程度,使学生毕业时有充分的基本知识",也希望能进一步从事科学研究。(第46页)同事包括颜任光、何育杰、丁燮林、温毓庆、杨肇燫等也通力合作,不仅授课认真,对于实验也认真,考试更是认真,"不及格的不少,不能毕业的也颇多"。此时北京大学物理系本科毕业生水准比美国本科高,比硕士稍低。正是在李书华及其同仁的努力下,北京大学物理系提高很快,1925年能开出62个预科实验、69个本科实验和两学年的专门物理实验,(董光璧《中国现代物理学史》,山东教育出版社,2009年,第4-5页)1927年中华教育文化基金董事会报告中曾称北京大学物理系"洵为全国名校之冠"。毕业的学生也有机会留学国外,不少获得欧美大学博士学位,后来比较著名的有钟盛标、王普、岳劼恒、赵广增等,其他系选习李书华物理课的有冯式权、郝景盛、裴文中等。

李书华认为,一个大学在科学方面至少有三个任务,一是科学教育,二是科学研究,三是科学应用。他们那辈人,如东南大学的胡刚复、南开大学的饶毓泰、清华大学的叶企孙,对当时的物理教育,"总算是尽力了",也教出了若干好学生。他自己也积极努力,教学之外,为本科一二年级编写了《普通物理实验讲义》,1923年由北京大学出版,是中国最早的大学普通物理实验教材;并撰写不少介绍西方科学发展的著述,诸如《相对论及其产生前后之科学状况》《原子论浅说》《二十年来物理学之进步》《各国科学家对于物理学之进步》等,对相对论、原子物理等在中国的传播与发展有开创之功。而他关于英、法、德三国科学家对科学贡献的不同特征的总结也非常有意趣:英国物理学家的发明或研究,全要建立一个物理模型,"架空的逻辑的数学的理论,英人不甚注意,亦非英人之所长";德国科学家除个别外,"完全注重理论,专门作数学式的研究。至于所研究的结果能用模型表现与否,他们是不管的";法国学者的思想,"介乎英德之间""他们是同时尽力于数学的理论及模型的表示,他们以实验为基础而寻找数学的理论"。(李书华《各国科学家对于物理学的贡献》,《东方杂志》第23卷第1期,第154-155页)

李书华在北京大学的时代,正是军阀连年混战时期,也是学潮与革命勃发的年月,政府欠薪时常发生,教授离职他就日益增多。从他担任系主任的1926年开始,"不但不能进一步进行科学研究",维持上课与实验"已感困难万分"。

南京国民政府成立后,以蔡元培、李石曾为代表的教育界元老在中国实验法国教育模式即大学院制度,北平国立九校和天津北洋大学合并成立北平大学,李石曾为校长,李书华任副校长。正是在这个过程中,早期两位密切合作的教育界元老蔡元培与李石曾产生裂隙,学界形成蔡、李两派之争,蔡元培主持的国立中央研究院在南京成立不久,李石曾也宣告在北平成立北平研究院。李书华紧随李石曾,离开北京大学,往北平研究院专任副院长,具体主持日常事务,实际掌管研究院。

科研管理奠基础

留法期间,李书华曾呼吁中国仿西方国家科学院之制创立中央学院:"外国有科学院之设置,聚一国之大学问家,使之研求新学理,从事新发明,有左右一国学术之力与辅助世界进化之功。……吾国极宜仿此制设立中央学院。"(李书华《敬告留学生与教育当局》,《东方杂志》第15卷第1号,第10-11页)国立中央研究院与北平研究院的创设,可以说在一定程度上实现了他的理想。

北平研究院筹设于1928年,1929年9月正式成立,其创立相当程度上属于"因人设事",是国民政府对李石曾的安慰。虽名为国立,但隶属教育部,教育部又不能真正管理它,只是在财政拨款上和院长任命上"签字画押"而已。(张剑《中国近代科学与科学体制化》,四川人民出版社,2008年,第216-217页)北平研究院初设物理(李书华兼任所长,旋聘严济慈)、化学(李麟玉代理所长,周发歧、刘为涛先后担任所长)、生理(经利彬任所长,后辞职研究所暂停,抗战胜利后恢复,朱洗任所长)、动物(陆鼎恒、张玺先后任所长)、植物(刘慎谔任所长)、地质(翁文灏兼任所长)六个研究所,1932年增设镭学(后改为原子学研究所,严济慈、钱三强先后任所长)、药物研究所(赵承嘏任所长),1935年将史学研究会改为史学研究所(徐炳昶任所长)。

按照李书华的说法,创设专门科研机构的最初目标,"就是要发展中国的科学研究。先使中国科学研究由'无'变为'有',再进一步由'少'变成'多',由'粗'变成'精'"。(第137页)抗战前是北平研究院发展最为迅速的阶段,也是其鼎盛时期,有职员约二百人,科研人员兴趣极为浓厚,"每人均努力前进,使其工作早有结果或早日完成,必便提前发表,为最大目标"。(第110页)抗战期间,李书华主持北平研究院内迁,在昆明设立办事处,改变研究院研究方针,特别注重应用研究、有学术性质或有经济价值的调查与研究。(第123页)

总体而言,北平研究院各研究所,除物理、化学、植物研究所等单位研究实力较强外,

1930年4月北平研究院欢宴特约研究员
前排左起1—6人为翁文灏、刘慎谔、桑志华、李书华、普意雅、斯文·赫定。

其他基本上属于"个人所",主要研究工作由所长担任而已,所长他去,研究所也就名存实亡。相对于中央研究院物理所的无所作为,严济慈领导的北平研究院物理所可谓成就卓著。吴大猷以为该所是中国物理人才培养和物理研究的一个重要机构,在抗战前,其成果"以'量'来说,在中国算是第一的"。(**吴大猷《早期中国物理发展之回忆》,上海科学技术出版社,2006年,第71-73页**)先后在所工作的著名物理学家除李书华、严济慈外,还有饶毓泰、陆学善、钟盛标、岳劼恒、钱临照、吴学蔺、方声恒、翁文波、钱三强、陈尚义、顾功叙、王大珩等,设有分光摄谱仪、显微光度计、地文、高真空、镭学等实验室,主要从事光谱学、照相、水晶压电现象、地球物理、应用光学等方面的研究,发表论文90余篇。抗战期间,曾研制军用光学仪器等,为抗战胜利做出了重要贡献,战后严济慈因之被国民政府授予胜利勋章。化学所先后有李麟玉、周发歧、杨光弼、刘为涛、张汉良、张明哲、王则甫、王序、朱汝华、纪育沣、陈光旭、蒋明谦、苏葆第等研究人员,主要从事纯粹和应用化学研究,发表论文40余篇。植物研究所在植物地理分布、种子植物之专科专属等方面有所成就,先后有刘慎谔、林镕、郝景盛、汪发缵、王云章、孔宪武、夏纬英、钟补求等科研人员,发表论文100余篇。(第133－135页)

组织学术社团以通力合作,砥砺学问,是学术发展的重要支撑。随着中国物理学的发展,成立专门的物理学团体时机亦告成熟,在法国物理学家朗之万等的帮助下,李书华联合物理学界同仁于1932年成立了中国物理学会,被推举为第一、二届理事长。(第112页)他还曾担任天文学会理事长、中央研究院评议会评议员、中法教育基金会中国代表、中央博物院理事等。他以推展学术发展而获得社会声望与政治地位,亦曾当选第六届国民党中央执行委员会委员。

留法期间,李书华曾批评回国的留学生有东洋派西洋派之分,"不以学问相号召,而以留学地点分党派"。非常可惜的是,他主持的北平研究院虽名为国立,但无论是各所主持人还是研究人员,几乎是清一色留法出身。这与蔡元培主持的中央研究院奉行兼容并包政策,留美、留欧甚至留日学生都厕身其间,形成鲜明对比。北平研究院成为"留法学生"俱乐部,其责任可能不在李书华,而在院长李石曾。相反,李书华虽受李石曾极力提携,却是李派中"最纯谨公正之人物"(陈布雷语),他悠游于李石曾、蔡元培两派之间,超越两派,还以此超然角色担任过一年教育部次长和两年中央研究院总干事。

1930年底,因李石曾派的反对,蔡元培派的蒋梦麟被迫辞去教育部长,蒋介石一时不能调停两派,以行政院长自兼,派"文胆"陈布雷为常务次长,李书华任政务次长。李书华"笃实长厚,初相遇犹不相知,继则性情浃洽",与陈布雷"同为书生本色,遂极相得焉"。(《**陈布雷回忆录**》,东方出版社,2009年,第127－128页)在教育部一年,李书华认为他最得意的事情,就是为清华大学选定了校长梅贻琦。(第149页)

1943年夏天,中央研究院总干事叶企孙辞职回西南联大,代理院长朱家骅约请李书华继任,史语所所长傅斯年亦来函恳请。时李书华正全力经营北平研究院,中央研究院没有副院长职位,总干事就是副院长。李书华以同时兼顾两个研究院,力不能支辞谢。并明白告诉傅斯年说,蔡元培任院长时年事已高,需要如杨铨、丁文江、任鸿隽这样能力突出的强力人物为中央研究院奔走,而朱家骅年富力强,且担任党政要职,各方面都能接洽,"不需要一个总干事,只需要一位秘书,助其办理例行事件即可"。傅斯年以为中央研究院实行"内阁制",总干事作为"总理"办理一切,需要李书华帮忙,且以李作为中央研究院评议员有义务为中央研究院发展出力相激将。恳请之下,李书华应允帮忙,以他的能力与在学界、政界的影响力为中央研究院解决了不少实际困难与问题,修订组织法和评议会条例、制定研究所组织规程,将动植物研究所分为动物研究所和植物研究所,筹设医学研究所,搬迁地质、物理和心理学研究所等。直到1945年秋,中央研究院改聘萨本栋接任。

抗战胜利后,李书华作为联合国教育文化组织中国代表团成员赴伦敦开会。会后,由欧赴美访问,到普林斯顿拜访爱因斯坦,谈约一小时,"从物理研究谈到中国文化,又从日本侵略谈到世界和平"。(第158页)还参观了哥伦比亚大学、哈佛大学、麻省理工学院、耶鲁大学、芝加哥大学、加州理工学院、加州大学等,拜访了泡利、布里奇曼、劳伦茨、密立根等物理学大师,注意到各物理研究室"几全注重核子物理的研究",均设备有回旋加速器,慨叹后来美国核子物理学研究世界第一,"不是偶然的"。(第160页)

有鉴于中央研究院设有评议会"指导、联络、奖励学术",并选举院士与院长候选人,北平研究院也于1948年9月成立"学术会议",讨论"有关学术问题及有关本院重大问题",并选举90名会员组成学术会议。在这次会议上,李书华总结北平研究院20年来的发展,认为达到了发展中国科学的原初目标,"这种结果很可以鼓励我们大家向前继续努力!……此后如无特别事故,北平研究院的前途当更光明!"(第137页)不想一语成谶,"特别事故"如滚滚天雷,轰鸣而至。

1948年12月20日,李书华乘坐国民政府抢运北平学人专机,与清华大学校长梅贻琦、北平图书馆馆长袁同礼、杨振宁父亲杨武之等离开围困已久的北平。后在广州设立北平研究院办事处,但大局不堪收拾,1949年7月,经教育部同意,宣告北平研究院使命结束。

流亡海外重拾科研

北平研究院结束后,李书华携妻带女乘船赴法国领取法国政府颁布的奖章,并滞留海外。不想因此结缘,重归科研行列,开始人生第二次科学研究生涯,勃发科研激情。在法国期间,曾在巴黎大学和法兰西学院从事大分子研究,发表相关论文多篇。1951—1952年,担任联邦德国汉堡大学访问教授。1953—1958年,在美国哥伦比亚大学继续研究"大分子",业余研究造纸、指南针的历史变迁,先后著有《指南针的起源》《纸的起源》《纸的传播与古纸的发现》《指南针与指南车》《中国印刷术起源》等论著。并在台北《传记文学》上连载回忆录,后结集为《碣庐集》出版,以纪念家乡"碣石山"(语出《禹贡》"太行恒山至于碣石入于海"),表达海外游子有家难归的沉痛思乡情,也正是《李书华自述》之来源。

1979年7月5日,李书华在纽约逝世,这位"政治科学家"走完了他的人生历程,享年89岁,是他那辈物理学家的高寿者。

(《东方早报·上海书评》2011年11月13日)

从万巴德到李宗恩

——跨文化视野下的热带医学

雏凤初啼

丝虫病由奴隶从西非带到西印度群岛并引起疫情,病患逐年增多,但华人移民患病率一直很低,一般以为这是种族因素造成的。这一说法因语言不通等原因无法得到证实。1921年4月,一个由寄生虫病学奠基人利珀(R. T. Leiper, 1881—1969)领导的5人考察团,在洛克菲勒基金资助下,由伦敦热带医学院(The London School of Tropical Medicine)派往英属圭亚那进行调查研究。考察团中有位名叫李宗恩的27岁中国年轻人,他访问了圭亚那首都乔治敦近半华人(访谈1 300人),通过血液化验和对生活习性的调查,得出了完全不同的结论。7月8日,他代表考察团在乔治敦举行的西印度医学讨论会上报告,指出华人并没有对丝虫病的种族免疫性,他们患病率低是因为日落而息、使用蚊帐的卫生习惯和文化传统。这一研究成果表明丝虫病这一热带疾病对所有人种都有同样的危害性,并没有种族免疫性,无疑是热带病学发展历程中一个重要的发现,也是李宗恩学术生涯中第一个成果。雏凤初啼,就一鸣惊人,这坚定了李宗恩从事研究热带病学的志向与选择。

1894年9月,李宗恩出生于江苏武进一个传统士大夫家庭。父亲李祖年1894年中恩科进士,入翰林院,后外放山东,先后任文登、历城、泰安等县令,并迁升山西武宁、泽州、汾州等知府。李宗恩童年时期随父迁转,读私塾,也曾入父亲所办新式小学。1908年

留学时期的李宗恩

到上海就读震旦学院预科,习法语。1911年,受在苏格兰格拉斯哥大学留学的叔父李祖鸿感召,留学苏格兰。先在格拉斯哥大学预科习英文和各门自然科学课程,1915年考入医学院。

18世纪下半叶,苏格兰医学特别是爱丁堡大学是世界医学中心,后随着巴黎医学的崛起和以实验生理学为基础的德国医学的突飞猛进,爱丁堡才逐渐失去其执牛耳地位。随着伦敦医学的发展,爱丁堡也失去了英国医学的首都地位。即使如此,李宗恩留学苏格兰时,爱丁堡依然是英国医学科学重镇。格拉斯哥作为工业革命的中心之一,格拉斯哥大学医学虽不能与爱丁堡大学相提并论,但也不可小觑。将基础医学研究与临床实践相结合这一医学科学模式就产生于格拉斯哥大学,并被称为"格拉斯哥学派"。外科手术消毒创立者李斯特(J. Lister, 1827—1912)就是在担任该校外科医学教授期间,于1865年提出消毒法,由此拯救了亿万人生命。

对于学医的选择,李宗恩曾回忆说:"因为官费是指定给学医的人,我就学了医。及至学了医也就安心读书,安心做事。"正如他所言,无论是书本知识的汲取还是临床医学的实习,他都非常优秀,有教授说他的成绩"令人十分满意,在临床医学方面尤为突出"。实习中,曾获内科二等荣誉奖和外科第二名。1920年4月毕业,获得内科和外科医学学士学位。也许实习期间曾在格拉斯哥皇家妇女热带病救护院担任过代理住院外科医师,从而对热带医学产生了兴趣。毕业后,他没有回国,而是前往英国医学中心伦敦,进入伦敦热带医学院继续深造。

"热带医学之父"万巴德

伦敦热带医学院由"热带医学之父"万巴德创立于1899年。万巴德(P. Manson, 1844—1922),苏格兰阿伯丁人,1861年进入阿伯丁大学医学院就读。其时,苏格兰医学正开始从哲学自然史学说转向达尔文学说。哲学自然史学说认为不同种类生物的身体结构有一个共同的超验原图,哲学自然学者的工作就是揭示这个原图。同时,他们也重视生物的地理分布研究,强调生物与环境的关系。万巴德在阿伯丁完整地接受了生物解剖构造与物种分布的概念与学说,并受到严格的显微镜观察训练,这在相当程度上形塑了他日后的热带医学研究。1865年,万巴德毕业,获得医学学士学位。随即到英格兰东北部一家精神病院担任助理医官,从事医学研究,撰写博士论文,并于翌年7月获得医学博士学位。

当时英国公立医院医师收入较低,万巴德不愿继续在精神病院工作。适逢由英国人控制的中国海关招募医官,万巴德应聘到台湾打狗(今高雄)担任海关医官,负责照顾居留打狗的外国人与停泊船只船员的健康,并观察、记录港埠卫生状况。在打狗,万巴德过得似乎很是悠闲,闲暇时经常打猎。1871年,他被调往厦门,一生的关键性转折点到来,热带医学也由此也进入一个崭新的发展阶段。

厦门在鸦片战争前凭借其海上贸易已发展成为东南沿海航运贸易中心,是中国第二个开放的口岸,无论是外国人数量还是港口吞吐量,都远非打狗可比。更为重要的是,万巴德在这里除担任海关医官外,也在教会医院担任医生,接触到了大量中国患者,碰到天花、疟疾、登革热、霍乱等疫病,也遭遇到引起热带医学革命性进展的象皮病。象皮病因患者下肢肿大如象腿,且患部皮肤也像大象一样粗糙而得名。西方医学界一般认为这是由瘴气引起的疾病,黄热病或疟疾也是这种气候病。万巴德也认同主流认知,利用外科切除手术进行治疗。他花费不少心思在手术方法的改进上,确实也取得了相当的成功。

"热带医学之父"万巴德

19世纪下半叶开始,已有一些欧洲医生怀疑象皮病可能与寄生虫感染有关,后来在象皮病患者的体液或血液中发现了丝虫。1875年,万巴德回英国休假,并相亲结婚。同时,他一头扎进知识的宝库大英图书馆,阅读象皮病的文献,了解研究前沿,立马认同象皮病是寄生虫病这一认知。返回厦门后,万巴德立即展开研究,寻找丝虫的中间宿主。他从解剖尸体入手,自然困难重重,不仅未能如愿,而且引起厦门民众的责难,因中国人传统观念无法接受尸体解剖。不得不转向研究动物寄生虫,特别是厦门有众多的死狗。他发现狗也有丝虫病,以为其传染一定有一个宿主将丝虫带到狗体外。进而推断人的丝虫传染也与狗一样。问题是,人体内的丝虫是如何跑到体外的?他排除各种因素,天才地预见到应是某种吸血昆虫。吸血昆虫有虱子、跳蚤和蚊子等,仅蚊子就有很多种类。他又从地理分布思考,虱子和跳蚤寒带国家也有,排除它们。他还发现厦门两种蚊子的地理分布状况与象皮病的分布一致,由此确认其中一种蚊子就是人类丝虫的中间宿主。这是历史上首次发现昆虫是人类寄生虫疾病传播的一环,为昆虫病媒概念的提出跨出重大一步。由此,从事热带疾病研究者把注意力和思考方向转向昆虫,对寄生虫病学和热带医学都有重大影响。

1883年,万巴德离开海关,转往香港,开业当医生,业务繁忙,除欧洲病患外,华人名流何启爵士等也找他看病。声名远播之后,李鸿章请他到天津为他治病,手到病除,声誉更隆。据估计,他在香港的开业收入与伦敦最顶尖的开业医师不相上下。随之成为香港医界领袖,入选香港卫生委员会,当选香港医学会首任会长。他延揽阿伯丁大学医学院毕业的学弟康德黎(J. Cantlie, 1851—1926)与他一起工作。康德黎创议在香港创办华人西医校,得到他赞同。1887年10月,香港华人西医书院成立,万巴德担任首任校长,李鸿章是书院的赞助人,孙中山是学校的首届学生,后发展成为香港大学。

康德黎著《孙中山与觉醒的中国》书影
1896年,孙中山在伦敦被清政府驻英国使馆绑架,康德黎出手相救,孙中山撰《伦敦蒙难记》记载此事。

1875年,万巴德回国休假时,结识了寄生虫学权威寇博(Thomas Spencer Cobbold, 1828—1886)。寇博虽从未到海外从事研究,但他凭借其建立的广泛海外通信网络,足不出英国,完成了数本涵盖世界各地区的综合性寄生虫学著作。万巴德也寄送给他不少中国标本,并通过他进入英国科学界,将研究成果在顶尖学术刊物发表。1889年,万巴德回国,已俨然是热带医学权威。翌年,在伦敦开业,并担任海员医院协会主治医师,接触到大量热带病患者。与当初寇博一样,万巴德也建立起其海外网络,在温带的伦敦继续从事热带疾病的诊疗和研究。他很快就介入当时正有突破性进展、在医学界风起云涌的疟疾研究。1880年,驻阿尔及利亚的法国军医拉韦朗(C. L. A. Laveran, 1845—1922)发现疟原虫是疟疾致病因子(因此获得1907年诺贝尔奖)。万巴德进行一系列实验研究后,提出蚊子或类似吸血昆虫是疟疾的宿主,它们吸取人血液时将疟原虫吸出,再通过叮咬进行传播。

万巴德提出这一假说时,一位在印度服役的英国军医官罗斯(R. Ross,1857—1932)拜访他,放弃了自己原来关于疟疾的认知,完全拜倒在万巴德的假说之下。罗斯在万巴德指导下,回印度开始从事研究证明"蚊子-疟疾理论"。克服一系列困难后,罗斯的研究终于有了重大发现:1897年8月20日,在按蚊胃里发现了疟原虫。他激动万分,不仅将这一天命名为"蚊子日"(Mosquito Day),而且还吟诗道:"今天,是上帝将他的怜悯,放在了我的手中……我看见那隐藏的作为,那杀死百万人的祸首啊!我终于找到了你狡猾的足迹……你得胜的凯歌终将沉寂,无数人终将获得拯救。"万巴德获得消息后,也是兴奋万分,将研究成果发表在《英国医学杂志》上。罗斯继续前进,成功地利用按蚊胃里的疟原虫引发鸟类的疟疾,并证实只有雌性按蚊才会传播疟疾。万巴德不仅帮助罗斯发表论文,还尽心费力地保障罗斯的原创性得到学术界承认。在罗斯鸟类疟疾研究成果发表前,他请美国、法国相关顶尖科学家如拉韦朗、梅契尼科夫(因在免疫理论方面的杰出贡献获1908年诺贝尔奖)预先阅读论文,并给予肯定性评语,附在论文后一并发表。罗斯因这一卓越研究成果,获得1902年诺贝尔奖。

1897年,万巴德获任英国殖民部医学顾问,这对他扩展学术研究、进一步发展热带医学这门学科有极大的帮助。次年,他出版了热带医学的第一本教科书《热带疾病:温暖气候的疾病手册》。作为经典,该书在他生前就出版7版,后来不断修订、增补、再版,至今已超过20版。1899年,他克服重重阻力,创建了伦敦热带医学院。1900年,当选英国皇家学会会员。1903年受封为爵士。1922年,皇家热带医学与卫生学会设立万巴德奖章,两年一次颁授给热带医学的杰出研究者。这年4月9日,万巴德的心脏停止了跳动,享年78岁。

罗斯

"中国热带医学研究创始人"李宗恩

万巴德去世当年,伦敦热带医学院在洛克菲勒基金会资助下,更名为伦敦卫生与热带医学院。也就是在这一年,在该院担任蠕虫研究助理员的李宗恩获得热带病学证书,并到格拉斯哥西部卫生处任住院助理医师,为回国做准备。1923年6月,阔别祖国已久的李宗恩终于踏上了回归之路,应聘担任洛克菲勒基金会创立的北京协和医学院内科助教,从此将自己的一生献给了祖国的医学事业,不仅开创了中国的热带医学研究成为医学科学家;并在抗战期间创建贵阳医学院为抗战建国、中华民族的伟大复兴尽心尽力,战后出任近代中国最著名的医学科学和教育中心协和医学院院长,成为医学教育家;1957年被划为右派,发配到昆明后,担任内科门诊医生,成为专职临床医师(后因年老体弱,转任图书馆资料员)。

20世纪二三十年代的协和医学院

回国后的李宗恩,没有像他的祖师爷万巴德那样开业赚钱,而是全身心投入医学科学研究和教育事业中。全面抗战爆发前,李宗恩一直在协和医学院工作,从助教逐步晋升到副教授,这是他从事科研工作的黄金时代,一生总共撰著29篇论文中22篇是这期间发表的。在学校,他"有一个很大的实验室,饲养着各类蚊子的玻璃器皿,各种供实验用的小老鼠、显微镜……";他"穿着白大褂,很像个将军"。他几乎每年暑假都回到江南调研热带病疫情,"整天都在这些又湿又热的地方钻芦苇塘""白天穿着厚帆布的衬衣和马裤,带着有纱罩的铜盆帽,在密不透风的苇丛中采集蚊子标本"。即使如此,面临多灾多难的民族与国土,他还不时自责自己"离乡土太远了,吃不了苦,影响了研究工作的深入"。

留学期间,李宗恩曾在《蠕虫学杂志》发表《英属几内亚的丝虫病调查》。回国后,他继续从事丝虫病研究,并逐步扩展到血吸虫病、疟疾、糙皮病等方面。我国曾是全球丝虫病流行最严重的国家之一,东南各省区更是重灾区。李宗恩通过调查研究,1926年发表《江苏的丝虫病调查》,开启了中国丝虫病研究大幕(2007年,我国成为全球第一个消灭丝虫病的国家)。血吸虫病在我国历史悠长,流行传染广泛,以长江流域最为严重,是危害健康的五大寄生虫之一(五大寄生虫病分别为疟疾、血吸虫病、钩虫病、丝虫病和黑热病)。李宗恩非常重视此病的临床观察和治疗,1925年就发表两篇论文,报告了病例和治疗经验,并进行了大量的动物实验。当时与他一起从事血吸虫病研究的美国医生梅勒尼(H. E. Meleney)曾对他赞赏有加:"李医生对在中国发展临床医学,持有广博而独到的见解。"李宗恩及其同道对血吸虫病的开创性研究,对后来大力防治该病奠定了基础。疟疾在我国的流行也是历史悠长,范围更广,遍及青藏高原外的全国各地。李宗恩对疟疾进行了广泛的调查研究,先后发表《北京地区的按蚊调查》《北京附近一个村庄的疟疾》《厦门地区蚊及其繁殖习性的调查》等。在此基础上,他对疟疾的传染媒介按蚊的识别、习性和控制进行研究,对疟疾的流行和临床治疗也提出方案,曾及时提出输血传播病原的危险性。糙皮病又称烟酸缺乏症,属于营养不良性疾病,李宗恩曾对其病因问题结合临床进行了探讨(当时对烟酸和其他营养素的作用与该病的关系尚未有充分了解)。

相对上述几种疾病而言,李宗恩用力最多、成果最为丰硕,影响也最大的是他与协和医学院同仁共同从事的黑热病研究,被认为是"中外医学科学家携手、应用现代科学的方法研究中国流行病的一个成功范例"。黑热病因患者面呈黑色、发不规律高热而得名,广泛流行于长江以北各省区,20世纪30年代患者达数十万,北京郊区也多见。协和医学院因经常收治该病患者,基础和临床各部门包括寄生虫学、病理学、公共卫生学、内科和儿科等,进行过大量的科学研究。李宗恩通过调查研究和中外比对,提出中华白蛉可能是黑热病的传染媒介的假说。他利用人工喂蚊的装置,证实了中华白蛉可以通过叮咬或人的拍打感染致病;也证实中华白蛉的繁殖季节与黑热病的流行时间相一致,而且黑热病小体可在中华白蛉体内成熟并繁殖。李宗恩还从事黑热病的临床表现和治疗药物研究,传记作者说,他根据丰富的临床经验总结出来的黑热病早期临床表现的描述,"具有很重要的临床指导意义"。他还确认了第一例患黑热病狗及被狗传染的病患,这不仅对该病流行病学有十分重要的意义,而且把中华白蛉、犬和人的黑热病联系在一起,确定了犬在黑热病流行中的重要地位。他的学生钟惠澜(1901—1987)等证实了狗可以将黑热病传染给人,并发现中华白蛉叮咬狗后对人的感染率远高于咬人,因此狗是黑热病最为重要的宿主。根据他们的研究,1950年以后,政府制定了扑灭中华白蛉、捕杀病犬以根治人的黑热病的综合措施,1958年,黑热病在我国大部分流行地区绝迹,"成为新中国医疗卫生事业的一个光辉成就"。

除英国而外,德国、法国乃至意大利在热带医学科学的发展上也有其独特贡献。中国热带医学的发展源头除英国而外,也有受到其他国家的影响。李宗恩在伦敦热带医学院深造时,与他同岁的浙江乐清人洪式闾(1894—1955)正在德国汉堡热带病研究所攻读寄生虫病学。洪式闾毕业于北京医学专门学校并留校任教,法国科学家巴斯德(L. Pasteur, 1822—1895)和日本细菌学之父北里柴三郎(Kitasato Shibasaburo, 1852—1931)是他的偶像,因为他们不仅在细菌学上贡献卓著,而且还以个人力量创办研究所,"名震全球"。1928年,洪式闾在杭州创建私立热带病研究所,研究浙江的热带病,出版论文专刊和丛书。惜乎中国没有私人捐助科研机构的习惯,研究所成效甚微,他自己也不得不出任江苏医学院教授兼寄生虫研究所所长、台湾大学热带病研究所所长等职务。他一生从事寄生虫学的教学、研究工作,进行过疟疾、钩虫病、毛圆线虫病、血吸虫等的实验和防治工作,曾以"寄生原虫、钩虫及其与人体之关系等研究"正式候选1948年首届中央研究院院士。

中央研究院首届院士选举时,150位正式候选人中医学有9位之多,除李宗恩、洪式闾外,还有胡正详、冯兰洲两人从事热带医学研究,可见李宗恩等人开创的热带医学研究在民国医学界的地位。江苏无锡人胡正详(1896—1968),1921年获得美国哈佛大学医学院博士学位,1924年回国任教协和医学院,历任助教、讲师、副教授、教授、病理系主任等,长期从事病理学研究,以"黑热病、锥虫病、斑疹伤寒等研究"候选院士;山东临朐人冯兰洲(1903—1972),求学齐鲁大学医学院期间,曾参加英国皇家学会组织的黑热病考察团,1929年毕业后任教协和医学院。1933年往英国利物浦热带病医学院(罗斯1899年开始在该院工作)进修,获得热带医学和卫生学医师证书。他长期从事寄生虫病学研究,以"锥虫病、黑热病、疟疾、丝虫病、螺旋体病及内脏虫病之寄生虫研究"候选院士。四位候选人最终仅李宗恩以"裂体虫病、线虫病、疟病、回归热等研究,曾主持贵阳医学院"当选,这自然是对他热带医学研究与医学教育的最高学术奖励与学术认同。

热带医学研究的效应

当主流认知认为热带病的病原是细菌时,万巴德宣称寄生虫才是热带病的病原体,这完全改变了寄生虫学的发展方向,由此热带医学独立于细菌学成为一门学科。19世纪初期,德国寄生虫学领先于世界,德国生理学家穆勒(J. P. Müller, 1801—1858)将之归因于德国缺乏海外殖民地:"我们地理位置的限制,赋予我们探索隐藏事物之精神,这使我们对隐藏在本土生物内部的住民(即寄生虫)的研究特别卓著。"时势逆转,19世纪后期,正是像万巴德、罗斯这些专注于海外生物学的英国人,使英国寄生虫学研究取得了独霸地位。万巴德与寇博,罗斯与万巴德这种主要通过建立通信网络的合作研究,常见于当时英国的科学活动,在地质学、地理学、动物学、植物学等所谓自然史学科中特别显著,也是民国时期中国科学发展过程中地质学、动植物学乃至医学研究中的常见方式(无论是中国学者还是外国学者在中国采集的有些不能确定的标本,都需要寄送到英法德美等科学发达国家进行鉴定,并由此进入世界科学共同体)。

热带医学的开启与发展,充分体现了中国与世界的关系,英国、中国、印度因这一科学研究紧密联系在一起;也展现了学术与政治的纽带,中国海关、英国殖民部、康德黎、李鸿章、孙中山因万巴德而连接起来。当然,热带医学在中国的发展,也是中国与世界紧密联系的结果,英国的万巴德,中国的李宗恩、协和医学院,美国的洛克菲勒基金会等因之而联系在一起。自科学革命以来,特别是随着技术革新的快速发展,全球化趋势越来越明显,中国与世界的联系也越来越紧密,外来因素在中国历史发展中的作用自然也愈来愈重要,其他国家的风吹草动就会引起中国发展的"蝴蝶效应"。因此,对于现代中国历史的研究,我们应该扩展视野,以世界眼光观照现代中国的发展,寻找现代中国发展动因的内在和外在因素,探求内外因的辩证关系,更好地了解与理解现代中国的发展。

1985年,美国科学史家佩恩森(L. Pyenson)在其著作《文化帝国主义与精密科学》中提出"殖民地科学"这一概念。按照他的说法,所谓殖民地科学主要以应用性科学为主,其主要目标是为殖民地的统治者即宗主国服务,至于殖民地本身的科学发展似乎不在殖民地者的考虑范围内。英国之所以如此重视热带疾病的研究,其出发点当然主要是维护其国民在殖民地的身体健康和生命安全。但不得不承认,万巴德、罗斯们在中国、印度探究热带疾病的病因并寻找到治疗方法时,促进了人类科学发展,给人类带来了福音,也自然为殖民地人民这些疾病的治疗找到了"良方",通过李宗恩、洪式闾、冯兰洲们将这些知识带回了中国,回馈中国人民,并通过钟惠澜们传承、发扬光大。这与日本帝国主义无论是在台湾、东北还是上海设立的大量科研机构,主要为掠夺中国财富、为其军国主义张本存在着大的差别,还需要进一步探究。科学史研究者最近指出,绝大多数热带疾病的最大危害,不是蚊子这样的病媒,而是贫穷、营养不良与缺乏卫生,因之质疑万巴德们的科学研究及其效应。这似乎有些吹毛求疵,万巴德们毕竟仅仅是"帝国的医师"而已。

主要参考文献

1. 李尚仁《帝国的医师:万巴德与英国热带医学的创建》,允晨文化实业股份有限公司,2012年。
2. 李维华《民国医学教育家李宗恩》(稿本)。
3. 《科学家传记大辞典》编辑部《中国现代科学家传记》第1、2、3、6集,科学出版社,1991—1994年。

("澎湃·上海书评"2017年10月27日;微信公众号"知识分子"

2017年11月3日重新编辑推送,这里用微信公众号推送版)

派系之争下民国科学界一隅

——读《李先闻自述》

1948年7月底,首届中央研究院院士81人名单在报纸上发布,时为中央研究院植物研究所研究员的李先闻膺选为农学科院士。"当时我在上海,在床上看报纸,偶然看见我的名字。我以为我的眼光模糊不清,用手巾擦了几次后,的确我的名字是在报上,当选生物组二十五人之一,孩子们知道,就乱哄哄大声嚷:'爸爸高中了,要请客。'"20余年后,李先闻听从已经仙逝的胡适建议,在台湾《传记文学》连载他的自述,回忆当时获知当选院士的情景,最感慨的是这个社会以"国士"待他,又因"落选的学人有好多位是我平时钦佩与赞美的"而惘然,更促使他奋进,"今后更要自勉,自奋,以不负国人的期望"。[《李先闻自述》,湖南教育出版社,2009年,第198页(下引该书仅注明页码)]

确实,李先闻应该"感慨"。从一名农家子弟到被国人待以"国士",其间个人的积苦积劳,艰辛异常。他不仅亲身经历了中国人在科学上"迎头赶上"的世路历程与心路历程,而且适逢民族危亡的八年全面抗战和此后的三年内战,偏处于各式各样的派别斗争之中,并因之而处处品尝科学探索中理论研究与应用研发的辛酸苦辣。当其13岁首次出川赴清华园求学之日,李先闻不仅是四川江津李家的"千里驹",更是千万川人的"好儿郎"。而彼时清华学校授业的同时又在淘汰,与李先闻一同进校的同学有130多人,到毕业时仅剩下30多人,其比例已是近乎严酷。然而在这种严酷淘汰下幸存下来的李先闻,受益却似乎不算太完满。所以后来追述,说是"以我个人而论,我学农科,但基本科学,都没有学到",并设想"如果使我数、理、化、生物各科都学好,我现在的成就也许更好些"。(第26页)作为一个可做佐证的实例,是他直到留美研究院读三年级时,才去补习高等代数。

李先闻留美首先到印第安纳州的普渡大学园艺系学习。美国农学教育得益于1862年的赠地法案,并迅速建立起科研-教学-推广三位一体的科教推体系。像普渡大学这样的州立学校农科,其宗旨是"希望农夫的子弟们学业完成后,仍回家耕种,或在中学及农专教书,所以教科内容很简单"。李先闻在普渡大学"理论东西差不多没有学到",但在这里学会了"手脑并用",获得了不少实地农业经验,"农家生活及农产品收获程序,都能明了,也做过各种水果及农作物收获工作"。(第37页)普渡大学毕业后,李先闻到康奈尔大学深造。康奈尔大学农学当时以作物育种闻名,洛夫(H. H. Love)与明尼苏达州立大学的海斯(H. K. Hayes)是美国良种培育的两大巨头。李先闻本欲跟洛夫学习实用育种学,但洛夫建议他师从爱默生(R. A. Emerson)教授学习遗传学。爱默生是"手脑并用"的典范,而且不修边幅,李先闻因其穿牛仔裤、大皮鞋,还带着一条狗,首次相见曾误认他是系里的清洁工。然而爱默生手中自有真功夫,他自1915年左右到康奈尔大学植物育种系当主任之后,几十年如一日,致力于玉蜀黍遗传研究,直到寿终正寝之日。每到玉蜀黍杂交期间,他整天穿着工作服在田间劳作,与农忙的农民没有两样。这种态度自然感染了他的学生,并造就出真人才,以致他前后指导的12位博士有4人当选美国国家科学院院士,而且比德尔(G. W. Beadle)还因提出"一个基因一个酶"的学说而获得1958年诺贝尔生理学或医学奖。12位博士之一的李先闻也荣登1968年美国出版的《世界科学家名人录》。因提出"移动的控制基因学说"而获得1983年诺贝尔生理学或医学奖的女科学家麦克林托克(B. McClintock),其时还是细胞学讲师,但显然是个好讲师,她见李先闻等人是从小地方的普渡大学出来的,在实习时以小纸画画做特别讲解,格外关照,使李先闻多年以后仍然记得这些细节对"学业研究大有进步"。当然,麦克林托克也没有忘记李先闻,后来回忆说李先闻还加入了她与比德尔组织的细胞学研究小组。(**伊夫林·凯勒著,赵台安等译,《情有独钟——芭芭拉·麦克林托克的工作与生活》,北京三联书店,1987年,第57页**。非常可惜的是,译者没有将李先闻译出,而是将H. W. Li译为皮·威·李,可能译者根本没有想到这是位中国人)与普渡大学的"只知其然"相比,康奈尔大学给了李先闻"知其所以然"。(第47页)

1929年,李先闻以玉米的一种矮性形状遗传研究获得博士学位,并"再会吧!美国!我要回去救中国了"。可国内等待他的不是学以致用,而是科学界的派系与内讧,处处碰壁,先后在中央大学、东北大学、北平农学院、清华大学、河南大学、武汉大学、四川农业改进所、中央研究院等单位任职,有的仅仅是兼课,有的是学非所用。回国后,他先到同出于康奈尔大学的国内农学前辈上海商品检验局局长邹秉文那里找差事,邹介绍他到中央大学农学院农艺系主任赵连芳那里谋职。赵连芳在清华学校和康奈尔大学都比李先闻先入道,并因往来而有过渊源。赵连芳与农学院院长接洽的结果,李先闻仅获蚕桑系讲师的职

玉米遗传学研究团队(1927年)
后排左一为爱默生,前排蹲者左一为李先闻、左二为比德尔。

位,担任农艺系高级遗传学课程,薪资240元。他长久想不通,"那时留学生得了博士和没有得博士的,都给以教授名义,待遇是二百六十元月薪。我的待遇为什么差一点"。(第51页)而且教学在农艺系,位置却在蚕桑系。而当他移此不平,一心想要在桑蚕改良的研究中出点活计的时候,又遭到留日桑蚕系主任夏振铎的白眼。赵连芳建议李先闻自费留日师从夏振铎的老师学蚕体细胞遗传学。这条路太过曲折复杂,花了钱却没有获得什么新知,回国后中央大学讲师的位置也没有了,变成鸡飞蛋打的局面。

　　因留学国别的不同,民国学界存在着非常严重的"留学集团",互相之间的矛盾很深,引出种种人事纷争,并因之而对民国学术的发展造成了不可言说的伤害。当时两大国立研究机构,中央研究院组成人员基本上是欧美留学生,而北平研究院清一色是留法毕业生。留美学生创建有中国科学社这样的社团组织,留日学生成立中华学艺社与之对立,而没有留学经历的"土鳖"们成立中华自然科学社抱成团,这三大综合性科学社团不仅各自为政,而且往往还相互拆台。1920—1921年在中国访问的罗素已经敏锐地看到这一点,"从不同国家归来的留学生之间时有分歧"。(**罗素《中国问题》,学林出版社,1997年,第174页**)对于李先闻来说,这是一种生存的环境和生存的背景,因此回国之初,便不自觉就卷入了这种纷争之中而手足无措,"当时从日本留学回来的,法国勤工俭学的人回来的,美国留学回来的,自以为都有学问,就非常骄傲,互相排挤。反之就互相团结,另成一派,我茫茫然在这混乱局面中,派别的分歧中回来,真是鸟儿入网,孤军奋斗。现在想起来还百感交集"。(第52页)

民国学界可谓派系林立。不仅因不同留学国别造成留日、留美、留欧之间的派别,国内不同学校毕业也有其派别。时人批评说,在中小学则有某大学派,某师范派,在大学则有英美法德日等派,派别之中,复有以地域而分化为小派别者,名目繁多,不胜枚举。(**谢树英《今后我国大学教育应有之趋向》,《大公报》1935年1月5日,第4版**)九一八事变后,李先闻从东北大学入关,到母校清华大学生物系求职。当时系主任是留美的陈桢,教授有李继侗、吴韫珍等,都是金陵大学毕业生,"那时清华毕业的同学,似乎都不能插足"。自然碰壁,连个兼课都谋不到,校长梅贻琦也只得说:"先闻,我爱莫能助了。"(第71页)可见派系的权力虽然无形,其影响却超过了校长的权力。于是,北平虽大,留美农学博士李先闻却只能沿着一条狭路,到北平大学农学院兼课和在母校清华大学充任篮球教练,实在令他难堪。当赵连芳介绍他到河南大学农学院任教时,李先闻不顾开封的风沙与偏僻,欣然前往,结果在这里失去了第一个孩子。抗战期间李先闻长期供职的四川农业改进所,在所长赵连芳的领导下,经费充足,积聚了不少人才,1 200多名员工仅博士就有20多位,曾以其朝气蓬勃,为大后方的粮食生产立下了汗马功劳,国民政府还传令嘉奖赵连芳,"真使学农的人扬眉吐气"。但由于北平农专毕业的胡子昂新任四川建设厅厅长,挤走清华毕业的河南人赵连芳,任命北平农专毕业的四川人董时进为所长,胡董两人还一心一意将所内赵连芳的人排挤,大量引进北平农专毕业的四川人,造成清一色的北农派和"川人治川"的局面。董时进对业务并不热心,每天在办公室写小品文、办农报,并组织农民党。这些爱好未必都不是好事,但与农业研究和推广却相隔太远,致使赵连芳时代生机勃勃的农业改进所从此几乎一蹶不振。李先闻回忆说,赵连芳离开的时候,"所中同仁连家眷及工人等几百人,都跟着送行。赵先生步行出家,走到大门前旗杆下时,送行的人有痛哭失声的,感人之深,可见一斑"。(第145页)

除了这一类派系争斗外,还有无谓的权力斗争。河南大学是李先闻回国后找到的第一个安身立命之所,他在这里开设了细胞遗传学课程,并从事粟类遗传研究,相继在国内外杂志上发表十多篇论文,使默默无闻的河南大学农学院忽然蜚声中外。加以其间陆续会聚了一群有志向学的学人,一时有欣欣向荣的气象,然而不旋踵间,以无关学术的院长之争而起人事波澜,使不谙权力之争的学人先后为权力之争所伤害,各自星散而去,加之学潮和政治波动,"使河大农学院的好景,像昙花一现而已"。(第99页)在李先闻的学术生涯里,这便是一种重挫。

农学是一门实用性非常强的学科,农业破产的近代中国也确实需要育种改良、病虫害防治等方面的专家,促进粮食的增长,以养活在死亡边缘挣扎的民众。李先闻由于在康奈尔大学学的是理论性的遗传学,因此他回国后一直面临着理论研究与实际应用之间的现实与矛盾。刚回国时,赵连芳从事水稻改良,被誉为"水稻专家";沈宗瀚继承洛夫在中国创办的小麦改良,是"小麦专家",都非常风光。他自己不仅"沦落为讲师,做的又不是本行工作"。(第53页)他攻读博士学位的康奈尔大学育种系也存在理论与实用两派,互不相容。美国对近代中国农业发展的巨大影响,主要通过以洛夫、海耶斯为代表的实用派在中国进行水稻、小麦乃至棉花的良种培育产生。洛夫曾担任南京国民政府实业部顾问兼中央农业实验所总技师,海耶斯也曾来中国讲学办培训班。(**沈宗瀚、赵雅书等编著,《中华农业史——论集》,台湾商务印书馆,1979年,第281-284页**)因此,康奈尔大学的派系斗争也直接影响到李先闻在国内的发展。1931年,李先闻带新婚妻子到南京去看他的老师洛夫与接替洛夫的迈尔斯(E. H. Myers),告诉迈尔斯回国后两年的困顿与艰辛。迈尔斯不但不同情他,反而"一挺胖胖的身体坐直起来,跷跷二郎腿,把烟斗里烟丝揿一揿,划火柴燃着烟丝,吸一口,吐一个圆圈",说:"你只会玩基因,在染色体上,别的事你一概不晓。而我们呢?实用的研究者,能为你们国家、我们的国家赚洋钱和毛钱!"显然他不喜欢不是"实用研究者"的李先闻,这种不喜欢是实用型排斥研究型的贯态,而更过分的是洛夫和迈尔斯还在中国诽谤李先闻,说他脾气不好,在康奈尔大学为争温室地盘与人打架。(第66页)

只要有人,就有互相倾轧,只是科学界的倾轧往往出乎常人对于象牙塔的想象。相对这些人事纠纷,战乱对李先闻一辈科学研究的影响乃至整个中国近代科学发展的影响则完全不可同日而语。当李先闻好不容易通过清华同学刘崇乐在东北大学生物系谋得职位时,虽然所教非所学,也想全力贯注,因"东北是我们国家的地方,应该去开发,而且同事们都是有干劲,意气相投的年轻人,将来一定会有成就的"。但九一八事变爆发,李先闻只得仓皇逃离入关。战乱打碎了李先闻的怀抱。之后,他入武汉大学,并把武汉大学看作回国后施展理论研究才能最为理想的园地,除继续河南大学关于粟的遗传、杂交研究外,新开辟稻麦育种领域。这里有汤佩松、高尚荫、林春猷等少壮派生物学者,生物系每星期都有讨论会,报告最新研究所得。全面抗战爆发,武汉大学只得内迁,李先闻说:"武汉大学是一个新兴的好学校,人才众多,同学们的程度亦特别高。加以青年的教授群中,那时也开始从事各项理论或实用的研究工作。如果不是局势演变,很可能成为一个大有作为的学术机构,这是不可讳言的事实。"(第116页)战乱又打碎了李先闻的怀抱。

日本投降后,李先闻与同事们心中的愉悦可想而知,"那一天晚上,大概有二十人左右,每人拿了一瓶酒,一包花生米,挤在我家几尺见方的客厅内。坐着的,躺着的,把酒瓶传来传去,嘴里哼着唱着,好像一群疯人似的。当然有人醉了,哭着,喊着,如痴如狂,都像有神经病一样。他们别离家园七八年,有的妻离子散,有的别了高堂父母,故乡现在是什么样子?无从知道"。李先闻自己,"从1931年在沈阳起,我本身饱受日本人欺侮,从东北逃到北平,转开封,以为武汉可以安定一个长时期,但不久又走上逃亡之路。逃亡!逃亡!好像是离乱时代的日常生活似的"。(第184-185页)对于科学研究而言,更受伤的是因战争使刚刚起步的中国科学失去与世界科学共同体的联系,失去了继续发展的机会。1944年8月,李先闻作为农林部专家被派遣赴美考察农业,他到加州理工学院摩尔根的冷泉实验室访问,"以新奇的眼光,看了,听了,都是闻所未闻,见所未见的科学的进步。他们这一群没有受到战争直接的影响,每天埋头苦干,在生物界领导群伦"。(第166页)

这种年复一年的派系林立和时局动荡,无疑使身为科学家的李先闻生不逢时,然而正是在这种生不逢时之世,他始终没有澌灭自己的追求和向往。在河南大学、在武汉大学、在四川农业改进所,他都以但问耕耘不问收获之心,尽一个学人的本分,经常穿草鞋,骑"洋马儿"(自行车)在各地奔波,尝遍了"未完先投宿,鸡鸣早看天"的乡村生活。一有时间,就在简陋的实验室里指导学生进行理论研究,将研究成果整理成文,在美国刊物上发表。抗战胜利后,他离开故乡,到上海中央研究院植物研究所专门从事理论研究。在中央研究院首届院士选举中,被北京大学、清华大学和中央研究院推荐为院士候选人,(**郭金海《中央研究院第一届院士候选人提名探析》,《中国科技史杂志》2008年第4期,第334-335、341页**)并以"小麦、小米、玉蜀黍杂种染色体之行动等研究",以及"曾主持四川省稻麦改良场"与俞大绂、邓叔群一同当选农学科院士。而他曾经很羡慕的赵连芳、沈宗瀚都没有当选,沈宗瀚甚至不是 150 名正式候选人之一。在派系林立的背后和深处,彼时的学界毕竟还存有一点公道。

李先闻正在进行粟类作物的杂交工作(1948 年)

后来,李先闻在台湾从事甘蔗育种改良工作 14 年,被当时台湾人誉为"半仙"和"甘蔗之神",被外国人称为"Sugar Li"。("中央研究院"八十年院史编纂委员会主编,《追求卓越:"中央研究院"八十年》第一卷《任重道远》第 70 页,台北"中央研究院",2008 年)当时台湾外汇的 70%靠甘蔗外销,李先闻对台湾经济稳定与起飞的贡献可想而知。1954 年,李先闻受命筹建"中央研究院"植物研究所,1962 年任所长。晚年以水稻诱变育种作为研究课题,获选优异的水稻矮秆品系,享誉国际,并由国际原子能总署主持专门召开国际学术讨论会。李先闻曾多次参加太平洋科学会议、国际植物学会、世界遗传学大会等,为台湾学术的复兴与国际化贡献良多。

1976 年 7 月 4 日,这个农家子弟的心脏停止了跳动,享年仅仅 74 岁。

(《东方早报·上海书评》,2010 年 1 月 10 日)

置身事内如何置身事外

——读吴大猷《早期中国物理发展之回忆》

吴大猷是国内第二代物理本科毕业生,其学术成长深受其师饶毓泰的影响。留美获得博士学位,归国后一直在北京大学任教(包括抗战期间在西南联大),培养了一代学术才俊马仕俊、郭永怀、马大猷、黄昆、杨振宁、黄授书、张守廉、李政道等,在原子物理、分子光谱、核物理、等离子体物理、散射理论、统计物理、天文和大气物理等领域都留下了深深的印迹,是中国近代物理学发展的见证人与奠基者之一。作为中国近代物理学"内史"研究的最佳人选之一,其撰写的《早期中国物理发展之回忆》也成为我们了解中国近代物理学发展的最有参考价值的著作之一。

《早期中国物理发展之回忆》台湾版(左)和大陆版(右)封面

《早期中国物理发展之回忆》的前生与后世

1995年4月,李政道建议吴大猷编写中国近代物理发展史,"留给后人一个真实的面貌"。因为中国近代物理发展史实有些众所周知,但有些却被"以讹传讹地传来传去,失去了历史真实面貌",只有当时参与其中的人才可能知晓。(**李政道《留给后人一个真实的面貌》**,《**早期中国物理发展之回忆**》"繁体字版序一",下引该书仅注明页码)

对于李政道的建议,吴大猷有些迟疑,未能立刻接受。第一,一部物理学史自然主要是物理学家们的历史,"科学不是空洞的,而是靠人来发展的"。有些物理学家吴大猷并不熟悉,又没有精力去调查研究。第二,吴大猷是个率直的学人,"我会从我的观点去品评我们物理的质量是怎么样的",如果只是说一些恭维的话又说不出口,如果把知道的一切都说出来又不知道会得罪多少人。(第 4 - 5 页)第三,写发展史总不能"巨细不分的编写电话簿""若对'发展的方向''人才的评估''设备的计划'等均无高明的评估,对成果无公允评量",这样的研究是"无价值的",因为看电话簿难对国家社会有意义。(**沈君山《完成吴先生未竟的遗愿》**,"繁体字版序二")

但吴大猷毕竟对中国学术发展有强烈的使命感,也自认为可能是最能胜任写这段历史的人,因为他具备理论物理和实验物理的基本训练,"较一般同辈略广,故较不失之'公允'"。于是,他迎难而上,接受建议,1997 年开始每周分别在台北台湾大学和新竹清华大学演讲,讲述 20 世纪上半叶中国物理学的发展,先以研讨会方式讲演录像,再据之补足数据,整理成书。演讲结束后,吴大猷以为无论是资料的搜集还是研究人员的奥援,北京是最合适的地方,因此计划到北京一个月,完成该书的修订以及录像带的剪辑。不想,天不遂人愿,计划还未实施,就一病不起,直至去世,未能亲自完成该书的补充与最终定稿。

吴大猷病逝后,得李政道推介,吴大猷学术基金会邀请叶铭汉和戴念祖赴台,与台湾大学黄伟彦共同整理讲演记录,对涉及的人和事进行详细精确的考证,并对正文中的错漏进行改正,注释人物生平。这些注释文字篇幅几乎与正文相当,正如沈君山所说,"本身就是珍贵的史料",这是我们读者必须心存感激的。

知人论世:探究中国近代物理学发展史

吴大猷从 1900—1952 年间中国获得物理学博士学位的人数及其年代分布出发,分萌芽、三十年代、抗战期间三个阶段对 20 世纪上半叶中国物理学的发展娓娓道来。不仅罗列了彪炳史册的人物,也讲解了支撑物理学发展的大学物理科系与专门的物理研究机构,更重要的是,他以一个见证人与物理学家的身份,对支撑体系与物理学家个人都做了恰如其分的评估,那些使我们这些物理学门外汉迷惑、自然也无从研究的问题,被他从专业角度迎刃而解。

他根据在若干年内是否建立传统(包括人、设备与稳定的气氛等)、吸引了多少学生或激励多少学生从事物理研究这些标准对当时物理机构进行了评估,清华大学物理系力量最强,有叶企孙、吴有训、萨本栋、周培源、赵忠尧、任之恭等教授,全面抗战前就已培养出施士元、王淦昌、王竹溪、张宗遂、彭桓武、钱三强、何泽慧、王大珩、林家翘、胡宁、钱伟长等学生。北京大学物理系虽然成立很早,但在1933年改组之前,没有培养出多少人才,也没有真正开展科学研究。经饶毓泰整顿后,才成为与清华大学齐名的物理学中心。燕京大学物理系因谢玉铭与班威廉的努力,培养了大批学生,也是重要的物理学中心。专门科研机构方面,他很是推崇严济慈领导的北平研究院物理研究所,以为它不仅在实验物理方面做出了重要成绩,而且也培养了大批人才。而成立较早的中央研究院物理研究所成效"相当令人失望"。(第62-71页)其实,当年中央研究院总干事丁文江就对长期担任中央研究院物理所所长的本家丁燮林很不满,责备他自己不做研究,也不留心延揽人才,致使丁燮林萌生"求去之意"。(李济《对于丁文江所提倡的科学研究几段回忆》,欧阳哲生编,《丁文江先生学行录》,中华书局,2008年,第228页)

1936年的清华物理系
二排左起周培源、赵忠尧、叶企孙、任之恭、吴有训。

吴大猷认为在相对论研究方面,周培源是真正有研究的人,并做出了相当的贡献。胡宁关于广义相对论的辐射阻尼研究,是"很创新的东西","他可以说是一个真正在相对论的研究上做了些工作的人"。而前几年因《束星北档案》一书而声名鹊起的束星北,"在欧洲和美国这两边跑来跑去",没有认真地做过研究,"可以说他在这方面(广义相对论)没有什么重要的结果"。(第80页)量子力学方面,曾任北京大学物理系主任的王守竞留美期间发表了三篇独创性的论文,坐上了量子力学的"头一列火车",可惜他要为国家做一些应用性的工作,离开北京大学去造飞机发动机,后半辈子被浪费了,吴大猷很是惋惜王守竞的离开。(第85-88页)吴大猷自己在中国量子力学的发展上也占据非常重要的位置,他并不讳言这一点。

当然,他作为"局内"人,敏锐地指出了中国近代物理学发展的一些问题,这些问题目前所有相关这段学术史的研究根本没有注意到,或者说没有总结出来。这些问题的提出与总结,对理解中国近代科学甚至近代学术的发展有非常重要的启示意义。吴大猷以为,中国近代物理学发展一个非常大的缺陷是习实验物理学者多,从事理论物理学研究的少。实验物理学需要基本的实验设备,中国不仅科学研究经费缺乏,设备难以购置,更重要的是连年战争,缺乏稳定的科研环境,即使有些许设备也难以"物尽其用"。这样,留学生在国外实验室很容易从事的研究,回国后大多数不能继续,"就是因为我们学物理的绝大多数的人回国后,没有机会做实验工作,所以中国的物理发展得很慢"。(第73页)

当然,对中国物理学发展影响最大的自然是抗战。抗战期间,在书籍期刊、实验设备缺乏的情形下,实验物理研究者根本无法工作。中央研究院物理所从上海搬迁到桂林,研究工作根本无法展开;北平研究院物理所从北平搬迁昆明,从事物理研究的"所有的实验也完全停顿了""这两个以物理研究为主要任务的地方都停顿了,学校就更不用说了"。(第99页)张文裕留英在剑桥大学卡文迪什实验室随卢瑟福从事原子核物理研究,回国后任西南联大教授,"因为他刚刚从国外回来,又是做实验物理的,所以在昆明也没有很多办法做研究"。(第102页)当然,并不是说一点实验物理研究也没有。因在γ射线散射研究上有独创贡献的赵忠尧,在昆明用由北平带出来的50毫克镭做了一些核物理的实验;吴大猷自己也用从北平带出来的光谱仪棱镜部分,进行拉曼光谱研究。这些虽不是什么重要的工作,"但它们却是代表一种努力的精神——'知其不可为而为之'的精神"。

(吴大猷《抗战中的西南联合大学物理系》,金吾伦编,《吴大猷文录》,浙江文艺出版社,1999年,第56页)

相对而言,理论物理的研究因并不完全依赖物理设备的支撑,受环境的影响较小。周培源除继续研究相对论外,主持湍流研究,取得了非常重要的理论成果,并培养了学生林家翘,解决了湍流理论上的一个基本性问题;王竹溪领导杨振宁、李荫远从事统计力学研究;马仕俊从事量子场论研究;吴大猷自己也进行理论思考,写出了名著《多原子分子的结构及振动光谱》,并做了一些原子能态等方面的理论分析。

其实,抗战对中国科学的影响并不局限于物理学一门,正如中国科学社社长任鸿隽所说:"此八年中,一切科学研究皆大受损失。有的学科如地质学、生物学等,虽勉强进行,而实际增加无数困难。有的学科,如天文、物理、化学等,因仪器的损失与药品的缺乏,根本无从进行研究。"(樊洪业等编,《科学救国之梦——任鸿隽文存》,上海科技教育出版社,2002年,第587页)与之相对的,不依赖实验设备的数学科学却有长足的发展,华罗庚、陈省身、许宝騄等声名鹊起,成为影响世界数学发展的大师。这也从一个侧面验证了吴大猷上述关于理论物理与实验物理在中国发展状况的论断。

吴大猷以为20世纪前半叶,中国物理学的最大成就是"的的确确训练了十几、二十位很好的学生""不能怪我们这些念物理的人不努力,实实在在是因为整个国家的环境、学术的环境,再加上我们有战争这个因素。我们原本可能在物理学方面有很多的发展,最后却只有少许的发展"。(第106-107页)我们确实不能苛求他们那一代物理工作者,他们至少培养了杨振宁、李政道、林家翘这些在世界科学史上响当当的人才。

从物理出发:思考中国科学的发展

吴大猷对中国近代科学发展的思考并不仅仅局限于物理学,也不仅仅局限于"内史"。从物理学出发,他对中国近代科学的发展进行了深刻的反思,提出了一些极具启发的观点与看法。

吴大猷发现中国物理学家主要留学美国,留欧的人数很少,"美国是培育我们科学人才最重要的国家"。可是直到第二次世界大战之前,世界物理的中心在欧洲的德国、英国和法国。当时美国人也像中国人到美国、日本留学一样,也要到欧洲留学,特别是理论物理学。(第 11 页)这样,大批中国留学生到美国学物理,而美国老师还需要到欧洲请教,中国物理学从其发展之初就没有真正紧随物理学的发展前沿,这可能也是造成中国近代物理学发展缓慢的原因之一。其实,由于留美是近代中国留学运动的主潮,美国对中国科学发展影响最大并不限于物理一门。与物理学一样,整个中国近代科学的发展可能因为留美而得到发展,也可能因为留美未能得到"真传",在客观上延误了中国科学紧跟世界科学前沿的步伐。例如陈省身南开大学的大师兄刘晋年,留美在哈佛大学获得博士学位,他就说他出国的机会没有陈省身好,陈省身留学占了便宜。陈省身留欧碰到了几何学权威布拉施克,后来布拉施克又推荐他到法国跟嘉当学习,这个机会更好,因为嘉当是当时主流数学微分几何的创始人。(袁向东、郭金海访问、整理,《我所知道的华罗庚与陈省身——徐利治先生访谈录》,《书屋》2007 年第 5 期,第 18 页)

吴大猷没有具体讨论留美对中国物理学发展的不利影响,但他通过梳理美国科学从落后到先进这样一个过程,提出了科学落后国家如何赶超发展的问题。他认为一个国家科学发展的最基本的条件是"自己要培植一个合适的环境",这与科学社会学奠基人罗伯特·默顿的研究异曲同工:"科学的重大和持续的发展只能出现在一定类型的社会之中,该社会为这种发展提供了文化和物质两方面的条件。"(〔美〕罗伯特·默顿《科学社会学》,商务印书馆,2003 年,第 249－250 页)吴大猷拿苹果做比喻,认为不能持续不断地从外国买苹果,而要自己学会栽种苹果树,自己种出苹果,这就需要一个适合苹果树成长的环境。对科学发展来说,这个环境不仅仅是物质的诸如实验设备的购置、实验室的建设,更重要的是学术传统,其中人的因素最为重要。(第 11 页)他又拿苹果比喻,"一个国家的学术发展,并不是单看一个树林就好,还要看树林里面的一些树",(第 4 页)树就是一个个科学家,科学是靠科学家与科学家所做研究慢慢成长起来的。他一再强调国家学术根基"在于人才及学术气氛":"学术气氛是无法用钱来提升的,而是要让学者在学术工作中得到一种'愉快',感到一种'名誉'。学者最需要的也就是能从学术气氛中感受到精神上的鼓励和支持,所获得的是学术声望,研究同侪的推许。这种气氛不仅会激起或维持一个学者对学术的兴趣,而且自己会从内心升起一股内在的压力,逼着自己全身心从事学术研究。"(吴大猷《科学研究的观念与方法》,《吴大猷科学哲学文集》,社会科学文献出版社,1996 年,第 323 页)美国科学之所以能够后来居上,与其良好的学术传统与环境、可以吸引很多的国际人才有关。

他由此出发,对中国科学发展落后的原因进行了探索,并专门撰有《近数百年来我国科学落后西方的原因》。对于中国科学落后西方的原因,他并没有仅仅停留于儒家思想、科举取士这些显而易见的因素,而是深挖这些因素的根源。他认为与西方"神本主义"不同,中国农业文明基础上所产生的"人本主义"才是中国不能发展出近代科学的基本原因,儒家思想不过是人本主义的发展而已,而把"我们整个中华民族求学目标变成了民族思维的一种方式"的科举取士,也是"人本主义"思想的一种表现。按照吴大猷的理解,所谓"人本主义",就是一个人所有的思想、行为都与人有关,如祭祀天地并不是崇拜神,而是"希望能够藉由祈祷天地的仪式与崇拜,带给他的子孙利益与好处"。(第29页)这样,就对跟人没有直接关系的一切都没有兴趣,思想上也就不大讲究抽象的思辨,也就没有宗教观念与思想,任何外来的宗教也会变形。人本主义及其发展儒家思想,"把所有人的、以致整个民族的基本思想都变成了思考一些比较实用性、务实性的问题"。(第29-30页)为祭祀天地发展出青铜,但并不分析青铜的组成成分;为农业生产进行天象观测,有了日历,但并不探求日、月和地球的宇宙结构;《墨经》对几何光学有很完整的叙述,却从来没有问问光的本性问题。因此,李约瑟说中国是一个"发明的国度","发明"一词很值得玩味,为什么不是"发现的国度"呢?"发明"者,将没有的东西变成眼前的现实,确有天工斧削的神奇,但仅此而已。"发现"者也,将掩藏之物挖掘出来,如自然界的规律,这是科学研究的主要目标。"发明"仅仅是经验性的,而"发现"却具有先天的"理论"深度与高度。

关于实用理性对中国科学发展的影响,近代以来不断有学者指出,并不新鲜。(**参阅拙文《学术与名利之间:近代中国对科学的态度检讨》一文的梳理,《科学文化评论》2006年第4期,第5-16页**)但吴大猷探究出其"人本主义"的思想根源,而且其他阻碍中国科学发展的各种因素也都可以从这一根源推演出来,可谓"石破惊天"。这一思考所得也许与科学家寻求完美理论有关(正如爱因斯坦的统一场理论)。他一再反对科学研究中的"实用理性",强调科学的本质是"追求真理","科学,代表着一种探索,它的动机是求知、求真,应该说是追求真理""以追求真理为动机,来做没有限制的探索,这就好像是在一处没有边际的空间里面探索,不一定会有结果"。(第39页)许多对人类文明产生重大影响的发现,最初的研究并没有什么目的,可能也是毫无意义的,自然也没有什么社会效益与经济效益。

这些述说不由得使人想起爱因斯坦 1918 年在庆贺普朗克 60 寿辰大会上所讲的话："在科学的庙堂里有许多房舍,住在里面的人真是各式各样,而引导他们到那里去的动机实在也各不相同。有许多人所以爱好科学,是因为科学给他们超乎常人智力上的快感,科学是他们自己的特殊娱乐,他们在这种娱乐中寻求生动活泼的经验和雄心壮志的满足;在这庙堂里,另外还有许多人所以把他们的脑力产物奉献在祭坛上,为的是纯粹功利的目的。"可是普朗克不属于这两类人,他从事科学有两种动机,即消极的动机和积极的动机。所谓消极的动机,也是最强烈的动机,"是要逃避日常生活中令人厌恶的粗俗和使人绝望的沉闷,是要摆脱人们自己反复无常的欲望的桎梏"。所谓积极的动机,就是"总想以最适当的方式来画出一幅简化和易领悟的世界图像",并试图以之代替经验世界。这样,他"专心致志于这门科学中的最普遍的问题,而不使自己分心于比较愉快和容易达到的目标上去"。像普朗克、爱因斯坦这类科学家,他们每天的努力并非来自深思熟虑的意向和计划,而是直接来源于激情,他们工作时的精神状态同信仰宗教的人或谈恋爱的人相类似,完全达到了一种忘我的境界。(**爱因斯坦《探索的动机》,许良英等编译《爱因斯坦文集》第 1 卷,商务印书馆,1994 年,第 100–103 页**)

难以置身事外

其实,置身事内无论如何都难以避免置身事外。吴大猷长期执教北京大学物理系,他也非常明确地承认北京大学的名声来源于人文社会科学,自然科学方面很是薄弱(其实,北京大学物理系实力非常之强,1948 年首届中央研究院 7 位物理学科院士中北京大学就有他与饶毓泰师徒,清华大学也不过吴有训、叶企孙、赵忠尧三人而已,何况当选时吴有训、赵忠尧已离开清华大学)。但他似乎对清华大学物理系的发展有些微词,认为抗战期间西南联大物理"研究工作大大受到限制""苟延残喘地在那里做一些所谓的物理研究",原因是清华大学在北平时虽实验物理阵容强大,"教授人数比较多,学生也比较多,美中不足的地方是他并没有建立好一个强的实验研究领域"。因此,在昆明,清华大学"在物理上并没有多少研究的发展"。(第 99 页)同时又说抗战时期,"清华大学物理系可能是最强的一个系",清华大学用自己的基金在西南联大以外设立了特种研究所诸如金属研究所、电子学研究所,这些研究所"培养了较多的物理学家,所以在实验物理方面也做了一些工作"。

相对清华大学每个人都有自己的研究领域,没有形成所谓的"拳头"方向,在吴大猷看来,北京大学的物理学家们包括饶毓泰、朱物华、郑华炽和他自己,"研究工作都是相近的,都是做有关原子和分子结构的问题"。(第103页)这些相关清华大学、北京大学的叙说可能都是基本的事实,但言谈之间不自然地流露出清华大学、北京大学之间的隔阂。其实,吴大猷自己也曾回忆过北京大学、清华大学的一些纠葛。抗战不久,他有鉴于学术的长期发展,曾向北京大学当局提议向清华大学借款添置设备从事研究并训练人才,该"不包含任何私心"的设想不仅未能实现,反而使他落得个有"野心"的名声。到晚年回想起这事,他也明白了:"不论什么时候,不论在什么高明的机关里,能够'无我'的人,到底是不多的。"(吴大猷《回忆》,中国友谊出版公司,1984年,第33-34页)

对他的母校南开大学,吴大猷似乎也是另眼相看。他虽说南开大学物理系与北京大学、清华大学比较,"说起来很可怜",开创之初只有一个教授饶毓泰,西南联大时期也只有张文裕一个教授,但他还是把南开大学物理系排在燕京大学物理系前,作为重要的大学物理系科介绍。(第67页)而不视中央大学物理系为重要的科系,虽然该系(包括南京高师与东南大学时期)早期有胡刚复在此授业,30年代有教授查谦、张钰哲、戴运轨等,培养出吴有训、严济慈、赵忠尧、吴健雄、陆学善、施汝为等学生,抗战期间理论物理学家张宗燧对约束系统的量子化也做出了重要贡献。

当然,这些都是人之常情,无损于书中所体现出来的作为一代宗师的吴大猷,对中国科学发展的深刻思考与真知灼见。

(《科学文化评论》2012年第3期,第121-128页)

居里实验室的中国博士

1947年,杨承宗来到巴黎,钱三强带领他去见居里夫人的大女儿、被称为"小居里夫人"的伊莲娜·居里(Irène Joliot-Curie,1897—1956)。杨承宗惊呆了,因为伊莲娜"那颀长的身材,清癯的面容,深邃的目光,加上一身深褐色裙服,就和照片上的老居里夫人一样"。(《**从居里实验室走来——杨承宗口述自传**》,湖南教育出版社,2012年,第40-41页)杨承宗是战后到居里实验室求学的第一个中国人,也是实验室走出的第四位中国博士。

1903年,居里夫妇获得诺贝尔奖后,他们寒冷漏雨、摇摇欲坠工棚的寒酸工作条件被曝光,法国政府颜面尽失,为皮埃尔(Pierre Curie,1859—1906)提供了一个巴黎大学物理学教授职位,让玛丽(Marie Curie,1867—1934)担任实验室主任,并给他们配备两个助手。1906年4月,皮埃尔不幸遭遇车祸身亡。玛丽继承了皮埃尔在巴黎大学的职位,成为法国高等教育历史上第一位女教授。为表纪念,实验室被命名为"居里实验室",在玛丽的领导下,很快成为当时世界放射化学的中心,许多国家派遣学生到实验室取经,外国学生数量往往超过本国学生。自然,当时正奋起直追西方科学的中国人也不例外,居里实验室是他们心中的圣地。

居里夫人在实验室

1929年,清华大学物理系首届毕业生、1908年出生于江苏崇明(今属上海)的施士元,考取留法公费来到了巴黎。那年初冬,他到巴黎大学注册,看到教授名册上有居里夫人的名字,回忆起大学四年级由吴有训教授的《近代物理》课上曾介绍过这位镭与钋的发现者,是"放射性"这门新兴学科的奠基人。于是,他给居里夫人写信说:

> 尊敬的居里夫人:
>
> 我是中国来的留学生,于1929年在清华大学毕业。考取了国内江苏省官费来到法国。希望能在您的指导下完成博士论文工作,不知您能否接受?(《施士元先生回忆录及其他》,南京大学出版社,2007年,第56页)

周三寄出的信,周五就有了回音,约请周六上午八点到居里实验室面谈。七十多年后,施士元还能清晰地回忆起第一次见到居里夫人的形象:

> 居里夫人面色苍白,一头蓬松的头发盘髻在脑后;饱满的额头,那副珐琅边老花眼镜的后面,是一双浅褐色闪烁着智慧火花的眼睛;薄薄的嘴唇抿在一起,显示出她坚强的性格;瘦弱的身体套着件宽大的浅黑色的外套。(《施士元先生回忆录及其他》,南京大学出版社,2007年,第57页)

此时的伊莲娜与约里奥(Frédéric Joliot-Curie, 1900—1958)结婚不久,是妈妈的得力助手,"穿着白色的工作服,金黄色的头发,眉目清秀,修长的身材比母亲高出半个头"。会谈非常顺利,施士元成为居里夫人第一个中国学生。此后四年,他在镭学研究所与居里夫人朝夕相处,深切地体会到首次见面时居里夫人所表现出的一个成就显赫而又饱经沧桑的科学家一贯的处世风格:冷静、简洁、平易近人又颇具实效。

镭学研究所被施士元和他的各国同学们戏称为"巴别塔"。在《圣经·创世纪》中,人类为展示自己的力量,联合起来修建能通天的巴别塔。上帝知道后,认为人类太自以为是,于是让人类说不同的语言,相互之间不能沟通,最终使"巴别塔"中途停工。可在镭学研究所,不同国籍、不同语言、肤色迥异的人在一起,过着充实、严谨而又不失浪漫的研究生活。"老板"居里夫人常以沉稳而亲切的语调说:"在科学上,我们不应该注重人,而应该看重事。"

施士元在居里夫人派来的实验助手帮助下,很快就熟悉了工作环境,开始逐步独立研究。居里夫人深知放射性的危害性(她夫妇以自己的身体做了"白老鼠"),一再提醒施士元,他的放射性研究,"是一项有趣的、但又是性命攸关的工作"。她常常站在做实验的施士元身旁,"用略带严厉又近乎固执的口吻",反复提醒实验必须注意的事项:一是不能用手直接碰放射源;二是接近放射源时要用盾牌罩住身体,并屏住呼吸,以防吸入放射气体。为了使施士元正确操作实验,居里夫人甚至亲自示范。1932—1933 年,施士元出色地完成了锕元素的核谱测定工作,也成为世界上第一个完成该实验的学者,并做出核物理的重要发现:α 射线精细结构的能量与一些 γ 射线的能量严格相等。居里夫人将他的研究成果推荐到《法国科学院院报》和《物理学年鉴》发表。1933 年初夏,施士元举行了博士论文答辩,答辩委员除居里夫人外,还有 1926 年诺贝尔物理学奖获得者佩兰(J. Perrin, 1870—1942)和实验室副主任、锕元素发现者德比耶纳(A. L. Debierne, 1874—1949)。答辩通过第二天,居里夫人专门举行了酒会,巴别塔的伙伴们一起庆祝施士元获得法国国家博士学位。不久,施士元就与几位同学一道,绕道西伯利亚回到了中国,长期任教于中央大学及其改制后的南京大学,将居里夫人的言传身教在中国广播,培养了吴健雄和 12 名中国科学院院士(虽他自己未能当选)。

施士元博士论文答辩
居中为居里夫人,另两位分别为佩兰和德比耶纳。

施士元是居里夫人为中国培养的唯一一位物理学博士,郑大章是居里夫人指导的唯一中国化学博士。安徽肥东人郑大章1904年出生于苏州,祖上是淮军将领郑国魁,官至天津镇总兵,曾随李鸿章在苏州与太平军作战,立有战功,苏州民众感念他而建有郑氏祠堂。父亲郑伯衡长期追随表亲王揖唐混迹于官场,曾任北京政府众议院总务科长。郑大章后随母北上与父团聚,就读于北京高等师范附属中学,成绩优异,其父甚爱之:"此子读书,颇知用心,乃吾家千里驹也。"经新文化运动的洗礼后,郑大章立志"科学救国"。1920年中学一毕业就赴法勤工俭学。1922年入读巴黎大学,1924年获普通化学文凭,1926年获普通物理文凭,由此得理学硕士学位,奠定了坚实的物理、化学基础。在此期间,曾与严济慈一同学习物理。(**李艳平《郑大章在巴黎大学镭研究所》,《科学文化评论》2011年第2期,第30-35页**)

获硕士学位后,郑大章以选修生在巴黎大学应用化学研究所研习矿物分析一年,后任教里昂中法大学。1928年在《法国科学院导报》发表论文《氰的湿法制备》。1930年5月,获得中法大学协会奖学金,并被协会推荐到镭学研究所随居里夫人攻读博士学位。此后连续三年,居里夫人致函中法大学协会,为郑大章申请延续奖学金,直到1933年底。郑大章在居里夫人指导下从事放射性化学研究,不断取得成果,1931—1932年在《法国科学院院报》上发表了三篇论文。1933年12月21日,郑大章博士论文答辩举行,委员除居里夫人和德比耶纳外,还有化学家于尔班(G. Urbain,1872—1938),论文题目为《放射性矿物中镁铀比的稳定性研究》。答辩顺利通过,获得法国国家博士学位,并遵照居里夫人意愿,一边在研究所供职,一边准备回国。

1934年2月,郑大章启程回国。抵达上海后,先回苏州家中,与阔别十数年的父母团聚。短期逗留后,复转北平,就任北平研究院镭学研究所研究员兼副所长。镭学研究所在严济慈的操持下,由北平研究院与中法大学合作创设,严济慈兼任所长(他同时任北平研究院物理所所长)。当时,研究所仅有严济慈、郑大章两人,没有一个"兵",实验设备与参考文献也极端稀缺。郑大章不畏艰难,开始了中国放射性化学的研究,并由此开启了中国放射性化学科学的大幕。他努力寻找既具有国际水平,又带有地方性的研究课题,曾致函居里夫人,恳请她给予指导和建议,并希望得到国际镭学研究前沿信息。

当年夏天,郑大章在中山公园"来今雨轩"与出生湖南的萧晚滨喜结良缘,萧也是留法学生,曾从郑习数学,因而认识并相互了解、倾慕。据说蒋介石对这位居里夫人的高足亦另眼相待,曾赠送贺礼。正当郑大章沉浸在新婚燕尔之际,7月4日,居里夫人去世。10日,消息传到北平。北平学术界召开了一个规模很大的追悼会,哀悼这位人类历史上杰出的女性,郑大章详述居里夫人的生平事迹,特别是相关她晚年的记述,曾作为居里夫人自述的补充,收入1935年商务印书馆版《居礼传》。

正当郑大章在镭学研究所筚路蓝缕之时,杨承宗来到镭学研究所,跟随他从事放射性化学研究,成为他重要的学术传承人。1911年出生于江苏吴江的杨承宗,1922年赴上海求学,1932年毕业于大同大学,在暨南大学等校辗转两年有余,偶然获得镭学研究所工作机遇。郑大章通过比利时驻中国使馆获得一些铀矿石,指导杨承宗从事钍放射性研究和用计数法直接测定铀镭系和铀锕系的放射性,成果先后发表在北平研究院院刊和法国《物理与镭学》等期刊上。为了在中国寻找铀矿,郑大章受捷克铀矿附近温泉富含氡元素的启发,曾广泛搜集国内温泉水,测定其氡含量。虽未能达到目的,但研究方向正确,这种寻找铀矿方法(称为"水法")后来取得成就。(张逢等《北平研究院镭学研究所的研究工作(1932—1948)》,《中国科技史杂志》2006年第4期,第321页)

当时中国正值多事之秋,内忧外患不息。1936年,镭学研究所搬迁到上海福开森路,由刚从英国留学归国的陆学善暂时管理。此前,郑大章因心脏病已改聘为北平研究院兼任研究员。全面抗战爆发后,他的长辈、大汉奸王揖唐要他出任伪政府教育部长并予以发表。郑大章不为所动,秘密与夫人离开北平,取道塘沽来到了上海。到上海后,他指导杨承宗将实验室重新搭建起来,并与杨承宗一道从事科研工作,从大量铀盐中分离出很强的β射线放射源,发现了β射线的散射现象。郑大章身体最后实在不能支撑,只得回到苏州老家休养。杨承宗多次回家顺道去看望他。1941年8月14日,郑大章在穷困潦倒中病逝,年仅37岁。杨承宗到郑家祠堂拜祭,他回忆说:"我走进去庄重地行了个礼,悲痛万分,觉得头昏目眩。……这位深得居里夫人赏识,有可能给中国原子能事业带来突破性发展的科学奇才,竟默默殒命于苏州的一个破旧祠堂。这真是国家的悲哀。"(《从居里实验室走来——杨承宗口述自传》,湖南教育出版社,2012年,第28页)

不久,太平洋战争爆发。镭学研究所也受到了日本人的觊觎,并最终被抢夺。深受郑大章人格影响的陆学善、杨承宗以他为榜样,不愿意与日本人合作,离开研究所,潜居苏州。抗战胜利后,才返回研究所。

1946年,杨承宗获得法国国家科学研究中心的资助,前往居里实验室随伊莲娜从事研究。二战期间,伊莲娜和她丈夫约里奥都是法国抵抗组织成员,因此她很看重郑大章与杨承宗在抗战中的作为。就在第一次见面时,她对杨承宗说:"我们对郑先生,对中国人一向感觉很好。"同施士元一样,杨承宗也感受到居里实验室的国际性。对杨承宗来说,他印象更为深刻的是实验室的自由精神,他一开始还不能适应,认为法国人没有规矩。后来他逐渐感受到这种"自由",最重要的表现是对别人的尊重,包括师生之间、外国人与法国人之间,外国人与外国人之间;当然在学术上也非常自由,任何人都可以听讲座,任何学术观点都可以讨论和发表。

在伊莲娜的指导下,杨承宗通过辛勤工作,加上国内随郑大章研习的基础,在短短三四年时间内取得了十多项成果,并先后在《法国化学会会刊》《物理化学学报》《法国科学院院报》等权威刊物发表论文。1951年6月15日,杨承宗博士论文答辩,以伊莲娜为首的答辩委员会给予他"最优秀级"的评价。按照实验室的传统,下午在实验室举行一次庆祝聚会。伊莲娜发表了"为了中国的放射化学"的祝词,然后以做实验的平底烧杯作酒杯相互碰杯,向杨承宗表示祝贺。

获得博士学位后,杨承宗谢绝了法国国家科学研究中心的续聘,积极准备回国,先用钱三强托人带给他的3 000美元购买到仪器,并获得伊莲娜10克碳酸钡镭标准源。他启程前,时任世界保卫和平委员会主席的约里奥与他进行了一次十分重要的谈话,他告诉杨承宗说:"你回去转告毛泽东,你们要保卫和平,要反对原子弹,就要自己有原子弹。原子弹也不是那么可怕的,原子弹的原理也不是美国人发明的。你们有自己的科学家,钱(三强)呀、你呀、钱的夫人(何泽慧)呀、汪(德昭)呀。"(《**从居里实验室走来——杨承宗口述自传**》,湖南教育出版社,2012年,第69页)杨承宗牢记居里先生的话,预备回国后向毛泽东报告。回国后,他告诉了钱三强,钱要他保密,不能向任何人说。他兑现了对钱三强的承诺。

1951年8月,杨承宗回到祖国,任中国科学院原子能研究所研究员、研究室主任,主持创建中国第一个放射化学实验基地,制成中国第一台质谱仪和第一个人工放射中子源,独立完成"十二年科学技术发展远景规划"放射化学部分。1961年任第二机械工业部五所副所长,完成铀的选集、提取、纯化、转化以及超微量杂质分析、鉴定等科研任务,为原子弹的研制做出了重要贡献。1958年任中国科学技术大学放射化学和辐射化学系第一任系主任,1978年起任中国科学技术大学副校长。曾创办中国第一所自费走读大学——合肥联合大学,为教育体制改革开拓新路。2011年5月在北京去世,享年百岁。

1988年11月,杨承宗与中国科学技术大学少年班学生在一起

除施士元、郑大章、杨承宗而外,居里实验室为中国还培养了一位博士,那就是伊莲娜指导的物理学博士、闻名中外的钱三强,关于他这里就不用赘述。值得指出的是,居里夫人与她的女儿伊莲娜,各为中国培养了一位物理学博士和一位化学博士,这难道仅仅是巧合?

(题目与发表时有差别,原为《居里实验室的中国博士们》。

《档案春秋》2015年第1期,第76-78页)